청교도 시대의 종말론

세대주의와 언약신학의 요소를 포함한 다양성

© 2015 by Lampion Press, LLC

Originally published in English as *Dispensationalism before Darby: Seventeenth-Century and Eighteenth-Century English Apocalypticism* by Lampion Press, Silverton, Oregon, U.S.A.

All right reserved.

This Korean translation edition © 2017 by Bible Baptist Theological Seminary Press, I-cheon, Republic of Korea.

This Korean edition is published by arrangement of Lampion Press, LLC through rMaeng2, Seoul, Republic of Korea.

이 한국어판의 저작권은 알맹2 에이전시를 통해 Lampion Press와 독점 계약한 성서침례대학원대학교출판부에 있습니다. 신 저작권법에 따라 한국에서 보호받는 저작물이므로 무단 전재와 무단 복제를 금하며, 내용의 전부 또는 일부를 이용하려면 저작권자와 성서침례대학원대학교출판부의 동의를 얻어야 합니다.

청교도 시대의 종말론
세대주의와 언약신학의 요소를 포함한 다양성

윌리엄 C. 왓슨 저
곽철호 · 최정기 역

성서침례대학원대학교출판부

청교도 시대의 종말론: 세대주의와 언약신학의 요소를 포함한 다양성

지 은 이　윌리엄 C. 왓슨
옮 긴 이　곽철호 · 최정기

처음 펴냄　2017년 10월 10일
펴 낸 이　김택수
펴 낸 곳　성서침례대학원대학교출판부
등록번호　제2015-4호
등 록 지　경기도 이천시 대월면 대평로 548-123
전화번호　031) 634-1258
누 리 집　bbts.ac.kr

ISBN　979-11-957552-7-1
판권　성서침례대학원대학교출판부, 2017

※ 파본은 교환해 드립니다.

목차

	추천사	7
	서문	9
	감사의 글	13
	저자 소개	15
1	세대와 천년왕국에 관한 종교개혁 이전의 개념	17
2	유대인에 대한 종교개혁자들과 청교도의 태도(1517~1689)	31
3	17세기 초 영국 스튜어트 왕조 때의 역사적 전천년설	77
4	대륙의 영향: 30년 전쟁, 위그노 전쟁, 스페인 종교재판의 피난민	101
5	17세기 영국에서 제5왕국에 대한 기대	119
6	17세기의 세대 개념	147

청교도 시대의 종말론

7	17세기 영국에서 환란 전 휴거와 대환란 개념	187
8	신대륙 청교도의 전천년설	245
9	17세기 말과 18세기 초 영국에서 역사적 및 미래적 전천년설	279
10	18세기(1689~1772) 영국에서 환란 전 휴거와 환란 개념	307
11	18세기의 전천년적 친유대주의와 과거적 반유대주의	359
12	영국 계몽주의 시대(1700~1740)의 역사적 전천년설 그리고 과거주의의 성장	385
13	역사적 교황 적그리스도로부터 미래의 개인 적그리스도까지	409
14	18세기 대각성 시대(1740~1770)의 종말론	435
15	미국과 프랑스 혁명기(1770~1800)의 종말론	451
	결론	465
	연대 설정	471
	참고 자료	475
	역자 후기	509

추천사

"윌리엄 왓슨(William Watson)은 19세기 이전의 종말론 역사에 관한 연구의 새로운 지평을 열고 있다. 그는 지금까지 발견되지 않은, 영국 종교개혁 문헌들을 캐내면서 개혁자들이 존 넬슨 다비(John Nelson Darby)가 후에 고전적 세대주의(classical dispensationalism)로 공식화 할 문제들과 동일하게 씨름하고 있었음을 보여준다. 그의 연구는 종말론 논의를 적절한 역사적 문맥에 놓는다. 간단히 말하면, 다비가 환란 전 휴거(pre-tribulational rapture) 사상을 발명한 것은 아니다."

에드 힌슨(Ed Hindson, D.Min., D.Phil.)
리버티 대학교 종교학부 종교학과 학장, 석좌교수

"윌리엄 왓슨은 영어권 세계에서 종교개혁 이후 종말론을 연구하면서 기초를 다져 놓았다. 그는 전천년설(premillennialism)이 널리 믿어졌고 휴거에 대한 견해들이 발전하고 있었음을 보여준다. 이런 문제들에 관심 있는 사람은 누구나 왓슨의 신기원을 이루는 책을 읽을 필요가 있다."

토머스 D. 아이스(Thomas D. Ice, Ph.D.)
환란 전 연구센터 총재

"윌리엄 왓슨의 『청교도 시대의 종말론』에 담긴 통합적인 연구는 환란 전 휴거설과 같은 세대주의적 요소들이 1800년대 초기에 발생했다는 흔한 주장에 역사적 오류가 있음을 증명한다. 종교개혁과 종교개혁 이후, 특히 17~18세기의 영국 문헌을 다루면서 왓슨은 이 논쟁에 대한 역사적 관점을 제공하려고 방대한 양의 원자료 내용을 나열한다. 세대주의가 "최근에 등장한 조니(다비)의" 신학이라는 논증은, 왓슨의 연구가 부분적으로 보여주듯, 점증하는 연구에 비추어 볼 때 20년 안에 사라질 것이다. 이처럼, 방법론적, 신학적 이슈들은 해결될 필요가 있는 곳에서, 곧 성경 자체의 석의에서, 해결될 것이다. 왓슨의 책은 읽을 가치가 있다."

마크 스탤라드(Mike Stallard, Ph.D,)
뱁티스트 바이블 신학대학원 조직신학 교수, 학과장
세대주의학회 의장

서문

마침내 이 책으로 결실한 나의 연구는, 콜로라도 크리스천대학교(Colorado Christian University)의 신약학 교수인 김요한 박사와 의견 교환에서 시작했다. 김 박사와 내가 2007년 봄에 회중 앞에서 세대주의(dispesationalism)와 기독교 시오니즘(Christian Zionism) 사상에 관해 논쟁할 때, 김 박사는 그 사상들이 150년 전에 존 넬슨 다비(John Nelson Darby)의 생각에서 나온 것이라고 선언했다. 하지만 빅토리아 왕조 이전에 영국에서 출간된 자료들의 고문서들과 데이터베이스를 수십 년 동안 다른 주제들과 연계하여 발굴하면서 다비와 유사해 보이는 종말론 문헌들을 줄곧 발견했다. 그 논쟁 후 나는 그것들을 연구하는 데 시간을 바치기로 했다. 동료들에게 내 연구를 알리고 나서, 제임스 로버트슨(James Robertson)이 18세기 초에 계시록에 관한 논문을 쓰면서 받았던 것과 비슷한 반응들을 받았다.

어떤 사람들은 이 예언을 강해하는 사람들을 조롱하고 경멸하기를 주저하지 않는데, 그것은 하나님 말씀의 위대한 한 부분을 간접적으로 혹평하는 것이다. 그래서 사우스(South) 박사는 설교하면서 미친 사람만이 계시록을 다룰 것이며, 만약 그가 처음에는 제정신이었다면, 마치기도 전에 정신 분열을 일으켰을 것이라고 말했다… 웨일스의 논쟁적인 변호사 데이비스(Davies)는 학식 있고 존경받는 고위성직자가 2년 이상 시간을 이 예언서를 연구하는 데 쏟은 것을, 그가 여전히 살아 있었는데도 뻔뻔스럽게 조롱했다. 게다가 … 그가 그 일을 마쳤을 때… 그는 그것을 공개하기를 부끄러워했다… 나는 그의 대적들이 부끄럽도록 그 학식 있는 분의 노력이 빛을 볼 것을 의심하지 않는다.1

종말론과 성경 예언 연구는 부당하게도 언제나 많은 조롱을 받는다.

내가 이 연구에 사용한 방법은, 역사가들과 신학자들의 글을 읽기 전에 4년 동안 일차 자료들만 읽는 것이었다. 이것은 "온라인 초기 영어책"(Early English Books Online, EEBO)과 "18세기 소제목 목록"(the Eighteenth-Century Short Title Catalogue, ESTC/ECCO)이 있어 가능했다. 나는 일차 자료를 읽었고, 그다음에 나의 결론을 다른 저자들, 역사가들, 신학자들의 결론과 비교하며 확인했다.

일차 자료에서 상당히 길고 많이 인용한 것을 독자들에게 변명하고 싶다. 나는 본문들이 문맥과 상관없이 취해졌다거나 내 자신의 해석이 자료에 투영되었다는 그 어떤 추측도 불식시키고 싶다. 이 연구는 종말을 예측하는 대중적인 작품이 아니라, 수 세기 전에 믿었던 것을 발견하려는 학문적인 노력이다. 나의 결론은 친유대주의(philo-Semitism), 전천년주의, 심지어 환란 전 휴거설 등의 사상이 19세기 이전에도 사람들이 예상하는 것보다 더 팽배했다는 것이다. 게다가, 현대의 과거주의자들(preterists)이 존경하는 사람 중 많은 사람—웨스트민스터 목사들, 성공회 주교들, 대서양 양편의 유명한 청교도들—도 사실은 전천년주의자들이었다. 과거주의자들은 전천년주의가 새로운 것이라고 주장하지만, 실제로 과거주의는 18세기 초에 새롭게 등장했다.

나는 일차 자료 350개 이상을 사용했는데, 학자들은 수 세기 동안 그것들 대부분을 읽지 않았다(훨씬 적게 인용됐다). 이것은 대체로 그 문헌들이 많은 연구자에게 생소하거나 이전에는 접근할 수 없었기 때문이다. 필자는 다른 학자들이 이 연구를 발판으로 삼고, 어떤 실수나 오

---

1 James Robertson, *Kaina kai Palaia, Things New and Old: or, an Exposition of the Book of the Revelation* (Edinburgh, 1730), vi.

류가 있으면 다듬고 수정해 주기를 바란다. 오늘날의 독자들에게는 본문을 읽는 시간이 다소 걸릴지라도, 정확성을 기하기 위해 원자료들의 오래된 철자법을 유지했다(영서의 경우). 인용문 안에 나오는 이탤릭체(이 책에서는 굵은 글씨체)는 당시의 저자들이 성경을 인용할 때 사용하던 일반적인 관습이다.

감사의 글

  15세기에서 18세기까지 영어로 출간된 십만 권 이상의 책으로 구성돼 일반인이 쉽게 접근할 수 있게 해 준 "온라인 초기 영어책들"(EEBO)에게 감사한다. 또한, 헌팅턴 도서관, 브리티시 도서관, 보들레인 도서관, 옥스퍼드 대학교, 웨일즈 국립 도서관 등 고문서 도서관에 감사한다. 그리고 필자가 성경에 뿌리를 내리게 해 준 탈봇신학대학원(Talbot Theological Seminary)과 17~18세기 영국사에 관한 최고의 몇 분 교수님의 지도로 공부하고 영국에서 공부할 수 있게 연구비를 제공해 준 캘리포니아리버사이드대학교(University of California Riverside)에 감사한다. 리버사이드대학교에서 대학원생이었을 때, 18세기 소제목 목록을 수집하는 일에 참여했는데, 미국 분과 책임자는 논문 지도 교수이신 헨리 스나이더(Henry Snyder) 박사였다. ESTC는 이제 '온라인 18세기 모음집'(the Eighteenth-Century Collection On-line, ECCO)인데, 15세기에서 17세기를 다루는 EEBO의 18세기 판이라 할 수 있다. 또한, 옥스퍼드-브룩스 대학교(Oxford-Brookes University)는 감사하게도 이 책을 위한 연구를 시작하도록 연구비를 제공해 주었다.

  달마다 급여를 주고 또한 영국에 연구 여행을 갈 수 있도록 지원해 준 콜로라도크리스천대학교에도 감사한다. 필자의 연구를 격려하고 이 책에서 놓친 부분들을 교정해 준 모든 사람에게 특별히 감사드린다. 누구보다 팀 라헤이, 토머스 아이스, 에드 힌슨, H. 웨인 하우스, 티모씨 J. 데미, 레이첼 윌슨, 에이미 코울, 에이미 랜드히어, 스테펀 로스트, 제프 쇼, 케이씨 데커에게 감사드린다.

"어떤 사람은 이것을 새로운 것이라고 하면서 싫어하지만, 이것은 순교자 유스티누스보다 고대의 것이며 사도적 진리이다."

인크리스 매더(Increase Mather)

저자 소개

윌리엄 왓슨(William Watson)은 캘리포니아 폴리테크닉주립대학교에서 역사학을 전공했고(B.A.), 탈봇신학대학원에서 목회학 석사(M.Div.)를, 리버버사이드의 캘리포니아 대학교에서 문학석사(M.A.)와 철학박사(Ph.D.)를 취득했다. 그는 1970년대에 미육군 정보과의 언어학자로 베를린에서 도청된 동독 전화소리를 감청했고, 1980년대와 1990년대 초반에는 대학원생으로서 영어 소제목 카탈로그(1473년부터 1800년까지 출판된 영어 작품)를 수집하는 일을 도왔으며, 이것은 18세기 저술 온라인 모음집으로 만들어졌다. 그는 2004년 풀브라이트 선임 학자로 몰도바(Moldova)에 방문했고, 2007년에는 옥스퍼드-브룩스대학교의 방문교수였으며, 보울더에 있는 콜로라도대학교의 강사로도 자주 활동했다.

왓슨 박사는 17~18세기 영국 성직자들을 전공했고, 많은 자유 시간을 영국에 있는 여러 고문서실을 찾아다니며 연구하는 데 할애했다. 그의 박사 논문은 17세기 후반과 18세기 성직자들의 (신권적 토리당이거나 로크적인 휘그당이었던) 정치학에 관한 것이었다. 그 후에 그는 그들의 과학적 사상(특히, 그들이 오래된 지구 연대기에 맞추어 성경을 재해석하려 한 것)을 연구했다. 그는 지난 10년 동안 이 영국 성직자들의 (이 책으로 결실을 맺은) 종말론을 연구했다. 그는 지난 20년 동안 콜로라도크리스천대학교의 교수였고 항상 많은 학부 과목을 성실하게 가르쳤다. 그는 덴버 근처에서 아내 그리고 세 아이들과 함께 살고 있다. 전자우편wwatson@ccu.edu을 통해 학문적으로 소통할 수 있다.

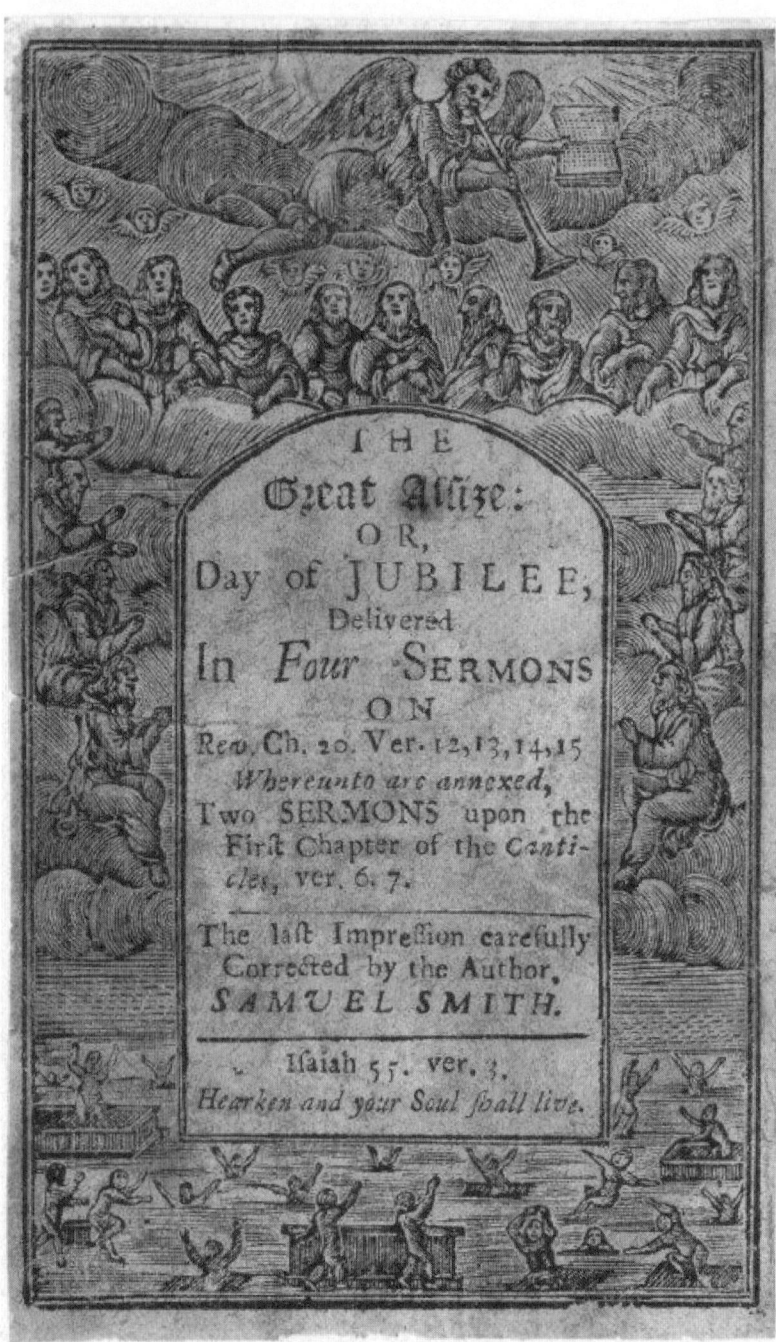

1

세대와 천년왕국에 관한 종교개혁 이전의 개념

Concepts of Dispensations and a Millennium Prior to the Reformation

세대주의(Dispensationalism)와 기독교 시오니즘(Christian Zionism)이 최근에 발생한 것이며 그 사상이 빅토리아 시대(역자 설명. 영국의 빅토리아 여왕이 통치한 1837~1901년)에 발전했다는 주장이 자주 제기된다.[1] 그러나

---

[1] Stephen Spector, *Evangelicals and Israel: The Story of American Christian Zionism* (New York: Oxford University Press, 2009), 13; David Borg, *Standing with Israel: Why Christians Support the Jewish State* (Lake Mary, FL: Front Line, 2006), 13, 38; Crawford Gribben, "Antichrist in Ireland: Protestant Millennialism and Irish Studies" in *Protestant Millennialism, Evangelicalism, and Irish Society, 1790~2005*, ed. Crawford Gribben and Andrew Holmes (New York: Palgrave, 2006), 1; Ben Witherington, *The Problem with Evangelical Theology: Testing the Exegetical Foundations of Calvinism, Dispensationalism, and Wesleyanism* (Waco: Baylor University Press, 2005), especially part II: "Theology: Testing the Exegetica"; Yarbo Collins, "The Book of Revelation" in Bernard McGinn ed., *The Continuum History of Apocalypticism* (New York: Continuum, 2003), 215; Paul Boyer, "The Growth of

이 주장을 받아들이기 어려운 이유는, 17~18세기 영국 성직자들에 대해 수십 년 동안 연구하면서 그런 명칭은 없었어도 그런 개념을 계속 만났기 때문이다. 16세기 프로테스탄트 종교개혁 때 천년왕국론자들(millenarians)이 있었다는 사실을 누구도 부정하지는 않지만, 그들은 급진적 재침례교도(radical Anabaptist fringes) 중에 있었다. 그들은 17세기 청교도 중에서 발견되기도 한다. 대다수 청교도는 역사주의자들(historicists)로서 교회사를 통해 추적할 수 있는 묵시적 사건들(apocalyptic events) 가운데 살고 있다고 믿었다.

성경 예언 해석의 역사를 공부하는 사람은 누구나 미래적 전천년설(futurist premillennialism, 묵시적 사건들이 미래라고 믿음), 특히 세대주의(문자적 적그리스도와 아마겟돈 전쟁과 함께 휴거와 대환란에 대한 기대가 그리스도께서 재림하셔서 지상에서 천 년 동안 다스리시는 데서 절정을 이룬다고 주장함)와 기독교 시오니즘(유대인들은 여전히 하나님이 독특하게 선택하신 민족이고, 그들을 향한 하나님의 약속들은 여전히 유효하며, 그들은 묵시적 사건에서 담당하는 역할이 있고, 예수 그리스도와 함께 하나님께서 그들에게 주신 땅으로 돌아올 것인데, 그분은 후에 그들의 메시아로서 멸망에서 건져주시기 위해 다시 오심)이 불과 1800년대 시작한 최근의 신학적 발전이라고 주장한다.

필자의 의도는 세대주의와 기독교 시오니즘(당시에 회복주의라고 알려짐)의 사상이 현대 세대주의 아버지로 간주하는 존 넬슨 다비(John Nelson Darby)와 데오도레 헤르츨(Theodore Herzl, 현대 시오니즘의 아버지)이 그것들을 분명하게 표현한 것보다 훨씬 전인 17~18세기에 존재함을 보여주려는 것이다. 다비가 채택한 사상은 영국 청교도주의로 거슬러 올라가는 초창기 영국 신학에 존재했는데, 그것은 다비가 그것들을 1800년대에 체계화시킬 때보다 훨씬 앞선다.

Fundamentalist Apocalyptic in the United States," in Bernard McGinn ed., *The Continuum History of Apocalypticism* (New York: Continuum, 2003), 517; Eugene Weber, *Apocalypses: Prophecies, Cults, and Millennial Beliefs through the Ages* (Cambridge, MA: Harvard University Press, 2000), 182; and W. H. Rutgers, *Premillennialism in America* (Holland: Oostervaan, 1930), 172.

어느 미국인 학자는 "천년왕국론을 구분하는 전통적인 기준은…1800년대 이전에 나타난 체계들에는 거의 의미가 없다."라고 주장했다.2 또한 현재 묵시론의 지도적 학자인 크로포드 그리벤(Crawford Gribben)은 전천년주의, 후천년주의(postmillennialism), 무천년주의(amillennialism)라는 현대적인 범주를 "옛날 문헌들에 소급해서 투영시켜서는 안 된다."라고 경고한다.3 그렇지만, 바로 이것은 필자가 의도하는 바이다. 이런 용어들이 후대에 생겼겠으나, 그 개념들 (또는 적어도 그 전례들)은 수세기 먼저 배아적인 형태로 존재했다. 그렇게 본다면, 이전의 개념들을 분류하고 논의하는 데 현대의 용어들을 사용하는 것은 적절하며 유용하다. 청교도들의 일관된 종말론 사상은 역사주의다. 그것을 우리가 무천년주의, 전천년주의, 또는 후천년주의 등의 어떤 것으로 이해하든 간에, 온건한 형태의 과거주의가 1600년대 역사주의로부터 생겨나기 시작할 때까지 그들 대다수는 역사주의자들이었다.

종말론 학파

1. **이상주의**(Idealism)/**성령주의**(Spiritualism)/**상징주의**(Symbolism): 예언은 문자적으로가 아니라 우화적(알레고리)으로 이해되어야 한다.

2. **과거주의적 후천년주의와 무천년주의**: 묵시적 사건들은 과거에 일어났다. 천년왕국은 보통 콘스탄티누스(Constantine)와 함께 시작한 기독교의 성공으로 이해되며, 교회는 유토피아를 가져올 것이다.

---

2 Reiner Smolinski, "Caveat Emptor: Pre- and postmillennialism in the late reformation period" in eds. James Force and Richard Poplin *Millennialism and Messianism in Early Modern European Culture* (Dordrecht: Kluwer Academic, 2001), 146 cited in Crawford Gribben, *Evangelical Millennialism in the Trans-Atlantic World, 1500~2000* (New York: Palgrave MacMillan, 2011), 12.

3 Gribben, *Evangelical Millennialism in the Trans-Atlantic World, 1500~2000*, 11.

3. **역사적 천년왕국론**: 우리는 교회사를 통해 추적되는 묵시적 사건들 안에 살고 있다. 17~18세기에 역사주의자 대다수는 자신들이 계시록 11장에 있다고 믿었고 앞으로 천년왕국이 온다고 기대했다.

4. **미래적 전천년주의**: 묵시적 사건들은 여전히 미래이다.

   a. **세대주의**: 미래적 전천년주의로서, 그리스도께서 재림하셔서 천년 동안 다스리는 것에서 절정을 이루는 미래의 휴거, 대환란, 문자적인 적그리스도, 아마겟돈 전쟁을 기대한다.

   b. **기독교 시오니즘**(본래 회복주의로 알려짐): 유대인은 여전히 하나님의 백성이고, 묵시적 사건들 속에서 주된 역할을 감당하며, 하나님이 그들에게 주신 땅으로 돌아올 것이며, 그리스도는 그들의 메시아로서 돌아오실 것이다.

1948년 이전에는 많은 유대인, 심지어 일부 그리스도인까지도 성경 본문에 기록된 대로 하나님께서 유대인들에게 주신 약속의 땅으로 돌아갈 것을 기대했다. 1948년 이후, 그 유대인과 그리스도인은 열성적인, 현대의 국가 이스라엘의 지원자들이 됐다.

가장 흔한 형태의 미래 전천년주의 학파인 세대주의는 성경의 예언서들을 문자적으로 해석하는데 기반을 두며, 역사를 하나님과 인류의 관계가 변화되는 시대들(세대들)로 나눈다. 역사의 시대들을 인식하는 것은 1600년대부터 1800년대까지 일반적인 관습이었고, 특별히 역사주의 특징이었다. 그러나 어떤 사람들은 이것이 현대 세대주의의 중요한 특징이 되자 그 반작용으로 이런 해석을 그만두었다. 세대들은 보통 족장시대(모세 율법 이전에 해당), 율법시대(모세의 율법이 유효하던 때), 현재 교회 시대(은혜시대), 미래의 환란기(적그리스도가 다스릴 7년), 천년왕국(메시아가 지상에서 다스리는 평화로운 천 년 기간)을 포함한다. 세대주의와 기독교 시오니즘이 내포하는 것은 하나님께서 유대인과 관계를 끝내지 않으셨고 그들이 종말 사건들에서 핵심적인 역할을 감당할 것이라는 점이다.

천년왕국, 그리고 메시아가 이스라엘을 압제에서 건지시려고 오신다는 사상은, 사해 두루마리들에서 발견된 다량의 묵시 문헌들이 입증하듯 예수님의 시대에는 흔한 생각이었다. 기독교의 옹호자들과 비방자들은 초대 그리스도인들이 임박한 종말을 기대했다는 것을 인정한다.4 17세기 천년왕국론인 청교도는 말한다.

> 사도 시대 직후, 교회의 확고한 신념은 마지막 날에 있을 일반 부활 전에 부활이 있을 것이며, 그것은 신실한 사람들이 지상에서 천 년 동안 누릴 행복한 상태라는 것이다. 우리는 이것을 테르툴리아누스[『마르키온 반박』]과 이레나이우스[『모든 이교도들에 대한 반박문』], 그리고 순교자 유스티누스[『유대인 트리폰과의 대화』]에서 알 수 있다… 그 시대의 어떤 그리스도인이건 모든 면에서 정통인 사람들은 같은 견해였다… 그 시대의 이단들만이 특별히, 또는 유일하게 그것을 믿지 않은 것으로 보인다.5

초대교회 교부들은 그리스도께서 재림하셔서 지상에 천년왕국을 세우실 것을 압도적으로 믿었다. 빅토리아 시대의 지도자적인 교회 역사가의 한 명인 필립 샤프는 이 견해를 거절하면서도 이와 같은 초기 신앙에 관해 썼다.

> 니케아 이전 시대의 종말론에서 가장 두드러진 특징은 현저한 천년주의 또는 천년왕국설로서, 일반 부활과 심판 전에 그리스도께서 부활

---

4 Abba Hillel Silver, *The History of Messianic Speculation in Israel* (New York: Macmillan, 1927), 30~32; Philip Schaff, *History of the Christian Church* (Grand Rapids: Eerdmans, reprinted ed. 1973), 2:614; Edward Gibbon, *History of Christianity* (New York: Eckler, 1916); Will Durant, *Caesar and Christ* (New York: Simon & Schuster, 1944), 564~65.

5 Johann Alsted, *The Beloved City or, the Saints Reign on Earth a Thousand Years* (London, 1643), iv에 있는 번역자의 서문.

한 성도들과 함께 이 땅에서 천 년 동안 가시적인 통치를 한다는 것이다. 이것은… 당대에 저명한 교사들, 예를 들면, 바나바스(Barnabas), 파피아스(Papias), 순교자 유스티누스(Justin Martyr), 이레나이우스(Irenaeus), 테르툴리아누스(Tertullian), 메토디우스(Methodius), 락탄티우스(Lactantius), 그 밖의 사람들 사이에 널리 퍼진 견해였다… 유대적 천년왕국설은 메시아 왕국을 육신적으로 잘못 받아들이고, 예언의 상징을 문자적으로 해석하며, 유대인과 거룩한 성을 왕국의 중심이라고 과대평가한 데 근거했다.6

심지어 비세대주의 복음주의 학자가 세대주의를 비판하는 최근의 저서에서도 이 점을 인정했다.

미래적 종말론은 전반적으로 내세적(otherworldly) 종말론으로 대체되었고 그것과 더 가까운 신비주의가 중세시대에 도래했다. 신자들을 사로잡았던 임박한 종말론은 1세기 이후 점차 느슨해졌다. 이것은 유대 문헌이나 기독교 문헌에서 공통된 사실이었다. 미래적 종말론은 예수와 초대 그리스도인들의 믿음 체계와 또한 계시록 저자의 믿음 체계에 관해 많은 것을 설명해준다.7

A.D. 150년 즈음, 순교자 유스티누스가 "예루살렘이… 재건될 것이고, [그 백성들이] 다시 모일 것이며, 그리스도와 족장들과 함께 즐거워할" 것을 믿느냐는 질문을 받았을 때, 그는 "나와 다른 많은 사람이 그렇게 믿고 있다."라고 대답했다.8

---

6 Philip Schaff, *History of the Christian Church* (Scribner, 1884; reprint by Eerdmans, 1910), 2:614.

7 Ben Witherington, *The Problem with Evangelical Theology: Testing the Exegetical Foundations of Calvinism, Dispensationalism, and Wesleyanism* (Waco, Baylor University Press, 2005), 101.

8 Justyn Martyr, *Dialogue with Trypho*, chapter LXXX.

이와 비슷하게, 이레나이우스도 A.D. 170년 즈음에 이것이 "이 땅에서 반드시 이루어질 것을 믿는 것이 정통신앙에서 없어서는 안 될 부분"이라고 주장했다.9 A.D. 180년 즈음에 테르툴리아누스는 하늘의 예루살렘이 지상으로 내려오려는 것을 보았고, 그리스도인들은 "그리스도께서 예루살렘에 나타나실 것을 기대해야 한다."라고 주장했다. 어떤 초기 그리스도인 문헌—특별히, 『헤르마스의 목자』, 유사-에브라임, 그리고 『엘리야 묵시록』—은 심지어 환란 전 휴거에 관해 암시한다.10

예외가 있다면, 신플라톤주의의 영향을 크게 받은 은유적인 알렉산드리아 학파이다(3세기 초 알렉산드리아의 클레멘스[Clement]와 오리게네스[Origen]).11 임박한 종말을 믿는 신앙에서 벗어난 것은 4세기에 로마 제국의 기독교화 이후이다. 이렇게 된 것은 부분적으로 사람들이 압제를 당할 때는 메시아를 찾지만, 기독교가 널리 퍼졌을 때는 메시아의 임박한 재림에 대한 필요성을 거의 느끼지 못했기 때문이다. 18세기 위그노 이주민 삐에르 쥐리외에 따르면, "고난 겪는 교회는 위로를 찾는다. 그것을 하나님의 약속 말고 어디에서 찾겠는가? 현재의 전망이 슬프고 어둡다면, 우리는 미래에서 그것을 찾아야 한다."라고 말한다.12

---

9 Silver, *The History of Messianic Speculation in Israel*, 33~35; Norman Cohn, *The Pursuit of the Millennium: Revolutionary Millenarians and Mystical Anarchists of the Middle Ages* (New York: Oxford University Press, 1971), 25~27. 17~18세기의 많은 문헌이 반복적으로 초기 교부들을 인용하여 육체적 부활과 문자적인 지상의 천년왕국을 지지한다(예를 들면, Mede, Homes, Increase Mather, Perry).

10 Thomas Ice, "The History of the Doctrine of the Rapture." Unpublished paper for The Eighteenth Annual Barndollar Lecture Series, http://www.bbc.edu/barndollar/Barndollar_Pre-Darby_Rapture.pdf에서 이용 가능. Francis X. Gumerlock, "The Rapture in *The Apocalypse of Elijah*," *Bibliotheca Sacra* (October~December 2013): 418~31.

11 Ibid., 29. Increase Mather, *Dissertation Concerning the Future Conversion of the Jewish Nation* (1709), 1은 이 점을 식별했다.

12 Peter Jurieu, *The Accomplishment of the Scripture Prophecies, or the Approaching Deliverance of the Church* (London, 1687), 3.

4세기에 가이사랴의 유세비우스와 히에로니무스(Jerome)는 기독교의 세력이 증가함에 따라 현재적 천년왕국이 올 것을 믿으면서 미래적 천년왕국설을 공격하기 시작했다. 히포의 아우구스티누스는 한때 다른 많은 사람처럼 미래의 천년왕국론을 지지했던 것을 인정하면서도 시류를 따랐다.13 그는 현재적으로 천년왕국에 살고 있다고 믿으면서, 나중에는 미래의 천년기를 거부한다. 그의 말에 따르면, "교회는 성도들이 현재적으로 주님과 함께 다스리지 않는 한 그의 왕국이나 천국으로 불릴 수 없다."14 많은 사람이 그리스도의 왕국과 지상적 통치가 이 땅에서 그리스도의 대리 통치자인 로마의 감독을 통해 현존한다고 보기 시작했다. 17세기 청교도 로버트 메이튼(Robert Maton)에 따르면, "주님이 오신 후 320년이 지나자… 교황제의 무지, 미신, 그리고 우상숭배가 증가하면서 진리는 수없이 오류로 대체되었다."15 청교도 인크리스 매더(Increase Mather)는 "적그리스도가 다스릴 때까지 천년왕국은 부인되지 않았다."고 믿었다.16 한 묵시록의 역사가는 초창기 예언 해석의 역사를 요약하면서, "아우구스티누스 이후 서방에서는 피오레의 요아킴 때까지 아무도 천년왕국을 믿지 않았고," 그것은 "종교개혁 때까지 주변 현상으로 남아 있었다."라고 진술한다.17 교회가 로마화 되어갈수록, 메시아가 지상 낙

---

13 아우구스티누스는 한 때 천년왕국론을 신봉했던 것을 인정했는데, 6천 년의 인간 역사 후에 육체적 부활이 있고 성도들은 지상에서 그리스도와 함께 다스린다는 것이다(*City of God*, Book XX, chapter 7). 나중에 그는 문자적 천년을 거부했는데, 그것은 현재 천년왕국에 있다는 믿음 때문이었다. "마귀는 교회가 유대를 넘어 열방에 더욱더 퍼졌을 때는 물론이고 지금도 묶여 있고… 세상 끝 날에 풀려날 것이다. 왜냐하면 지금도 사람들은… 자신을 사로잡았던 불신앙에서 믿음으로 돌아섰기 때문이다"(*City of God*, XX, 8).

14 Augustine, *City of God*, book XX, chapter 9; 그 제목은 "성도들이 그리스도와 함께 천 년 동안 다스릴 때 이것은 영원한 왕국과 어떻게 다른가?"이다.

15 Robert Maton, *A Treatise of the Fifth Monarchy or, Christs Personal Reign on Earth, One Thousand Years with his Saints* (London, 1655), "An Answer to Mr. Petries Preface," page before D.

16 Increase Mather, *The Mystery of Israel's Salvation* (n.p.[Boston or New Haven], 1669), 저자의 서론.

원을 세울 것이라는 믿음은 '옛날 유대인의 환상'으로 여겨졌다.18

2세기 중반 순교자 유스티누스는 다른 세대들에 있는, 하나님의 다른 프로그램들에 관해 말했고,19 이레나이우스는 하나님의 다른 세대들과 함께 특별히 현재 교회 세대를 언급했다.20 2세기 후반 몬타누스파는 그리스도께서 프리기아로 언제든 다시 오신다고 기대했고, 로마제국에 이 운동이 두루 퍼졌을 때 교부인 테르툴리아누스도 여기에 가담했다.21 3세기에 알렉산드리아의 클레멘스는 일곱 시대를 가르쳤다: 아담에서 노아, 노아에서 아브라함, 아브라함에서 모세, 모세에서 그리스도의 초림, 그리스도의 초림에서 그의 재림, 그리고 천년왕국.22 중세의 신학을 지배한 무천년설의 아버지로 간주되는 히포의 아우구스티누스조차 신성한 역사에는 여러 세대가 있다고 가르쳤다.

> 희생이라는 신성한 체제는 이전 세대에는 적합했지만, 이제는 적합하지 않다. … [하나님은] 변하는 것들을 창조하신 변하지 않으시는 창조주시며, … 그분 자신에 어떤 변화도 없이 이어지는 시대적 변화들… 세대들은 연속되는 각 시대에 적응되어 있다. … 구약의 성례들이 신약

---

17 Arthur Mendel, *Vision and Violence* (Ann Arbor: University of Michigan Press, 1992). Gribben, *Evangelical Millennialism in the Trans~Atlantic World: 1500~2000* (New York: Palgrave MacMillan, 2011), 2, 23~24.

18 17세기의 흔한 경멸적 표현. Alexander Petrie, *Chiliosto-Mastrix*, 5 (intro) in Mark Bell, "The Revolutionary Roots of Anglo American Millenarianism," *Journal of Millennial Studies* (Nov. 1999): 6. Robert Maton, *A Treatise of the Fifth Monarchy* (London, 1655), D2 다음 세 번째 페이지.

19 Justyn Martyr, *Dialogue with Trypho*, 87.

20 Irenaeus, *Against Heresies*, 5.28.3.

21 Cohn, *The Pursuit of the Millennium*, 25.

22 Clement of Alexandria, *To Marcellinus*, 138.5.7; Charles C. Ryrie, *Dispensationalim* (Chicago: Moody, 1995), 63~64에서 인용.

의 성례들로 바뀌는 것은 예언자들의 목소리로 예견되었고… 모든 것은 그분께서 여러 시대의 다양성에 따라 분배하신 것이다. … 한 시대를 위해 올바르게 배정된 것은 다른 시대가 되면 올바르게 바뀔 수 있는데, 그 변천은 세상의 변화를 나타내는 것이지 그렇게 변화시키신 분의 계획이 변한 것이 아니다… 그 시대들은 서로 이어진다.23

게다가, 중세 초기에 또 다른 종말론적 주제들이 계속되었다. 훈족, 마자르족, 아랍족, 투르크족의 침입은 적그리스도 무리의 출현으로 여겨졌다.24 다양한 순회 설교자는 그들이 그릇된 교회라고 부르는 중세 성직자들의 부와 나태에 통곡했다. 종교개혁 훨씬 이전부터 중세시대에, 로마교회가 적그리스도라고 믿었다.25 반대로, 로마 교회는 자신을 공격하는 사람들을 적그리스도라고 불렀다.

12세기 시스터시안(Cistercian) 수도사였던 피오레의 요아킴(Joachim of Fiore)은 8세기 동안의 무천년설 이후 천년왕국 사상을 되살렸고, 초대 교회 이후로 처음으로 역사를 하나님 은혜의 다른 시대들 혹은 세대들로 구분했다: 성부의 과거 시대(구약), 성자의 현재 시대(그리스도 때부터 A.D. 1260년까지), 성령의 다가오는 시대(하나님의 사랑이 지구를 덮는 시기).26 피오레의 가르침은 나중에 토마스 아퀴나스에 의해 정죄되었고 1263년(그가 정한 날짜가 잘못된 것으로 판명된 지 3년 후)에 이단으로 선언되었다. 그렇지만 많은 16세기 개혁자들과 17세기 청교도들은 피오레의 삼중구분, 곧 율법, 교회, 다가오는 천 년의 시기를 별로 문제 삼지 않았다. (흥미롭게도, 단테는 피오레의 요아킴을 낙원에 두었고, 그를 이단으로 정죄한 교황을 지옥에 두었다.)

---

23 Augustine, *Letter CXXXVIII, Letter CXX. Library of the Nicene and Post-Nicene Fathers*, ed. Philip Schaff, 1st Series, I, 482~83.

24 Cohn, *The Pursuit of the Millennium*, 35.

25 Cohn, *The Pursuit of the Millennium*, 80~84.

26 Gribben, *Evangelical Millennialism*, 24. 1260이라는 숫자는 계시록 11~12장에 나타난다.

사도적 형제들(Apostolic Brethren)은 13세기 후반에서 14세기에 북이탈리아의 비공식적이며 핍박받던 수도원 운동인데, 이들이 휴거의 교리를 믿었다는 것이 1316년 베르첼리(Vercelli) 서기의 기록에 남아 있다.

> 적그리스도가 이 세상에 오고 있었다. … 그가 오고 난 후 [형제들은] 에녹과 엘리야가 있는 낙원으로 옮겨질 것인데, 이런 방법으로 그들은 적그리스도의 박해에 해를 받지 않고 보존될 것이다. 그리고 나면 바로 에녹과 엘리야가 지상에 내려와 [계시록 11장의 두 증인으로서] 적그리스도에 대항해 설교할 것이다. … 적그리스도가 죽을 때… 그 보존된 추종자들은 지상에 내려와 모든 사람에게 그리스도에 관한 올바른 신앙을 전파할 것이며 그때 살아있는 사람들이 예수 그리스도에 관한 참된 신앙으로 돌아서게 할 것이다.27

15세기 화란의 카르투시안 수도사 데니스 반 루벤(Denys van Leeuwen)은 "환란 이전 또는 도중 휴거와 몸의 부활"을 믿으면서 그것이 '갑자기' 그리고 놀라움 가운데 닥치고, '다가오는 위험'과 '큰 환란' 중에 일어난다고 보았다.

> 순식간에, 눈 깜짝할 사이에 마지막 나팔이 울리고 심판이 있을 것이다. 그것이 바로 진노의 환란 날이 될 것이다. … 우리 주님의 날이 올 것이다. … 이제 가난하고 궁핍한 사람들을 돌아보는 사람은 얼마나 복되고 얼마나 행복한가. 그 어려운 여정에서 우리 주님은 그들을 모든 위험에서 건져주실 것이다. … 선하게 행동한 사람들은 생명의 부활에 들어간다. … 우리 주님의 날은 도둑과 같이 밤중에 올 것이

---

27 Anon., *The History of Brother Dolcino* in Francis X. Gumerlock, "A Rapture Citation in the Fourteenth Century," *Bibliotheca Sacra* (July~September 2002): 354~55. 또한 Marjorie Reeves, *The Influence of Prophecy in the Later Middle Ages: A Study of Joachimism* (Oxford: Oxford University Press, 1969), 246을 보라.

다. 사람들이 스스로 평안하다고 확신할 때 주님은 갑자기 오셔서 그들을 사로잡을 것이다. … 그 날이 도둑처럼 갑자기 찾아와 당신을 놀라게 하지 않게 하도록 비참한 죄 가운데 살지 말라. 확실히 우리는 낮의 자녀들이며, 빛의 아들들이다. 그러므로 다른 사람들처럼 잠자지 말자. 다가올 모든 위험에서 도망치도록… 깨어 있으며 정신을 차리자. … 하나님의 전능하신 힘으로 모든 남자와 여자의 영혼은 돌아와 그들의 몸과 결합하고 존귀한 심판자 앞에 서게 될 것이다. … 당신은 나를 지옥에서 지켜주실 것이며 당신의 진노가 지나갈 때까지 나를 숨겨주실 것입니다. … 그리고 나서 창세 이래 지금까지 없었던 크나큰 환란이 있을 것이다.28

16세기 종교개혁은 성경을 더 문자적으로 보도록 자극했고, 그것은 묵시적 열기를 재생시켰다.29

루터 자신은 중세 로마 가톨릭교회의 가르침에서 많이 벗어나지는 않았지만, 개인적으로는 대단히 묵시에 관심이 많았다.30 중세의 일부 저자가 교황들을 적그리스도로 언급했지만, 루터는 교황제 전체를 적그리스도라고 선언한 최초의 인물이다. 로마 가톨릭 저자들은 그것에 대응해 루터를 적그리스도라고 불렀다. 루터의 몇몇 동료는 루터의 해석을 따라 다니엘과 계시록에 관한 상세한 연구를 남겼다.31 그것은 칼

---

28 Denys van Leewen, *Corden, Whiche tretech of the four last and final thinges that ben to come* (1479).

29 개관을 위해서는 *The Oxford Encyclopedia of the Reformation* (New York: Oxford University Press, 1996)의 1:63~68과 3:61~62에 있는 "Apocalypticism"과 "Millenninialism" 항목을 보라.

30 Peter Toon, *Puritans, the Millennium and the Future of Israel: Puritan Eschatology 1600~1660* (Cambridge: Cambridge University Press, 1970), preface.

31 그들은 Michael Stifel, John Carrion, Philipp Melanchthon, Andreas Osiander 등이 이었다. Bernard McGinn ed., *The Encyclopedia of Apocalypticism* (London: Continuum, 2000), 155를 보라.

뱅에게도 동일하다. 로마 가톨릭은 그를 적그리스도라고 불렀고, 그도 역시 교황을 적그리스도라고 불렀다.32

묵시론은 재침례교도 같은 급진파들 사이에서 더욱 극단화 되었다. 멜키오르 호프만(Melchior Hoffman, 1495년 즈음~1543 즈음)은 그리스도가 1533년 라인강 상류에 있는 스트라스부르크에 돌아와 그의 천년왕국을 세울 것이라고 믿었다. 다음 해, 그의 동료 재침례교도인 얀 마티스(Jan Matthys 또는 Matthijs로도 씀, 1534년 죽음)는 자신과 호프만이 계시록 11장의 두 증인이며 독일 북서부에 있는 뮌스터가 새로운 예루살렘이라고 선언했다. 마티스가 포위된 뮌스터성 바깥으로 돌격대를 이끌고 나가서 죽자, 라이덴의 얀(Jan of Leyden)이 재침례교도의 지도자 자리를 이었다. 라이덴은 뮌스터의 "성도들"에 가입하기 전에 주의 두려운 날이 올 것이라고 선포하면서 그의 고향에서 발가벗고 달리기도 했었다. 뮌스터가 함락된 후 마티스와 라이덴의 시체는 뮌스터 시청 전면에 매달아 놓은 관에서 오십 년 이상 썩어갔다. 전천년주의가 야기한 이런 사회적 불안에 대한 반작용으로 1540년 「아우구스부르크 신앙고백」은 "죽은 자의 부활 전에 경건한 자들이 세상의 왕국을 차지하리라는 유대인의 견해를 지금 퍼뜨리는 자들을 정죄한다."라고 선언했다.33 이 정죄는 1552년 성공회의 「42개 신조」와 1566년 칼뱅주의자들의 「2차 헬베시아 신앙고백」으로 이어졌다.34 모든 주요 개신교 그룹들은 다가오는 지상의 왕국이라는 사상을 "유대인의 견해" 혹은 단지 무지한 광신자들이 조작한 환상이라고 선언했다.

18세기 브리스톨의 성공회 주교인 토머스 뉴턴(Thomas Newton)은 다음의 말을 한다.

---

32 Hugh Broughton, *A Revelation of the Holy Apocalypse* (n.p., 1610), 30.

33 Augsburg Confession (1530), xvii.

34 Jeffrey Jue, *Heaven Upon Earth: Joseph Mede (1586~1638) and the Legacy of Millennialism* (Dordrecht: Springer, 2006), 126; Gribben, *Evangelical Millennialism*, 3, 16.

요약하면, 순수했던 처음 3세기 동안 천년왕국 교리를 일반적으로 믿었다. … 그 뒤로 이 교리는 다양한 이유로 점차 경시되었다. … 반대자들은 이것을 오해하여 천년왕국론자들의 교리를 어리석고 불경건한 견해라고 비난했다. … 게다가 로마 가톨릭교회의 영향력과 권세가 확장되는 곳마다 이 교리를 불신하도록 모든 수단을 동원하여 수 세기 동안 억눌렀지만, 종교개혁 때 이것은 다시 살아났고 계시록 연구와 함께 번성할 것이다.35

기독교의 처음 16세기 동안의 예언서 해석의 역사 전체를 설명하는 것은 이 연구의 범위를 벗어나지만, 거기에 다수와 소수의 해석이 있었다는 것은 주목할 만하다. 즉, 무천년주의가 그 기간 동안 지배적이었음에도 한 견해만 있었던 것은 아니다. 뉴턴 주교는 전천년주의가 교회사의 처음 3세기 동안 지배적인 견해였고 무천년주의는 다음 13세기 동안 지배적이었지만, 전천년주의가 특히 청교도 그룹들에서 부활했다고 정확하게 인식했다.

---

35 Thomas Newton, *An Abridgement of Doctor Newton, Bishop of Bristol's Dissertations on the Prophecies* (Kilkenny, 1789), 84~85.

2

유대인에 대한 종교개혁자들과 청교도의 태도
(1517~1689)

Reformed and Puritan Attitudes toward the Jews (1517~1689)

기독교는 유대교의 한 종파로 시작했지만, 2세기 무렵에는 압도적으로 이방인으로 구성되었고 유대교에 대한 감정적 연대감은 거의 사라졌다. 점차 초기 기독교는 유대적 뿌리에서 벗어나기 시작했다. 이런 이탈은 영지주의 이단인 마르키온(Marcion)이 유대 성경을 부정한 데서 시작되었고 아우구스티누스의 무천년주의 대체 신학(amillennial replacement theology)과 밀라노의 암브로시우스와 요하네스 크리소스토무스의 공개적 반유대주의(anti-Semitism)에서 절정을 이루었다. 이 새로운 이방 신학은 중세 기독교를 지배했고 반유대주의 잔혹 행위 전통의 기초가 됐다. 사도 바울은 그리스도인들에게 경고하기를, "교만하지 말라… 너희가 뿌리를 지지하는 것이 아니라 뿌리[유대인들과 그들의 성경]가 너희를 지지한다."라고 말한다.[1] 이방 기독교가 유대인을 비하하기 시작하자, 그리스도인들은 한때 그들이 접붙여졌던 뿌리에서 이탈하기 시작했다. 종교개혁이 일어나고 『제

---

[1] 로마서 11:18.

네바 성경』(1557)과 이어서 『킹 제임스 성경』(1611)이 영국에서 출판되고서야 그리스도인들은 유대 성경을 스스로 읽기 시작했다. 그러는 중에 그들은 하나님께서 유대인들에게 하신 약속들을 다시 믿기 시작했다.

16세기 종말론 연구 대부분은 중세 시대 로마 가톨릭의 공론에서 거의 벗어나지 못했다. 문자적 천년왕국이 있다면, 그것은 콘스탄티누스와 함께 시작한 것으로 이해되었고, 평화의 천년기는 기독교계를 다스린 교황의 통치로 이루어졌다고 여겨졌다. 유대인에 관해서는 말세에 기독교로 개종하는 것 외에는 거의 어떤 역할도 기대하지 않았다.2 개혁자들은 중세 가톨릭교도들처럼 종말에 있을 유대인의 민족적 회심이라는 사상을 거부했다. 루터는 다음 내용을 진술했다.

> 대다수 유대인에 관해⋯ 나는 그들에 관한 어떤 희망도 품지 않으며 그것에 관한 성경 구절도 도무지 모른다. 우리는 대다수의 "그리스도인들"조차 회심시키지 못한다. ⋯ 마귀의 자녀들을 회심시키는 것은 훨씬 더 불가능하다. 어떤 이들이 로마서 11장에서 모든 유대인이 세상 끝에 회심하게 운명됐다는 개념을 끌어낸다는 사실은 아무런 의미도 없다. 그 구절에서⋯ 성 바울은 실상 매우 다른 것을 의미한다.3

또 그들은 유대인이 자신의 땅으로 돌아온다고 전혀 기대하지 않았다.

---

2 Robert Crowley, *The opening of the words of the prophet Joel... concerning the Signs of the last day* (London, 1567); Hugh Broughton, *A Revelation of the Holy Apocalyps* (n.p., 1610); Thomas Cooper, *The Blessing of Japhet, Prouing the Gathering in of the Gentiles, and the Final Conversion of the Iews* (London, 1615).

3 Martin Luther, *Lectures on the Minor Prophets, Luther's Works* (St. Louis edition) 20:2030 in Ewald Plass (ed.), *What Luther Says* (St. Louis Concordia Press, 1959), II, 687. 루터와 반유대주의에 관한 최근 연구는 Eric W. Gritsch, *Martin Luther's Anti-Semitism: Against His Better Judgment* (Grand Rapids. William B. Eerdmans, 2012)를 보시오.

이스라엘과 유다가 그들의 땅으로 돌아와 그것을 물리적으로, 영원히 소유할 것이라는 예언들은 오래전에 성취되었다. 유대인들의 소망은 완전히 헛된 것이며 사라졌다. … 이것은 그리스도가 탄생하기 전, 유대인이 고레스 왕과 페르시아 사람들에 의해 자신들의 땅과 예루살렘으로 돌아왔을 때 성취되었다. … 그러나 또 다른 물리적 귀환이 앞으로 일어날 것이라는 유대인의 소망은… 그들 자신의 꿈에 불과하며, 예언서나 성경의 어느 글자 하나 그런 종류의 일을 말하거나 의도하지 않는다. … 예언자들이 이스라엘이 돌아오고 모일 것이라고 말할 때… 분명히 새로운 언약과 새로운 이스라엘에 관해 말한다.4

칼뱅도 유사한 견해를 제시했다. "하나님은 그 백성 전체를 눈멀게 하셨기에 그들은 마치 반항하는 개들과 같다. 나는 많은 유대인과 많이 대화했다. 나는 그 어떤 유대인에게서도 경건의 한 조각이나 진리나 창의성의 기미, 아니 상식조차 본 적이 없다."5

16세기 때까지 그리스도인들은 자기 민족이 선택받은 백성이며 천년왕국은 자신의 나라에 세워질 것이라고 널리 믿었다. 그렇지만, 개혁자 테오도르 베자는 이스라엘에 관한 성경의 언급은 **유대인**을 가리킨다고 간주했고, 종말에 유대인의 집단적 회심을 기대했다. 그의 영향력은 『제네바 성경』의 여백 설명에 "유대 백성의 회심이라는 교리는 영국, 스코틀랜드, 뉴잉글랜드에 널리 퍼졌다."라고 되어 있을 정도로 확대되었다.6

---

4 Plass (ed.), *What Luther Says*, 2: 687~88.

5 Calvin, "Daniel" Lecture XI, in *Calvin's Commentaries*.

6 Peter Toon, *Puritans and Calvinism* (Lancahire, PA: Reiner, 1973), 24 cited in Edward E. Hindson, *The Puritans' Use of Scripture in the Development of an Apocalyptical Hermeneutic*, unpublished doctoral dissertation (University of South Africa, 1984), 84. 『제네바 성경』(1560)은 "유대인의 나라 전체가 그리스도의 교회에 더해질 때가 올 것이다."라고 하는 베자의 영향력을 보여준다. 『제네바 성경』의 로마서 11:25에 딸린 설명 부분을 보라.

매리 튜더(Mary Tudor)의 통치 시기인 1553~1558년에 박해를 피해 달아난 많은 영국의 개신교도는 베자의 영향력에 들어갔다. 그들의 한 명이 존 베일(John Bale, 1495~1563)인데, 그는 "복음이… 다시 유대인에게도 마침내 돌아가… 이스라엘을 흩으신 분이 그의 품으로 그들을 다시 불러들일 것"을 기대했다.7 베일은 『폭스의 순교사화』로 널리 알려진 *Actes and Monuments*(1563)의 저자 존 폭스(John Foxe, 1517~1587)에게 영향을 주었는데, 그 역시 유대인의 귀환을 기대했다. "약속들은 여전히 유효하게 남아 있다. 유대인이 비록 약속의 땅을 시온에 둬도 그들에게도 역시 마찬가지다. … 유대인들의 복되고 즐거운 귀환은… 그들의 명예로운 줄기에 자연적인 생기를 회복한… 가지들[과 같다]."8

요크 성당의 부제였던 에드먼드 버니(Edmund Bunny, 1540~1619)는 이 흐름에 따라 1584년 『유다의 홀』을 쓰면서 그리스도인들에게 하나님의 백성인 유대인을 사랑하라고 요청했다. 그는 연이어 『다윗의 즉위식』(1588)에서 유대인의 임박한 귀환을 희망했다.9 1585년 케임브리지 졸업생 프랑시스 케트(Frances Kett, 1547~1589) 역시 유대인이 고토로 돌아가야 한다고 주장했다가 나중에 이단으로 선언되고 화형을 당했다.10

---

7 John Bale, *The Image of Both Churches after the most wonderful and heavenly Revelation of Saint John* (1545), 81, in Robert O. Smith, *More Desired than Our Owne Salvation: The Roots of Christian Zionism* (Oxford, 2013), 58.

8 John Foxe, *Sermon Preached at the Christening of a Certain Jew* (1578), 64, in Robert O. Smith, *More Desired than Our Owne Salvation: The Roots of Christian Zionism* (New York: Oxford University Press, 2013), 64.

9 Edmund Bunny, *The Scepter of Iuday* (1585) and *The Coronation of David* (1588) in Abba Hillel Silver, *The History of Messianic Speculation in Israel* (New York: Macmillan, 1927), 173; Thomas D. Ice, "Lovers of Zion: A History of Christian Zionism," Unpublished paper, 2006, 5, available at http://digitalcommons.liberty.edu/cgi/viewcontent.cg?article=1028&context=pretrib_arch.

10 Frances Kett, *The Glorious and Beautiful Garland of Man Glorification Containing the Godly Misterie of Heavenly Jerusalem* (1585),

1608년 토머스 드랙스(1618년 죽음)는 『세상의 부활 또는 유대인의 일반 소명』에서 다음 내용을 썼다.

> 이 땅의 모든 나라 중에 자신의 유일하며 특별히 사랑하는 민족으로 유대인을 선택하고 부르신 하나님은… 자비와 구원의 한 언약을 맺으셨다. … 유대인이 (거의 모든 나라에 흩어져 방황해도) 구별되며 순수한 나라로 유지되는 것은… 하나님의 놀라운 사역이다.11

드랙스는 독자들에게 하나님은 "그의 법령과 언약에 있어서 변치 않으시며" 그의 "자비는 그치지 않는다."라고 반복해서 상기시킨다. 그가 결코 "그의 백성을… 내버리지" 않으시는 것은 그가 그들과 "사람이 아닌, 변치 않으시는 하나님께 근거를 둔 엄숙한 언약"을 맺으셨고, "하나님의 언약은 영원한 언약이며 그의 자비는 천대에까지 이르기" 때문이다.12 드랙스는 다음과 같이 주장했다.

> [그리스도인들은] 우리가 유대인에게 빚지고 있고 그들과 깊이 연관되어 있다는 것을 인정해야 한다. 우리는 절대로 그들에게 선으로 악을 갚는 일을 해서는 안 되며 최선을 다해… 그들을 설득하고 얻어서… 복음을 받아들이게 해야 한다. … 우리는 성급하게 유대인을 정죄해서는 안 되고, 우리의 해안과 나라들에서 추방해서도 안 되며, 우리의 거룩한 열심과 그리스도인의 본을 따라 그들을 얻으려고 노

---

in Stephen Spector, *Evangelicals and Israel: the Story of American Christian Zionism* (New York: Oxford University Press, 2009), 25; and in Ice, "Lovers of Zion," 5.

11 Thomas Draxe, *The Worldes Resrrection: or the generall calling of the Iews, A familiar Commentary upon the eleuenth Chapter of Saint Paul to the Romaines, according to the scene of Scripture* (London, 1608), preface; cited in Ice, "Lovers of Zion," 5.

12 Ibid., 1~3; 비슷한 말이 4, 12, 16, 41, 98, 101, 103쪽에서 반복한다. 그리고 그의 *An Alarm to the Last Judgement* (London, 1615), 77.

력해야 한다. … 우리가 그들을 괴롭히고 비방해서는 안 되는 것은, 하나님이 그들을 다시 은혜 가운데 받아주실 때 우리의 멸시와 감사치 않는 마음 때문에 우리를 제외하시고 내버리시지 않기 위해서이다. … 유대인을 멸시하지 말자. … 하나님께서 유대인의 조상들과 그들과 맺으신 언약 때문에 그들을 사랑하신다면… 우리도 여기에서 주님을 본받고 따라야 한다.13

이것과 비슷하게, 휴 브로우튼(1549~1612)도 1610년 그의 계시록 주석에서, 유대인들이 돌아가서 그들의 성전을 재건하기 바란다고 인정하면서도, 그들의 귀환이 성경의 예언에 있다는 것을 부정하는데, 그것은 "그리스도 자신이 성전이기 때문이다. 그러므로 탈무드[율법을 준수하는 유대인]를 보면, 그들은 지금까지도 셋째 성전을 바라고 있다. … 그[계시록의 저자]는 희생의 뜰이 이방인들에게 주어졌다는 것은 보여준다."14 브로우튼은 "그리스도 왕께서 그의 죽음으로 희생과 제물을 끝내셨기" 때문에 성전은 더 이상 필요하지 않다고 주장한다.15 그러나 브로우튼은 그리스도의 죽음에 대한 책임을 유대인에게 돌리지 않는다. 그는 그의 『성경의 내용』이라는 책에 있는 「바벨론의 음녀」라는 판화에서 선언하기를, "로마 제국은 우리 주님을 십자가에 못 박았으며 권세와 위선으로 사탄을 섬기고 있다."라고 한다.16

초대 교회 이래, 어떤 그리스도인들보다 영국 청교도들은 히브리어 연구를 강조했다. 그들은 히브리어 성경을 의도적으로 공부했고 자녀들에게 히브리어 이름을 지어 주었다. 20세기 초의 한 유대인 학자의 말을 들어보자.

---

13 Ibid., 64, 93, 99.

14 Hugh Broughton, *A Revelation of the Holy Apocalypse* (n.p., 1610), 33.

15 Ibid., 8.

16 Hugh Broughton, *A content of scripture* (London, 1590); cited in Edward E. Hindson, *The Puritans' Use of Scripture in the Development of an Apocalyptic Hermeneutic*, unpublished doctoral dissertation (University of South Africa, 1984), 132.

청교도 중에는 '하나님의 고대 민족'에 관해 진정으로 찬미하는 사람이 많았고 크롬웰 자신도 이 찬미에 동참했다. 이 성서 히브리어 운동으로 영국의 여론은 유대인들이 다시 영국으로 이주하도록 허용해야 한다는 생각을 동정적으로 받아들일 준비를 했다.17

같은 시기의 다른 유대인 학자도 이 점에 주목했다.

유대 백성과 팔레스타인에 대한 영국인들의 관심은 공화정 때로 거슬러 올라간다. 유대인들을 영국으로 돌아오게 한 동일한 학파는 더 나아가 유대인들이 팔레스타인으로 돌아가는 것을 생각했다. 성경과 개신교 신앙으로 형성된 이런 종교적인 관심은 오늘날 우리 시대까지 상당 부분 남아 있다.18

더 최근에 스테픈 스펙터는 17세기에 일어난, 유대인에 대한 이런 새로운 태도에 주목했다.

많은 청교도는 구약 이야기들을 자신들에게만 적용하여 자신들을 재현된 이스라엘로 더는 보지 않았다. 그보다 그들은 이제 언약이 히브리인들의 육신적 후손들에게 유효하게 남아있다고 믿었다. 그리고 유대인들이 시온으로 돌아오는 것은 그들에게 있어서 메시아가 오시기 위한 필수적인 서곡이었다.19

---

17 Nahum Sokolow, *History of Zionism, 1600~1918*, vol. 1 (London: Longmans, 1919), 14.

18 H. Sacher, "A Jewish Palestine," *Atlantic Monthly*, July 1919; Nahum Sokolow, *History of Zionism, 1600~1918* (1919), 40.

19 Stephen Spector, *Evangelicals and Israels: The Story of American Christian Zionism* (Oxford University Press, 2009), 17.

16~17세기의 역사적 전천년주의자들은 유대인의 회심과 고토로 귀환을 기대했다. 엘리자베스 시대의 청교도 토머스 브라이트만은 유대인을 기독교로 개종할 "우리의 형제들"이라고 불렀다.[20] 마지막 날에 "유대인은 예루살렘을 재건함"으로써 "그리스도의 재림에서 절정을 이룰 일련의 예언적 사건들의 성취를 재촉할" 것이다.[21] 몇 년 후 케임브리지의 학감 조지프 미드(Joseph Mede, 1586~1639)는 "이스라엘 다수의 회심"을 기대한다고 썼다. 미래 천년왕국을 믿는 믿음 때문에 그는 "유대인과 같은 사고"를 한다는 생각은 거부했지만, 성경적 그리스도인들과 유대인들 사이의 공통점은 강조했다.[22]

1588년, 엘리자베스 여왕의 대사로서 러시아에 간 가일스 플레쳐(1548~1611)는 카스피해 연안의 타르타르족이 이스라엘의 잃어버린 지파들의 후예일 것으로 추정했다. 그는 바벨론 포로 후에 그랬던 것처럼 유다뿐만 아니라 "모든 이스라엘"이 고토로 돌아오기 위해서는 잃어버린 지파들을 찾아야 한다고 생각했다. 그는 "모든 이스라엘이 부름을 받았으므로… 이스라엘의 열 지파는 하나님의 섭리로 온전하게 다른 민족들과 섞이지 않고 한 민족으로 어딘가에 남아 있다."라고 주장했다.[23]

1621년, 변호사이자 국회의원이며, 프란시스 베이컨의 절친 헨리 핀치 경(1625년 죽음)은 『세상의 위대한 회복 또는 유대인의 소명』에서 유대인이 경건하게 영적으로 회복되는 것(그리스도께로 회심으로 해석)과 그들이 물리적으로 유다와 예루살렘으로 되돌아오는 것(임박한 종말의

---

[20] Thomas Brightman, *A most Comfortable Exposition of the last and most difficult parts of the prophecies of Daniel* (London, 1644), 920~23 and *A revelation of the Revelation* (Amsterdam, 1615), 557~59, 851~52, 932~33; cited in Hindson, 139.

[21] Donald Wagner, "Christians and Zion: British Stirrings," *Daily Star*, October 9, 2003.

[22] Jeffrey Jue, *Heaven Upon Earth*, 127~29.

[23] Giles Fletcher, *Israel Redux: or the Restauration of Israel* (London, 1677),3; 1590년대 플레처가 쓴 사본을 출판.

표징으로 해석)에 관한 성경 본문들을 연구했다. 핀치는 독자들이 하나님께서 유대인에게 한 약속과 그리스도인들에게 한 약속을 혼동하지 않길 바랐고, 그래서 이 본문들은 일반적으로 생각하듯이 교회가 아니라 물리적 이스라엘을 언급한다고 주장했다.

> 이스라엘, 유다, 시온, 예루살렘 등의 이름이 거론되는 논증에서 성령께서 의미하는 바는, 영적인 이스라엘, 또는 이방인들이 모인 하나님의 교회, 아니면 유대인과 이방인 모두(이들 각각은 각자의 약속을 여러 개씩 따로 가진다)로 이루어진 교회를 의미하는 것이 아니라, 본래 **야곱**의 혈통에서 나온 이스라엘을 의미한다. … 이것들과 이와 같은 것들은… 그리스도를 통한 구원을 설명하는 알레고리가 아니라 실질적으로 문자적인 유대인들을 말하는 것이다. … 언젠가 그들은 예루살렘에 다시 모여, 지상의 왕들과 우두머리들로서 모든 사람을 다스리며 통치할 것이다.24

핀치는 성경의 거의 모든 책에서 끌어낸 본문들로 자신의 논제를 지지하는데, 아래서는 에스겔 37~39장을 인용한다.

> 첫 번째 단계는 유대인들이 우선 회심하는 것으로… 일종의 부활이다. … 둘째 단계는 그들의 회심에서 더 나아가 두 막대기의 비유 또는 직유가 보여주듯… 그 적용이다. … 그 둘을 하나로 연합시키는 것은… 그들이 흩어진 모든 곳에서부터 그들의 고국으로 불러들이는 것이다. … 그들의 나라에 영원히 거하는 것이다. … 하나님 언약의 영원성. … 원수들이 계수되는데, 가장 큰 원수는 곡… 말하자면, 투르크인들이다. 마곡은 스키티아인로서 여기에서 투르크족이 나왔다. … 이 원수의 멸망은… 하늘에서부터 하나님이 그들과 싸우시고… 그들은 이스라엘의 땅에서 멸망하고… 투르크인들의 이름은 완전히

---

24 Henry Finch, *The Worlds Great Restauration. Or The Calling of the Jews* (London, 1621), 6~7.

사라지며… 그들에 대한 놀라운 살육이 벌어져… 하늘의 새들과 땅의 짐승들의 고기가 된다. … 곡과 마곡에 대한 승리 후… 그 땅의 풍성함은 성전으로부터 충만하게 흐르는 물들… 그 땅의 경계들은 이전보다 더 넓지 않다고 해도 아주 넓게 확장될 것이다.25

핀치는 다니엘서를 근거로 아마겟돈 전쟁에서 이스라엘과 싸울 원수를 식별했다.

[아랍의] 사라센들은 남방의 왕이란 이름으로 불렸다. 로마 제국 영광의 끝을 의미하는 종말의 때 모하메드를 그들의 우두머리로 삼고 아라비아에서부터 로마의 경계와 다른 남쪽 나라들을 칠 것이다. … 마지막으로, 북방의 왕. 즉 가장 먼 북방에서부터 카스피 해의 관문들을 통하여 세상에 나온 투르크인들. … 동쪽의 유대인들과 기독교 신앙으로 돌아선 북쪽의 나라들[세파르드인과 아스케나지인들]을 향하며. … [원수들은] 서쪽에 있는 우리 앞에, 그리고 새롭게 그리스도인이 된 유대인들 뒤에 둘러싸여 유대 땅에서의 전쟁을 통해 완전히 멸망하게 될 것이다.26

그는 언젠가 세상을 지배할 유대 국가의 부활을 기대했다는 이유로 체포되어 심문받으면서 억지로 미래의 유대인 왕이 아닌 제임스 왕의 주권을 인정해야 했다. (그런데도 윌리엄 고우지는 핀치의 책을 재출판했고, 그 일로 투옥되었다.)27

네덜란드에서 영국인 회중을 목회하던 존 아처(1598~1682) 역시 유대인들이 물리적으로 고토로 귀향할 것을 믿었다.

---

25 Ibid., 52~54.

26 Ibid., 57.

27 "Henry Finch" and "William Gouge" in *Dictionary of National Biography*.

이스라엘과 유다는… 영원히 한 민족이 되어 한 왕 다윗, 곧 다윗이 모형하는 그리스도 아래에 있게 될 것이다. … 지파들의 성들이 재건되면 자연적 이스라엘인들이 거기 거주하고, 특별히 예루살렘은 세상에서, 혹은 세상에 존재하는 도시 중 가장 탁월한 도시가 될 것이다. … 주님이 모든 땅의 왕이 되실 때, 예루살렘이 건축되며… 이스라엘인들은 더 큰 영광을 소유할 것이다. … 처음에 복음이 그러했듯이, 이스라엘로부터 영광이 이방인들에게 내려올 것이며… 이스라엘인들은 다시 하나님의 백성으로 받아들여질 것이다.28

이스라엘의 회복을 기대한 이 모든 저자들은, 5세기부터 15세기까지 은유적 해석이 지배적이었음에도 불구하고, 예언서 본문들의 문자적 해석에 의존했다.

피터 버클리(1583~1659)는 1634년 영국 성공회 로드 대주교에게 쫓겨나 뉴잉글랜드에 와서 1637년 뉴햄프셔에 콩코드를 세우고 그가 죽을 때인 1659년까지 초대 목사로 시무했다. 『복음 언약』에서 그는 독자들에게 "예루살렘의 평화와 시온의 번영을 구하기를" 탄원한다.29 비록 그가 문자적 이스라엘이 아니라 교회를 언급하고 있을지도 모르지만, 이 예언들이 이미 성취되었다는 과거주의 입장을 거부하고, 그는 종말에 있을 이스라엘의 회복에 대한 미래적 믿음을 견지했다.

그들의 조상들과 맺은 언약 덕분에 그들은 현재 경험하는 포로상태에서 구원받을 것이다. … 그것은 그리스도께서 육신으로 나타나시

---

28 John Arthur, *The Personal Reign of Christ upon Earth* (London, 1642), 26~27.

29 Peter Bulkeley, *The Gospel-Covenant: or The Covenant of Grace Opened. Wherein are explained: 1. The differences bewixt the Covenant of Grace and Covenant of works. 2. The different administration of the Covenant before and after Christine* (London, 1646), dedication.

고 계시하신 후에 일어날 것이다… 예루살렘에 친히 임하실 것이며… 그러므로 그것은 단지, 혹은 주로 동쪽 바벨론으로부터의 구원이라고만 언급될 수 없을 것이다. 왜냐하면 그것은 그리스도께서 오시기 훨씬 전이기 때문이다.30

버클리 역시 그의 시대의 초기 과거주의를 거부하면서 그 이유를 부분적으로 진술한다.

1. "약속은 여기서 유다와 이스라엘에게 주어졌다. … 성경의 역사 어디에도 이스라엘의 열 부족이… 포로 상태에서 회복되었다거나 유다와 다시 연합되었다는 것이… 보이지 않는다. … 그들은 둘 다 다시 부름 받고 함께 연합될 것이다. … 이 예언은 어제를 말하는가? 나는 마지막 때에 유다와 이스라엘이 모두 다시 부름을 받을 것이라고 본다."

2. "그리고 이것은 그들이 바벨론에서 귀환하는 것을 의미할 리가 없다. … 그들이 바벨론에서 나온 후… 예배의 변화가 있어야 했다. [하지만] 그때는 의식적인 예배가 여전히 지속되었다. 개혁의 때가 아직 오직 않았고, 따라서 이 예언은 그때를 말하는 것이 아니다."

3. "왜냐하면, 이 예언들이 성취될 때, 모든 나라가 예루살렘에 모여 유대인의 교회에 참여하여 하나님을 예배할 것이다. 그러나 열방은 그들이 바벨론에서 나올 때 그들에게로 모이지 않았다."

4. "유대인들이 귀향할 때는 전에 언급했던 때보다 더욱 충만한 정도로 부르실 것이며 그들은 더욱 충만하게 들어올 것이다."31

버클리는 의심할 바 없이 이스라엘의 회심과 회복을 미래로 바라보면서 결론지었다.

---

30 Ibid., 3~4.

31 Ibid., 4~6.

이 예언은 오늘날까지 그 나라에서 그를 슬퍼하는 일이 일어난 적이 없었기 때문에 아직도 성취되기를 기다려야 한다. … 그 백성 가운데는 자신들의 땅에 대한 이상한 애정이 남아 있어서 나이든 많은 사람들이… 예루살렘에서 죽으려고… 피곤한 여행길에 오른다. … 로마서 11장 전체에서 사도는 의도적으로 유대인들이 거절당했다고 말하지만, 결국 그것은 전체적인 것도, 최종적인 것도 아니다. … 그러고 나서 그는 그들을 다시 부르실 것을 말한다.[32]

버클리는 또한 유대인 전도의 옹호자였다. "그들의 부름과 회심을 도우려고 우리는 무엇을 해야 하는가?"라고 물으면서, 그는 대답한다.

1. "그들이 들어오는 것을 방해하는 장애물을… 제거하라. 장애물은 두 가지다. … 한 가지는 그리스도 교회들, 특별히 로마 교회의 우상숭배다. … 다른 하나는 그리스도인의 삶의 육신적인 모습과 방종이다. … 그들이 우리에게 비치며 우리의 삶에 나타나는 은혜의 영을 보게 해 주자. …

2. "그들을 위해 주님께 기도하라. … 그러므로 그들을 위해 하나님께 구하면서 말하자, 주님 당신의 옛 백성을 회복하소서. … 구원의 수단이 그들에게서 우리에게 왔다. 율법은 **그들의** 율법이다. … 그리스도께서 친히 말씀하시기를, **구원이 유대인에게서 나온다**, 요한복음 4:22. 그러므로 우리는 이것을 그들에게 빚지고 있다. … 그들이 누구인가 생각하라, 우리의 조상 아브라함의 자녀들이다. … 그들은 우리의 형제이며 우리의 혈육이다. 우리 아버지의 자녀가 감옥과 동굴에 갇혀있다는 것이 얼마나 불쌍한가? 오, 그들을 위해 기도하여 그들의 조상 아브라함의 축복이 그들에게 임하게 하자.[33]

---

[32] Ibid., 8, 15~18.

[33] Ibid., 20~21.

버클리는 유대 백성에게 주신 아브라함의 언약이 영원하며 무조건적이라는 믿음을 확증했다.

> 그의 민족인 그들은 확신해도 좋다. 언약의 덕과 축복, 그리고 효력은 절대로 말소되지 않을 것이며, 너와 네 자손에게 영원히 미칠 것이다. 너의 언약에 따라 너는 하나님과 관계를 맺고 있기에 그가 네게 뿐만 아니라 네 후손 천 대에 이르기까지 그는 하나님이 되신다고 확신할 수 있다. 한동안 중단될 수도 있지만, 언약의 효력은 갱신될 것이고 절대로 실패하지 않을 것이다. … 언약은 그들을 다시 불러들일 것이다.[34]

1620년대에 옥스퍼드에서 교육받은 로버트 메이튼(1607~1653 즈음)은 1630년대 무명의 대리 목사였다. 그러나 1642년 인쇄 검열권이 시행되자, 그는 예언의 은유적 해석에 반대하는 여러 저술을 발행했다. 메이튼의 견해에 따르면 성경은 메시아의 오심과 유대인들의 귀향에 대해 너무나 많은 약속을 담고 있으므로 은유로 치부될 수 없다. 유대인들은 이 예언들을 문자적으로 취했으며, 사도들과 초대 교회 교부들도 그렇게 했다.[35] 메이튼은 과거적 해석을 거부했고, 이스라엘에게 약속된 미래 회복이 B.C. 5세기 과거의 회복과 다른 것은 "바벨론에서가 아니라 지구의 네 모퉁이에서 일어나며, 에브라임과 함께 열 지파가 앗수르에서 아직 돌아온 적이 없으므로 여전히 미래에 성취되어야 하기" 때문이라고 주장했다. 그리스도인들이 하나님의 백성으로서 유대인을 대체했다는 견해에 대한 응답으로 메이튼은 "어떻게 유대인들에게만 약속된 것들이 이방인들에게 속하는가?"라고 물었다. 그는 결론짓

---

34 Ibid., 21~22.

35 Robert Maton, *Israel's Redemption or the Propheticall History of our Saviours Kindome on Earth* (London, 1642), Reader's Preface, 3~7. 그의 문자적 해석을 알렉산더 페트리(Alexander Petrie)가 공격했을 때, 그는 또 다른 깊이 있는 책으로 대답했다: *Christ's Personal Reign of Earth, One Thousand Years with his Saints* (London, 1652).

기를, "우리는 명백히 그럴 필요가 없는 한 성경의 문자적이고 본디 의미를 버려서는 안 된다."라고 했다.36 메이튼은 독자들에게 하나님께서 "이스라엘 왕조를 회복하실" 것이라는 "유대인들의 믿음"과 심지어 그것에 대한 사도들의 믿음을 상기시켰다. 결국, 사도들은 예수님께 "이스라엘 왕국을 회복하시는 것이 이 때냐고 물었고, 그에 대해 예수님은 때와 시기를 아는 것은 네가 알 바가 아니라고 대답하셨다. …"37 거의 400년 전에 메이튼은 그의 견해를 지지하려고 현대 세대주의자들이 인용하는 같은 본문들, 곧 예레미야, 에스겔, 이사야, 아모스, 스가랴, 로마서, 다니엘, 계시록의 본문들을 사용했다.38

1643년 영국 성공회를 재조직하려고 국회에서 선임한 웨스트민스터 총회는 압도적으로 칼뱅주의적이었으나 많은 전천년주의적 친유대주의자들을 포함했다. 그들 중 존 더리(John Dury, 1596~1680)는 스코틀랜드의 설교자이자 외교관으로서 유대인이 365년 동안 영국에서 추방된 뒤 다시 거주할 수 있게 하는 데 이바지했고, 크롬웰의 군목이었으며, 계시록 강해를 저술했다. 그 외에도 「웨스트민스터 신앙고백」의 초안을 작성한 위원회의 의장이며 초기 세대주의의 구조를 저술한 토머스 굿윈(Thomas Goodwin, 1600~1680), 웨스트민스터 총회의 사회자이며 미드의 『클라비스의 묵시』재판에 서언을 쓴 윌리엄 고우지(William Gouge, 1575~1653), 웨스트민스터 총회의 설교자며 케임브리지 퀸즈대학 학장인 윌리엄 트위스(William Twisse, 1578~1646), 「소요리문답서」의 초안자인 헐버트 파머(Herbert Palmer, 1601~1647) 등도 있었다.39

---

36 Ibid., 16~17, 48; cited in Mark R. Bell, "The Revolutionary Roots of Anglo-American Millennialism: Robert Maton's Israel's Redemption and Christ's Personal Reign on Earth," in *Journal of Millennial Studies* (November 1999), 3.

37 Ibid., 2~4. Maton은 사도행전 1:6~7을 인용했다.

38 Ibid., 22~40.

39 파머에 관해서는 *Dictionary of National Biography*의 "William Sherwin" 항목을 보라. 그들의 전천년설 견해를 확인하려면 *DNB*를 사용하거나 EEBO를 찾아보라. 총회에서는 상당수의 전천년주의자가 참석한 것에 대한 불만이 일었

종말론에 대한 책을 쓰고 전천년주의자이며/이거나 친유대주의자였던 웨스트민스터 목회자들

윌리엄 브리지	존 더리	헐버트 파머	제임스 어셔[40]
제러마이아 버로우스[41]	토머스 굿윈	피터 스테리	조지 워커
조지프 캐릴[42]	윌리엄 고우지	윌리엄 트위스	

공위 기간에 친유대적 묵시문학이 넘쳐났다. 1647년에 저자 미상으로 출간된 『운명의 날』에서 저자는 "예언자들의 예언에 따르면 운명의 날은 이제 매우 가까이 왔다. 그 날 전에 이스라엘의 회복이 있을 것이며, 확실하고 신용할 만한 정보에 따르면, 유대 백성은 그때 오토만의 손아귀에서 거룩한 땅을 되찾겠다는 각오로 모든 나라에서 모여 한 개체를 이룰 것이다."[43] 저자는 유대인들이 현재는 터키 중부인 지점에

다: Robert Baillie, *The Letters and Journals of Robert Baillie*. David Laing, ed., vol. ii (Edinburgh, 1841), 313; in Jeffrey Jue, *Heaven Upon Earth*, 225.

40 어셔는 미드와 친밀하게 서신을 왕래했고, 미드는 어셔에게 "나의 클로비스에 대해 당신의 주군이 지나치게 이것에 가치를 부여하고 있는 것은 아닌지… 두렵소."라고 말했다. Mede's Third Letter to Archbishop Ussher, Mede's *Works*, iv, 783, epistle xxix.

41 그의 『호세아의 예언 강해』(London, 1643)를 보면, 호세아 1:10[11] "이스르엘의 날이 크리라"는 말씀에 관해 사무엘 허친슨의 『미래의 영광스러운 기업의 선언』(*Declaration of a Future Glorious Estate* [London, 1667])에 따르면 "그리스도의 직접 통치"를 언급한다.

42 "일반 부활의 때 전에… 모든 성도는 그리스도와 함께 지상에서 천 년 동안 다스릴 것이다." Joseph Caryl quoted in Samuel Hutchinson, *Declaration of a Future Glorious Estate* (London, 1667), 23.

43 Anon., *Doomes-day: or, The great Day of the Lords Iudgement, proved by Scripture; and two other Prophecies, the one pointing at the yeare 1640, the other at this present yeare 1647, to be even now near at hand. With The Gathering together of the Jews in great Bodies under*

모여 "거룩한 땅을 정복하려고" 준비할 것이라고 주장했다.

이런 소문들이 그리스도의 재림을 바라는 사람들의 상상력을 북돋웠다. 유대인이 자신의 땅을 회복하는 것을 말세의 핵심적인 징조로 여겼다. 『운명의 날』 저자도 로마 가톨릭 또는 "바벨론의 음녀의 멸망"을 기대했고 적그리스도가 "죄악의 사람, 교황으로 하나님의 성전에 앉아 하나님으로 예배 받는 자"이며, 곧 "강력한 하나님의 진노"를 맛보게 될 것이라고 믿었다. 저자는 독자들에게 "운명의 날이 일어날 것이다… 그리스도께서 지상에 재림하셔서 친히 그의 택한 자들과 함께 천년 동안 다스리실 것이다. … 운명의 날은 이미 임박했고 그리스도의 재림은 매일, 매 순간 기대된다."라고 경고했다.[44]

또한 1647년, 엘리자베스 애버리(n.d.)는 『이 마지막 때에 성취될, 그리스도의 재림을 선언하는 성경의 열린 예언들』을 출판했다.[45] 저자는 임박한 종말의 징조로 유대 백성이 거룩한 땅으로 돌아올 것을 기대했다. 유사하게, 1645년의 장기국회에서 행한 존 더리의 설교에는 「바벨론에서 예루살렘으로 행진하라는 이스라엘의 부름」이라는 제목이 붙었다. 비록 그 설교는 주로 "로마의 바벨론"의 자취를 청산하라는 요청이었지만, 유대인에 관해 이사야 65장을 인용하면서 "종말에 그들이 새로워지고 또다시 부름을 받아 이방인들과 함께 하나님을 영화롭게 할 것이라"는 언급은 주목할 만하다.[46] 더리는 로마 가톨릭의 권력을 두려워하여 30년 전쟁 중이던 1630년대 유럽대륙을 두루 여행하면서 개신교도들을 연합시켜 적그리스도의 세력에 대항하고자 했는데, 사무엘 하틀립과 조지프 미드 등이 그의 취지에 동참했다. 전천년주의와 반로

Josias Catzius for the conquering of the Holy Land (London, 1647), 2.

[44] Ibid., 6.

[45] Elizabeth Avery, *Scripture-Prophecies Opened, which are to be accomplished in these last times, which do attend the second coming of Christ* (London, 1647).

[46] John Dury, *Israels Call to March out of Babylon unto Jerusalem* (London, 1646), 2.

마 가톨릭 에큐메니즘의 결합은 그가 왜 유대인들에게 다가가려 했는지 설명해 준다. 더리는 유대인의 회심이 임박했다고 기대했기에, "유대인과 이방인들로 이루어진 교회"에 관해 말했다.47

더리는 므낫세 벤 이스라엘(Menasseh ben Israel, 1604~1657)로 더 잘 알려진 포르투갈 랍비이자, 작가, 인쇄업자인 마노엘 디아스 소예로(Manoel Dias Soiero)를 영국에 소개한 일로 가장 유명하다. 그는 스페인의 종교재판을 피해 홀란드로 도망친 망명자였으므로, 교황의 압제를 피해 망명한 프랑스의 위그노나 30년 전쟁의 독일 개신교도들과 비슷한 처지였다. 더리의 도움으로 벤 이스라엘은 올리버 크롬웰과 새로운 공화정부가 관용을 베풀어 유대인들을 영국에 다시 들이도록 손을 쓸 수 있었다.48

1652년, 므낫세 벤 이스라엘의 『이스라엘의 희망』을 영어로 번역한 모세 월은 유대인들을 향한 하나님의 지속적인 약속에 대한 벤 이스라엘의 믿음을 변호하는 글을 썼다.

> 나는 이것을 확실히 믿고 두려움 없이 고백한다. 유대인, 곧 유다와 이스라엘 모두는 한 국가로 불릴 것이고, 그들의 땅으로 되돌아올 것이며, 지상의 왕국을 다시 가질 것이다. 그것을 증명하려고… 나는 므낫세 벤 이스라엘이 제시하는 어느 것이든 인용할 것인데, 나를 믿으라, 나는 그것을 그에게서 얻은 것이 아니라 그와 만남 이후 몇 년 간 내가 개인적으로 성경을 관찰하여 얻은 것이다. [미가 4:8과 스가랴 10:6~10을 인용함] 이것이 바벨론의 포로 상태에 있던 소수의 사람에게 해당한다고 하지 말라. 그때 돌아왔던 열 지파는 일부에 지나지 않았다. 유다로 말하자면 돌아온 자들은 절반쯤 되었다. [에스겔 37:16~25 인용]. 여러분, 진실로 이 말씀이 성취되었는가? 유다와 에브라임은 하나님의 손에서 한 막대기, 한 나라가 되었으니, 더는 두 나라가 아닐 것이다. [로마서 11:12~28과 이사야 66:7~8 인용]

---

47 Ibid., 6.

48 Jue, *Heaven Upon Earth*, 70~76.

여러분이 내게 천년왕국론자라는 호칭을 붙여도 좋다. … 여러분은 추신을 넣어 제5왕국을 찾지 말라. 왜냐하면, 그리스도께서 지금 다 스리고 계시기 때문이다. 그는 법적으로(*de jure*) 다스리시지만, 아직 실제로(*de facto*) 다스리시지는 않는다. 성경에서 분명하게 마귀가 세상의 통치자[*kosmokratur*]라고 불리는데, 그는 엄청난 전제군주이며 큰 도둑이다. … 그러나 나는 그리스도의 왕국이 현재 영적으로 비가시적으로 임재함을 부인하는 것은 절대 아니다. 그러나 장차 임할 가시적인 왕국을 바라본다.49

존 더리, 피터 스테리, 헨리 제시, 모세 월은 공화정 기간에 므낫세 벤 이스라엘을 강력히 지지한 인물이었다. 그들은 모두 하나님께서 이스라엘과의 관계를 끝내신 것이 아니며 이스라엘은 언젠가 "그들의 땅"에서 재건될 것을 확신했다.

그들의 또 다른 동료는 너대니엘 홈즈 박사(1599~1678)인데, 그는 런던의 독립적 천년왕국 설교자이며, 존 더리, 피터 스테리, 헨리 제시의 동료로서 1653년 『부활의 계시』(*Apocalypsis Anastaseos. The Resurrection revealed: or Dawning of the Daystar*)를 썼다. 그는 "유대인의 승귀와 모든 반기독교적, 세속 세력들의 멸망" 그리고 천 년 동안 그리스도의 지상통치에 관해 적었다. 독자들에게 성 바울이 '유대인의 부름'과 '성도들의 부활'을 비밀이라고 부른 것을 상기시키며, 홈즈는 이 비밀을 설명하고자 한다.50

홈즈는 미래주의자로서 유대인이 자신의 땅으로 돌아올 것과 투르크인들의 반대를 받을 것을 예상했다.

---

49 Moses Wall in a letter to a critic, November 5, 1650, in Lucien Wolf, ed., *Mennasseh Ben Israels Mission to Oliver Cromwell* (London, MacMillan, 1901), 61.

50 Nathaniel Homes, *Apocalypsis Anastaseos. The Resurrection Revealed: or the Dawning of the Daystar. About to rise and radiate a visible in comparable Glory, far beyond any since the Creation, upon The Universal Church on Earth, For a Thousand Years* (London, 1653), preface.

나는 [투르크인들이] 에스겔에서 유대인들의 큰 원수로서 유대인의 땅을 침입한 자들로 묘사된 **곡과 마곡**이라고 본다. 또 히브리어 박사들은 **곡과 마곡의 전쟁**을 미래의 일로 본다. 어떤 사람들은 투르크인들이 이미 가나안 땅의 주인 행세를 하고 있으므로 반대할지 모른다. 나도 인정한다. 그러나 유대인들이 부름 받을 때가 오면, 미드가 이상한 방법으로 일어날 것이라고 보았던 일이 일어날 것인데, 그리스도께서 바울의 회심 때 나타나셨듯이 그들에게 나타나심으로… 내가 보기에 그때 그들의 회심이 일어나, 모든 곳에서부터 가나안 땅으로 모여들 것이다. … 유대인들이 가나안 땅에 들어갈 때, 막강한 군주가 모든 나라에서 그의 수하에 권세를 모아 그들을 대적하여 처음에는 이길 것이다. … 그러나 결국은 유대인들이 승리할 것이다. … 이것은 유대인들을 부를 때가 얼마 남지 않았다는 뜻이다.51

홈즈는 마태복음 24:34 "이 세대가 지나가기 전에 이 일이 다 일어나리라."라는 구절이 그때 살고 있던 세대를 말하는 것이 아니라 끝나지 않은 유대 백성의 계보를 말한다고 해석했다.

주요 쟁점은 **이 세대**와 **다 이루어진다**는 말에 있다. 이것은 모든 나라와는 가장 구별되는 민족으로서 유대인의 나라가, 그리스도께서 앞에서 말씀하신 **그 모든 것**이 성취될 때까지, 개념적으로나 국가로서 사라지지 않는다는 것을 말한다. 그러나 그리스도께서 마지막 심판의 날 전에 그들에게 나타나시지 않는다면, 그들은 (선지자가 이사야 66:8에서 암시한 대로) 갑자기, 기적적인 방법으로 회심할 것이기 때문이다. … 그리고 나면 모든 선지자의 기조에 따라 회심을 통해 그들을 다시 모으실 것이다. … 다른 많은 나라가 없어지고 멸절되겠지만… 유대인의 나라는 멸절되거나 진멸되지 않고, 구별되는 국가로서 최소한 명시적으로나 이름으로 이 모든 일이 이루어질 때까지 남아있을 것이다.52

---

51 Ibid., 52.

이스라엘의 회복에 대한 홈즈의 기대는 하나님이 아브라함과 맺으신 언약이 영원하고 무조건적이라는 믿음에서 기인한 것이다.

> 이것은 이미 창세기 17장에서 말했듯이, **이 언약은… 영원한 언약으로 그들의 육체에 있을 것이다.** 왜냐하면… 언약 자체가 영원한 것이기에 (만유를 새롭게 하실 때까지) 하나님은 그의 언약의 표를 영원히 유지하실 것이다. … 그는 그들에게… 가나안의 모든 땅을 주었고, 그리고 그것을 영원한 소유로 주셨기에 그들은 절대로 전적으로 그곳에서 쫓겨날 수 없다. 그들은 가장 영광스럽게 그것을 소유할 때까지 소유권을 유지할 것이다.53

청교도들 사이에서 발전한 친유대주의의 가장 좋은 예의 하나는 J. J.라는 머리글자를 사용한 저자가 1654년에 출판한 논문으로서, 저자는 자신을 '친유대인주의자' 또는 '유대인을 사랑하는 자'로 부른다. 하나님이 유대인을 버리셨다는 것을 반박하면서 그는 주장했다.

> 우리는 주님께서 그의 백성 중 누구라도 버리셨다는 것을 결코 발견하지 못한다. … 로마의 장군 티투스가 그들을 사로잡아 갔을 때… 지구의 사방으로 흩어져 오늘날에 이르렀다. 그리고 그와 같은 버림받음은 **이방인의 충만한 수가 들어올 때까지** 계속될 것이다. [그러나] 이스라엘의 회복은 아직도 멀었을 리가 없다… 조롱하는 많은 사람은, 유대인들이 언제 부름 받는가, 또 **그가 오신다는 약속이 어디 있느냐**고 묻는다. 그들은 그들의 응보를 받을 것이다… 이것은 신자들로 하여금… 히브리인들이 섭리로 이 나라에 들어올 때이다. … 따라서 이스라엘은 그분이 세상에 오셔서 심판하시기 전에 부름 받을 필요가 있다. … 예루살렘은 이방인들에 의해 밟혀야 한다. … 인간

---

52 Ibid., 83~84.

53 Ibid., 141.

의 혹평에 의하면, 이스라엘은 회복 불가능하다. 그러나 초자연적인 하나님의 약속들에 따르면, 그들은 지금보다 회복이 가까웠던 적이 없다. … 주께서 아무도 도와줄 자가 없는 것을 보시고 그의 팔을 드셔서 이 죽어서 메마른 이스라엘의 뼈에 새로운 생명을 주신다. … 그 사이에 나는 당신이 그들이 하나님께 나아가는 모든 일에서 황폐해진 시온을 기억해 주기를 바란다.54

이 친유대주의자는 그의 논문을 시로 시작했다.

지혜로운 사람들은 놀라서, 왜 너는 유대인들, 없어진 나라, 세상의 학대에 지친 사람들을 사랑하느냐고 묻는다.

그들의 조상들은 애굽에서 종살이한 아픔을 생각했지만, 너는 그들이 지금 당하는 종살이를 더 믿는구나.

네가 요셉의 부지런함을 읽을 때, 그런 영광스러운 섭리를 너는 사모했다.55

그의 셈족 사랑은 강렬하고 견고하다.

그리고 나서 그는 예루살렘이 "이교도 투르크인들의 주요 거주지가 되고, 쇠약해진 시온이라고 불리며, 열방의 웃음거리가 되고, 이스라엘인들이 가슴 아프게도 그들의 종교를 위해 선지자 다니엘이 말한바 멸망의 가증한 것을 세운 것"을 슬퍼했다. 그는 바위산에 세워진 모슬렘의 돔이 그 가증한 것이라고 말하며, 하나님이 영국에서 어떻게 왕조를 뒤엎으셨는가에 주목하여, 하나님은 예루살렘에 대한 투르크인의 통치를 뒤엎으시고 유대인의 국가를 세우실 수 있다고 결론지었다.

---

54 J. J. Philo-Judaeus, *The resurrection of Dead Bones, or the Conversion of the Jews* (London, 1654), preface. 나는 이 저자를 식별해 낼 수 없었지만, 그의 유대 랍비 문헌에 대한 지식을 보면 그가 상당한 학자임을 알 수 있다.

55 Ibid., prefatory poem.

우리는 이 말세에 가까운 시대에 전능하신 하나님의 능력 많고 위대한 예들을 우리의 정부가 바뀌는 데서 보았다. … 그러나 우리 중의 많은 이들은 (성경의 증거에도 불구하고) 유다의 슬픈 현실이 결코 더 나아지지 않을 것이라고 믿으며, (추정하기로) 잃어버린 이스라엘의 귀환에 대한 우리의 믿음은 불확실하고 쉽사리 무너지는 기반에 서 있다고 믿는다.56

친유대주의자는 과거주의 해석을 거부했다. "이스라엘에 관하여 약속된 것들이 이미 일어났다고 말하는 것은 잘못된 것이다. … 성 바울은 **이방인들의 충만한 수가** 들어오기까지 그것은 일어나지 않을 것이라고 말씀한다." 그는 또 독자들에게 비록 "이 신대륙이 완전히 잊힌 채로 있고… [그리고] 최고의 지리학자들은 이 땅의 상당 부분을 **미지의 땅**이라고 부른다."라고 해도, 종말은 복음이 온 세상에 퍼질 때까지 오지 않는다는 것을 상기시켰다.57 그리고 나서 그는 과거주의를 비판하는 세 번째 논증으로 이사야 11:11을 인용했다.

그날에 주님은 그의 백성의 남은 자들, 곧 앗수르와 애굽과 파트로스와 구스와 엘람와 시날과 하맛과 바다의 섬에서 남은 사람들을 회복하시려고 그의 손을 다시 펼치실 것이다. … 그러므로 당신은 언젠가 주님께서… 당시에는 유다집의 남은 사람들뿐인 그의 백성을 포로 상태에서 예전처럼 되돌리시기를 원하신다는 것을 이해한다. … 이 **두 번째 귀환**은… 이스라엘의 남은 사람들[열 지파]이 발견되는 장소들과 이 두 지파[유다와 벤야민]가 오늘날 흩어진 나라 간의 광대한 차이를 볼 때… 양편 모두에게 유익할 것이다.58

---

56 Ibid., 2.

57 Ibid., 7~9.

58 Ibid., 41~43.

이 친유대주의자는 예레미야 30:17을 인용하면서 영국이 유대인을 다루는 태도를 슬퍼했다("그들이 쫓겨난 자라 하매 시온을 찾는 자가 없은즉").

> 이것이 여기 영국에서 우리에게 일어나길! 우리는 그들을 야만적인 나라들 이상으로 보지 않는다. … 차라리 아랍인들, 그달(Kedar)에서 교묘히 거주하는 사람들이 더 잘해 줄 수도 있다. 만약 그들이 자신의 의무를 다하고, 유대인을 숨겨주라는 주님의 명령에 따라 살육의 날에 그들의 은신처가 되며, 그들을 노략자들의 손에 넘겨주지 않는다면 말이다. 아 가련하다, 우리는 그리스도 안에서 하나님을 제일 잘 아는 척하지만… 그들에게 고통을 더했고, 그들의 환란을 조롱하면서 [레위인이 사마리아인에게 한 것처럼] 그냥 지나쳤다. 그가 그를 도우려고 어떤 가능한 수단도 사용하지 않았듯, 우리 역시 유대인을 불행에서 건져주지 않았다. 우리는 재빠른 잔인함에 있어서 투르크인을 능가한다. 내가 보기에, 그들이 심판 때에 일어나 우리를 고소할 것이다. … 투르크인들은 정말로 최악의 황무지를 거처로 삼고 있는데 반해… 그렇지만 내가 말하는데 이 민족은 우리보다 그들에게 더 많은 자비와 호의를 베풀며, 그들이 자신들 가운데 평안히 머물도록 허락해 줄 뿐만 아니라 [다른 지역들처럼] 살로니카의 상당 부분을 할애해 주었다. 그래서 나는 만약 그런 선한 본성을 가진 이교도들이 아니었다면, 우리 그리스도인의 박애는 저급하고 끔찍하여 지면에서 한 사람의 유대인도 남겨 두지 않았을 것이라고 확신한다. 우리 조상들이 영국에서 그들을 내쫓지 않았으면 더 좋았을 것이다. 우리가 그들의 잘못을 기억하기를 그만두고 그들을 너그럽게 용서하고 잊을 때 다시 우리 가운데 거하도록 받아줄 때까지 하나님은 의심할 바 없이 우리를 벌하시기를 그만두지 않으실 것이다.59

이 친유대주의자는 그들에 대한 하나님의 약속에도 불구하고 유대인들이 그 동안 모욕적으로 다루어진 것을 보여주면서 결론 내렸다.

---

59 Ibid., 14~16, 18.

하나님은 시온산 위에서 일을 아직 다 끝마치지 않으셨다. 얼마 지나지 않아, 오실 분이 오실 것이며 지체하지 않으실 것이다. … 그리고 지금은 할례받지 않은 이교도의 교만과 비웃음에 굴종하며 예속당하고 있으니… 아, 불쌍한 이스라엘. … 그러나 영국에 대해서 나는 굳은 마음으로밖에는 말할 수 없다. … 내 영광에 참여할 것으로 생각하는 너희는… 수많은 나의 가난하고, 병들고, 멸시받는 백성을 만난다. … 하지만, 이 사람[선한 사마리아인]이 했듯이 너희도 그들을 보자마자 그들에게 긍휼을 품어라. 하나님께서 캄캄한 날에 자비를 보여주시는 것처럼, 그리스도인도 가난하고 무지한 유대인에게 자비를 보여주어라. … 그들의 고초를 알기만 한다면, 어느 그리스도인이건 마음이 아플 것이다. 갑자기 한 군주나 다른 군주가 이틀이나 사흘 후까지 모든 히브리인을 추방할 것이라는 칙령을 내리는 것을 볼 것이다. … 이제 폴란드의 왕은… 단지 그들에게서 돈과 재물을 착취하려는 목적밖에는 다른 목적도 없이… 그들이 더는 우크라이나에 들어오는 것을 금지할 것이다. … 독일의 일부 귀족은 어떤 유대인이나 다른 사람들을 학대하는 것을 오락이나 여흥으로 즐겼다. 많은 세속적 그리스도인의 눈에 유대인은 그렇게 멸시당하는 존재가 되었다. 그러나 살아계신 하나님은 친히 그들과의 언약을 새롭게 하겠다고 맹세하셨다.60

열방이 학대했어도 유대인은 하나님의 백성으로 남았다.

이 친유대주의자는 하나님께서 이스라엘을 저주하는 사람을 저주하신다고 믿었다. "두로와 시돈에게는 극심한 저주가 내려지는데, 그것은 그들이 유다의 자녀들, 곧 하나님의 친백성을 헬라인에게 팔았기 때문이다."61 그는 하나님께서 유대인에게 등을 돌리지 않으셨고 그들의 고통이 언젠가 끝난다고 확신했다.

---

60 Ibid., 16~23.

61 Ibid., 23(역자 설명: 123을 23으로 잡음).

하나님께서 그들의 둘레에 불의 벽이 되어 주실 것이다. … 그는 자기 백성의 앓는 소리를 알고 또 들으실 수 있다. … 그날에 그는 그들 위에 한 목자, 내 종 다윗을 세우실 것이다. … 진실로 오늘날 투르크인들과 이교도들뿐만 아니라 그리스도인들도 그들을 이용하며 제물로 삼는다. 그러나 이런 일로 인해, 그들이 완전히 거절당했다고 간주해서는 안 된다. 우리 주의 복된 사도 성 바울이 로마서 11장에서 외친 것을 잘 주의하여 이해해야 한다. … **그러면 무엇이냐? 하나님이 그의 백성을 버리셨느냐?** … 아니다. 그것은 불가능하다, 혹은 그럴 리가 없다. … 그들이 넘어졌다고 해서 완전히 탈락한 것은 아니었다. … 그들이 넘어졌을지라도 그들은 일어날 것이다. … 하나님은 마지막에 그의 백성 이스라엘을 다른 민족들 위에 존귀하게 하실 것이다. … 그 후에 그들은 진실, 곧 주 그들의 하나님께서 그들과 함께 계시며 영원히 그렇게 계심을 알게 될 것이다. … 주님은 비록 우리를 나머지 열방들과 함께 흩으셔도… 그들을 멸망시키지 않을 것이다. … 여인이 젖먹는 아이를 잊을 수는 있어도 그는 그들을 결코 잊지 않으실 것이다. … 유대인들은 그의 손바닥에 새겨졌다. … 주님은 그들에게 항상 노하지 않으시며 그들의 조상들과 맺은 언약을 기억하실 것이다. 하나님은 남은 사람들이 황폐하고 버려진 땅을 차지하게 하실 것이다.[62]

이 친유대주의자는 영국인들에게 유대인들이 회복되도록 도울 것을 탄원했다. 그는 모르드개가 에스더에게 말했듯 자신도 영국에게 말한다고 주장했다. "만약 네가 이때 잠잠하면, 유대인들의 번영과 구원은 다른 곳에서 올 것이지만, 너와 네 조상들은 망할 것이다." 그는 이것을 자신의 말로도 묘사했다. "우리가 만약 우리의 도움의 손길을 그렇게 영광스럽고 의로운 일에 주지 않는다면… 그들의 구원이 어떤 다른 나라에서 온다는 것을 우리는 확실히 알아야 한다."[63] 그는 영국인들에

---

[62] Ibid., 24~28, 116.

[63] Ibid., 119.

게 "우리가 할 수 있는 동안에 이스라엘을 돕자."라고 호소했다.64

이 친유대주의자는 유대인의 회복은 기적적으로 이루어진다고 주장했다.

> 작가들이 불사조의 본성에 관해 쓰기를, 재가 된 곳에서 다른 새로 부활한다고 했듯이, 주께서 골수가 없는 뼈들에 다만 생기를 불어넣으셨을 때, 힘줄과 살이 생겨났으며 또한 이 무기력한 남은 사람들 가운데서, 열방이 경탄할, 어마어마하게 큰 군대가 일어날 것이다. … 에스겔 37장에서 주님은 **내가 유다 집과 그의 동료 이스라엘의 자녀를 한 나라가 되게 할 것이며 그들은 더는 나뉘지 않는다**고 말씀하셨다. 여기에는 이중적인 약속이 있는데, 첫째는 그들이 포로 생활에서 돌아오는 것이며, 그리고 나면 그들의 홀이 돌아오는 것이다. 최근까지 나라가 아니었던 그들은 이제 나라가 될 것이다.65

그는 독자들에게 "하나님의 눈동자를 해하지 않게 하려면 유대인을 그 같은 비방으로 해하지 말라."고 경고했다.66 그는 "이탈리아와 독일의 많은 곳에서 기독교에 수치와 오점을 남기는 미신적 일이 벌어진다… 어떤 일이 잘못되고, 무슨 화재가 일어나면, 많은 명목상의 그리스도인은 유대인을 힐난하며 [자신들의 고통이] 그들 때문에 왔다고 믿는 일이 흔하다."라고 한탄했다.67 그는 유대인이 영국에 거주하는 것이 나라에 유익하다고 믿었다.

> 나는 그들을 우리 가운데 살게 하는 것이 해가 되지 않고 오히려 유익하다고 확신한다. 그들에게 우리의 물질적인 것을 주고, 미래의 영

---

64 Ibid., 123.
65 Ibid., 45, 53.
66 Ibid., 78.
67 Ibid., 83.

적이며 비범한 은사와 은혜에 따라 우리가 유익을 얻게 되는 것은 아주 귀한 거래가 될 것이다. 내가 믿기로 주님이 그들을 다시 접붙여 들이실 때 그들은 그것들을 확실하게 누릴 것이다. … 의심할 바 없이 이것은 우리의 하나님께 기쁨이 되고 바람직하다. 하나님께서 그의 진노로 열방을 무너뜨리실 때 그들 때문에 우리도 불쌍히 여겨 주실 것이다. … 한 창녀는 하나님의 백성 몇을 여리고의 왕의 진노에서 숨겨주었기 때문에 구원받지 않았는가? 메로스가 심하게 저주를 받아야 하는 이유는 그 사람들이 주님과 그의 백성을 도우러 나오지 않았기 때문이 아닌가? 이것을 통해 우리는 하나님께서 그의 일을 반대하는 자들을 벌하시는 것처럼, 그의 일을 돕지 않는 나라의 도시를 어떻게 벌하실지 알 수 있을 것이다.68

친유대주의자는 그리스도인 독자들에게 "우리가 진실로 또 정말로 히브리인에게 빚진 자들이다."는 것을 깨우쳐 주려 했다. 그는 하나님께서 그리스도인들을 돌보시는 것만큼 유대인을 돌보신다고 믿었다. "하나님은 그들에 대해서나 그리스도인들에 대해서나 똑같이 그의 하시는 일에 특별한 주의를 기울이신다." 그는 유대인을 형제로서 포용했다. "우리 모두에게 한 아버지가 계시고 우리는 모두 형제가 아닌가?"69 그는 종말에 유대인과 그리스도인이 함께 구원받을 것이라고 믿었다.

주님은 유대인이건 이방인이건 지극히 높으신 자의 모든 종이 인침을 받을 때까지 세상을 심판하는 그 우울한 날을 확실히 미루실 것이다. 그때 하나님은 그들을 집으로 부르셔서 경이로운 빛의 왕국에 들어가게 하셨고, 그들에게 믿음의 확신과 소망을 주셨다. 그들은 세상의 모든 악인에게 임할 여러 큰 재앙에서 안전하게 보호받을 것이다.70

---

68 Ibid., 92~93.

69 Ibid., 118.

70 Ibid., 121.

친유대주의자는 동료 그리스도인에게 유대인을 미워하지 말고 그들을 위해 기도하라고 간청했다. 그는 그들이 예루살렘으로 돌아오는 것뿐만 아니라 영적으로 회심하도록 기도할 것을 강조했는데, 그것은 바로 주님의 재림을 재촉하는 일이었다.

같은 해 친유대주의자의 『죽은 뼈의 부활』(1654)이 출판되었는데, 의회는 유대인이 영국에 거주할 수 있도록 허락하는 법안을 승인했고, 친유대주의자는 괄목할 만한 아이디어로 반응했다.

> 그리스도의 재림에 대한 그런 열망에 대해, 나는 이제 이렇게 오래도록 기대한 유대인들의 회심을 도모하기 위해 그들의 모든 힘을 다하도록 자극하는 말을 많이 할 필요가 없다. … 히브리인이 섭리를 통해 이 나라에 들어올 때, 그들은 여러분의 대화에 있는 빛과 아름다움, 그리고 여러분의 생기 있는 애정을 보고 여러분의 신앙도 받아들이게끔 이끌림 받을지도 모른다. … 그분께서 세상을 심판하려고 오시기 전에 이스라엘은 반드시 부름 받을 필요가 있다. … 그들의 마음이 녹을 때까지 예루살렘은 이방인들에 의해 짓밟히게 될 것이다. … 인간적 판단으로는 이스라엘이 회복될 수 없다. 그러나 하나님의 초자연적인 약속들로는 그들이 지금처럼 회복에 가까워졌던 때가 없었다. … 주께서 아무도 도와줄 자가 없는 것을 보실 때, 친히 그 팔을 들어 이스라엘의 죽은 뼈에 생기를 불어넣을 것이다. … 나는 유대인들을 반드시 사랑을 통해… 그들의 마음을 움직여 우리의 메시아를 받아들이게 해야 한다고 믿는다.[71]

친유대주의자는 영국과 관계를 수립하려고 므낫세 벤 이스라엘과 다른 유대인이 시도할 때, 유대인이 기독교에 마음을 부드럽게 하는 것을 보았다. 그는 썼다.

---

71 Ibid., preface.

그들 가운데 오늘날처럼 선지서들을 찾고, 하나님께 자주 기도하며, 그들의 영혼이 간절히 사모하는 분을 그렇게 열망하는 일은 없었다. 내가 보기에 일천 육백 년의 세월에서 그들의 어떤 선조들도 이처럼 우리 그리스도인과 그들의 메시아에 관해 대화하고 소통하려 한 때가 없었다. 얼마 전까지만 해도 그리스도인이 그들에게 그리스도를 언급하기만 하면 그들은 자신에게 손해가 되어도 관계를 피하던 때가 있었다. 그러므로 우리는 이 일에 대해 기뻐하며 손으로 짓지 않은 이 성전을 짓는 일에 즐겁게 더 시간을 쓰자. 하나님께서는 의심할 바 없이 우리에게 상 주실 것이다.72

그렇지만 친유대주의자는 그들이 회심하지 않는다고 해도, "하늘 아래 어떤 나라도 우리처럼 그들을 도운 나라가 없다."라며 기뻐했다. 최근 영국은 정치적 변화로 종교의 자유와 관용이 신장했고, "하나님께서 이방인의 충만한 수가 들어오게 하실 때까지 그들의 일부를 위한 은신처와 피난처가 되었다!"73

1655년 12월, 므낫세 벤 이스라엘은 화이트홀에서 호민관 올리버 크롬웰과 함께 한 그룹의 성직자, 상인, 법률가를 만났다. 벤 이스라엘은 "히브리 국가"가 영국에 재정착할 수 있게 허락해야 하며, "공적인 회당⋯ 마을 밖의 묘지를 가지며⋯ 다른 이방인처럼 모든 종류의 상품을 자유롭게 거래"를 할 수 있도록 요청했다.74 여기에 참석한 영국인의 공론이 정해졌다.

1. 하나님의 뜻은 이방인과 고난을 겪는 사람들을 공손하게 대우하는 데 있다(출 23:8).

---

72 Ibid., 117.

73 Ibid., 91.

74 "The Proposals of R. Manasseh ben Israel," in Henry Jessey, *Narrative of the late Proceeds at Whitehall* (London, 1656), 12.

2. 특별히 유대인을 존경해야 한다(사 14:3~4). 우리는 그들에게 빚졌기 때문이다(롬 15:27). … 그들은 아브라함을 같은 아버지로 둔 형제들인데, 그들은 육신에 따라, 우리는 영에 따라 그렇기 때문이다.

우리는 자연적 가지들이 회복할 것을 믿으며, 이것은 이방인에게 부와 영광이 될 것이다…

많은 유대인이 현재 많은 곳에서 심한 궁핍 가운데 있고… 쫓겨난다. …

그리고 유대인은… 스페인에서 유대인이라고 자백하면 배지를 달아야 하며… 많은 폭력에 노출되는데… 흩어짐을 면하려고 로마 가톨릭이 된다. 어쩌다가 유대인처럼 보이면, 그들은 목숨 아니면 재산을 몰수당한다.[75]

성명은 계속된다.

어떤 사람들은 그들에게 호의를 보여주는 것이 하나님께 대단히 바람직한 일로 보일 것이다. … 어떤 나라도 영국만큼 유대인을 위해 신실하게, 빈번하게, 또 열심 있게 기도하지 않았다. 누구도 영국에 있는 많은 사람처럼 성경으로 또 거룩한 삶으로 그들을 설득한 경우가 없다. … 지금도 많은 유대인이 여전히 아주 잔인하게 다뤄지고, 투르크인들에게 핍박받는다. … 어떤 나라들에서 다른 유대인은 교황주의자가 되지 않으면, 그들에게 박해를 받는다. … 그들이 예수 그리스도를 거부하고 주님도 그들을 거절하신 뒤에도 사도들은 그들에 관해 말했다. **그들은 조상들 덕에 사랑받는다, 로마서 11:28. 주님은 그들의 조상들, 아브라함과 이삭과 야곱과 언약 덕에**… 그가 말씀하신 대로 그들을 회복시키실 것이다, 레위기 26:41, 44~45; 미가 7:19~20.[76]

---

[75] Henry Jessey, *A Narrative of the late Proceeds at Whitehall concerning the Jews* (London, 1656), 2~3.

이런 이유들로 의희 위원회는 영국이 유대인에게 가능한 한 모든 호의를 베풀 것을 제안했는데, 그것은 그들이 하나님께 여전히 사랑받고 있고, 하나님은 그들과 맺은 그의 언약을 지키셔서 언젠가 그들을 회복시키실 것이기 때문이었다.

존 더리와 헨리 제시(히브리어와 랍비 문헌에 정통하고 므낫세 벤 이스라엘과 서신을 왕래한 침례교 목사)가 쓴 것으로 보이는 저자미상의 소책자에서, 그리스도인은 "이스라엘의 구원이 시온에서 속히 나오기를 기도하라. 주님께서 예루살렘을 세우시고 온 세상이 그것을 찬양할 때까지 주님이 쉬시지 않게 하라."라고 요청했다.77 여기에는 화란의 천년왕국론자 페트루스 세라리우스(1600~1669)의 보고도 있는데, 그것은 그리스도인에게 '유대에 있는' 유대인이라는 조건으로 예루살렘에 사는 유대인에 대한 동정심을 불러일으키고, 고국으로 돌아오기를 원하는 유대인을 돕도록 무슨 일이든 하게 격려하려는 의도로 쓰인 것이었다. 실제로 더리와 제시의 궁극적인 목적은 유대인에게 친절을 베풂으로써 회심하게 하려는 것이었다. 그렇지만 이런저런 이유로 세라리우스는 그리스도인이 유대인과 친구가 되게 돕는 일에 최선을 다하려 했다. 이 그리스도인 저술가가 유대인의 곤경에 보인 관심에 주목하라.

하나님은 조상들로 인해 이스라엘 집을 여전히 사랑하시기 때문에 불쌍히 여기실 것이며, 그의 은사와 부르심에는 후회가 없으시므로 하나님은 그들에게 자비를 베푸실 것이다. … 그로 인해 온 이스라엘이 구원을 받을 것이다. … 하나님께서 이 위대한 일을 이루시려고 지금 무엇을 하고 계시는지, 즉 현재 이것을 위해 어떤 것들이 준비되고 있는

---

76 Ibid., 4~5.

77 [John Dury and Henry Jessey], *An Information concerning The Present State of the Jewish Nation in Europe and Judea. Wherein the footsteps of Providence preparing a way for their Conversion to Christ, and for their Deliverance from Captivity, are discovered* (London, 1658), preface.

지 심각하게 생각하라. 그가 어떻게 그들과 우리를 함께 한 무리로 불러서 한 양 떼가 되게 하실 것인가. … 우리 세대의 임무는 예루살렘을 위해 우는 것이고 그것이 온 세상의 영광이 되기를 바라는 것이다. … 우리는 그들의 현재 상태에 대한 다음의 정보들을 준수해야만 하는데, 거기에 따르면 하나님의 기이한 섭리에 따라 그들을 위해 나타나시기 시작한다는 것이 명백하다. … 그리스도인들과 투르크인이 그들을 불쌍히 여기게 하시며, 그로 인해 그들에게 희망의 문을 열어 안식을 얻게 하시고, 우리에게는 사랑으로써 그들에게 복음의 비밀을 전해 줄 기회를 주신다. 여기와 다른 곳에 있는, 하나님의 많은 종이 이 계획을 마음에 품고 있는데, 그들은 유대인들과 친분을 맺기 원하며, 그들에 대한 사랑을 자비로운 사역을 통해 인증하고자 노력한다.[78]

소책자의 저자들(아마 더리와 제시)에 따르면, 말세의 주된 표징은 '열방들의 곤경' 또는 '환란의 날들'이다.

열방의 곤경이 세상에서 증가할수록 이 열방에 흩어진 유대인의 고난과 불행도 역시 커진다. … 그들은 열방에서 자신들의 유업으로 소유하도록 허락받거나 자발적으로 소유한 재산이 없으며, 가나안 땅에 한 나라로서 기대하는 유업에 돌아갈 수 없기에, 그들의 고난과 재앙은 다른 나라들의 것보다 클 수밖에 없지만, 그들은 다른 나라들보다 얼마나 더 불안정한가. 그들이 거주하는 나라들이 불안정할 때, 그들은 더는 그들 중에 머물 수 없고 다른 지역으로 갈 수도 없다. … 그들의 구원이 가까이 왔다. 그리고 열방들의 곤란과 고통이 커질수록 그들의 구원은 더 가까워질 것이다. 왜냐하면 그리스도께서 말씀

---

[78] Ibid., 1~2. 세라리우스에 대해 더 알기 위해서는 Ernestine G. E. Van der Wall, "The Amsterdam Millenarian Petrus Serrarius(1600~1669) and the Anglo-Dutch Circle of Philo-Judaists," in J. Van der Berg and G. E. Van der Wall, ed. *Jewish-Christian Relations in the Seventeenth Century* (Dordrecht: Kluwer Academic, 1988)를 보라.

하시기를, **이방인의 때가 찰 때까지 예루살렘은 이방인에게 짓밟힐 것이다.** … 우리가 생각하는 것들이 이제 실제로 시작되었다. 그것들이 끝날 때 이방인의 때가 완성될 것이다. … 이 열방의 고난이 이미 유럽에서 시작되었다. … 우리의 구주께서 **택하신 사람들을 위하여 환란의 날들을 줄이실 것이라고** 약속하셨다. 그러므로 우리는 그들이 회복될 때가 머지않았다고 생각해도 좋다.[79]

세라리우스의 보고는 예루살렘에 있는 유대인의 고통당하는 상태를 보여주었다.

예루살렘에 있는 유대인의 최근 상태는, 외부의 형제들에게서 매년 물품과 구호품을 조달받지 않으면 살아남을 수 없다는 것이다. … 그들은 그곳을 사랑하기 때문에 큰 빈곤과 결핍에도 거기에 머물러 있으려 한다. 해외 열방에 있는 형제들은 기꺼이 예루살렘에 있는 사람들을 지원해 왔기에, 그곳에서 그 나라의 상당수의 사람이 결핍한 상태에 있지 않고, 이곳을 자신들의 소유인 것처럼, 혹은 적어도 거기에 지분을 가진 것처럼 지키며, 완전한 회복이 이루어질 때까지 그들의 소망을 보여준다.[80]

세라리우스는 폴란드, 리투아니아, 프러시아, 러시아에 있는 유대인 공동체에서 예루살렘으로 보내지던 자금이 30년 전쟁 혼란으로 고갈되어 버린 상황에 관해 자세히 보고했다. 그로 인해 예루살렘에는 어려움이 발생했다.

투르크인들이 무자비하게 그들 모두를 덮치자, 그들은 우두머리 랍비의 두 명을 유럽에 있는 그들의 형제들에게 파송해 자신들의 상태

---

[79] Ibid., 3~4.

[80] Ibid., 4.

를 알리고 도움을 얻으려 했다. … 암스테르담에 있는 포르투갈 유대인에게서 약간의 원조를 받으면서, 우연히 우리 그리스도인 친구들을 알았고, 그들은 그들의 현실에 동정심을 느끼고 다른 그리스도인 친구들과 한마음으로 그들에게 얼마의 구제금을 마련해 주었다.[81]

세라리우스는 화란의 그리스도인들이 보낸 상당한 자금에 관해서도 자세하게 설명했다. 재미있게도 예루살렘의 유대인은 그리스도인들이 돈을 보내주었다는 것을 들었을 때 처음에는 화를 냈으나, 그것이 구걸한 것이 아니라 "자발적으로 준" 것임을 알고 누그러졌다. 유대인들은 이방인들이 그들을 돌아본다는 사실에 놀랐고, 이에 대해 세라리우스는 다음과 같이 썼다. "다른 여러 나라는 어떤 적에게 괴롭힘 당할 때 피할 이웃 민족이 친구로서 있지만, 그들에게는 전혀 없으므로 그들은 구원을 위해 하나님만을 바라보아야 한다."[82]

소책자의 저자들(더리와 제시)은 마지막 때가 다가올수록 유대인들의 곤경이 더 커진다고 믿었다.

> 온 지구에 닥칠 열방의 곤경은 명백한 준비단계이다. … 그들을 열방에서 추방하면 그들은 더는 머물 곳이 없어지고 그들은 서로의 원조를 위해 더 가까이 뭉칠 것이다. 이것은 부분적으로 그들의 마음에 자신의 유업으로 돌아올 것이라는 약속에 대한 더 간절한 열망과 생각을 일깨울 것이다. 그로 인해 큰 유프라테스 강이 마르는 것을 깨닫자마자, 그들은 사방에서 그들의 땅으로 행진해 들어가기로 다짐할 것이다. … 그들은 열방의 곤경으로 이런 장소들로 몰려가며, 그것은 그들의 귀환을 위한 준비가 된다.[83]

---

[81] Ibid., 5~6.

[82] Ibid., 7.

[83] Ibid.

말세의 또 다른 징조는 하나님께서 예루살렘에 있는 유대인을 통해 기적들을 일으키시는 것이다. 세라리우스는 보고했다.

> 하나님은 그들이 매우 어려운 상황에 부닥쳤을 때 그들을 위해 나타나셨다… 1651년 즈음에 오랫동안 예루살렘과 그 근방의 땅에 비가 오지 않아서 유대인이건 투르크인이건 큰 곤경에 처해 멸망할 지경이 되었다. 투르크인들은… 자신들이 유대인을 그들 사회에서 살게 했기에 하나님께서 노하셨다고 생각했다. 그래서 크게 분노하여 칼을 뽑아들고 유대인에게로 가서 만약 삼일 안에 비가 오지 않으면 그들 모두를 죽이겠다고 위협했다. 그 말을 들은 유대인은 엄숙한 금식을 선포하고… 정오까지 기도했는데, 오후부터 구름이 모이더니 천둥과 함께 심한 폭우가 쏟아졌고, 모든 항아리가 차고 넘쳤다. 그런 방식으로 그들은 죽음에서 구원됐다.[84]

세라리우스는 1655년에 발생한 또 다른 기적을 보고했다. 예루살렘 유대인이 기근과 극심한 가난에 처했던 시기에,

> 새로운 투르크족 바사가… 예루살렘에 도착하고 나서 [세금을 낮추어 주었지만] 유대인과… 매우 어려운 조건의 협약을 맺었다. 만약 그 협약이 시행되지 않으면 그들은 모두 그의 노예가 되어야 했고 그가 하려는 일을 해야 했을 것이다.[85]

유대인은 화란의 그리스도인들이 보내준 돈을 받았을 때 이 끔찍한 결과를 피할 수 있었다.

그 땅이 최근에 번영하고 있다는 것이 또 다른 기적으로 보고되었다.

---

[84] Ibid., 8.

[85] Ibid., 9.

가나안 땅이 이제까지 매우 건조하여 다른 어떤 이웃 나라보다 소출이 적었으나, 최근 5~6년 동안 소출이 매우 좋아서 예년보다 열 배나 증가했다고 보고되었다. 만약 이 보고가 사실이라면 우리는 이로 인해 확실히 하나님께서 앞서 언급한 재판을 통해 그들이 자신의 땅으로 돌아오기에 적당하게 하셨을 뿐만 아니라, 그들의 땅이 그들을 받아주기에 적합하게 하고 계신 것으로 추측할 수 있다[그리고 나서 그는 하나님께서 그의 백성을 그곳에 돌아오게 하실 때 어떻게 그 땅을 번성하게 하시는가에 대한 구절들을 인용한다].86

소책자의 저자들은 유대인이 기독교 메시지에 얼마나 수용적이었는가에 주목했다.

더 높은 사고력을 가진 랍비들이 메시아에 관해 품은 의미는, 우리가 보통 상상한 대로 기독교의 원리들과 크게 다르지 않고, 이 시대 그들 영성의 틀은 어느 때보다 더 복음의 진리에 민감해져 있다. … 그래서 세라리우스는 다음과 같이 쓴다. **언젠가 우리가 메시아에 관해 이야기를 나누고 있을 때… 곁에 있던 암스테르담의 유대인의 한 명이 즉각 말했다.** 나는 당신들이 무엇을 의미하는지 알고 있소. 우리에게 당신들의 그리스도가 여전히 살아 있다는 것을 믿게 하고 싶은 것이오. 그러나 랍비 나단은 그의 성급함을 나무랐다. … 그러자 나단은 이사야 53:4~5를 어떻게 이해하는지에 대한 질문을 받았다. 그는 우리의 질고를 지고 우리의 슬픔을 당했으며, 우리의 죄를 위해 상하셨고, 우리의 죄악 때문에 해를 받으셨으며, 우리의 평화를 위해 채찍질을 당했고, 그의 매 맞음으로 우리가 고침을 받았다… 그는 명백히 대답하기를, 메시아를 말한다고 했다. 우리가 그의 대답에 놀라 성경의 그 부분을 유대인들이 다르게 이해한다고 반응하자, 그는 "카발라에 따르면 그 부분은 [그것이 메시아란 것 말고는]

---

86 Ibid., 10.

달리 이해될 수 없다는 것이 가장 명백하다."라고 말했다.[87]

세라리우스는 한 유대인이 이사야를 그리스도인들처럼 해석하는 것을 들었다고 주장했고, 더 나아가 유대인들은 공개적으로 그리스도인들과 함께 기도했고 메시아가 오시기를 기도했다고 주장했다.

> 내가 이런 일들을 들었을 때, 내 창자가 내 속에서 들끓었고, 나는 마치 유대인이 아니라 그리스도인이 말하고 있는 것처럼 느꼈다… 우리 종교의 내적 신비로 들어오도록 인정받았다. 우리가 다른 때에 함께 모였을 때… 그리스도의 산상수훈을 읽는 것이 좋다고 생각했다… 그에게 이것이 우리 그리스도의 법이라고 말하면서 그가 읽고 나서 그것을 어떻게 판단하는지 알려달라고 했고, 그는 그렇게 했다. … 그것들은 그를 너무나도 감동하게 해 그는 의심할 바 없이 그것들을 공개적으로 인정했고, 만약 예루살렘에 한마음으로 메시아의 재림을 위해 기도할 사람 열 명만 있어도 어떤 의심도 없이 그분이 갑자기 오실 것이라고 했다.[88]

소책자의 저자들은 열정적으로 마무리했다.

> 주님은 유대인이 기독교로 회심하도록 길을 마련해 놓으셨으며, 그것은 어떤 다른 상황들로 더 분명하다. … 예루살렘에서 고통당하는 어떤 유대인은 이제 고백하기 시작한다. **그들의 조상들이 악하게 행하여 나사렛 예수를 죽였는데, 그는 의로운 사람이었으며 메시아의 영이 그와 함께 있었다.** … 만약 이 고백이 우리 중 어떤 사람들이 알듯이 그들의 지도자들에게서 나온 것이라면, 이것은 하나님께서 그들에게 자비를 내리실 준비를 하고 계시다는 분명히 표시다. … 그들

---

[87] Ibid., 11~12.

[88] Ibid., 14.

이 곤경을 겪으며 어찌할 바를 모르는 이때 그들에 대한 우리의 깊은 사랑을 보여주어 그들을 건져준다면… 하나님은 지금 그들을 향한 사역을 시작하고 계신다. 그 사역은 성공적으로 이뤄져 주님께서 그의 성전에 오실 때까지 계속될 것이다. … 피 흘리는 그들에게 긍휼의 마음을 갖고, 그들이 구원받기를 열망하는 사람들은 그들을 위한 기도와 관대한 마음과 손으로 그것을 증거하기 바란다. 예루살렘이 온 세상의 영광이 되도록 돕는 사람들은 얼마나 복된 자들인가!89

몇 년 후인 1665년, 세라리우스는 스코틀랜드에서 또 다른 편지를 보내서 "이스라엘의 잃어버린 지파들"이 방금 배로 스코틀랜드에 도착했는데, "그 돛은 하얀색으로 수를 놓았고, 밧줄과 삭구는 비단이며, 그들은 쌀과 꿀만을 먹었다."라고 알렸다.90

그 편지는 계속해서 1,600,000명의 아시아 유대인이 60,000명의 유럽 유대인과 함께 아라비아에 모여 투르크인들과 전쟁하면서 여러 번 그들을 물리쳤다고 주장했다. 그것은 사실이라고 보기 어려운 주장이었다. "유대인의 군대는 날마다 늘어나고 있으며 그들의 상당수가 진정한 메시아를 믿으며, 그는 바로 예루살렘에서 십자가에 못 박히신 세상의 구주라는 것이다."91 다른 편지에서는 그들의 수가 너무 많아 투르크인들이 전쟁을 하려고 왔을 때, "그들은 공포에 사로잡혔고, 두려움에 휩싸였다." 그러자 이스라엘인들은 "그들은 다른 사람들이 그들에게서 빼앗고 차지한 땅, 곧 그들의 선조들에게 주신 자신의 땅으로 되돌아가야 한다."라고 선언했다.92 세라리우스를 믿기는 어렵지만, 그의 주장들은 실제 사건에서가 아니라 종말론적 소망에서 나온 것으로 보인다.

---

89 Ibid.

90 Peter Serrarius, *The Jewes Message to their Brethren in Holland; and a New Letter touching their further Proceedings sent to the kingdom of Scotland* (n.p., 1665), title page.

91 Ibid., 1~2.

92 Ibid., 3

1671년에 친유대주의자(고리온 벤 시락[Gorion ben Syrach]에게 돌려짐)라는 이름으로 또 다른 소책자가 출판되었는데, 거기에서는 "한 위대한 선지자"가 일어나 "타르타리아의 남부에서… 모든 곳에서 유대인을 모아들이도록 보내심을 받아… 그들에게 가나안 땅을 회복시킬 것을 약속했다."라고 주장했다.[93] 유대인이 예루살렘에서 회복하려고 모인다는 보고들이 알레포와 콘스탄티노플에서 왔다. 동시에 터키의 스페인계 랍비이자 카발라 추종자인 사바타이 즈비(Sabbatai Zevi, 1626~1676)는 그런 곳에서 자신을 메시아로 선언했다. 이런 소책자들은 유대인이 쓴 것으로 보이지만, 종말론적 사고를 하는 그리스도인의 관심을 끌었다. 첫 번째 편지는 선언했다.

> 나는 너희가 그렇게 오래 찾은 실로(Shilo)이며 지금 충만한 때가 이르렀으니 내가 너희에게 나타날 것이다. 그러므로 너희는 용기 있게 나를 따르라. 내가 너희를 너희 조상들의 땅으로 데려가며 예루살렘의 기초를 쌓고 그 벽을 올릴 것이며, 주의 성전을 재건하고 솔로몬의 영광보다 더 영광스럽게 하겠다.[94]

유대인이 예루살렘으로 돌아오는 것을 방해하는 주된 장벽은 오토만 제국이었다. 17세기 묵시문학의 공통된 주제는 그 무서운 제국이 무너지는 것에 대한 기대와 유대인이 예루살렘으로 돌아오는 것, 그리고 유대인이 기독교로 개종하는 것이었다. 윌리엄 셔윈은 미드를 인용하면서 어느 때나 "투르크인들이 완전히 멸망할 것"을 기대했는데, 그것은 "투르크인들이 하나님의 물리적 성전이 있던 곳을 차지했고, 나중에 개종하여 그것을 소유할 유대인을 배척하였기 [때문이다]."[95]

---

[93] Josephus Philo-Judaeus [Gorion ben Syrach], *News from The Jews, or a True Relation of a Great Prophet* (London, 1671).

[94] Ibid., 2.

[95] [William Sherwin], *Prodronmos: The Fore-runner of Christ's Kingdom Upon Earth* (London, 1656), 5~6. Joseph Mede, *Clavis Apocalyptica*도 보라.

셔윈은 하나님께서 유대인에게 몇 가지를 약속하셨다고 믿었다.

1. "그들은 예루살렘으로 돌아와 유대 땅에 거할 것이다."
2. 하나님은 "은혜의 영을 그들에게 부어 주시고 그들은 그들이 찌른 자를 바라볼 것이다."
3. 하나님은 "그들을 강하게 하셔서 대적을 이기게 하실 것이며 그들은 예루살렘에 다시 거주하며 그들 자신의 폐허를 건설할" 것이다.[96]

존 밀턴의 시는 종말론 주제로 가득한데, 거기에는 유대인이 예루살렘으로 돌아온다는 기대가 포함되어 있다.[97] 1671년에 밀턴은 『낙원의 회복』에서 "놀라운 부르심을 따라 아브라함을 기억하라. 그들을 돌아오게 하여 회개하고 진실하게 하라. … 그들의 고향 땅으로 서둘러 오게 하라."라고 썼다.[98]

유사하게, 공위기간에 들고 일어나 의회파가 된 런던의 피혁업자 프레이즈-갓(프레이즈갓이라고 하기도 한다) 배어본―1653년 7~12월 의회는 심지어 그의 이름을 땄다―은 매우 유대 중심적이었다. 배어본은 유대인이 이방인보다 뛰어나다고 했고, 특별히 천년왕국기에 그러하다고 했다. "아브라함의 자손 이스라엘은 **하루아침에 태어나**, 탁월함을 갖추고 하나님의 나라가 되었다. 이방인으로서 구원받은 나라들은 그들의 빛, 즉 새 예루살렘의 빛 가운데 다닐 것이다, **계시록 12:24**."[99]

---

[96] Ibid., 19.

[97] John Milton, *Nova Solyma, the ideal city, or Jerusalem regiant* (London, 1648), Appendix F. Literary Essay by Walter Begley, 350 [저자미상으로 출간되었으나 밀턴이 쓴 것으로 널리 인정됨]; Samson Agonistes in Sokolow, 41. 또 Durie's *Israel's Call to March to Jerusalem* (1646)과 *The Commonwealth of Israel* (1650)도 보라.

[98] John Milton, *Paradise Regained*, III, 434~37, in Spector, 17.

[99] Praise-God Bareborne, *Good Things to Come, or, A Setting forth*

배어본은 계시록 7장과 14장에서 주께 인치심 받은 144,000명을 이방인이 아니라 유대인이라고 보았다.

> 이스라엘의 지파들로 되어 있다. 각 지파에서 만 이천 명씩… 하나님의 나라 이스라엘에게 탁월함이… 그리고 다가올 세상에서 (이방인 신자 위에, 당시에 살아 있고 변화되고 또한 거기에 참여하는) 탁월함을 가진다. … 거룩한 바울이 밝힌 신비에 따르면, 주 그리스도의 오실 때 살아 있는 자들은 지상에서부터 구속된다. … 밭에 있던 두 사람의 한 명이, 방앗간에서도 (남자들뿐 아니라 여자들도) 같게 취해진다.100

그는 하나님께서 아브라함의 씨에게 약속하신 땅을 주시겠다는 영원한 언약("내가 너에게 가나안 땅을 너의 기업으로 줄 것이다")을 맺으셨고 "하나님은 그의 언약을 영원히, 천대까지 기억하실 것이다."라고 덧붙여 말했다.101

이스라엘 회복의 기대는 1688년의 저자 미상의 소책자 『유대인의 희년… 이스라엘의… 마른 뼈의 부활』에서 반복한다. 저자는 한 그룹의 런던 유대인과 에스겔 37장의 마른 뼈의 계곡을 주제로 토론했다. "우리는 거의 모든 점에서 동의했다. … 이스라엘의 집은 한 때 하나님이 유일하게 사랑하신 민족이지만… 너희 조상들의 죄와 범과로 하나님은 그들에게 원수들을 풀어놓으셨다." 저자는 어셔의 연대기를 사용하여 종말의 날을 계산했다. 다니엘 8:13("2300일 후에 성전이 정결하게 될 것이다")과 에스겔 4:6("내가 네게 각 날을 해로 정하였다")을 사용하여 그는 참석한 유대인들에게 종말의 시간표를 말했다.

> [다니엘의 숫자는] 지금부터 10년 또는 11년 후 즈음에 끝날 텐데, 그때는 주후 1698년 또는 1699년이 되거나, 아니면 1700년까지 연

---

some of the Great Things (London, 1675), 59.

100 Ibid., 70~71.

101 Ibid., 99.

장될 수도 있는데, 그때가 내가 보기에 가장 멀리 연장된 것이다. … 당신들은 다니엘의 최고 숫자가 성취되어 끝나기 7년 전에 당신들의 땅에 있을 것인데, 그때는 지금부터 1691년 또는 최대 1693년 사이가 될 것이다. 당신들은 하나님의 대적, 즉 적그리스도와 투르크인들이 남겨둔 모든 쓰레기와 오염물질에서 성전을 청소하는 데 최대한 7년의 세월을 보낼 것이다.102

저자는 런던의 유대인에게 "당신들의 고향 땅으로 돌아갈 준비를 해라. … 당신들의 선지자들이 그토록 자주 예언한 위대한 영광으로 가득 찰 것이다. … 그러면 한 나라가 즉시 태어날 것이다."라고 탄원하면서 그의 발표를 결론지었다.103

반셈족주의가 중세시대에 지배적이었고 초기 개혁자들이 지속했어도, 16세기 후반이 되자 친셈족주의가 다시 등장했다. 그것은 므낫세 벤 이스라엘과 그의 영국인 지지자들 때문에 공화정 시기에 정점에 달하였는데, 유대인들을 다시 영국 땅에 합법적으로 거주할 수 있게 하는 데서 최고점을 찍었다. 어떤 이들은 유대인들이 이스라엘을 회복하는 일을 돕는데 영국이 적극적인 역할을 해야 한다고까지 주장했다.

유대민족 사랑과 그들이 귀환해 이스라엘 나라를 재건한다는 기대가 세대주의 신학의 으뜸가는 요소이다. 세대주의를 반대하는 사람들은 유대인이 따로 구원받은 민족으로서 미래에 어떤 종말론적 역할을 감당할 것을 부정하는데, 최근에 가장 강하게 목소리를 내는 반대자는 개혁주의 전통에 속한 신학자들이다. 그들은 자신들이 존경하는 많은 17세기 청교도 신학자들이 사백 년 전에, 유대인들이 아브라함과 그의 자손들에게 약속하신 땅으로 돌아갈 것을 기대했다는 것을 발견하면 매우 놀랄 것이다.

---

102 Anon., *The Jews Jubilee: or, the conjunction and resurrection of the Dry Bones of the whole house of Israel* (London, 1688), 1~2.

103 Ibid., 30.

다비 이전에 이스라엘의 회복을 기대한 그리스도인 회복주의자/시온주의자

이름	연대*	추가적인 친셈족 사상
에드먼드 버니 (Edmund Bunny)	1584	그리스도인은 유대인을 사랑해야 한다
프란시스 케트 (Francis Kett)	1585	유대인에게 그들의 땅으로 돌아갈 것을 요청했다
토머스 드랙스 (Thomas Draxe)	1608	여전히 하나님의 백성인 유대인을 사랑하라, 그들을 향한 하나님의 계획은 영원하다
휴 브로우튼 (Hue Broughton)	1610	유대인이 아니라 로마가 그리스도를 죽였다
토머스 브라이트만 (Thomas Brightman)	1615	유대인을 사랑하라, 그들의 귀환이 그리스도의 재림 때 절정을 이룰 것이다
헨리 핀치 (Henry Finch)	1621	영적 이스라엘/물리적 이스라엘: 각각에 대한 하나님의 약속은 다르다; 아마겟돈은 유대 땅에서 일어난다
윌리엄 가우지 (William Gouge)	1621	영적 이스라엘/물리적 이스라엘: 각각에 대한 하나님의 약속들은 다르다; 아마겟돈은 유대땅에서 일어난다
존 아처 (John Archer)	1642	'자연적 이스라엘'을 향한 하나님의 약속은 영원하고, 예루살렘은 세상을 지배할 것이다
로버트 메이튼 (Robert Maton)	1642	하나님이 유대인과 맺은 언약은 영원하다
피터 버클리 (Peter Bulkeley)	1646	하나님이 유대인과 맺은 언약은 영원하다

『운명의 날』 (Doomesday)의 저자	1647	유대인은 지금 그들의 땅을 차지하려고 모인다
엘리자베스 애버리 (Elizabeth Avery)	1647	유대인의 귀환은 임박한 종말의 표징이다
모세 월 (Moses Wall)	1652	유대인은 다시 그들의 '지상의 왕국'을 가질 것이다, 그리스도께서는 영적으로만 다스리신다
너대니엘 홈즈 (Nathaniel Homes)	1653	유대인에게는 영원한 언약이 있다, 귀환은 '투르크인들'이 아마겟돈 전쟁을 일으키는 계기가 된다
J. J. '친유대주의자' ('Philo-Judaeus')	1654	유대인을 사랑하라, 영국은 유대인이 그들의 땅을 얻도록 도와야 한다, 하나님의 언약은 영원하다
헨리 제시 (Henry Jessey)	1656	유대인들을 사랑하라, 예루살렘은 뛰어날 것이다
존 더리(John Dury)	1658	유대인들을 사랑하라, 예루살렘은 뛰어날 것이다
피터 세라리우스 (Peter Serrarius)	1658	유대인들을 사랑하라, 예루살렘은 뛰어날 것이다
윌리엄 셔윈 (William Sherwin)	1665	예루살렘은 뛰어날 것이다
존 밀턴(John Milton)	1671	"그들의 조국으로 서둘러 올 것이다"
프레이즈-갓 배어본 (Praise-God Barebone)	1675	하나님이 유대인과 맺으신 언약은 영원하다, 예루살렘은 뛰어날 것이다

* 연대는 회복주의를 지지하는 글을 발행한 연도를 가리킨다.

3

17세기 초 영국 스튜어트 왕조 때의
역사적 전천년설

Historic Premillennialism in Early Seventeenth-Century Stuart England

마틴 루터는 중세시대를 지배한 아우구스티누스의 종말론을 따랐지만, 계시록에서 일부 미래적 사건들을 보았고, 이것이 투르크인들과 교황제도 몰락, 로마 멸망, 진정한 교회 승리를 예언한다고 믿었다. 같은 방식으로, 칼뱅의 가장 가까운 동료 테오도르 베자도 바울의 로마서(특히 11:25~29)가 이 시대의 끝이 오기 전에 유대인의 대규모 회심이 있을 것을 가르친다고 이해했다. 이런 접근들로 인해 후대의 저술가들은 종말론에서 역사적 전천년주의 견해에 더 우호적이게 영향을 끼쳤다.[1] 윌버 왈리스는 종교개혁 이후 영어권에서의 전천년주의의 부흥에 두

---

[1] "Revelation," in Luther's second edition of *Notes on the New Testament* and "Romans," in Beza's *Notes on the New Testament* in Peter Toon, *Puritans, The Millennium and the Future of Israel: Puritan Eschatology 1600~1660* (Cambridge: Clarke, 1970), preface.

가지 요소가 견인차 구실을 한 것을 관찰한다. 첫째는 초기 교부들의 전천년주의를 읽은 것이고, 둘째는 『제네바 성경』의 풀이 부분이다. 왈리스는 다음 내용을 쓴다.

> 1570년 즈음, 이레나이우스의 마지막 다섯 장(chapters)을 재발견한 것은 알스테드가 전천년주의를 공식화하는 데 이바지했을 것인데, 그와 다른 사람들은 고대 교회 저자들의 자료를 사용했기 때문이다. 우리가 보기에 종교개혁의 강도 높은 성경공부와 고대 시대에 관한 지식이 합쳐져 진동자의 추가 아우구스티누스가 거부했던 이레나이우스의 원시적 전천년주의로 회귀하기 시작했다.2

전천년주의가 번성하기 시작한 것은 17세기 동안 영어권 지역에서였을 것이다. 천년왕국론은 1552년에 영국 국교회의 42개 신조에서 거부되었으나, 1571년의 39개 신조에서는 금지되지 않았다. "17세기 중반에 영국에서 가장 인기 있는 종말론 견해는 천년왕국론이었다."3 이 장에서는 그 견해가 다시 유행하게 된 과정을 살핀다.

영어권에서 최초로 격식을 갖춘 계시록 연구는 1593년에 나왔는데 고전적인 역사적 전천년주의에 입각했다. 저자는 스코틀랜드의 수학자이자 로가리듬을 발견한 존 내피어 경(1550~1617)이었다. 내피어는 계시록 6장의 일곱 봉인이 그리스도의 십자가 죽음과 A.D. 70년의 예루살렘 멸망 사이에 일어났다고 믿었지만, 일곱 나팔과 일곱 대접은 교회역사에서 통합적으로 일어났다고 믿었다. 그는 교황을 적그리스도로, 로마를 바벨론의 음녀로, "배도자 마호메트"를 계시록 9:1의 떨어진

---

2 Wilber B. Wallis, "Reflections on the History of Premillennial Thought," in R. Laird Harris, Swee-Hwa Quek and J. Robert Vannoy, ed., *Interpretation and History: Essays in Honour of Allen A. MacRae* (Singapore: Christian Life, 1986), 229.

3 Jeffrey Jue, *Heaven Upon Earth: Joseph Mede (1586~1638) and the Legacy of Millenarianism* (Dordrecht: Springer, 2006), 4.

별로 간주했다(그래서 그가 계시록 9장에서 지옥에서 나오는 메뚜기 떼라고 본 "마호메트 추종자들"과 계시록 16:12에서 200만 기병의 군대를 가지고 있으며 유프라테스 강에 묶여 있던 동방의 왕들이 풀려나게 된다).4 에스겔 48장에서 말하는, 회복된 이스라엘을 공격할 군대에 관해 내피어는 "곡이 교황이고… 마곡은 마호메트 추종자들"이라고 믿었다.5

내피어는 천년왕국이 콘스탄티누스 때(A.D. 300~316) 시작했다고 믿었다. 사탄은 결박되어 무저갱에 던져졌지만, 최초로 그의 권세를 "그의 보좌관"인 적그리스도에게 넘겨주었는데, "그는 1560년부터 1575년까지 1,260년 동안 다스릴 것이다." 내피어에 따르면, 이때 "교황의 통치는 영국, 스코틀랜드, 그리고 독일의 일부, 프랑스와 다른 나라들에서 무너질 것이다."6

내피어는 일곱 나팔과 일곱 대접이 각각 245년씩 걸린다고 믿었고, 그래서 다음의 도표가 보여주듯이 종말에 대한 날짜를 지정할 수 있었다.

내피어의 교회 역사에서 일곱 대접/나팔과 일곱 천둥(계시록 8~10장)7

첫째 나팔	71	예루살렘이 로마군대에게 파괴함
둘째 나팔	316	콘스탄티누스가 수도를 콘스탄티노플로 옮기고 로마에 교황권을 줌
셋째 나팔	561	고트족이 로마를 불사름
넷째 나팔	806	샤를마뉴가 황제로 즉위
다섯째 나팔	1051	셀주크 투르크가 지배를 시작
여섯째 나팔	1296	오토만 제국이 설립됨

---

4 Iohn Napier, *A Plaine Discovery of the whole Revelation of Saint Iohn: set down in two treatises* (Edinburgh, 1593), preface, 34.

5 Ibid., 60~61.

6 Ibid., 65~66.

일곱째/첫째 천둥	1541	"적그리스도에 대항하는 진정한 고백자들이 일어남"
둘째 천둥	1590	"바벨론의 마지막 쇠퇴와 몰락", 예. 로마
셋째 천둥	1639	"적그리스도가 마지막으로 유인하는 것을 위협해 회개하게 함"
넷째 천둥	1688	"그리스도께서 직접 위대한 추수를 시작하신다"

이 마지막 나팔 또는 대접이 1786년에 끝나지만, 내피어는 "아무도 그 날과 시간을 알지 못하며", 또한 "택한 사람들을 위해 그때가 줄어들 것이므로" 종말이 아마도 1688년과 1700년 사이에 발생할 것이라고 믿었다.[8] 그는 이 자료가 인류의 6천 년 역사와 그 뒤에 오는 천 년의 안식으로 확증된다고 생각했다.

> 2천 년 동안 율법이 없었거나 무효했고, 2천 년 동안 율법 아래 있었다. 2천 년 동안 메시아 시대가 될 것이다. … 이제 이 6천 년의 기간은 그리스도의 2천 년… 그리고 그리스도께서 친히 마태복음에서 줄어들 것이라고 말씀한 바에 따라 끝난다.[9]

내피어가 종말의 때를 결정하려고 사용한 또 다른 방법은 로마 황제인 배도자 율리아누스가 기독교에 적대적인 칙령을 선포한 365년에 다니엘이 언급한 1335년을 더하는 것이었다. 이 방법으로 내피어는 이 시대의 끝이 1700년에 올 것이라고 결론지었다. 세 번째 방법은 계시록 10장에 나온 각 천둥이 49년 동안 지속하는 것으로 여겨 1688년에 종말이 온다고 보는 것이다. 네 번째 방법은 계시록 14:20에 나온, 1600

---

[7] Ibid., 7~12.

[8] Ibid., 16.

[9] Ibid., 18~19.

스타디아(약 200마일)를 흐르는 피를 요한이 계시록을 쓴 A.D. 97년부터 시작된 1600년이라고 보아 종말이 1697년에 올 것이라고 간주하는 것이다. 이런 방법들은 모두 17세기의 마지막 10년을 가리킨다.10

내피어는 첫째 부활이 영적인 것으로 회심 때 얻는 새로운 생명이지만, 둘째 부활은 모든 사람이 심판을 받는 때라고 믿었다. 그는 또한 미래적 천년왕국을 부인했는데, 그것은 천년왕국이 316년부터 1316년까지 존재했고, 그때부터 사탄이 놓여(계시록 20장) 하나님의 백성들(예를 들면, 위클리프, 후스, 루터)에게 분노하고 있다고 믿었기 때문이다. 내피어는 '우리가 그리스도와 함께 이 땅에서 다스릴 것이며 그 기간이 천 년이 될 것이라고 믿는 천년왕국론자들 무리'는 '이단'의 죄를 짓는다고 주장했다. 미래의 천년왕국을 언급하는 어떤 구절이라도 "영원을 의미한다는 것이 밝혀졌다." 내피어는 곡(로마)과 마곡(이슬람)이 곧 아마겟돈의 전투를 하려고 모여 그리스도의 재림과 세상의 종말로 멸망할 것을 기대했다.11

제임스 1세의 통치 초기에 휴 브로우튼(1549~1612)과 토머스 브라이트만(1562~1607)은 각각 1607년과 1611년에 역사적 전천년주의 연구서를 내놓았다. 그들은 모두 엘리자베스 여왕의 통치 중반기에 케임브리지 졸업생들이었고, 후반기에는 둘 다 논란의 중심이 된 설교자들이었다. 또한, 둘 다 제임스 1세의 통치 초기에 비교적 덜 알려진, 묵시론 책을 썼다. 브로우튼은 다니엘 주석에서 다니엘의 연속적인 네 왕국을 묘사하면서 내피어의 해석(바벨론, 메대-바사, 그리스, 로마)을 따르지 않고, 넷째 왕국을 셀레우코스 후계자 안티오쿠스의 나라로 보는 랍비 해석을 따랐다.

예언서마다 저자 자신의 시대 사건을 설명한다고 믿는 현대의 과거주의자들과 비슷한 방식으로, 브로우튼은 다섯째 왕국이 마카비가 B.C. 2세기에 유대에 세운 독립된 유대인 나라(현재 하누카로 축하한다)라고 주장

---

10 Ibid., 21~22.

11 Ibid., 239~41.

했다. 브로우튼은 다니엘 9장에서 제사를 방해하고 성전을 더럽힌 왕을 에피파네스라고도 불리는 안티오쿠스 4세라고 보았다. 그는 본문이 '로마 시대가 아니라, 안티오쿠스 시대'를 논한다고 주장하면서 선언했다.

> 아벤 에즈라(Aben-Ezra)가 작은 뿔을 투르크인이라고 했듯이… 우리가 이 이야기를 그리스도 이후로 끌고 간다면… 하나님의 말씀을 유동적으로 만든다. … 불경한 사람들은 우리가 신상의 다리를 나라들 전체로 오인하여 스스로 오류에 빠졌고, 모든 성경을 혼란스럽게 했다고 말할 것이다. … 예언자들은 우리를 그리스도 이후로가 아니라 그리스도께로 인도하려고 해설하는 사람들일 뿐이다.12

브로우튼은 로마를 넷째 왕국으로 해석하면서 다섯째 왕국을 기대하는 사람들을 알고 있었으나, 셀레우코스 왕조를 넷째 왕국으로 그리고 안티오쿠스 에피파네스를 적그리스도로 부르며 특별히 로마를 공격하지 않았기에 그의 주교에게 비판을 받았다.

폭스의 『순교자의 책』(1563)이 출간된 이래, 영국 전통은 로마 제국과 교황권을 융합해, 프로테스탄트가 '참된 교회'로 간주한 것을 항상 박해한 단 하나의 로마 체제(a single Roman system)로 봤다. 그 전통에 따라 브로우튼은 제임스 1세에게 "로마가 카이사르에 있어서나 교황에 있어서 여전히 정죄된다는 것을 보여주도록… 묵시록을 설명하는" 책을 쓰게 해 달라고 요청했다.13 그는 계시록에 관한 이 후기 연구에서 로마제국과 교황제를 융합했는데, 그것은 "그리스도께서 하늘의 예루살렘에 관해 로마가 세상 끝날까지 그것에 대항하여 싸울 것을 가르치시려고 요한에게 그의 천사들을 보내셨기" 때문이다.14

---

12 Hugh Broughton, *Daniel with a Brief Explication* (n.p., 1607), 123~24.

13 Hugh Broughton, *A Petition to the King. For Authority ad Allowance to expound the Apocalypse...* (n.p., 1611), title page.

14 Hugh Broughton, *A Revelation of the Holy Apocalyps* (n.p., 1610), in the dedication to King James I.

토머스 브라이트만의 『묵시의 계시』는 그의 사후인 1611년, 킹제임스역 성경이 출간된 해에 출판됐다. 그는 거기에 썼다.

> 주의 칼이 하늘에서 휘둘러져 모든 권세가 뒤엎어지면, 모든 기독교 세계에 큰 시험이 닥쳐올 것이며… 곧 다가올 무서운 재앙을 예고할 것이다. … 너는 신랑의 음성을 잘 안다. … 신랑은 너의 슬픔을 갚아 주려고 금방 오실 것이며, 음녀를 네 손에 넘겨주실 것이다. … 로마가 멸망하고… 또 유대인과 기독교 국가들을 한 데 연합하며… 투르크인들이 마지막으로 멸망할 것이다. … 이제 채찍질과 죽음과 파멸이 넘치는, 가장 길고 가장 혹독한 비극의 마지막 장이 시작했다.15

브라이트만은 그의 책이 '묵시록의 새로운 해석'으로서 17세기의 다른 사람들에게 역사주의 관념으로 사고하도록 영감을 주었다고 주장했다(비록 많은 학자가 브라이트만이 후천년주의자라고 믿지만). 브라이트만에 따르면, 로마는 악한 바벨론이고 교황은 적그리스도로서 1290년을 다스릴 것이다.16 교황권이 콘스탄티누스 때부터 시작했다고 보고, 바벨론과 적그리스도는 개신교도가 그리스도의 왕국을 세우려고 로마와 싸울 때인 1603년17에 무너진다고 주장했다. 그는 교황권이 무너지고 나서 유대인이 회심하고 예루살렘으로 돌아갈 것을 기대했다.18

브라이트만(역자 설명: 모본에는 브로우튼이다)도 영국 성공회를 계시록 3장의 미지근한 라오디게아 교회로 간주했다. 그의 해석이 정부와 문

---

15 Thomas Brightman, *A Revelation of the Apocalyps, that is, The Apocalyps of S. Iohn...* (Amsterdam, 1611), preface.

16 다니엘 7:25; 12:7; 계시록 11:3의 1260 + 30주에 근거.

17 Thomas Brightman, *A Revelation of the Apocalypse*은 그가 죽고 1607년에 암스테르담에서 출판됨.

18 "뭐라고! 그들이 예루살렘으로 돌아온다고? 그보다 더 확실할 수 없다. 예언자들은 어디에서나 그것을 확증한다." In Anon.; *A Revelation of Mr. Brightman's Revelation* (n.p., 1641).

제를 일으킬 것이었기에 그는 자신이 죽은 후에 책이 출간되게 했다. 다음의 시간표에서 보듯, 브라이트만(역자 설명: 모본에는 브로우튼이다)은 자신의 시대를 계시록 16장에 위치시켰다.

브라이트만의 역사주의에 따른 시간표: 교회 역사의 파노라마

1~5장: [소아시아에 있는 교회들에게 보낸] 서신… 서론

6장: 봉인에 따른 첫 번째 특별한 사건들[최초의 주후 3세기 동안 이방인 로마 황제들]

7장: 일곱째 봉인… 콘스탄티누스 대제… 그다음에 이어진 교회의 큰 재앙

8장: …하늘의 침묵, 콘스탄티누스가 쟁취한 평화, 천사들이 분… 나팔들… 첫째… 공재설(consubstantiation)에 관한 논쟁; 8절. 둘째 나팔, 교황의 수위권과 존엄성을 언급하는 칙령에 따라 야망으로 불타는 산이 바다로 던져짐; 10절. 셋째 나팔, 별들이 하늘에서 떨어짐; 아리우스 이단… 넷째 나팔, 태양의 삼분의 일이 타격을 받음, 즉 아프리카 교회가 반달족의 침입을 받음.

9장: 다섯째 나팔에 무저갱이 열리고 메뚜기 떼가 출몰… 동방의 사라센들; 13절. 여섯째 나팔, 투르크인들이 세상을 침략하여 로마의 우상숭배를 범함.

10~11장: 콘스탄티누스의 때부터 1260년 동안 숨겨진… 예언이 이 땅에 회복되고, 설교가 회복된다… 그 날들의 끝에 로마의 성직자들이 교회를 대항하여 전쟁을 준비할 것이고 트렌트 종교회의에 따라 성경의 목을 자를 것이다… 3년 반 동안 찰스 5세의 권세로 독일에 있는 성도들을 밟을 것이다… 일곱째 천사가 나팔을 불 때, 1558년 즈음 그리스도를 위한 새로운 나라들이 영국, 아일랜드와 스코틀랜드에 세워져 복음을 받아들일 것이다.

12장: 일곱째 나팔… 콘스탄티누스가 용을 하늘에서 쫓아냈고, 이방 황제들이 물러나게 했다… 용이 대적할 힘을 잃자, 그는 그리스도의 이름으로 교회를 안정시켰다.

13장: 콘스탄티누스가 쫓아낸 용은 그의 대리인을 같은 자리에 세웠는데, 그가 바로 로마 교황이다. 그는 콘스탄티누스와 함께 일어나 니케아 종교회의를 통해 크게 성장했다. 그는 이탈리아를 정복한 고트족에게 상처를 입었으나 유스티누스가 치료해 주었다. 둘째 짐승은 동일한 로마 교황으로서 그에게 새로운 생명을 준 피핀과 샤를마뉴 대제에 의해 확장되어 가장 악해졌다.

14장: 콘스탄티누스 때부터 천 년 동안 교회는 가장 은밀한 장소들에 그리스도와 함께 숨겨져 왔다… 천 년이 끝나자 위클리프가 세상에 복음을 선포했다. 존 후스가… 로마의 멸망을 위협했다; 9절. 로마교회 성직자들을 강하게 공격한 마틴 루터를 그들이 따른 후… 토머스 크롬웰과 토머스 크랜머에 의해 영국에서도 수확이 있었다.

15장: 대접을 가진 일곱 천사… 성전이 열리고 지식이 증가하며 교회의 시민들은 마지막 재앙을 이룰 사역자들이 될 것인데, 새로운 유대 백성들은 믿음을 갖기 전에 그 재앙이 끝나기를 기대한다.

16장: 대접들에게 권세가 주어졌다. 첫째 대접은 우리의 가장 은혜로우신 엘리자베스 여왕과 다른 개신교 군주들에 의해 이루어졌으며, 모든 교황주의자 무리는 질투로 속을 썩는다… 둘째 대접은 마틴 쳄민이 트렌트 종교회의에 반대할 때 이루어졌고… 셋째 대접은 예수회에 대항한 윌리엄 세실에 의해 이루어졌고… 넷째 대접은 태양에 부어졌는데, 그것은 곧 성경에 부어진 것으로, 그 빛 때문에 사람들은 고통을 당하며 큰 분노와 다툼에 사로잡힐 것이다. 다섯째 대접은 로마, 곧 짐승의 보좌에 부어진다. 여섯째 대접은 유프라테스 강에 부어져서 동방의 유대인들을 위한 준비가 갖추어지며, 그들은 복음을 믿는 믿음으로 자신의 나라로 돌아올 것이다. 또 그때 동편

에서는 투르크인들이, 서쪽에서는 교황이 이 새로운 그리스도인들을 대적하여 큰 전쟁을 준비할 것이다…19

브라이트만은 또 유대인들이 거룩한 땅으로 돌아오는 것을 옹호하는 책 『그들은 예루살렘으로 돌아오는가?』를 썼는데, 이 책은 그가 죽은 후 1615년에 출간되었다.

토머스 드랙스(1618년 죽음)는 『마지막 심판 경고』(1615)에서 투르크인들을 다니엘 11장의 '북방의 왕' 그리고 에스겔 38장의 곡과 마곡과 동일시했다. 계시록 16장에 따르면, 그들은 '아마겟돈이란 곳'으로 '그의 무수한 군대'를 끌어들일 것이다. 그곳에서 그는,

> 유대인들을 모아 싸우며… 사랑받는 도시 예루살렘을 둘러싼다. … 그는 유대인이 자신을 그의 (빼앗은) 왕국에서 축출할까 두려워할 것이기에, 그들을 진멸하고 완전히 없애려고 최대한 노력할 것이다. 그때는 **들어본 적이 없는** 환란의 시기가 될 것이다… 다니엘 12:1. … **불이 하늘에서 하나님에게서 내려와 그들의 적을 사르리라…** 에스겔 38장.20

드랙스는 대환란과 아마겟돈 전쟁을 묘사하고 나서 이런 사건들의 날짜에 대해 생각했다. 그의 시대에 있었던 한 견해를 점검해 보는데, 그것에 따르면 아마도

> 두 가지 구별되는 천년기가 있을 것이다. 전자는 콘스탄티누스 황제의 통치 때 시작되어 주후 1300년 위클리프 때 즈음에 끝났을 것이고, 그 기간에 교회는 쇠퇴했다. 두 번째 천년기는 교회가 새로워지

---

19 Ibid., "A View of the Whole Apocalypse" [*A Revelation of the Apocalypse*에 있는 상세한 목차].

20 Thomas Draxe, *An Alarm to the Last Iudgement. Or An exact discourse of the second coming of Christ* (London, 1615), 82~83.

고 부흥하는 때로서 우리 주님의 해인 1300년에야 시작되었으므로 아직도 700년이 더 남았다.21

이 견해에 따르면, 세상은 6000년 동안 역사와 천 년 동안 안식년이 지나고 A.D. 2000년경에 끝나는데, 드랙스는 당시 인기 있던 개념을 반복했다. 그러나 드랙스는 이것이 "하나님의 백성이 부활 후 이 세상에서 천 년을 살 것이라고 상상하는 천년왕국론자들의 오류다…"라고 말하면서 거절했다.22 드랙스는 그의 6000년 틀을 어셔의 연대기가 출간되기 30년 이상 먼저 제안하여 이 6000년이 2039년에 끝날 것이라고 기대했다. 그렇지만, "택하신 자들을 위하여… 날을 감하실 것이다"라고 믿으면서, 그는 줄어든 날짜가 367년 이후 1335년이 지난 1699년 혹은 1700년일 수 있다고 추측했는데, 그 해는 율리아누스 황제가 유대인에게 자기들의 성전을 짓도록 허락한 때다. 나중에 그 성전은 "하늘에서 내려진 불로" 파괴됐다.23 그리고 나서 그는 1695년으로 끝나는 존 내피어의 날짜와 브라이트만의 의견을 살폈는데, 후자에 따르면 그 해는 이스라엘이 회복되는 때지만 유대인의 나라가 "그 뒤로도 수백 년간 계속된다."라고 했다.24 드랙스는 "어떤 허황한 사람들"이 "세상이… 1630년 이전에 끝날 것이다."라고 한 것을 조롱했다. 드랙스가 보기에는, "아직 실현되지 않은 모든 남아 있는 징조들은 어떤 경우든… 로마의 황폐화, 유대인의 회심, 거짓 그리스도들의 출현 등과 같은 [징조들이]… 그렇게 짧은 시간에 성취될 수 없으며," 유대인들이 돌아올 때 "그들은 (적어도) 한 세대 동안 지상에서 영광스럽게 지낼 것이 거의 확실하며… 온 세상이 그들을 일반적으로 부르신 것에 충분히 주의하려는 것이다…."25

---

21 Ibid., 100.

22 Ibid., 101.

23 Ibid., 106.

24 Ibid., 107~8.

25 Ibid., 109~10.

드랙스는 자신이 "마지막 심판의 징조들"이라고 믿은 것을 설명했다.

드랙스의 이미 성취된 '마지막 심판의 징조들'

1. 예루살렘 멸망(A.D. 70)
2. 복음이 모든 나라에 전파됨(사도 시대에 이루어짐, 1~3세기)
3. 복음을 배도(적그리스도인 교황 그리고 곡과 마곡인 마호메트, 4~6세기)
4. 적그리스도가 드러남(스스로를 높이고, 결혼을 금하고, 왕들을 폐함; 위클리프와 루터에 의해 밝혀짐)
5. '개신교도 살육, 전쟁, 박해, 다른 잔인한 행위들'(16~17세기)[26]

드랙스의 아직 성취될 '마지막 심판의 징조들'

1. "믿음이 지상에 거의 남지 않을 것이고… 모든 종교적 사람이 겉으로 청교도로 오인될 것이다."
2. 적그리스도와 로마의 멸망
3. 유대인의 부르심과 돌아옴
4. "아마겟돈이라 불리는 곳에서… 투르크인들과 그 왕국의 최종 멸망"
5. "거짓 그리스도들과 거짓 선지자들이 일어날 것이다"[27]

그의 글은 독자의 공감을 얻었다. 브라이트만의 한 열성적인 독자인 웨스트민스터 총회 목회자 제레마이아 버로우즈(1600~1646)는 관찰했다.

첫째는 사자와 같고, 둘째는 소와 같으며, 셋째는 사람의 얼굴을 갖

---

[26] Ibid., 21~38.

[27] Ibid., 50~87.

고 있고, 넷째는 날아가는 독수리와 같다. 그들은 (브라이트만 목사의 해석에 따르면) 우리에게 교회의 네 가지 상태와 조건을 보여준다. 초대 교회 때는 그들의 용기가 사자와 같았다. 둘째 시대는 소와 같아서 적그리스도의 짐을 짊어졌다. 셋째 시대는 인간의 얼굴을 가졌는데, 자유를 위해 일어나 어떤 예속도 거부하는 우리의 시대다. 그리고 넷째 시대는 높이 솟아오르는 독수리와 같다.28

버로우즈는 다니엘의 날/해들에 따라 날짜를 잡는 데 역시 브라이트만을 따랐다.

브라이트만은 1290년을 시작으로 잡았다. 율리아누스[배도자, 황제 A.D. 355~360]가 [예루살렘의 성전에] 가증한 것을 세웠을 때부터… 1290년을 계산했다. 1290일을 해로 여기면 그때는 1650년이 된다. 계시록의 다른 곳에 따르면, 교회들은 1260년 동안 적그리스도의 박해 아래 놓일 것인데, 그때 짐승이 세력을 잡고 증인들은 베옷을 입고 그 오랫동안 예언하며, 그 여인은 그렇게 오랫동안 광야에 있을 것이다. 그러나 적그리스도는 언제 다스리기 시작하는가? … 그때는 반드시 로마 제국이 몰락하고 용이 짐승에게 권세를 넘겨줄 것인데… 이때가 1260년의 시작이다. 먼저 로마 제국이 무너진다는 것은 **데살로니가후서 2:7**에 나와 있다. **불법의 비밀이 이미 활동하였으나 지금은 그것을 막는 자가 있어 그중에서 옮겨질 때까지 하리라.** … 교회의 관습은 로마 제국이 지상에 계속되기를 기도했는데, 왜냐하면 그것이 무너질 때 적그리스도가 온다는 것을 알았기 때문이다. … 이 모든 성경 본문들을 비교해 보면, 이것은 멀리 있는 일이 아니라 지금 이 세기를 말하는데, 여기서 후자의 날이 의미하는 것은 하나님의 백성과 유대인이 그들의 왕인 여호와께로 돌아올 때를 말한다.29

---

28 Jeremiah Burroughs, *An Exposition of the Prophesie of Hosea* (London, 1643), 196.

29 Ibid., 748~49.

버로우즈에 따르면, 적그리스도의 통치가 로마 제국의 배도자 율리아누스의 통치 때(355~360) 시작했으며 적그리스도의 통치가 1290년 동안 지속한다면, 로마의 적그리스도는 버로우즈의 책이 발행되고 난 직후인 1645년과 1650년 사이에 무너질 것이었다.

묵시록에 있는 '비밀스러운 바벨론'으로서 로마라는 주제는 17세기 영국에서 흔한 것이었다. 켄트의 교구 목사 테오필루스 히곤즈(대략 1578~1659)는 1608년에 로마 가톨릭으로 회심한 뒤 북프랑스 영국인 가톨릭 피난민들을 위한 신학교에서 수년간 공부하고, 1611년에 개신교로 다시 전향했다. 그는 자신의 재전향을 증명하려는 것으로 보이는 논문을 썼는데, 거기에서 "현재 바벨론 상태에 있으며 미래에 필연적으로 멸망할, 사악하고 비참한 로마의 상황"을 언급했다.30

17세기를 통틀어 가장 유명하며 자주 인용되는 작품은 케임브리지 크라이스트 대학 졸업자 조지프 미드(Joseph Mede)가 1627년에 쓴 『묵시의 열쇠』(*Clavis Apocalyptica*)이다. 미드는 '영국 천년왕국론의 아버지'로 간주되며31 천 년 이상의 무관심 이후 전천년주의를 부흥시키는 데 가장 크게 이바지한 사람으로서 17세기 종말론의 기준을 마련했다. 그는 천년왕국이 콘스탄티누스와 함께 시작되었다는 사상을 부정하고 중세시대를 적그리스도의 통치시기로 부르며 그리스도의 천년왕국을 미래에 위치시켰다. 그는 요한계시록을 연대적 관점에서 연구하여 천년왕국이 미래에 있다고 결론지었는데, 니케아 이전 교부들의 종말론적 견해들을 연구함으로써 그와 같은 결론을 확증했다.32 제프리 쥬에 따르면, "미드는 교부들의 문헌과 랍비 문헌에 호소함으로 자신의 천년왕국론을 다른 해석들 보다 오래된 고대의 묵시 전통에 두었고, 거기에 기독교 역사에서 가장 위대한 신학자 몇 명을 포함했다."33

---

30 Theophilus Higgons, *Mystical Babylon, or Papall Rome* (London, 1624).

31 Jue, *Heaven Upon Earth*, 21.

32 Ibid., 109~19.

33 Ibid., 137.

미드의 『묵시의 열쇠』가 출간되고 후, 윌리엄 로드(William Laud, 1573~1645)는 캔터베리의 주교가 되었다. 로드는 로마 가톨릭을 보편적 교회의 일부로 간주하여 교황을 적그리스도로 언급하는 것을 금지했다.34 미드는 침묵해야 했지만, 그의 작품은 이미 유통되었고 다음 수십년의 내전 기간에 급진적 청교도들의 사상적 기반이 되었다. 미드는 로드의 고교회주의에 순응했고 사실상 일반 청교도들보다 더 성직 중심이었으므로, 그의 종말론이 어떻게 사용되었는가에 관해서는 책임이 없다고 보아야 할 것이다.35 더구나, 역사주의자인 미드는 천년왕국을 미래에 둠으로써 미래적 해석이 일어나도록 도왔고, 17세기의 역사적 전천년주의자들로 하여금 대부분 자신들이 계시록 11장에 위치해 있어서 책의 나머지 부분이 아직 (비록 현재적 시간대지만) 미래라고 보게끔 했다.36 (그렇지만, 그들이 자신들을 계시록 11장에 두고 나머지를 미래에 두었다는 이유만으로 그들을 미래주의자로 볼 수 없는 것은, 당시의 역사주의자들은 여전히 계시록 11장 너머의 사건들이 계시록 11장 이전의 사건들과 똑같이—현재 시간대에—일어날 것이라고 보았기 때문이다. 미래주의자들은 계시록 4~22장의 사건들이 자신들의 시대, 즉 교회 시대보다 미래에 일어난다고 보는데, 이것은 미드의 입장과 다르다.)

구약의 다니엘에서와 같이… 둘 다 그리스도의 오심을 예고했고 유대인 교회의 운명을 순서대로 설명했다. 따라서 계시록은 그리스도 이후 남아 있는 로마 제국의 전개에 따라 기독교 체계를 할당하는 것으로 이해되어야 한다. 그 사건은 이 제안과 모순되지 않는다. 그러므로 첫 번째 예언[다니엘]의 해석은 이 일반적 가설에 따라 이루어진다.37

---

34 Ibid., 68.

35 Ibid., 22~23.

36 *Encyclopedia of Apocalypticism*, 162.

37 Joseph Mede, *Clavis Apoclayptica* (1627). 인용은 영어 번역본 *The Key to the Apocalyse* (London, 1833), 66이다.

미드의 강조점은 묵시적 사건들을 미래지만 짧은 기간에 통합시키는 데 있다. 역사주의적 전천년주의자들은 역사를 통틀어 계시록의 사건들을 펼치지만, 미드는 역사주의적 관점에서 멀어지는 것 같다.38 이 당시 역사주의는 단일한 것이 아니어서, 그 안에 다양한 견해가 있었으나 모두 역사주의적 틀 안에서 기능하고 있었다. 미드는 당대의 사건들을 예언서 관점에서 해석하려는 브라이트만을 비판하고 두 증인과 계시록 11장의 큰 전쟁이 미래여야 한다고 주장했다. 미드는 썼다.

> 브라이트만은 그것이 오래전에 찰스 5세 하에 스말칼트 전쟁에서 성취됐다고 추측했다. 다른 사람들은 이것을 [30년 전쟁에서] 독일 교회가 최근에 무너진 것과 연결했다. 교회에 그렇게 큰 해악이 될 슬픈 일이 아직 일어나지 않았다고 보기보다 이미 지나갔다고 보기를 원하지 않을 사람이 어디 있겠는가? 그러나 그것에 대한 해석은 우리의 바람에 따라 이루어져서는 안 된다. 그렇게 할 때 오류는 그렇게 하지 않을 때보다 더 클 것이다. 미래 재앙을 기대하는 것이, 이미 지나간 것처럼 생각하여 경솔한 안정감을 느끼는 것보다 경건에 도움이 된다.39

미드가 (후천년주의자로서 이미 천년왕국기에 있다고 믿은) 브라이트만보다 미래주의 쪽에 가깝다는 또 다른 증거는 그들의 종말론을 비교해 보는 것인데, 특히 미드의 『열쇠』(1627)와 브라이트만의 『계시록』(1611)의 주요 차이점에 초점을 맞추는 것이다. 미드는 그의 종말론을 브라이트만의 것과 비교하면서 말했다.

1. 나는 하나의 천년왕국만 믿고 그것이 짐승의 멸망으로 시작한다고 보지만, 그는 두 개의 천년왕국을 주장하는데, 하나는 콘스탄티누스 때 그리고 다른 하나는 짐승의 멸망 때 시작한다고 한다.

---

38 Jue, 78, 100~107; Gribben, *Evangelical Millennialism*, 39.

39 Joseph Mede, *Clavis Apoclayptica* (1627). 인용된 것은 후대 영어 번역본 *The Key to the Apocalyse* (London, 1833), 238.

2. 나는 사탄이 이미 묶여 있다거나 심지어 콘스탄티누스 때 그렇게 되었다는 것을 부인한다.

3. 나는 두 부활, 첫째와 둘째 모두 고유하고 실재적이라고 믿으나, 그는 비유적이라고 본다. 교회의 부활 신앙이 토대로 삼는 본문들을 교회에게서 박탈하는 것은 위험하다….

4. 그는 둘째 천년왕국(나는 그것을 하나라고 생각한다)이 유대인의 영광만을 위한 것이라고 보는 것 같다. 나는 이것을 모든 이방인의 보편 교회에 적용하는데, 그것은 유대인이 그 안에 들어올 때라고 본다. 묵시는 본래 우선적으로 이방인에 대한 예언이며… 유대인은 구약에 자신들을 위한 예언들을 충분히 가지고 있다.[40]

미드는 큰 도성 '바벨론'을 로마로, 그 무너짐을 교황권의 종결로, 교황을 '적그리스도'로 보았다. 이 견해에 따라 천년왕국은 아우구스티누스 이래 브라이트만까지 대다수의 그리스도인 학자가 생각했던 것처럼 콘스탄티누스와 함께 시작하는 것이 아니라 미래 사건이어야만 했다. 미드는 또 이스라엘이라는 실제 유대 국가의 설립에는 못 미쳤으나 '이스라엘의 집단적 회심'을 기대했다. 그는 계시록에서 자신의 시대를 브라이트만보다 더 앞에 둠으로써 더 많은 사건을 더 미래적으로, 덜 역사적으로 볼 여지를 마련했다.

미드의 책들은 1640년대에 영어로 번역되었고 공화정 시대에 천년왕국 사상을 고취시켰다.[41]

---

[40] Mede's letter to Hartlib, April 16, 1638, in Mede's Works, iv, 880, epistle xcv.

[41] Michael Walzer, *The Revolution of the Saints: A Study in the Origins of Radical Politics* (London, Weidenfeld, 1965), 292~98.

미드의 계시록에 있는 일곱 봉인, 일곱 나팔, 일곱 대접, 두 짐승 해석

여섯 개 봉인: 초기 기독교의 박해(A.D. 22~323, 사도 때부터 콘스탄티누스 때까지) **일곱째 봉인**: 일곱 나팔

일곱 나팔: 배도한 로마를 벌함	**일곱 대접**: 배도한 로마를 무너뜨림
첫째: 고트족(376~382)	첫째: 발도파, 알비파, 위클리프파, 후스파(13~14세기)
둘째: 반달족(406~410)	둘째: 마틴 루터와 개신교 종교개혁(16세기)
셋째: 훈족(434~453)	셋째: 종교전쟁에서 개신교 승리 (17세기: 미드의 시대)
넷째: 동고트족(476~493)	넷째: 신성한 로마제국의 멸망(미래)
다섯째: 아랍/사라센족(7~11세기)	다섯째: 로마 교황권의 몰락(미래)
여섯째: 투르크족(14~17세기)	여섯째: 유대인의 약속된 땅으로 귀환(미래)
일곱째: 일곱 대접들	일곱째: 아마겟돈 전쟁(미래)

<u>두 짐승</u>:   열 뿔이 난 짐승—이방 로마(열 개로 나뉜 유럽 왕국: 다니엘의 열 발가락, 요한의 열 뿔)

두 뿔이 난 짐승—종교적인 로마(동부 콘스탄티노플/서부 로마: 나중에는 투르크/로마로 나뉨)

미드의 혼합주의: 미드가 동시에 일어날 것이라고 본 네 개의 사건

3½때(년)와 1260일 동안 여인(교회)이 광야에서 피난처를 음 (단 7:25; 계 12:6)

42개월 동안 짐승의 지배(계 13:5)

3½때(년)와 42개월 동안 성전이 짓밟힘(계 11:2)

1260일 동안 증인들이 짐승에 대해 예언함(계 11:3)

천년왕국, 약속의 땅으로 유대인들이 돌아올 것에 대한 소망, "그리스도께서 적어도 두 번, 곧 천년왕국의 시작과 끝에 나타나실 것"에 대한 기대는 17세기 초 청교도들 사이에서 일반적이었다. 스코틀랜드 성직자이며 웨스트민스터 총회에 참가한 로버트 베일(Robert Baille, 1602~1662)에 따르면, "여기[런던]의 주요 목사들 대다수가… 확신 있는 천년왕국론자들이다."42

그들 중에 17세기 중반 옥스퍼드 막달렌 대학의 총장이었던 토머스 굿윈(1600~1680)은 예언된 사건들을 우화(알레고리)적으로 해석하면 하나님의 말씀을 왜곡한다고 했다.

> 그러나 우리는 왜 이것을 영적인 시각으로 바라보아야 하는가… 그 장소는 견지할 수 없고, 그것은 의도한 바가 아니다. … 이 한 가지 원칙을 붙들라. 모든 본문은 성경의 다른 본문을 거스르거나 성경의 일관성과 의존성에 따라 다르게 보아야 하는 경우를 제외하고는 문자적으로 이해해야 한다.43

---

42 Peter Toon, *Puritans, the Millennium and the Future of Israel* (Cambridge, 1970), 127.

43 Thomas Goodwin, *A Glimpse of Sions Glory* (London, 1641), 13~14.

굿윈이 관찰한 바로는 그리스도와 그의 성도들에 의한 문자적인 천년 통치 믿음은,

> 초창기에 진리로 받아들여졌다. 순교자 유스티누스는… 이것을 모든 그리스도인이 받아들인다고 말했다. … 이 진리를 숨기고 감히 진실을 말하지 못하게 된 것은 적그리스도의 멍에이며 로마 교회에서 주장하는 것이다. 그러나 교회가 자유롭게 되고 사람들이 이 진리를 자유롭게 탐구한다면, 지식이 증가할 것이다. … 만약 우리가 우화적 의미를 채택한다면 어떤 성경도 놓치고 말 것이다. 우리가 성경을 문자적으로 이해할 수 있는데, 왜 그렇게 하지 않는가?44

굿윈은 역사적 전천년주의자였어도 적어도 계시록의 후반부 절반이 미래의 일들을 말한다고 주장했다. 그의 사후에 출간된 『계시록 강해』에서 그는 계시록의 처음 열 장은 이미 일어났지만, 나머지 부분은 미래에 일어날 것이라고 썼다. 그는 삼 년 반 동안 증인들의 설교와 삼 년 반 동안의 적그리스도의 영광은 그리스도의 재림 직전에 일어날 것이라고 믿음으로써 마지막 7년 대환란을 구상했다.

> [계시록의] 예언적 부분은 4장에서 시작한다. 제8장은 [5세기의] 서방 제국의 멸망을 의미하[지만], 9장은… 동방 제국의 멸망으로써 그것은 처음엔 사라센들 [또는 7세기 아랍인들]에 의해 붕괴되고 마침내 투르크인들에 의해 [15세기 콘스탄티노플의 함락에서] 완전히 멸망했다. … 11장의… 증인들의 죽음… 그들의 삼 년 반의 시간은 아직 오지 않았[다]. … 증인들의 죽음은 로마의 짐승의 권세에 의해, 또한 그 아래서 이루어질 것이므로, 어떤 이전 교회들을 뜻하는 것이 아니다. … 짐승이 이런 완전한 승리를 누리는 시기는 겨우 삼 년 반[이다].45

---

44 Ibid., 15~17.

45 Thomas Goodwin, "Exposition upon the Book of Revelation," in *Works of Thomas Goodwin*, 2nd vol. (London, 1683), i.

케임브리지 졸업자 윌리엄 브리지(1600~1671)도 웨스트민스터 총회 회원이었다. 브리지는 최근에 영국에서 청교도의 기치가 강해진 것에서 볼 수 있듯이, 바벨론 로마의 임박한 멸망을 기대했다. 장기 국회에서 행한 설교에서 브리지는 그리스도께서 "내가 올 때까지 너희들이 가르칠 장소가 항상 있을 것이며, 너희가 붙들기만 하면 구원받을 것이다."라고 약속한 마틴 루터의 주장을 인용했다.46 브리지는 영국이 바로 그 장소라고 믿었다. 몇 년 후 영국의 내전을 종식하는 승리 후에 브리지는 다시 장기 국회에서 그리스도의 오심에 대해 설교했다. 그는 그리스도의 오심에는 "심판의 날"뿐만 아니라 다양한 국면들이 있고, 그 날 전에

> 유대인들이 부르심을 받고 회심할 때 그가 구름을 타고 나타나실 것이며 이 세상에서 그의 왕국을 세우러 오실 것이다. … 그의 왕국을 세우려고 오시는 것에 관해, 나는 이 비유를 심판의 날에 큰 전쟁[이 있을 때]에 오시는 것으로 보지 않는다. 그러나 심판의 날에는 싸움도 전쟁도 없을 것이다. 그것은 또 잔치의 때도, 만찬의 때도 아니다. 그러나 결혼 예식 때에는 큰 만찬이 있었고 또 지금도 있는데, 그것이 이때 일어날 것이다. … 나는 이것이 심판의 날로 이해될 수 없고 차라리 유대인들의 회심 때 그리스도께서 이 땅에 자신의 왕국을 세우실 때라고 생각하고 싶다. … 그리스도께서 그의 교회를 위해 이루실 이 모든 위대한 구원과 승리에는 그렇게 많은 시험과 그의 왕국에 오실 것을 예비하는 일들이 있는데, 이것들 역시 그의 오심이라고 불릴 수 있을 것이다. 확실히 그것들은 그가 그의 왕국에 오시는 길에서 취하게 될 다양한 단계들이다.47

---

46 William Bridge, Babylon's Downfall. *A Sermon lately preached at Westminster before sundry of the Honorable House of Commons* (London, 1641), preface.

47 William Bridge, *Christ's coming opened in a Sermon before the Honorable House of Commons...* (London, 1648), 3~5.

브리지는 분명하게 그리스도께서 '심판의 날에 개인적, 가시적으로 오시는 것'은,

> 그가 그의 왕국을 세우실 때 구름을 타고 나타나시는 일 이후이기에, 그는 그 큰 날 전에 다시 오실 것이다. 당신이 성경을 살펴본다면, 그의 오심과 그의 왕국은 긴밀하게 관련되어 있어서 하나로 통합된다. … 이제 계시록 11장을 보면 그것은 다가오는 때를 말하는 것이지 심판의 날로 이해될 수 없음을 알 것이다. 왜냐하면 그때 나라들은 분노하지 않아서 성전의 문은 18, 19절에 말씀한 바와 같이 열리지 않았기 때문이다. … 그리스도는 불쌍한 유대인들이 그를 바라볼 때 구름을 타고 다시 오실 것이다. … 그리스도께서 이 세상에 그의 왕국을 세우실 때 이방인들의 충만한 수가 들어올 것이다. … 그는 나귀 새끼에 올라타지 않고 구름을 타고 그를 섬기는 수천의 천사와 함께 올 것이다. 어리석은 처녀들은 그의 영광에 들어가지 못하고 지혜로운 신자들이 들어갈 것이다. … 그는 가장 예상하지 못한 때와 시기인 한밤중에 오신다.[48]

브리지는 그리스도께서 "구름을 타고" 오시는 것과 "심판의 날에" 오시는 것을 명확히 구별한다. "구름을 타고" 오실 때 "유대인들은 그를 볼 것이고," "이방인의 충만한 수가 들어올 것이며," 그때는 "그를 가장 예상치 못한" 때다. 그것이 아마겟돈일 수가 없는 것은 "그 때 열방들이 분노하지 않았기 때문"이다.

존 오웬(1616~1683)은 "아마도 지금까지 가장 훌륭한 영국인 신학자"이자 "모든 시대의 가장 위대한 개혁 신학자들의 한 사람"으로 불려 왔다.[49] 그는 1640년대에 장기 국회에서 자주 설교했고, 수년간 올

---

[48] Ibid., 6~8.

[49] Richard Barcellos, "John Owen and New Covenant Theology" in *Reformed Baptist Theological Review* (July 2004); and J. I. Packer, www.johnowen.org/bibliography (accessed 8/15/11).

리버 크롬웰의 군목으로 봉사했으며, 그리고 1650년대에는 옥스퍼드 그리스도 대학의 학장과 옥스퍼드 대학교 명예 총장이 되었다. 무천년적 과거주의자들은 오웬이 마태복음 24장에 관해 그리스도께서 "예루살렘을 파괴하고 유대 국가와 경륜을 종식시키려고" 오셨다고 말한 것에 근거하여 그를 자신들의 부류라고 주장한다.50 그러나 오웬은 나중에 그 설명을 "예루살렘을 파괴하려고 [예수님이] 오심은 끝까지 회개하지 않는 자들에게 보복하시려고 영광스럽고 두려운 모습으로 오시는 것에 대한, 희미하지만 진실한 하나의 표현이다."라고 밝혔다.51 오웬을 자신들의 부류에 포함하려는 과거주의 논쟁가들은 그가 1649년 장기 국회 앞에서 설교한 『하늘과 땅의 진동과 변화』을 읽어야 한다. 거기에서 그는 미래의 적그리스도의 멸망을 논하는데, 그것은 "미쳐 날뛰는 독재자 안티오쿠스"가 아니었다. 오웬에 따르면 "그를 닮은 또 다른 인물이… 열 뿔의 도움으로 일어나 다른 사람들이 유대인에게 했던 대로 그리스도인 성도들을 괴롭힐 것이다. … 그러면 그것은 지존자의 백성들에게 주어질 것이고… 그들은 평화로운 방식으로 그리스도의 나라를 즐길 것이다."52 오웬은 미래의 적그리스도를 "큰 짐승인 로마 군주… 바벨론과 다를 바 없는… 통치권을 거머쥔 교황"과 동일시했고 열 뿔은 "자신들의 권세와 힘을 짐승에게 수여할" 열 나라들로 보았다.53

17세기 종말론의 모든 역사적 틀은 유럽에서의 로마 가톨릭과 개신교 간의 권력 다툼과 남쪽에서 오는 투르크인들의 위협이었다. 개신교도들은 압도적으로 교황이 적그리스도이며 로마가 바벨론이라고 보았다. 토머스 굿윈은 계시록의 대접들을 해석하면서 태양을 어둡게 하도

---

50 John Owen's commentary on Matthew 24, 312, in www.preteristarchive.com/ StudyArchive/o/owen-john.html (accessed 8/15/11). 또한 http://www.eschatology.com/owen2peter.html을 보라.

51 Ibid., 319.

52 John Owen, *The Shaking and Translating of Heaven and Earth. A Sermon Preached to the…Commons* (London, 1649), 11, 19.

53 Ibid., 20.

록 부어진 넷째 대접이 루터파 스웨덴 국왕인 구스타부스 아돌푸스가 30년 전쟁에 참여함으로써 전세를 바꿔 오스트리아 가톨릭 신성로마제국을 무너뜨린 사건이라고 결론지었다. 굿윈은 적그리스도(또는 짐승)를 교황으로, 거짓 선지자를 투르크인들로 보았다. 굿윈은 곧 다섯째 대접이 "짐승의 보좌, 바벨론의 보좌"에 부어질 것을 기대했다. 그러면 짐승과 거짓 선지자(그는 이것을 교황제와 투르크 왕국이라고 믿었다)가 불못에 던져지고, "예수 그리스도께서 영광스럽게 통치하실 것이다."[54]

17세기에 일어난 변화는 중세 로마 가톨릭의 천년왕국론에서 전천년주의로 옮겨간 것이다. 대륙에서 삼십년 전쟁과 이어서 일어난 영국의 내전은 종말론적 투쟁, 곧 성도들이 곡과 마곡, 혹은 넷째 왕국에 대항하여 승리를 거두고 그리스도의 재림과 그의 성도들의 지상 통치를 불러오는 묵시적 투쟁의 일부였다.

17세기 개신교도는 적그리스도의 세력으로 인식된 자들의 손에서 큰 핍박을 경험했으므로 자신들이 마지막 때를 살고 있다고 생각하기 시작했다. 많은 사람은 군대의 힘에 더 의지하여 무기를 들기 시작함으로써 후천년주의가 발전하게 되었다. 영국의 제5왕국 운동은 기독교인의 투쟁성이 증가했음을 보여주는 대표적인 예였다.

---

54 Thomas Goodwin, *A Glimpse of Sions Glory: or, The Churches Beautie specified* (London, 1641), 2; and Thomas Goodwin, *The World to Come. or, The Kingdome of Christ asserted* (London, 1655), 30.

4

대륙의 영향:
30년 전쟁, 위그노 전쟁, 스페인 종교재판의 피난민

The Continental Influence: Refugees from the Thirty Years' War, the Huguenot Wars, and the Spanish Inquisition

    1588년에 스페인 무적함대의 영국 침공과 1605년에 화약 음모 사건으로 영국 정부 제거 시도는 많은 사람에게 말세적 규모의 사건들로 보였지만, 중부 유럽의 30년 전쟁(1618~1648)과 프랑스에서 위그노 전쟁(1562~1598)의 막대한 살상만큼 종말적 사변을 일으킨 사건들은 없었다. 영국과 대륙의 개신교도는 이 모든 사건을 종말론적으로 해석했다. 초기의 영향력 있는 천년왕국론자는 "르네상스의 구두 수선공 신지학자(theosophist)"로 불린 루터파 신비주의자 야콥 뵈메(1575~1624)였다.[1] 뵈메는 "마지막 심판이 코앞에 닥쳐왔고, 하나님은 지구를 불로

---

[1] Abba Hillel Silver, *The History of Messianic Speculation in Israel* (New York: MacMillan, 1927), 161.

정결케 하실 것이다."라고 결론지었다.2 그는 다니엘, 에스겔, 계시록을 인용하고 '유대인의 회개'를 기대하면서 그리스도께서 그의 신부를 위해 곧 오실 것을 바랐다. 이 시대에 종말론을 다룬 작가 대부분은 그리스도의 재림과 유대인의 귀향을 관련지었다.3

전천년주의자 두 사람, 곧 폴 그레브너(1530~1590년 즈음)와 요한 알스테드(1588~1638)가 독일 종말론 전통을 영국에 퍼뜨렸다. 그레브너는 16세기 후반 함부르크의 바로 남쪽인 뤼네부르크의 독일인 교장이었다. 1574년 여름, 그는 하나님 진노의 '끓는 주전자' 환상을 받았다고 주장했는데, 그것은 두 해 전에 '새로운 별'이 나타난 것과 근래 프랑스에서 성 바르톨로메오의 날에 개신교도를 학살한 일(1572)에 관한 그의 염려 때문에 일어난 것이었다. 그 후 10년 동안 그는 자신의 환상과 계시록 공부에 근거하여 다가오는 세기에 일어날 것으로 생각하는 바를 묘사했다. 그는 "유럽의 개신교도들이 연합하여 먼저… 메시아의 마지막 도래와 함께 종식할… 스페인 지배하에 있는 네덜란드[현대의 벨기에]에 대항하자."라고 촉구했다.4 그는 1586년 여름에 함부르크에서 개신교 여러 국가의 외교관들에게 그의 예언들을 제시하도록 초청받았다. 이듬해 그는 자기 작품 『세상의 비단』의 라틴어 사본을 엘리자베스 여왕에게 선물했고, 그녀는 그것을 케임브리지대학교에 기증했는데, 그것은 트리니티대학 도서관에 비치되었다.5 이 사본을 영국의 묵시론 작가인 브로우튼, 브라이트만, 미드가 읽었을 것이다. 이 세 작가 모두 그레브너의 영향을 받은 케임브리지 사람으로서 이 사본을 접할 수 있었다. 이것은 1650년에 영어로 번역되어 일반인용으로 출판되었다.6

---

2 Jacob Boehme, *The Threefold Life of Man*, 1619, ed. William Law, II, 15.3, 16; in Silver, 161~62.

3 Jacob Boehme, *The Forty Questions*, II, p.112; *Mysterium Magnum*, 37.36; both in Silver, 163.

4 Silver, 169; Susanna Akerman, *Rosecross over the Baltic: The spread of Rosicrucianism in Northern Europe* (Brill: Leiden, 1998), 104~105.

5 British Library MS: Thomason/E.548[27].

요한 알스테드는 17세기 초에 헤세에 있는 헤르본신학교 교수였다. 그는 또한 도르트 회의(1618~1619)에 파송된 대표였고, 최초 독일어 백과사전을 편찬했으며, 영국 묵시론에 영향을 끼친 천년왕국론 저술가이다. 그의 『천년왕국 강의』는 1627년에 출간되었으며 영어로는 『사랑하는 도성, 또는 성도들의 천 년 지상 통치』라는 제목으로 1643년에 번역되었다. 30년 전쟁(1618~1648)의 폭력성으로 알스테드는 종말론적 침잠에 빠졌고, 천 년이 콘스탄티누스로 시작한다는 전통적 사상 대신에 미래의 천년왕국을 찾으려 했다. 내전 기간(1643~1648)에 영국 작가들은 알스테드에게 영향을 받았지만, 알스테드 역시 케임브리지의 묵시론 작가 토머스 브라이트만(1562~1607)을 읽었으므로 확실히 서로 영향을 주고받았다.7

알스테드는 30년 전쟁의 여러 사건을 대환란으로 보았고, 그것은 메시아 오심과 천 년 평화 앞에 오는 일이었다. 계시록 11장에 따르면, 거룩한 성과 성전의 바깥뜰은 이방인에게 짓밟힐 것이며(알스테드에 따르면 교회가 로마에 지배됨), 두 증인(알스테드에 따르면 구약과 신약)은 1260일 동안 예언할 것이다. 알스테드는 362년에 배도자 율리아누스의 통치로 시작한 1260일 동안 로마의 지배가 1622년에 적그리스도가 두 증인을 죽이는 것으로 끝난다고 계산했다. 그해 개신교 하이델베르크와 만하임은 칼뱅주의 라인란트의 남은 사람들과 함께 스페인 보병이 주를 이루는 가톨릭 연맹에게 파괴되었다. 계시록에서 적그리스도의 군대는 삼일 반(알스테드에 따르면 삼 년 반) 동안 증인들의 죽음을 축하하겠지만, 증인들은 기적적으로 부활할 것이다(알스테드에 따르면, 개신교

---

6 [Ezekiel Grebner], *A brief Description of the future History of Europe from Anno 1650 to An. 1710. Treating principally of those grand and famous Mutations yet expected in the World...* (n.p., 1650).

7 Howard Hotson, *Johann Heinrich Alsted, 1588~1638: Between Renaissance, Reformation, and Universal Reform* (Oxford: Oxford University Press, 2000), 142. 홋슨은 이것을 *Paradise Postponed: Johann Heinrich Alstaed and te Birth of Calvinist Millenarianism* (Dordrecht: Kluwer, 2000), 4장에 확장했다.

기치가 재생할 것이다). 이것은 불행히도 삼 년 반 후인 1626년에 일어나지 않았고 결정적인 두 전쟁이 발발했는데, 두 전쟁 모두 로마 가톨릭 군대가 가장 중요한 개신교 군대를 무찔렀다. 전쟁터의 한 곳 근처에 있던, 알스테드의 고향 헤르본은 로마 가톨릭 군대가 점령하여 완전히 불에 탔고 알스테드가 공부했던 개혁주의대학교는 문을 닫았다. 몇 달 후 예수회 대학이 근처에 문을 열었다.8 바로 이런 재앙 가운데서 알스테드는 『천년왕국의 묵시에 관한 강의』를 쓰기 시작했고, 이것은 17세기 영국에서 가장 많이 인용되는 묵시록 작품의 하나가 되었다. 그러나 라인란트는 다시 가톨릭화되어 갔고, 알스테드는 트란실바니아에 자리 잡음으로써 유럽 신학계에서 완전히 떠났다.

17세기의 많은 묵시론 작가처럼 알스테드는 하나님의 유대인을 위한 계획이 끝나지 않았다고 믿었다.

> [아브라함과 그의 자손에게 맹세하신] 약속들은… 다음 두 가지 이유를 더 한다. 1. 유대인은 자신의 고향 땅에서 흩어지고 쫓겨나 온 세상 여기저기로 방황한다. 그러므로 분명히 하나님은 어떤 위대하고 경탄할 만한 일을 위해 그들을 남겨 두셨다. 2. 그리스도는 유대인으로 태어났고 그들에게 약속되었다. … 그러므로 그들이 어느 때든지 그를 메시아로 인정하지 않을 것이라는 주장은 믿을 수 없다. … 앗수르에게 끌려간 열 지파가 먼저 돌아올 것이며, 나중에 유다와 베냐민 지파도 그들과 합세할 것이다. … 나머지 돌아온 유대인들도 회심한 이방인 교회와 연합하여 하나님을 대적하는 자들의 시도에 저항할 것이며 적그리스도를 때려눕힐 것이다. … 유대인과 이방인이 함께 모인 이 교회는 그들의 원수들에게서 자유롭게 될 것이다.9

---

8 Hotson, *Johann Heinrich Alsted*, 205~207.

9 Johann Alsted, *The Beloved City or, The Saints Reign on earth a thousand years* (London, 1643), 9. Howard Hotson, *Johann Heinrich Alsted, 1588~1638: Between Renaissance, Reformation, and Universal Reform* (Oxford: Oxford University Press, 2000)을 참고하라.

대륙의 영향: 30년 전쟁, 위그노 전쟁, 스페인 종교재판의 피난민   **105**

알스테드의 작품은 끝 날에 이스라엘 백성이 자신의 땅으로 돌아오는 것을 말하는 성경 구절들로 가득 차 있다. 호세아를 인용하면서,

> 그 때 유다의 자손과 이스라엘의 자손이 함께 모여 두령을 임명하고 그 땅에서 나오리라. 이스르엘의 날이 클 것이다.[10]

알스테드는 "진실로 이 일은 아직 일어나지 않았다."라고 주장했다. 계속해서 호세아를 인용하면서 쓴다.

> 이스라엘이 많은 날 동안 왕이 없고 통치자가 없으며 제사를 드리지 못할 것이다. … 그 후에 이스라엘의 자손이 돌이켜 주 그들의 하나님과 그들의 왕 다윗을 찾고 끝 날에 주와 그의 선하심을 경외할 것이다.[11]

알스테드는 아모스서에서 이스라엘의 회복을 고대하는 또 다른 구절을 인용한다.

> 내가 내 백성 이스라엘의 포로된 자들을 데려올 것이고 그들은 황폐한 도시들을 세울 것이며 거기에 거주할 것이다. 그리고 나는 그들을 자기 땅에 심을 것이며 그들은 더 이상 그들의 땅에서 뽑히지 않을 것이다.[12]

1628년에 폴란드의 로마 가톨릭 군대가 동부 프러시아를 습격했을 때, 거기에 살던 사무엘 하틀립(1600~1662)은 영국으로 도망쳤다. 그는 이 경험으로 계시록을 30년 전쟁의 사건들로 설명했고, 또 미드, 그레브

---

10 Ibid., 50. (호 1:11).

11 Ibid. (호 3:4~5).

12 Ibid., 51. (암 9:14~15).

너, 알스테드의 영향을 받았다. 하틀립의 역사적 전천년설은 미드의 본을 따랐고 어셔의 연대기를 사용했으며, 그는 적그리스도가 교회를 1260년 동안, 즉 395년 데오도시우스가 콘스탄티노플에서 죽은 때부터 시작하여 적그리스도의 통치가 끝나는 1655년까지 다스릴 것이라고 결론지었는데, 그 때 그리스도께서 영광 가운데 성도들과 함께 오실 것이라고 했다.13 (대주교 어셔의 성경 연대기의 영향은 아주 중요하다. 이것은 종말의 날짜들을 정하는 데 가장 많이 사용하는 자료다.) 하틀립은 자신의 견해를 증명하려고 어셔의 날짜를 사용하면서 B.C. 4004년 세상의 창조부터 홍수까지가 1655년이었다는 것과 그리스도의 출생에서 적그리스도의 죽음까지 또 다른 1655년이 걸린다는 점에 주목했다.14

하틀립은 로마 제국이 몰락할 때 적그리스도가 권세를 잡는다고 믿었다(데살로니가후서 2:6의 사도 바울을 인용하면서 "너희는 지금 그로 하여금 그의 때에 나타나게 하려 하여 막는 것이 있는 것을 아나니").15

> 두 뿔 가진 짐승인 로마의 적그리스도 교황은 395년 즈음에 지상에서 조용히 나왔다(계 13:11). 그때 그는 자기를 높여 교회와 국가 위에 수위권과 우월성을 주장했다. 주후 325년에 열린 니케아 회의 이전에는 다른 교회들 위에 군림하는 로마 주교의 우월성은 알려진 바 없다.16

---

13 Samuel Hartlib, *Clavis Apocalyptica: or, The Revelation Revealed: in which The great Mysteries in the Revelation of St. John, and the Prophet Daniel are opened; It beeing made apparent that the Prophetical Numbers com to an end with the Year of our Lord 1655* (London, 1651), 11~24. 이 책은 공화정부를 지지하려고 다시 발행되었지만, 하틀립은 1630년대에 그의 작품을 썼다.

14 Ibid., 34.

15 Ibid., 124. 그는 테르툴리아누스, 이레나이우스, 크리소스토무스에게서 비슷한 인용문들을 포함시켰다.

16 Ibid., 124~25.

대륙의 영향: 30년 전쟁, 위그노 전쟁, 스페인 종교재판의 피난민   107

하틀립은 신성한 역사를 다음의 세 시기로 나눴다.

> 첫 번째 시기는… 용의 때로 주후 395년까지다. … 일곱 왕관이 용의 일곱 머리 위에 씌워 있고, 계시록 12:3, 또 용 자신은 이방 황제들 아래서 공개적으로 찬송과 예배를 받는다. 그러나 그리스도인들은 박해받고, 쫓겨나며 죽음에 처하는데, 마지막에 콘스탄티누스 대제가 황제의 자리에 오름으로써 용의 통치는 끝난다. … 테오도시우스 황제가 죽을 때 마귀는 용의 형상을 벗어버리고 그의 군대와 거처와 자리를 그의 모든 권세와 함께 열 뿔을 가진 짐승이 바다에서 올라올 때 그에게 넘겨주게 된다(계 13:2).
>
> 두 번째 시기는… 395년부터 주후 1655년까지이며 이때 로마의 교황이 적그리스도로서 용의 대리인으로 세워져 하나님을 모독하고 그의 성도들을 1260년 동안 핍박한다(계 13:2). 용이 정복되고 교회-천국 밖으로 쫓겨날 때… 용은 공개적으로 예배하며 섬겨 온 이교주의를 유지할 수 없다는 것을 알고 짐승에게 자리를 내준다. … 그리고 바벨론의 음녀에게 지배돼 다스려진다. … 그것은 적그리스도로서 이 전쟁[30년 전쟁] 동안 로마 제국에서 기어 나와 그의 권세, 그의 보좌와 큰 권위… 그에게 그의 자리와 거처, 로마 시와 로마 제국 전체를 내어준다. … 이때 즈음 로마의 주교들은 사제의 결혼을 금지하기 시작하고 교회와 국가에서 수위성과 우월성을 추구한다.[17] … 다섯째 [나팔]은 사라센들[아랍인들]에 의한 첫째 재앙으로서, 계시록 9:1에서 12절까지… 여섯째 [나팔]은 두 번째 재앙으로서 투르크인들과(9:13~19), 그리고 교황주의자들의 가증스러운 우상숭배, 살인, 술수, 간음과 도둑질(20~21절).[18]
>
> 1655년에 시작하는 셋째 시기는 일곱째 천사가 나팔을 불고 일곱째 천사와 함께 교회의 대적들에게 심판이 시행된다. 셋째 재앙으로 하

---

17 Ibid., 39~41.

18 Ibid., 46.

나님의 비밀이 성취된다(계 10:7). 세 가지 모든 재앙은 교황의 로마 제국에 쏟아 부어진다.… 일곱째이자 마지막 전염병이 바벨에 쏟아진다. … 로마가 파괴되고 독일이 교황의 국가에서 떨어져 나오며(13절), 투르크 제국이 끝난다(14절). 하나님의 아들이 이 세상의 왕국들을 사로잡으시고 그의 큰 권세를 사용해 다스리신다(15~17절).[19]

프랑스에서 로마 가톨릭 왕조에 의해 핍박받던 위그노들은 17세기 내내 종말론 작품들을 계속해서 출간했고 그중 많은 것들이 영어로 번역되었다. 1613년에 출판된, 페테 뒤 물랭(1568~1658)의 『예언의 성취』는 교황이 적그리스도임을 상세하게 보여주었다. 예를 들어, 바울은 데살로니가후서에 썼다. "먼저 배도가 있고 불법의 사람이 드러나며 멸망의 아들이 나오기까지는 일어나지 않을 것인데, 그는 모든 신이라 불리는 것들을 대항하여 자기를 높여… 그를 지금 막는 것이 있다는 것을 너희가 알며… 그가 거기에서 옮겨질 때까지 하리라."[20] 교회사에서 이것은 적그리스도에 대한 언급으로 이해됐다. 뒤 물랭은 이 "불법의 사람"과 "멸망의 아들"이 교황권이며 로마제국에 의해 제약을 당하다가 이것이 무너질 때 교황들은 자기를 높이기 시작하고 권력을 잡아, 뒤 물랭이 참된 기독교라고 믿는 것에서 큰 배도로 이끌 것이라고 믿었다. 뒤 물랭은 테르툴리아누스, 아우구스티누스, 제롬, 크리소스토무스, 테오도렛, 베네딕투스, 끌레르보의 베르나르두스를 로마 제국이 몰락하면 적그리스도가 권세를 잡을 것을 믿는 자들로 인용했는데, 일부는 적그리스도가 미래의 교황이 된다고 생각했다.[21] 뒤 물랭은 로마 가톨릭 자료가 본질에서 "교황의 명령은 성경과 같다."라고 말한다고 비난했다.[22]

---

[19] Ibid., 46, 90.

[20] 데살로니가후서 2:3, 7~8.

[21] Peter du Moulin, *The Accomplishment of the Prophecies* (Oxford, 1613), 74~89, 150~51.

[22] Ibid., 95.

1643년, 이작 라 뻬이레(1596~1676)는 『유대인의 귀환』을 출판하여 모든 그리스도인이 유대인을 회심시키고 그들이 투르크인들에게서 땅을 되찾도록 도우라고 요청했다. 라 뻬이레는 위그노로서 바로 그 뒤에 스페인 종교재판을 피해 암스테르담에 피난해 있던 랍비 므낫세 벤 이스라엘(1604~1657)과 친구가 되었다. 라 뻬이레는 벤 이스라엘에게 많은 개신교도가 히브리어 성경을 연구하여 유대인들이 여전히 하나님의 백성이며 그들이 자신의 땅으로 돌아가길 고대한다고 알려주었다. 벤 이스라엘은 라 뻬이레와 만난 지 얼마 안 되어 유대인과 그리스도인의 관계를 증진하려고 크롬웰과 같은 다른 개신교 그리스도인들과 접촉했다.23

찰스 왕이 처형되고 나서 몇 달이 지나고, 므낫세 벤 이스라엘은 영국의 잔당 의원이자 웨스트민스터 총회 회원인 존 더리(1596~1680)에게 편지를 써서 유대교에 대한 관용을 요청했다. 유대인은 1290년에 영국에서 쫓겨났고 더는 머물지 못했지만, 이제 영국의 왕조가 막 종식되었다. 벤 이스라엘은 유대인들이 "흩어졌지만," 그들은 "적당한 때에 거룩한 땅으로 되돌아올 것을 희망하며 참된 종교를 유지하고 있다."라고 믿었다.24 그는 이스라엘 사람이 "모든 곳으로 흩어졌지만" 언젠가 자신들의 땅으로 돌아와야 한다는 점을 덧붙였다.

> 그들의 본래 거주지로 돌아와야 한다고 말하는 모든 예언은 이루어져야 한다. 정해진 때가 되면 모든 지파가 세상의 모든 지역에서 와서 만날 것이다. … 그들은 하나의 군주, 메시아를 가질 것이다. … 약속된 메시아의 날이 우리에게 다가오고 있고 나는 그것에 관한 많은 예언을 설명할 것이다.25

---

23 Isaac La Peyrere, *Du Rappel des Juifs* (1643); in Silver, 170~71.

24 Letter to John Dury, October 25, 1649, *Cal.S.P.Dom.* (1651), 472; in Lucien Wolf; *Menasseh Ben Israel's Mission to Oliver Cromwell* (London: MacMillan, 1901), lxxvii. 므낫세 벤 이스라엘에 관해 더 알려면, Paul Johnson, *A History of the Jews* (Harper-Collins, 1988), 275~77을 보라.

25 Letter to John Dury, December 23, 1649, in Lucien Wolf, lxxviii.

공화정 시기에 존 더리는 벤 이스라엘의 여러 저서를 청교도 지도자들에게 분배했으며 자신의 종말론은 그 책들의 영향을 받았다. 크롬웰 학자 W. C. 애봇은 썼다.

> 10월 10일에 크롬웰, 윗틀락, 스트릭랜드, 피커링은 암스테르담에 있는 유대인 거주지 지도자의 한 명인 므낫세 벤 이스라엘에게서 온 편지를 읽고 답장하려고 모이기로 했다. 그것은 유대인을 영국에 다시 받아들이는… 첫 번째 조치였고, 곧이어 므낫세의 『이스라엘의 소망』[1652]이 영어로 번역 출간되었는데, 이 책은 그가 한 해 전에 영국 의회에 헌정한 것이었다. 크롬웰이 여기에 관심을 가진 것은 그의 종교적인 감성 때문만이 아니라 유대인 상인과 금융인의 잠재적인 중요성을 인식했기 때문이다.26

벤 이스라엘은 자신의 책을 영국 의회에 바쳤다.

> 나는 세상의 거의 모든 곳에 흩어진 이스라엘이 여러분의 호의와 선의를 얻기 원한다. … 하나님께서 예언자들을 통해 미리 말씀하시기를 기뻐하신 모든 일이 일어나고 있고 앞으로도 이루어질 것이다. … 그래서 이스라엘은 마침내 본래의 위치로 돌아갈 것이며, 메시아의 도래와 함께 약속된 평화가 이 세상에서 회복될 것이다.27

벤 이스라엘의 책은 많은 유대인이 자신의 땅으로 돌아올 것과 그로 인해 메시아의 오심과 천 년 동안 세상에 평화가 이루어진다는 히브리 예언자들의 말씀을 영국인들에게 상기시켜 주었다. 칼뱅주의를 따르며 홀란드에 거주하던 벤 이스라엘은 화란인과 영국인들이 공동 목표를 위해

---

26 W. C. Abbot, *The Writings and Speeches of Oliver Cromwell*, 2:486 (Cambridge, MA: Harvard University Press, 1939).

27 Menasseh Ben Israel, *The Hope of Israel*, 2nd edition (London, 1652), preface.

연합하기를 바랐다. 유대인과 개신교도는 둘 다 로마 가톨릭의 손에 탄압을 받고 있었으며 청교도는 히브리 성경을 열심히 읽고 있었다.

벤 이스라엘은 유대인이 거룩한 땅으로 돌아갈 재정적인 지원을 축적했고 포로 생활의 시간이 거의 끝나고 있다고 믿었다.[28] 그 결과 영국 신학에 천년왕국에 관한 새로운 관심이 팽배해졌다. 이것은 처음에 1650년대 제5왕국 운동으로 나타났는데, 그들은 메시아의 임박한 도래를 기대하면서 "예수만이 왕"이라고 부르짖었다. 그리고 이후 300년 동안 유대인을 도와 약속의 땅으로 돌아가게 하자는 열망이 지속했고, 1917년에 벨포어 선언과 1948년에 이스라엘 국가의 수립에서 절정을 이루게 되었다. 벤 이스라엘의 『이스라엘의 소망』의 영어 번역자 모세스 월은 책의 서론에서 썼다.

> 이스라엘의 구속을 기다리는 나의 동포의 유익을 위해… 그들이 흩어진 곳에서부터 모여 자신의 땅에 거하며… 확실히 이 유대인은 그리스도인답지 않은 그리스도인들을… 하나님이 축복하신 사람을 저주한 자들을… 심판하려고 일어날 것이다. [그는 그리스도인들을 부르사] 약속들을 가지고 있고 그들의 조상들 덕분에 사랑받는 민족에 대한 우리의 죄악 된 미움을 버리게 할 것이다. 유대인은 머지않아 진정한 그리스도인이라고 불릴 될 것이다.[29]

벤 이스라엘은 "제5왕국은 그것이 시작될 때까지 숨겨질 것이다."라는 다니엘의 예언을 인용했다. 그는 오토만 제국이 "제5왕국에 의해 무너질 느부갓네살 형상의 두 다리"라고 믿었고,[30] 또 "곡과 마곡의 전쟁… 다윗의 아들 메시아, 열방의 멸망, 유다와 거룩한 예루살렘과 셋째 성

---

[28] Nahum Sokolow, *History of Zionism, 1600~1918*, vol. 1 (Longmans: London, 1919), 24.

[29] Manasseh Ben Israel, *The Hope of Israel*, 번역자 서문.

[30] Ibid., 45. 벤 이스라엘은 다니엘 2장을 인용했다.

전의 회복"을 믿었다.31

벤 이스라엘과 런던에서 주로 접촉한 존 더리는 계시록에 대한 주석을 썼는데, 거기서 그는 '이스라엘의 구원'을 기대했다. 더리는 유럽 전역에서(폴란드, 보헤미야, 네덜란드, 프랑스) 수많은 종말론 사상을 인용하면서 "거의 모든 지역의 유대인은 그들의 상황이 곧 변할 것을 감지하고 있음"에 주목한다. "그래서… 우리는 주님께서 그의 일을 합리적으로 속히 끝내신다고 결론지어도 좋을 것이다… **시온은… 구원받아 즉시 한 나라를 이룰 것이다.**"32 이것은 이사야 66:7~8인데, 현대 시온주의자들이 가장 좋아하는 말씀이며 이스라엘의 국가 수립을 예언하는 것으로 생각한다. 더리는 어떤 사람들이 어째서 그렇게 자명한 사실을 보지 못하는지 이해할 수 없었다.

> 이 예언은 그 문제에 대해 닫혀 있지 않다. 그러나 그 문제는 모든 사람이 경륜의 방식을 이해할 수 있을 만큼 명백하지 않다는 것이다. 하나님의 모든 계획은… 모든 묵시적 환상에 대해 열려 있는 것이 확실하다.33

벤 이스라엘이 유대인과 영국 청교도 사이에 좋은 관계를 도모한 것처럼, 더리도 유대인과 대륙에서 묵시론적 사상을 가진 사람들의 관계를 개선하려고 했다.

보헤미아의 천년왕국론자인 폴 펠겐하우어(1593~1677)는 그리스도의 재림을 기대했으나 그것이 유대인이 회심하고 그들의 땅으로 돌아간 다음에 일어난다고 생각했다. 펠겐하우어는 자신의 책 『이스라엘의 좋은 소식』을 벤 이스라엘에게 헌정하면서 그 일을 시작하도록 그를 초청했

---

31 Manasseh Ben Israel, *The Hope of Israel*, section 36, in Lucien Wolf, 52. 벤 이스라엘은 예레미야 30장과 다니엘 12장을 인용했다.

32 John Dury, *The Revelation Revealed. By Two Apocalyptical Treatises. Shewing how neer the period of time is...* (London, 1651), 3, 6.

33 Ibid., 19.

대륙의 영향: 30년 전쟁, 위그노 전쟁, 스페인 종교재판의 피난민   113

다. 외교적 수완이 뛰어났던 벤 이스라엘은 회심의 필요를 언급하지 않으면서도 유대인과 그리스도인의 우호적 관계를 위해 그 초청에 응답했다. 그는 펠겐하우어에게 그는 유대적 메시아이며 유대인은 예루살렘에서 지상의 다른 정복한 나라들을 다스릴 것이라는 점을 상기시켰다.34

더리의 설명에는 오늘날 종말론적 사유의 거의 모든 요소가 들어 있다. 가장 중요한 것으로는 봉인들과 나팔들, 다니엘의 이레들, 두 증인, 144,000명, 짐승의 표 666, 적그리스도, 거짓 예언자, 바벨론의 음녀, 아마겟돈 전쟁, 어린 양의 혼인 잔치 등이다.35

벤 이스라엘의 『이스라엘의 소망』은 영국의 많은 사람에게 영향을 주었다. 그들 중에 환상을 보는 은세공인 쏘로우존 태니(1608~1659, Thomas Totney로 태어남)가 있었는데, 그는 자신의 어린 아들에게 세례 주는 것을 거부해 유명해졌고, 사순절 기간에 재혼하였으며, 찰스 1세의 '선박세' 세금 계획에 반대하여 투옥되었고, 영국 내전 때는 의회파에 가담했다. 환상을 본 후 토머스 토트니에서 쏘로우존 태니로 이름을 바꾼 그는 1649년 최초의 환상을 보고, 자신을 유대인이라고 선언하며 스스로 할례를 했다. 또 런던 거리를 다니면서 '주의 보복'을 방언으로 예언하기 시작했고, 장막절을 지키는 유대인처럼 장막에 살았다. 그는 자신의 이름 쏘로우존(TheaurauJohn)이 "아침, 좋은 일들의 평화로운 소식을 전하는 하나님의 선포자"를 뜻한다고 이해했고, 여호와께서 유대인을 예루살렘으로 돌아가 그들의 성전을 재건하도록 자신을 택하여 부르셨다고 확신했다.

나는 만군의 여호와께 받은 말씀, 곧 유대인들이 포로에서 돌아올 것과 그들 자신의 땅에서 영광스럽게 성전을 지을 것을 선포한다. 내 형제 유대인들아 들으라, 나는 르우벤 지파에 속한 유대인이지만, 주

---

34 Letter of Manasseh ben Israel to Paul Felgenhauer, Feb. 1, 1655; in Silver, 166~69.

35 Ibid., 10, 11, 34, 38, 53, 56, 57, 60.

께서 내 이름을 토머스에서 쏘로우존으로 바꾸도록 음성으로 말씀하실 때까지는 이것을 알지 못했다. … 이제 너희 유대인들, 나의 형제들아, 나는 이스라엘의 하나님, 곧 만군의 여호와에게서 보냄을 받아 너희가 어디에 흩어져 있든지 너희의 포로 생활에서부터 돌아올 것을 선포한다. 거기에서부터 너희는 너희의 땅으로 모일 것이다. 예루살렘은 자기 땅에서 영광스럽게 건설될 것이다.36

쏘로우존의 유대인을 모으려는 시도는 어떤 유대인도 그의 부름에 관심을 기울이지 않아 실패했다. 더구나, 그는 웨스트민스터 목회자 총회에 소환돼 신성모독으로 정죄 받았는데, 그가 유대인을 위해 부름을 받아서가 아니라 "모든 종교는 거짓, 사기, 속임수이다."라고 말했기 때문이다.37 총회는 그가 미쳤다고 결론지었다.

벤 이스라엘이 의회에 편지를 보내기 1년 전인 1648년에 서머나의 카발라주의 랍비 사바타이 제비(1626~1676)는 자신이 메시아라고 선언하면서 유대인이 자신의 땅으로 귀환하여 예루살렘과 성전을 재건할 것을 촉구했다. 서머나는 당시에 레반트인의 무역 중심지였고 제비의 아버지는 영국 무역인의 대리인이었다. 제비는 영국인에게서 유대인이 자기 땅으로 돌아간다는 소망에 관해 들었다. 영국 출판물들은 귀환하는 날을 종종 1666년으로 (계시록에 기록된 적그리스도의 수를 근거로) 잡았는데, 마찬가지로 제비도 1666년을 유대인이 돌아갈 날로 선포했다. 그다음 15년 동안 제비의 명성은 커졌고 유럽 여러 곳에서 유대인이 자신들의 귀환 계획을 세웠다. 이런 움직임은 이스라엘의 회복이 임박한 종말의 표징이라고 기대한 사람들을 흥분시켰다. 불행히도

---

36 TheauroamTannijahhh [aka Thomas Totney, aka Tany], *High News for Hierusalem. I Proclaim from the Lord of Hosts, the return of the Jews from their Captivity and the building of the Temple in glory in their owne Land* (London, 1653).

37 Anon., *A List of some of the Grand Blasphemers and Blasphemies* (1654), broadsheet.

제비는 1666년 봄에 붙잡혀 이스탄불에 있는 오토만 술탄에게 인도되었다. 그에게는 이슬람으로 귀의할 것인지 아니면 죽을 것인지의 선택권이 주어졌다. 그의 귀의는 유럽의 유대인들을 환상에서 깨어나게 했지만, 예루살렘으로 돌아가겠다는 그들의 열망은 계속해서 많은 그리스도인에게 묵시적 소망을 불러일으켰다.

이 기간에 로마 가톨릭의 박해를 피해 떠난 사람들은 독일과 스페인뿐만 아니라 프랑스에서도 나왔다. 1685년에 루이 14세는 낭트 칙령(1598)을 철회하여 개신교에 대한 관용을 종식했다. 거의 50만이나 되는 중산층의 프랑스인이 이민을 떠났다. 더 먼 지방에 있던 개신교도들, 특히 프랑스 남부에 있던 사람들은 자신들이 종말에 살고 있다고 결론짓고 프랑스에 남아 있으면서, 예수님께서 종말의 표징을 볼 때 그의 제자들에게 가르치신 대로 산으로 도망쳤다. 그들은 계시록 12장에서 용을 두려워하여 광야로 도망쳐 나와 하나님께 보호를 받은 여인을 따라 자신을 '광야의 교회'라고 불렀다.[38]

위그노 이민자의 가장 유명한 사람은 아마도 삐에르 쥐리외일 것이다. 1686년에 쓴 그의 『예언의 성취』에서 프랑스에서 이 박해는 다니엘과 계시록에 언급된 마지막 삼 년 반의 시작이며, 바벨론(로마)의 멸망은 1689년에 이루어진다고 예측했다. 쥐리외의 책은 1689년에 영어로 번역되었고 그의 예측은 영국의 로마 가톨릭 왕 제임스 2세가 1689년의 영국 혁명을 통해 쫓겨나고 개신교 군주 윌리엄과 매리가 그를 대신한 것으로 성취됐다고 여겨졌다. 쥐리외도 유대인이 "메시아의 왕국을 받아들일 것"과 "바로 자신들의 예루살렘이 재건되고 그들이 자신의 땅에 다시 모일 것"을 소망했다.[39]

---

[38] 마태복음 24:16; 계시록 12:6.

[39] Peter Jurieu, *The Accomplishment of the Scripture Prophecies, or the Approaching Deliverance of the Church* (London, 1687), dedicatory preface.

쥐리외는 동포 프랑스인에게 '개신교의 골리앗'으로 불렸지만 결국 네덜란드로 도망쳤다. 루이 14세가 낭트 칙령을 철회하고 공개적으로 위그노들을 처형하기 시작했을 때, 쥐리외는 열정적으로 종말론을 공부하기 시작했다. 그는 프랑스에서 박해를 사탄의 일로 여겼다. 사탄은 자신의 시간이 얼마 남지 않았다는 사실을 알고 더욱 사악하게 성도들을 공격하고 있었다. 쥐리외는 적그리스도(교황제)의 멸망이 임박했다고 믿었고 그것을 확증하는 증거를 찾았다. 적그리스도의 통치가 1260년만 유지되리라(다니엘 7~12장의 숫자에 근거하고 교황제의 시작을 어셔의 연대에 따라 5세기로부터 시작함으로써)고 믿으며, 쥐리외는 로마 가톨릭 교회가 그의 『성경 예언의 성취』가 발행되고 2년 후인 1689년에 무너진다고 믿었다.40 쥐리외 같은 "프랑스 예언자들"의 책은 영어로 번역되었고, 그들의 일부는 영국으로 이주하였는데, 그들의 고난과 사색은 그곳의 신실한 자들에게 영향을 주었다.

프랑스 개신교도의 고난은 많은 영국인의 의식에 무겁게 자리 잡았다. 워체스터의 감독인 윌리엄 로이드(1627~1717) 주교는 그들의 고통에 주의를 환기시키는 일을 했는데, 그는 그들을 큰 환란에서 죽임을 당할 계시록 11장의 두 증인과 동일시했다. 로이드는 심지어 1689년에 램버스 궁전의 모임에서 캔터베리 대주교 윌리엄 샌크로프트의 동의를 얻었다. 주교와 대주교는 미드의 역사적 전천년주의 체계에 동의했다.41

로이드는 근대 화학의 아버지라고 알려진 로버트 보일과도 만나서 자신의 종말론 체계를 설명했다. 로이드는 "유대인을 부르실 때가 가까이 왔지만, 적그리스도[교황권]의 왕국은 30년 후 그리스도께서 천년왕국을 시작하실 때까지 완전히 파괴되지는 않는다."라는 자신의 견해를 피력했다.42 로이드는 다니엘 9장의 마지막 이레를 사색하면서 다비가

---

40 Ibid., 86~95, 109~10.

41 1689년 4월 26일에 로이드 주교가 샌크로프트 대주교를 만날 때 함께 있던 무명의 제3자 편지. Gloucestershire Record Office D3549, 3/3, 37.

42 1690년 6월 10일에 로이드 주교가 로버트 보일을 만날 때 함께 있던 사람의 무명의 편지. Gloucestershire RO D3549, 2/4, 13.

150년 후에 한 것처럼, 마지막 이레는 "날이 아니라 해"이고, 다니엘의 백성 유대인과 다니엘의 도시 예루살렘에 해당하며, "천사가 메시아 왕의 죽음 후에 일어난 일을 예언한 것으로서 그 일은 70이레의 69이레 후에 일어날 것이다."라고 했다.43 로이드는 유대인과 예루살렘에게 해당하는 미래의 7년이 있는데, 그때는 69번째 이레 때의 왕의 죽음과 유대인의 70번째 이레 사이에 천사가 예언한 일 후에 일어날 것이라고 암시하는 것 같다.

프랑스 개신교도의 고통은 처음에 영국에서 동료 개신교도의 동정을 얻었지만, 프랑스의 정치적인 상황이 더 복잡해져서 프랑스 개신교도는 더 급진적으로 변했다. 1706년에 어떤 사람들은 영국에 도착하여 강한 열정으로 자신들의 예언을 선포하면서 새로운 '예언의 세대'가 이제 영국에서 시작되었고 삼 년 내로 온 세상에 퍼진다고 선언했다. 런던의 가장 유명한 분리주의 목회자이며 전천년주의자였던 아이작 와츠는 그 사람들을 따르는 사람들이 상당히 많은 것을 알고 놀랐으며 그것을 '사탄의 망상'이라고 불렀다.44 그러나 프랑스인 예언자들에 대한 열광은 일 년 내로 식었는데, 그들의 한 사람이 최근에 죽은 동료가 부활할 것이라고 예언했지만 그 예언이 성취되지 않았기 때문이다.

---

43 로이드의 노트. Gloucestershire Road Office MSD3549, 2/4, 24.

44 David Fountain, *Isaac Watts Remembered, 1674~1748* (Worthing: Walter, 1974), 48. 1708~1712년에는 프랑스 예언자들을 찬성하거나 반대하는 책자들이 많이 출판되었다: F. M., *The Right Way of Trying Prophets: or Some Considerations and Reasons to Prove the Truth of the great Dispensation of Divine Providence; already begun by Prophetic Inspiration* (London, 1708); Anon., *An Appeal from the Prophets to the Prophecies. Evidencing the new Dispensation they pretend, to be of the same Stamp and Authority with their Predictions* (London, 1708); Richard Kingston, *Enthusiastic Imposters, No Divinely Inspir'd Prophets. Wherein The pretended French and English Prophets are shewn in the proper Colours: their Pretences to Inspiration refuted...* (London, 1709); Charles Owen, *The Scene of Delusions Open'd, in An Historical Account of Prophetick Impostures* (London, 1712).

5

17세기 영국에서 제5왕국에 대한 기대

Expectation of a Fifth Monarchy in Seventeenth-Century England

조지프 미드(1586~1639)는 17세기 초 영국 성공회에서 로드의 고교회 관습과 신학에 순응할 수 있었지만, 그의 천년왕국론에 영감을 받은 많은 급진파는 그렇지 못했다. 사실, 미드의 천년왕국 체계는 "그들의 행동을 신학적으로 정당화하는 데 쓰였다."[1] 미드가 죽자마자 로드파와 청교도들 사이에 긴장이 쌓이기 시작했고, 미드라면 절대로 인정하지 않았을 사건들이 발생하기 시작했다.

미드는 네 개의 연속된 왕국(바벨론, 페르시아, 그리스, 로마 제국으로 이해됨)이 "영원히 지속되는" 다섯 번째 왕국(단 2:44)으로 이어지는 다니엘의 환상을 대중화시켰다. 미드에 따르면, "모든 하늘 아래의 왕국들

---

[1] Jeffrey Jue, *Heaven Upon Earth: Joseph Mede (1586~1638) and the Legacy of Millennialism* (Dordrecht: Springer, 2006), 33.

은 지극히 높으신 분의 성도들에게 넘겨질 것이고 그의 왕국은 영원한 왕국이 될 것이다"(단 7:27). 5세기 이래로 지배적인 해석은 아우구스티누스의 견해로서 네 번째 왕국은 로마 제국이며 다섯 번째 왕국은 이방 로마 제국을 정복한 로마 기독교 교회라는 것이었다. 개혁자들도 이 전통적 기독교 견해를 받아들여 그들이 지상에 있는 그리스도의 교회 일부로서 다섯 번째 왕국의 한 부분이라고 생각했다.2 다니엘서(신약이 아니라 구약에 속한다)를 강해하는 유대인은 이방 로마와 기독교 로마 사이의 차이를 인정하지 않았다. 그들은 둘 모두를 네 번째 왕국으로 간주했고, 기독교와 이슬람교의 박해에서 자신들을 구해 줄 유대인 메시아를 여전히 기다리고 있었다.3

다가오는 메시아의 다섯 번째 왕국에 대한 믿음은 5세기 즈음 사라졌다가 16세기 독일 재침례교도들 사이에서 되살아났지만, 그들의 극단적인 견해들은 부정적인 인상만 심어 주었다. 영국 문헌에서 다섯 번째 왕국에 대한 가장 이른 언급은 어느 무명 저자의 1545년 주장에서 발견된다: "다니엘은 다가올 다섯 번째 왕국을 부인했기에… 다섯 번째 왕국은 절대로 없을 것이다."4 그렇지만, 16세기 말 메리와 엘리자베스 여왕의 통치 동안 다섯 번째 왕국에 대한 새로운 기대가 발전하기 시작했다.5

또 다른 영국의 천년주의자 로버트 메이튼(1607~1653즈음)은 1620년

---

2 "Daniel," Lecture XI; in *Calvin's Commentaries* (Grand Rapids: Baker, reprint ed., 1981), XII, 183.

3 칼뱅은 랍비 이삭 바비넬(1437~1508)을 인용한다. "Daniel," Lecture XI; in *Calvin's Commentaries* (Grand Rapids: Baker, reprint, 1981), XII, 181~91.

4 Anon., *The Exposition of Daniel the Prophete gathered oute of Philip Melanchton...* (n.p., 1545).

5 "…as I can Quhow this fyth Monarchie began Quhose gret Impyre…" in David Linsay, *Ane Dialog betuix Experience and ane Lourteour, Off the Miserabyll Estait of the World* (n.p., n.d. [1554]; and "to giue life to the fift Monarchie which have have no [end]" in Edward Daunce, *A Brief Discourse of the Spanish State*… (London, 1590).

대에 옥스퍼드에 있는 동안 전천년적 개념들을 형성하기 시작했다. 1642년 인쇄 검열이 느슨해지자 그는 재빨리 그의 천년왕국에 관한 연구 실적을 출판했다. 그는 어째서 무천년주의가 성경과 역사에 모순되는지 보여주었는데, 적그리스도 아래서 고통당한 사람들이 나중에 천년 동안 그리스도와 함께 다스릴 것이기 때문이었다. 세상에는 여전히 고난이 있으므로 낙원은 미래에 속한다.

> 무천년주의자들은 첫째 부활에 대한 문자적 해석을 배제할 수 없는 견고한 성경적 근거를 찾을 수 없다. … 이전의 무천년주의자들은 그리스도의 통치를 적그리스도 전에 둠으로써 심각한 잘못을 범한다. … 다른 무천년주의자들 역시 그리스도의 통치시기를 적그리스도의 통치 시기와 혼동함으로써 동일한 오류를 범한다.6

메이튼은 계시록 20장의 언급에 따라 천년왕국의 끝에 곡과 마곡의 두 번째 침공이 있을 것이라고 믿었다. 이 침공을 적그리스도가 이끌 수 없는 것은 이미 그가 천년왕국이 시작되기 전에 불못에 던져졌기 때문이다. 침공한 자들은 "천 년이 시작될 때 나라들 가운데 남아 있던 사람들의 자손이 불어난 것이다. … 이렇게 곡과 마곡에 다 함께 모일 때는 처음에 곡과 마곡에서 모일 때[와는 달리] 왕에 대한 어떤 언급도 없다."7

메이튼의 글들은 독자층을 얻었고 영향력이 있었다. 스코틀랜드 개혁파에 속해 로테르담에서 장로교회 목사로 섬기던 알렉산더 페트리(1594즈음~1662)는 그의 회중의 많은 수가 메이튼의 책을 읽기 시작한 것에 분노했다. 1644년, 페트리는 메이튼의 천년왕국론을 반박하려고 『천년주의의 윤기(潤氣)』를 썼다. 페트리는 메이튼의 사상을 이단으로

---

6 Robert Maton, *Gog and Magog, or the Battle of the Great Day of God Almightie* (London, 1642), 121~22. 그의 작품 *Israels Redemption or the Prophetical History of our Saviours Kingdome on Earth; That is of the Church Catholicke and Triumphant* (1642).

7 Ibid., 128~29.

간주하여 "가증한… 옛날 유대인의 환상"이라고 했다. 그는 "그리스도의 왕국이 지상 왕국이 아니며 천 년이나 이천 년 연기된 것도 아니라 지금이 바로 그의 왕국이다."라고 주장했다.8 또한, 그는 유대인들에 대한 예언의 언급은 "그리스도인들"로 해석해야 한다고 주장했는데, 그것은 그가 믿기로 그리스도인들이 하나님의 선택된 백성으로서 유대인들을 대체했기 때문이다.

메이튼은 『지상에서 그의 성도들과 천 년 동안 함께 하는 그리스도의 개인적 통치』를 써서 페트리에게 대답했다. 그는 주장하기를, "이 예언들을 잘못 해석하는 것"은 "유대인에 대한 증오"에 기인하며 그들을 이방인의 교회에 적용하는 것은 옳지 않다.

> 이방인이 유대인이라거나 이스라엘인이라고 불리거나 이방인의 교회가 이스라엘, 시온, 또는 예루살렘이라고 불리는 것은 성경 어디에도 없다. … 그리스도의 성육신 이전의 유대인들은 이방인 회심자들을 유대인이라고 부른 적이 없고 항상 개종자들이라고 불렀다. 그렇다면 사도들이 그들을 유대인들이라고 부르기 시작했다고 보기 어렵다. 믿는 유대인들은 자신을 유대인이 아니라 그리스도인이라고 불렀다.9

메이튼에 따르면, 과거주의는 무천년주의에서 만들어진 또 다른 오류다. "유대인들이 포로 상태에서 미래에 해방되는… 예언이" "바벨론

---

8 Alexander Petrie, *Chiliasto-mastix. Or, The prophecies of the Old and New Testament concerning the kingdome of our savior Iesus Christ, vindicated by misrepresentations of the millenaries and specifically of Mr. Maton* (Rotterdam, 1644), 3,6 (intro), in Mark R. Bell, "The Revolutionary Roots of Anglo-American Millenarianism," *Journal of Millennial Studies* (1999), 6.

9 Robert Maton, *A Treatise of the Fifth Monarchy. Or Christs Personall Reigne on Earth, One Thousand Years with his Saints* (London, 1655), reader's preface [no pagination, 2, 5]. 이것은 3판이며 첫 번째 판은 1646년에, 두 번째 판은 1652년에 발행되었다.

에서 구원받는 것에 관계될" 수 없는 것은 "유대인들의 미래적 구원을 다루는 스가랴의 예언들(그리고 그것들은 다른 선지자들의 나머지 예언들과 아주 잘 조화를 이룬다)이 유대인들이 바벨론으로부터 돌아오는 일이 성취된 후에 계시되었기 때문이다.10

페트리가 인용한 "내 왕국은 이 세상에 속한 것이 아니다"라는 예수님의 선언에 대해 메이튼은 다음 내용으로 주장했다.

> 그리스도께서 다시 오실 때 그들은 모든 억압과 핍박에서 구원받을 것이며 그들 자신이 세상의 통치자들이 될 것이다. 그러므로 이 본문들은 성도들의 현재 통치를 직접 반박하는 반면, 이 세상의 환란이 계속되고 있음을 보여준다. 그러나 환란이 끝나면 성도들의 통치를 거스를 것은 아무것도 없다… 그리스도께서 오실 때 성도들은 그와 함께 올 것이며… 그리스도께서 이 땅에 오실 때 그들은 그와 함께 영원히 함께 있을 것이며, 그것은 그의 다스림 이후 새 땅에서도 계속할 것이다.11

메이튼은 폭력이나 성도가 예수의 이름으로 권세 잡는 것을 옹호하지 않았기 때문에 제5왕국주의자라고 할 수 없지만, 제5왕국주의자들은 그에게서 영감을 얻었고 그가 자신들에게 속한다고 주장했다. 그들은 "지극히 높으신 분의 성도들"이 네 번째 왕국을 제압하고(그들은 존 폭스가 그의 『순교자의 책』에서 했듯이 로마 제국과 교황 제도를 합쳐서 로마로 언급했다) 하나님의 이름으로 영원히 계속할 다섯 번째 왕국을 시작해야 한다고 믿었다. 그들은 "예수밖에는 왕이 없다"라고 주장하면서 다음의 것들을 옹호했다.12

---

10 Ibid., *An Answer to Mr. Petrie's Preface* [no pagination, 2 pages after B2].

11 Ibid., [no pagination, 5 pages after C at the bottom of page].

12 "예수밖에는 왕이 없다"는 제5왕국을 옹호하는 사람들 사이에서 흔한 구호였다. 스튜어트 왕조가 회복되었을 때 그들은 예수만을 왕으로 받아들이기로 맹세했다. [Anon.], *A Door of Hope: or a Call and Declaration for the*

교황 계급 체제의 멸망, 투르크 제국의 최종적 괴멸, 동방과 서방 유대인들의 회심과 그들의 거룩한 땅에 있는 옛 기업으로의 귀환, 또한 지상에 그리스도의 복음이 보편적으로 통치하게 될 제5왕국.13

20세기 복음주의적 묵시론의 요소들을 주목하라: 교황 제도의 붕괴, 중동에서 전쟁, 그리스도의 지상 통치. 이것을 어떤 사람이 시대착오라고 생각하지 않도록 또 다른 제5왕국주의자가 쓴 소책자의 앞표지에서는 선언한다.

마지막 때에 관한… 간략한 개관은… 예언적 작은 뿔, 또는 죄악의 사람, 그리고 복음의 짐승, 그리고 그의 일곱 머리와 일곱 뿔… 성도들의 박해, 교회의 타락, 어두운 밤, 신랑을 맞으러 나가는 처녀들, 비밀스러운 음녀, 하나님 나라 복음이 온 세상에 선포됨, 유대인들이 자신의 땅에 모임.14

이것들이 공화정 기간에 출판된 많은 종말론 책의 몇 가지 예다. 주목할 만한 것은 많은 저자가 자신들의 능력을 정당화하려고 했던 것을 보면, 저자들은 예언적 사건들을 정확히 해석할 수 있는 능력에 대한 비판에 직면했던 것이 확실하다.

또 다른 제5왕국주의자 윌리엄 힉스(1620~1659)는 영국 내전이 일어날 당시에 옥스퍼드의 학생이었다. 힉스는 즉시 반왕정파에 가담했고

---

gathering together of the first ripe fruits unto the Standard of the Lord, KING JESUS... (n.p., [1661]).

13 [Ezekiel Grebner], *A Brief Description of the future History of Europe from Anno 1650 to An. 1710. Treating principally of those grand and famous Mutations yet expected in the World...* (n.p., 1650).

14 Capt. John Browne, *A Brief Survey of the Prophetical and Evangelical Events of the Last Times...* (London, 1655).

청교도적 열심 때문에 공화파 군대에서 대위로 임명되었다. 힉스는 『계시록의 계시』(1659)에서 그의 성경 예언 해석을 지지하는 개신교 학자들의 의견이 전반적으로 일치하고 있음에 주목했다.

> 사람들은 이 책[계시록]이 숨은 신비로 가득 차 있고 봉인되어 있어 이해하기가 매우 어렵다고 하면서 반대할 것이기에, 이 책을 해석하기로 마음먹은 많은 사람은 자신의 과중한 부담에 당황했다. 나는 성 요한의 계시록이 참으로 신비로 가득하다고 대답한다. … 그러나 우리가 사건들을 관찰하면서 각 예언의 결과를 볼 때… 우리에게 이것은 더는 신비가 아니다. 큰 바벨론… 지상의 왕들 위에 군림하는 일곱 머리를 가진 도시는… 로마를 뜻하며, 그와 같이 모든 종교개혁의 해석자도 일치되게 일곱 머리와 열 뿔을 가진 짐승(계 13:1)이 열 개의 왕국으로 나뉜 로마 제국이라고 주장했다. 또한 양처럼 두 뿔을 가졌고 용처럼 말하는 짐승(계 13:11)은 교황의 적그리스도적인 지배 체계다. 사건들이 이렇게 이해되고 해석되도록 일관성 있게 증거하면… 이 책의 나머지 신비들도 그렇게 해독되고 밝혀져야 한다는 것이 어째서 이상하다는 말인가.15

힉스는 "그렇게 나라가 요동치는 것과 혁명들이 그의 교회와 백성들을 향한 [하나님의] 자비"라고 생각한다.16 그는 고레스 대왕과 콘스탄티누스처럼 하나님의 백성들을 도운 사람들을 축하했다. 또 루터와 다른 프로테스탄트 개혁자들을 특별히 칭찬했다.

---

15 William Hicks, *The Revelation Revealed being a Practical Exposition on the Revelation of St. John* (London, 1659), preface.

16 William Hicks, *Apocalypsis Apocalypseos, or, The Revelation Revealed. Being a Practical Exposition of the Revelation of St. John. Whereunto is annexed a small Essay… A Friendly Compliance between Christ's Monarchy, and Magistrates* (London, 1661, reprint ed. 1659), epistle dedicatory. Biographical material is from a 2-page handwritten note in front cover by Philip Doddridge.

[그들은] 로마의 엄청난 계급 체계와 권세를 흔들어 놓았다. 그래서 많은 그리스도인 군주들는… 자신을 취하게 한 간음의 포도주와 함께 음녀를 미워하기 시작했다. 이제 그녀를 미워하기 시작했으며 또한 그녀를 황폐하게 하고 벌거벗게 할 것이다. … 그녀의 기간이 끝나고 있고 하나님은 그녀의 상처를 더욱 악화시키시고 그 뿔들, 곧 한때 그녀의 강력한 지지자들이었던 군주들이 그녀에게서 떨어지게 하고 그녀를 미워하게 하신다. 참으로 최초의 개혁자들은 그녀의 외투를 벗겼고 그녀의 잘못된 교리를 드러나게 했다. 짐승과 함께 한 때 권세를 받은 열 뿔 또는 열 왕들은 그녀를 불로 태울 것이다(계 17:12~16).[17]

우리는 제5왕국 천년왕국설이 갖는 혁명적인 암시들을 간과하지 말아야 한다.

존 아처(1598~1682)는 "우리가 그리스도와 함께 그의 왕국에서, 이 세상에서 다스릴" 것을 내다보았는데,[18] 그것은 "모든 신자가 세상을 다스릴 것이기 때문이다."[19] 이 혁명은 그리스도께서 재림하실 필요 없이 성도들에 의해 이루어질 수 있을 것이다. 『군대의 방어 또는 성도의 진과 사랑하는 성에 대한 하나님의 보호. 통치자들과 정부에 의한 모든 억압은 하나님께서 성도들에게 나타나심으로 중단될 것을 보여줌』이라는 책에서 웨일즈의 성직자 윌리엄 얼베리(1604~1654)는 찰스 1세가 처형되기 불과 몇 달 전에 청교도들 자신이 천년왕국을 세운다고 주장했다.

성도들의 육신에 거하시는 하나님은… 육신을 입으신 신성은… 아직까지 성도들 안에만 또는 그들의 육신을 통해서만 거하신다. … 하나님은 한 무리의 사람들을 취하셔서 먼저 그들 안에 거하시면서 자기

---

17 Ibid., epistle dedicatory.

18 John Archer, *The Personal Reign of Christ upon Earth* (London, 1642), 17.

19 Ibid., 22.

모든 사랑, 빛, 생명, 영광, 구원, 자신을 나타내신다. 그러므로 이 사람들은 거룩한 사람들, 선택된 사람들, 하나님의 집으로 불린다. … 이 말세의 성도들이 하나님 아들들의 영광스러운 자유를 얻을 때… 그들 안에서 하나님을 반대하는 세상 권세들을 무너뜨릴 것이다. 그리고 그들은 세상을 구하고 사람들의 구원자들이 될 것이다. 성도들은 영으로 하나님으로부터 명령과 부르심을 받아 왕들과, 군주들과 귀족들과 온 세상을 대항하여 하나님이 가게 하시는 모든 곳으로 나아갈 것이다. … 왕국들과 교회들 그리고 여전히 혼돈과 어둠 가운데 있는 사람들에게 갈 것인데, 그들은 질서가 세워지고 바로 잡히기 전에 먼저 파괴되어야 한다. … 먼저 파괴되어야 그다음에 세상을 구하고 다스릴 수 있다. … 즉, 하나님이 성도들 안에서 의로 나라들을 심판하며 그의 진리로 사람들을 다스리신다(시 67:4, 7).[20]

1630년에 뉴잉글랜드로 이주한 윌리엄 애스핀월(1605~1662 즈음)은 보스턴의 청교도 국교파에 반대하는 급진파 앤 허친슨의 편을 들어 그녀가 청원서 쓰는 것을 도왔고 그녀를 따라 로드 아일랜드로 이주했다. 찰스 1세의 처형과 공화정 설립에 대한 소식을 듣고, 예언자 다니엘이 약속한바 이 시대 끝에 일어날 제5왕국 설립에 참여하려고 영국으로 돌아갔다.[21]

애스핀월은 『제5왕국에 관한 간략한 묘사』(1653)에서 찰스 1세를 그리스도의 참된 교회를 핍박한 적그리스도 또는 묵시록의 짐승과 동일시했다. 그러나 이제 "왕가의 시체들을 높은 자부터 낮은 자까지 모두

---

[20] William Erbery, *The Armies Defence, or, God guarding the Camp of the Saints, and the Beloved City. Shewing, That All oppressions in Governors, and Government shall cease by the Appearance of God in the Saints* (London, 1648), 3, 5~8. 얼베리에 대한 더욱 상세한 묘사를 Alfred Cohen, "Two Roads to the Puritan Millennium: William Erbery and Vavasor Powell," in *Church History*, 32:3 (Sep. 1963), 322~38에서 볼 수 있다.

[21] 뉴잉글랜드에서 제5왕국주의자들의 영향에 대해서는 J. F. Maclear, "New England and the Fifth Monarchy: The Quest for the Millennium in Early American Puritanism," *William and Mary Quarterly*, 32:2 (1975), 223~60.

멸망시키고 파괴해야" 하고 "왕국과 나라는… 사람들, 곧 지극히 높으신 자의 성도들에게 넘겨질 것이다."22 애스핀월은 무천년주의를 알고 있었고 그것을 거부했다.

> 앞에서 성경이 말하는 왕국이 단지 교회에서 실현되는 영적 왕국이나 통치라는 것은 거부되어야 한다. … 그리스도는 그의 교회에서 진정으로 그의 왕 권세를 실행하신다. … 그러나 거기뿐만이 아니라고 나는 대답한다. 그는 또 심판 활동으로 왕 권세를 행사하신다. … 이 왕국은… 교회의 권세와 불일치하는 다른 네 왕국을… 무너뜨릴 것이다. … 누군가 여전히 이 모든 표현이 은유적인 것이라고 말한다면 나는 반대할 것이다. 그뿐만 아니라 우리가 성경에서 은유를 요구하지 않는 곳에 은유를 만드는 것은 안전하다고 할 수 없다.23

제5왕국론자들은 그리스도께서 택한 사람들이 그의 이름으로 천년왕국을 세운 뒤에 오실 것이라고 믿은 점에서 후천년주의자들이었다. 전천년주의자들에 반대하면서 제5왕국론자들은 "지극히 높으신 분의 성도들"이 그 왕국을 일으킬 것이라고 믿었다. 그들은 그리스도의 오심을 기다려야 한다고 믿지 않았다. 오히려 그들은 이것을 스스로 시작했다.

이 신념은 교회사에서 비할 데 없는 혁명적 무력을 동원했는데, 애스핀월이 다니엘 7:27을 인용하면서 결론 내린 부분에서 볼 수 있다.

> 그 왕국과 절대적인 주권이… 사람들, 곧 지극히 높으신 분의 성도들에게 주어질 것이다… 성도들은 이 최고의 권세를 시행하며 사용할

---

22 William Aspinwall, *A Brief Description of the Fifth Monarchy, or Kingdome, That shortly is to come into the World... When the Kingdome and Dominion, and the greatness of the Kingdome under the whole Heaven shall be given to the people, the Saints of the Most High...* (London, 1653), 1.

23 Ibid., 2~3.

것이다… 그들은 **선택됐고 신실한 사람으로 불리는 사람들**로서, 음녀를 대항하여 싸울 때 그리스도와 함께 한 사람들이다(계 17:14). 그들은 어린 양의 군대 장관들로서 주께서 군대를 맡긴 사람들이다. … 그때까지 그들은 제5왕국 아래 있지 않았고, 파괴되어야 할 네 번째 왕국의 일부이며 회원들이었다. … 그 때까지의 나라는 **의의 도성**이라고 불릴 수 없다.24

애스핀윌은 제5왕국으로 전이가 이미 찰스 1세의 처형으로 시작했고 1673년에 완전히 세워진다고 확신했다.

짐승의 힘이 되는 열 뿔 또는 왕이 깨어져야 하는데, 그것은 이미 찰스의 목을 벤 것으로 시작되었다… 그 나머지 뿔들 또는 왕들은 조금 더 오래 갈 것이다… 이 왕국이 처음 세워지는 데 조금 더 가까이 간다. **심판이 성도들에게 주어졌고 그들은 작은 뿔들에게 심판을 시행했다**(단 7:22, 26)라는 말씀은 1648년 [찰스 1세의 패배에서] 성취되었다. … 정말로 이미 큰 진동이 있었고 앞으로도 더 남아 있는 이유는 유대인들이 부름을 받고 민족들의 충만한 수가 들어올 때까지는 일이 완전히 끝나지 않기 때문이다. 그것을 위해 모든 성도는 **주 예수여 오소서, 속히 오소서, 그리고 당신의 나라가 오게 하시며 당신의 뜻이 하늘에서 이루어지는 것처럼 이 땅에서도 이루어지게 하옵소서**(계 22:17)라고 기도해야 한다.25

애스핀윌의 호전성은 올리버 크롬웰의 군목이며 웨스트민스터 총회의 회원이었던 토머스 굿윈(1600~1680)의 이듬해 설교에 잘 반영됐는데, 그는 "네 번째 왕국이 성도들, 어린 양을 따르는 무리의 칼에 파괴되었다."라고 주장했다.26

---

24 Ibid., 4, 7.

25 Ibid., 14.

제5왕국론자들은 다스릴 권세를 가졌고 지상의 왕들을 폐할 수 있는 권리를 가졌다는 사상에서 큰 영감을 얻었다.

> 당연히, 예수 그리스도 자신이 왕이시다. 그는 이것을 상속을 통해 받으셨다… 그는 상속자이지만 우리는 그를 통해 하나님과 함께한 상속자가 되었다… 그리스도 자신 안에서 같은 모든 특권이 성도들에게 있다. 우리는 그와 같은 아들들이며 우리는 그와 같은 왕들이며 그와 같은 제사장들… 우리는(내가 단언하는데) 그를 통해 그렇게 되었다.27

굿윈은 성도들이 이 땅을 정복하고 다스리게 될 제5왕국을 기대했는데, 그것은

> 하나님께서 어떻게 심판의 날까지 경영해 오셨는지… **그들은 그와 함께 왕들이 되었다**… 그리스도와 함께한 상속자들로 이 책에 기록된 일들을 경영하고 그 안에 담겨 있는 것들을 완수하도록 그와 함께 임무를 받았다. **우리는 또한 왕들이며 제사장들이다**. 거기에서 추론할 수 있는 것은 또한 **우리가 이 땅에서 다스릴 것이라는** 사실이다. … 우리는 이 땅의 일들을 지도하는 데 힘을 보탤 것이다. … **우리는 다스릴 것이다**. 그런데도 그들은 현재 왕들이며 이것은 지금 어느 정도 실현되었다. … **당신의 피로 우리를 구속하셨고 우리를 왕들로 만드셨으니 우리는 이 땅에서 다스릴 것입니다**. … 성도들은 모든 시대에서 왕들이지만, 나는 이것이 성취되는 특정한 때가 있다고 본다. … 세상의 끝이 오기 전에… 먼저 정복하러 나가는 일이 있고… 그리스도께서 이방 세계를 정복하게 하셨고 또 이슬람 세계를 정복하게 하셨기 때문이다. 그리고 이 모든 정복은 최후의 끝이 올 때까

---

26 Thomas Goodwin, *A Sermon of the Fifth Monarchy. Proving by Invincible Arguments That the Saints shall have a Kingdom here on Earth* (London, 1654), title page.

27 Ibid., 3~4.

지 수행될 것이다.28

제5왕국론자들은 역사주의자들로서 자신들이 계시록의 중간에 살고 있다고 믿었다. 따라서 굿윈은 네 번째 왕국이 로마라고 생각했다. 다니엘 2장의 신상이 두 다리를 가진 것처럼 로마는 두 부분, 동방과 서방으로 나뉘었다: "오늘날까지 투르크와 교황에게 그 잔재가 남아 있다." 굿윈은 네 번째 왕국이(네 번째 짐승, 로마와 콘스탄티노플은 각각 교황과 투르크에 의해 대체되었다) 계시록 19:13, 27이 이루어질 때 파괴될 것이라고 결론지었다.

나는 인자 같은 이를 보았고 그에게 권세와 영광과 나라가 주어졌다. 모든 백성과 나라, 방언이 그를 섬겨야 한다. 그의 권세는 영원한 권세며… 온 하늘 아래 그 나라의 위대함은 지극히 높으신 분의 성도들에게 주어질 것이다.29

굿윈은 자신과 대화를 나눈 많은 유대인이 "회복을 기대하고" 있음을 인정했고, 개신교도와 유대인들이 메시아의 임박한 재림을 동의한다고 보고한 레반트인과 개혁파 여행자에 관해 말했다.

그는 유대인들과 대화할 기회를 자주 얻었는데, 그들이 일반적으로 메시아에 대한 기대를 품고 있는 것을 발견했다. 그가 그들에게 이런 종류의 사상들[영국 청교도들과 대륙의 개혁파들]에 관해 말하고 그들의 메시아가 그들 기대대로 자신을 그들에게 나타내실 것이라고 말했다. 그는 그들이 그것을 듣고 친근하게 받아들였다고 말했다. 그것은 그들의 모든 생각과 그들의 기대 그리고 랍비들이 그 성경 구절들을 해석한 것과 잘 들어맞았다.30

---

28 Ibid., 5, 10~12.

29 Ibid., 22.

30 Ibid., 24~25.

굿윈은 또한 오늘날 이른바 과거주의 견해를 비판했다. 천년왕국에 관해 그는 썼다.

> 이것이 이미 성취되었다고 생각하는 사람들이 있었다. 즉, 고대 시대에 죽임 당하여 하늘에 있는 성도들에게 천 년 동안 큰 영예가 주어졌고 지상에 있는 성도들은 큰 평화를 누린다는 것이다. 그들은 이 기간이 테오도시우스 황제 때부터 교황과 적그리스도 무리에게서 핍박이 새롭게 일어날 때까지 대략 천 년간이라고 계산한다. 그러나 이것이 그 의미가 아님이 명백하다. 여기에서 말하는 통치의 시기는 짐승이 멸망하고 나서이다. 19:20에서 **짐승이 잡혀 불못에 던져졌다**고 말씀한다. 그리고 이어서 20장에서 말씀한다. 그들이 **그리스도와 함께 천 년 동안 다스릴 것이다.**[31]

굿윈은 많은 가톨릭교도는 과거주의 해석을 받아들이지만, 예수회에서는 미래의 제5왕국을 가르친다는 것을 지적한다. "그들만이 진실로 이것을 자신에게 적용하여 그 나라를… 예수회의 왕국이라고 부른다."[32] 그는 결론 내린다.

> 사람들이 여러 가지 방식으로 이 시대를 설명하고 기대하지만, 유대인들은 한 가지 방식으로, 교황주의자들은 다른 방식으로, 그리고 우리들 자신은 여러 가지로 한다… 내가 이것에 대해 확신하는 것은, 초기 그리스도인들이 이 개념과 이것에 대한 사고에서 풍성한 위로를 발견했다는 점이다. 그리고 여기에서 당신은 성도들이 최초에 그들의 눈앞에 가지고 있던… 모든 약속을 본다… 그리스도와 시편이 언급한바, **온유한 사람들이 땅을 상속받을 것이다**… 뜻이 하늘에서 이룬 것 같이 땅에서도 이뤄진다. 아브라함과 그의 씨가 이 세

---

[31] Ibid., 15~16.

[32] Ibid., 25~26.

상의 상속자가 될 것이다. 의가 거하는 새 하늘과 새 땅이 있을 것이다… 등은 이 땅의 사람들에게 주어진다.33

에드워드 엘리스(n.d.)는 아주 급진적 작품을 썼기에 그를 평등주의자로 볼 수밖에 없는데, 그것은 모든 사람의 완전한 평등을 옹호한 당시의 급진적인 정치 운동이었다. 그는 "주의 두려운 오심"을 선언했고, 이로 인해 "모든 세상의 권세들과 정부들은 뒤엎어지게" 될 것이라고 했다.

> 너희 타락한 사람들아… 너희가 어떻게 가련한 성도들을 멸시했는가… 그리고 그들은 너희를 경멸하게 될 것이다. **힘 있는 사람들아, 울부짖어라**, 얼마나 슬픈 날이 너희에게 오고 있는가. 너희 영광은 지나갔고, 성도들은 이제 너희의 모든 것을 보고 있다… 그들의 많은 사람이 너희를 존경했고, 너희가 품은 가득한 허영심 때문에 그들은 슬픈 마음으로 그들의 빵을 먹었다… 성도들을 압제한… 너희 힘 있는 자들아… 성도들의 구원은 그들의 내적 외적 원수들이 멸망할 때 이루어진다. 영국에 있는 너희 하나님의 원수들아… 너희는 경건한 사람들의 슬픔에 기뻐했지만, 그들이 너희의 슬픔을 기뻐할 것이다… 하나님께서 이 땅의 군주들과 힘 있는 자들에게 멸시를 쏟고 계시니 의인들은 그것을 보고 기뻐할 것이다.34

확실히, 성경에는 "다스리는 권세들에게 복종하라. 하나님에게서 나지 않은 권세는 없으니… 권세를 거스르는 사람은 하나님의 질서를 반대하는 사람이며, 반대하는 정죄를 받을 것이다."35라고 명령하는 본문들이 있다. 그런데도 제5왕국론자 존 틸링하스트(1604~1655)는 권세자들에게 대항하는 것을 정당화했다.

---

33 Ibid., 26~27.

34 Edward Ellis, *A Sudden and Cloudy Messenger, with Glimpses of great joy to the Israel of God* (London, 1649), 1, 14.

35 로마서 13:1~2.

처음 세 왕국과 네 번째 왕국 역시(적그리스도인 짐승이 세상으로 변모시키기 전의 본래 상태로 여겨지는) 하나님에게서 그들의 권세를 받았고, 신약에서 사도들은 당시의 세상의 다스리는 권세들에게 복종할 것을 명했다⋯ 그러나 이제 두 번째 단계의 로마 왕국의 권세는 적그리스도에게 종속되었고(짐승은 그때까지 등극하지 않았지만 그 후에 권좌에 오르게 됨, 계 17:8)⋯ 이전의 모든 권세와 대단히 다르다⋯ 그들은 본래 이것을 하나님께 받았지만, 적그리스도의 권세에 관해 명백하게 그 반대가 선언되었으니, 곧 **열 뿔을 가진 참람한 짐승이 등극할 때, 그는 용이나 마귀에게서 그의 권세를 받으리라**(계 13:1, 2).36

틸링하스트는 그리스도의 왕국은 영적이라고만 주장하는 사람들에게 대답한다.

다니엘이 말한 이 그리스도의 왕국은 적그리스도의 왕국 다음에 이어지는 것으로서⋯ 순전히 영적인 왕국일 수 없고 (많은 사람이 주장하듯) 외형적이며 가시적인 왕국이어야 한다⋯ 그 이유로는, 1. 이 왕국은 큰 신상의 발, 곧 로마 왕국이 적그리스도적 상태가 되고 난 후에야 존재할 것이다. ⋯ 2. 다니엘은 그 돌이 형성되자마자 발을 치는 것을 보았으므로⋯ 그 돌이 형성되기 전에 발이 존재하고 있어야 한다. 3. 그 돌이 상징하는 왕국은 열 명의 적그리스도적 왕의 날들이 온 후에야 세워진다(44절). **이 왕들의 날에 하늘의 하나님이 왕국을 세우신다**⋯ (계 17:12, 13, 14). 그러므로 그리스도의 영적 왕국은 적그리스도의 왕국이 시작되기 훨씬 전부터 있었지만, 그 돌의 왕국은 나중까지 아직 존재하지 않는다. 그 돌의 왕국은 그리스도의 영적 왕국이 아니라 외형적 왕국이다.37

---

36 John Tillinghast, *Knowledge of the Times, or, The resolution of the Question, how long it shall be unto the end of Wonders* (London, 1654), preface [no pagination, A4 and the previous page].

틸링하스트는 진정한 그리스도인의 임무는 이 땅에 그리스도의 왕국을 세우는 것이라고 믿었다.

> 그 돌의 왕국은 이 일을 행하려고 하나님께서 세우시는 왕국이다… 세상 권세들을 무너뜨리고 분쇄하는 것이다… 그리스도의 영적 왕국의 주요 업무는 다른 것이지만, 제5왕국론 교리가 그러하듯, 혹은 그럴 수 있듯이, 이 세상의 통치자들에게 위험한 결과를 가져올 것이다. 그러나 내가 보건데 이것은 그리스도의 영적 왕국 일이 아니므로 그 돌의 왕국은 영적 왕국이 아니라 외적 왕국임이 틀림없다.[38]

틸링하스트에 의하면 다니엘 2장은 그리스도의 물리적 왕국은,

> 외형적 심판이 성도들에게 있고 그들은 네 번째 짐승을 보좌에서 쫓아낸다. … 이것은 성도들이 소유한 왕국이라고 불린다… 성도들에게 주어진 왕국은 이전에 작은 뿔[적그리스도]가 다스리던 바로 그 나라다… 그 작은 뿔을 심판함으로써 그 왕국을 그에게서 빼앗은 다음에 그들이 그것을 차지한다.[39]

틸링하스트는 하나님께서 성도들에게 영국을 무너뜨릴 권세를 주셨다고 믿었다.

> 작은 뿔들의 왕국이 저물 때, 성도들은 하늘의 명령에 따라 정의의 최고재판소를 설립할 것이다. 심판을 위해 그 자리에 앉음으로써 그의 권세를 가져가는데… 하나님께서 그들… **지극히 높으신 이의 성도들**…에게 주신 것이다. … 그 왕국은 외형적 왕국이다.[40]

---

[37] Ibid., preface [no pagination, 5 and 6 pages after A4].

[38] Ibid., preface [no pagination, 7 and 8 pages after A4].

[39] Ibid., preface [no pagination, a2 and the previous page].

틸링하스트는 독자에게 그들이 그리스도의 외형적 왕국을 지금부터 세워야 한다고 말한다.

> 이 왕국을 세워야 할 때가 다가오고 있고 바로 우리 앞에 와 있다. … 그들의 말과 행동을 통해 현재 그리스도를 그의 보좌에서 떨어뜨리는 데 일조하는 모든 사람들은 만왕의 왕을 심하게 배반하는 죄를 범하는 것이다. 비록 사람의 심판을 피할 수 있을지 몰라도 다른 날 그의 보좌 앞에서는 그렇게 할 수 없을 것이다.[41]

제5왕국론자들은 17세기의 유일한 종말론 주장자들이 아니었다.

영국 내전에서 왕당파의 군목이었던 폴 넬(1615 즈음~1664)은 영국이 이스라엘과 같은 운명에 처할지 모른다고 경고했다. 이스라엘은 다윗의 가문에 반기를 들었고, 그로 인해 하나님께도 반역했다: "그들은 더 이상 그에게서 구원을 기대해서는 안 된다… 그들은 흩어졌고… 모든 나라들에서 이방인들이다. 그들은 그들의 땅과 나라 둘 다 잃어버렸다."[42] 넬은 영국이 같은 운명 당할 것을 경고했다. 그들이 왕을 거역한다면, 그들은 하나님을 거역하는 것이다. 또 다른 왕당파는 1649년에 찰스 1세의 처형을 두고 국왕을 살해한 청교도들을 적그리스도의 세력으로 간주하면서, 그들이 계시록에 나오는 증인들의 하나를 살해했다고 보았다.[43] 세 번째 왕당파는 1653년에 애스핀월을 반박하면서 스튜어트가의 권세를 빼앗은 공화국 의회는 "계시록 13장에 언급된 짐승"이라고 주장했다. 게다가 그는 7년 후 스튜어트 왕가 복귀 운동 때 제5왕국이 "찰

---

40 Ibid., preface [no pagination, a3 and the previous page].

41 Ibid., preface [no pagination, a4 and the previous page].

42 Paul Knell, *Israel and England paralleled: a sermon preached before the honorable society of Grayes-Inne* (London, 1648), 11~12.

43 Anon, *Manus Testiummovens: or, A Presbyteriall Glosse upon many of those obscure prophetic Texts…which point at The great Day of the Witnesses rising, Antichrist's ruine, and the Jews Conversion…* (n.p., 1651), preface.

스 스튜어트라는 인물에 의해" 곧 세워질 것이라고 주장했다.44

다른 사람들은 성도들의 혁명이 제5왕국을 일으킬 것이라는 무력적인 입장을 의심하기 시작했다. 1648년에 성도들에게 "그 많은 요새들을 무너 뜨리고, 그 많은 왕의 군대를 정복하며 그 많은 무리들을 무찌르라"라고 부르짖었던 윌리엄 얼베리는 1654년경에는 더 영적 해석으로 돌아섰다.45

> 나는 형제들을 분리하라는 것이 아니라… 당신과 내가 내적 세계로 침잠하고 이방인들에게 주어진 바깥뜰에 머물지 말며 성도들이 그리스도와 함께 외적인 영광과 통치로 다스릴 것을 기대하지 말라는 것이다. … 내가 묻건대, 그리스도의 사역자들이 "그의 나라는 이 세상에 속한 것이 아니다."라는 말씀을 보면서도 시민 정부의 일에 개입하는 것이 복음서의 규례를 따른 것인가? … 그리스도께서 다스리려고 오실 때 "모든 권세, 능력과 통치," 곧 왕국의 권세만이 아니라 귀족들의 권세와 민주주의 통치를 폐하지 않겠는가? … 사회 문제들에 얽매이지 말고 영적인 영광들을 말하라… 하나님의 백성은 조용하고 "각각 자기 포도나무와 무화과나무 아래" 앉아 위대한 하나님과 구주께서 친히 영광스럽게 나타나실 것을 기다릴 수 있다.46

앤 허친슨의 시동생 새뮤얼 허친슨은 제5왕국을 비판했는데, 그는 "나는 공화정과 정부를 향해 무기를 든 제5왕국론자들을 승인하지 않는데, 그것은 그리스도께서 만유를 회복시키시려고 구름 가운데 나타나실 때까지 일어나지 않을 것이기 때문이다."라고 썼다.47

---

44 Arise Evans, *The Bloudy Vision of John Farly*, (n.p., 1653), title page.

45 William Erbury, *The Armies Defense, or, God guarding the Camp of the Saints…* (London, 1648), 14.

46 William Erbury, *An Olive-leaf: or, Some Peaceable Considerations to the Christian Meeting* (London, 1654), 2, 4, 9.

47 Samuel Hutchinson, *A Declaration of a Future Glorious Estate of a Church to be here upon Earth, at Christs Personal Appearance for the*

공화정 시기가 저물면서 스튜어트가 다시 권세를 회복하는 것처럼 보이자, 제5왕국론에 반대하는 작품들이 저자 미상으로 쏟아져 나오기 시작했다. 예를 들어, 『제5왕국의 몰락』은 "제5왕국에 격앙된 사람들의 절박하고 위험한 원칙들"을 비판했다. 저자 미상이지만, 책 판매업자는 존 앤드류스였다. 앤드류스의 가게는 런던 중앙 형사 법원이 있는 올드 배일리가에 있었는데, 그것은 어떤 공식적인 지지를 받았다는 것을 의미한다. 저자는 제5왕국론자들이 "교회를 무너뜨리려는 마귀의 큰 계획"을 따랐고 "가난한 영혼들을 미혹하여 가장 절박하고 엄청난 오류… 마귀의 가장 뚜렷하고 교활한 장치로 끌어들였다."라고 고발했다.48 저자는 독자들이 "우리 위에 있는 모든 권세자에게 평화롭고 조용하게 복종하고… 가장 높은 권력들에 순종해야 하는 것은 그리스도의 나라가 거룩하고 하늘에 속한 나라, 곧 허탄한 자들이 즐겨 생각하듯 육신적인 지상 왕국이 아니라 지극히 높은 하늘의 영원한 왕국인 까닭이다."라고 권면했다.49

그다음 해 또 다른 예언적인 작품이 나와 "이 큰 죄악의 도시 런던에 회심케 하든 소멸하든 불이 내릴 것이다."라는 하나님의 심판을 선언했다.50 백성들의 죄는 "하나님의 왕과 진정한 교회"를 내던져 버렸다는 것이지만, "우리 왕의 회복은 하나님으로 말미암는다."51 그 회복은 이년 후 의회가 스튜어트가를 다시 영국에서 다스리도록 초청했을 때 이루어졌다. 그에 따라 모든 제5왕국론자들은 "우리의 군주의 생명과 안위에 대해, 이 나라의 평화와 통치에 대해 악의적이며 배도적으로 설교했다는 이유로" 처형당했다.52 그들 대부분은 물에 빠뜨려졌고,

---

Restitution of all things, a Thousand Years... (London, 1667), 3~4.

48 Anon, *The Downfall of the Fifth Monarchy. Or, The Personal Reign of Christ on Earth, confuted* (London, 1657), 1~3.

49 Ibid., 12~14.

50 Walter Gostelo, *The Coming of God in Mercy, in Vengeance; Beginning With fire, to Convert or Consume, at this so sinful City of London* (London, 1658), title page.

51 Ibid., preface.

목 매달렸으며, 몸이 찢겼다. 그때부터 저자 미상으로 쓰인 것은 제5왕국론자들의 소책자들이었는데, 저자들은 단지 "그리스도의 영광스러운 (오늘날에는 멸시받고 있지만) 목적을 위한 동지"로 자신을 소개했다. 소책자들은 선언했다.

> 여기에는 다음 것들이 다루어진다. 1. 제5왕국 자체로서, 하늘나라가 이 말세에 세워진다는 것. 2. 멸망될 짐승의 왕국. 3. 하나를 무너뜨리고 다른 하나를 세우는 데… 사용되는 도구들. 4. 이 일이 시작하는 시기. 첫째, 그리스도께서 친히 오시기 전. 둘째, 유대인들이 부름을 받기 전. 셋째, 그것은 이미 이 나라에서 시작됐고 일어났는데, 크롬웰과 그의 군대가 이것으로부터 배신당했고, 그때 이후 세워진 모든 권세와 통치는 배교의 기초 위에 놓이게 되었고 여전히 그런 상태에 있다… 배교를 부추긴 군대와 다른 이들이 범한 구체적인 죄악들.53

크롬웰과 그의 군대, 그리고 영국 국민 대다수를, "교회와 나라 모두에서… 바벨론에게서 분리할 의무를… 배반했다."라는 점에서 하나님 나라의 원수들이라고 칭하는 이 "진정한 신자"의 절박함을 주목하라.54

시류가 바뀌어 스튜어트가의 복귀가 불가피해졌을 때, 윌리엄 힉스는 그의 고향 콘월로 물러나 계시록 강해서를 썼다. 군사적 기도가 성공하지 못했음을 깨닫고, 힉스는 그의 입장을 누그러뜨렸다. "성도들이… 현시대에 지상에서 그리스도 치하의 지배와 다스림을 받기를…

---

52 *The Speech and Declaration of John James, A Weaver, in the Press-yard, At Newgate, on Sunday last, to the Fifth-Monarchy-Men, and others: Concerning His Sermon... And the manner of his Tryal...with the Sentence pronounced against him to be Drawn, Hanged, and Quartered* (London, 1661).

53 Anon, *An Epistle written...and sent from London into the Country* (London, 1660), title page.

54 Ibid.

합당하게 기대할 수 있는지"를 물으면서, 그는 어째서 아니라고 말해야 하는지 여섯 가지 이유를 근거로 군사적인 제5왕국론은 왜 거절당하게 되었는지 부분적으로 설명했다.

첫째 이유. 만약 현시대가 성도가 다스리는 시기라면, 그들의 모든 대적이 그들의 발아래 놓여야 하지만… 비밀의 바벨론과 그 음녀는 더할 나위 없이 교만하다… 그러므로 나는 지금이 그때가 아니라고 결론짓는다.

둘째 이유. 만약 지금이 성도들이 다스리는 때라면, 우리는… 거기에서 인자라 불리는 그리스도께서 먼저 구름을 타고 오셔서 추수의 낫을 대시고 전능하신 하나님의 분노와 진노의 포도주 틀을 밟는 것을… 보아야만 했다… 그러나 이것이 성취된 것을 우리는 아직 보지 못했다. … 바벨론이 여전히 다스리며 여왕으로 앉아 있다. 그러므로 성도들의 통치는 이것과 동시대에 이루어질 수 없다. …

＊＊

넷째 이유. 만약 이것이 성도들이 통치하는 시기라면… 베옷을 입고 증거하며 광야에 있는 때, 십자가를 지는 때… 환란의 때… 라고 불리지 않을 것이다. 그러므로 이것은 그때가 아니다. …

＊＊

여섯째 이유. 만약 이것이 성도들이 다스리는 시기라면, 동시에 일어날 것이라고 예언된 다른 사건들이 함께 일어나야 했을 것이다… 사탄이 묶이고, 적그리스도와 완전히 파멸되며… 새 하늘과 새 땅… 그러나 우리는 사탄이 묶이지 않았고 오히려 지금처럼 분부한 것을 아직 보지 못했다. 적그리스도는 더할 나위 없이 높아져 있다. 새 하늘과 새 땅, 종교적이며 정치적인 두 나라들은 지금처럼 타락한 적이 없다. 그러므로 이것은 성도들이 다스리는 때가 아니다. 게다가, 우리는 여기에 대한 그리스도의 말씀, 곧 그의 왕국은 이 세상, 곧 이 타락한 시대와 세대에 속한 것이 아니라는 말씀을 가지고 있다.55

오소리(Ossory)의 성공회 주교 그리피스 윌리엄스(1589 즈음~1672)는 이제 "웨스트민스터에서 자문하는 장로교도들의 모임을… 거짓 선지자… 대단히 위험한 적그리스도의 비밀스러운 영"이라고 불렀다.56 이로 인해 당시 알마의 아일랜드 교회 대주교였던 제임스 어셔(1581~1656)는 우리가 종종 "교회 문제에 있어서 우리 기분과 맞지 않는 일이면 무엇이든" 적그리스도라고 간주한다고 응수했다.57 그러나 1660년경에는 혁명적인 분위기가 완전히 사라졌다. 제5왕국론자들조차 국가에 복종하거나 아니면 적어도 뉴잉글랜드로 이주하여 "거기서 나오라."라고 가르쳤다. 1660년 힉스는 제5왕국이 아직 오지 않았다는 믿음을 다시 진술했다. 그는 제5왕국을 불러오기 위한 시동을 걸었고 독자들로 하여금 현세대에서 다음 세대를 인내심을 가지고 기다리도록 권했다. "하나님의 교회를 향한 모든 경륜은 그들의 때와 질서에 따라 임해야 하지만 내가 보기에 성도들의 통치는 멀지 않고 세상이 생각하는 것보다 더 가까이 왔다."58

---

55 William Hicks, *APOKALYPSIS APOKALYPSEOS, or, The Revelation Revealed. Being Practical Exposition on the Revelation of St. John* (London, 1661), 336~37.

56 Griffith Williams, *O Antichristos: The Great Antichrist Revealed* (London, 1660), title page, in Crawford Gribben, "Introduction: Antichrist in Ireland—Protestant Millennialism and Irish Studies," in Crawford Gribben and Andrew R. Holmes, eds. *Protestant Millennialism, Evangelicalism and Irish Society* (New York: Palgrave-McMillan, 2006), 7.

57 Ussher, *Works*, vii, 45, in Gribben, "Antichrist in Ireland," 7.

58 Ibid., 342.

1660년 이후 어떤 묵시론 저작도 제5왕국을 세우려고 폭력을 지지하지 않았다. 대신 묵시론 저자들은 제5왕국을 여전히 기대하면서 그 일을 자신의 힘으로 수행하려는 실수를 범했다고 인정했다. 1665년에 윌리엄 셔윈은 경고했다.

> **그리스도의 왕국**이 성도들에게 주어졌다고 뽐내며 칼을 휘두르거나 다른 불법적인 수단을 써 왕과 통치자들에게서 자리를 빼앗으려 하고 그리스도의 아버지께서 정하신 대로 그의 때에 곧 그리스도께서 오실 때 그것을 받을 자에게 주시기도 전에 그 왕국을 취하려는 최근의 대담한 교만과 경악할 사악함… 하나님 자신이 그 왕국을 세우실 것과 자신이 정하신 때에만 일어날 것을 보여주셨다.59

종말론에 관한 글들은 급진파들만 쓴 것이 아니었다. 왕당파 역시 그런 작품을 썼다.

저자 미상의 『예언의 열쇠』라는 작품은 1660년에 죠지 멍크 대령의 군대가 스튜어트 왕조를 부활시키려고 런던으로 행진하고 있을 때 출판되었다. 『예언의 열쇠』는 멍크의 군대가 무력 사용으로 하는 일을 문서로 공격했다. 그 작품은 의회를 적그리스도와, 찰스 1세와 로드 대주교를 순교된 두 증인과 동일시했다. 브라이트만과 미드는 "그들이 예언적 저작들에서 일부 잘못을 범했지만," 그것은 단지 "두꺼운 구름이 가리고 있었기" 때문이다. 그러나 저자에 따르면, 브라이트만과 미드는 "필자가 입증할 주제들을 가졌다."60 저자는 미드의 기본적인 전천년주의 체계를 반복하면서 "이스라엘인들과 유대인들의 회심과 회복"을 기

---

59 William Sherwin, *Prodromos: the Fore-runner of Christ's Peaceable Kingdom upon Earth* (London, 1665), 15. 또한 William Alleine, "Of the State of the Church in future Ages," in *The Works of Mr. William Alleine* (London, 1707), 675. 1670년대에 쓰임. 또한 Warren Johnston, *Revelation Restored: The Apocalypse in Later Seventeenth-century England* (Woodbridge, Suffolk: Boydell, 2011), 49에서 셔윈과 이슬람이 적그리스도의 일부라는 그의 해석에 관한 부분을 보라.

대했다. 그렇지만 그는 "왕을 사로잡아 투옥하고 머리채를 잡아… 그의 목을 자른" 사람들은 "용의 종들"인 반면, 스튜어트 왕조에 충성한 자들은 "어린 양의 종들"이라고 첨가했다. 그러나 "하나님과 왕은" 충성으로 돌이켜 "그들을 맞이하며 짐승의 표를 받은 자리에 성부 하나님을 그 이마에 새기고자" 하는 자들에게 "특별히 은혜로우시다."61 마지막에는 "짐승이 멸망하고 양이 나아갈 때 의회는 영구적으로 파멸되고 왕은 영원히 세워질 것이다."62

같은 해에 나온 또 다른 저자 미상의 소책자 『성경의 예언들이 확증하듯이… 예언의 비밀이 드러나 찰스 2세가 복귀함』에서 공화정은 다시 적그리스도와 동일시된다.

> 하지만 이것은 최근에 공화정이라고 불리는 무정부 상태가 되었는데 실상은 자의적인 정부다… 이방 로마나 잔인한 마호메트 공화국과 비슷해졌고 지옥에 있는 마귀의 정부와 더 닮았는데, 이 정부는 우두머리가 없고 지옥 그 자체일 뿐이다. 그리고 짐승의 통치가 한 때와 두 때와 반 때 동안만 계속되었듯이, 이 최근의 정부는 1640년 11월 3일 영국에서 최초로 시작되었다. 짐승이 일어났지만 짐승의 무리와 구별된 충성스런 무리들이 나타날 때까지 드러나지 않았고, 에섹스의 로버트 백작은… 이 괴물의 최초 수장으로 선출되었다.63

의회는 짐승 또는 적그리스도로 간주됐다. 찰스 1세와 로드 대주교는 계시록 11장의 순교한 두 증인인데 그들의 시체는 부활할 때까지 길에 버려져 있다. 그 부활은 1660년의 스튜어트 왕가의 부활로 간주되었고

---

60 Anon., *The Key of Prophecie: whereby The Mysteries of all the prophecies… are unlocked and opened…* (n.p., 1660), title page.

61 Ibid., 24.

62 Ibid., 25.

63 Anon., *The Mystery of Prophesies revealed, By which the Restoring of K. Charls the Second to the Govern…* (London, 1660), 3~4.

스튜어트가의 후예들은 로마 독수리의 날개를 타고 광야의 안전한 곳으로 옮겨진 계시록 12장의 여인이다. 그 광야는 프랑스이고, 공화정 기간에 영국에 머문 왕당파는 그 여인의 핍박받는 후손들이다. "유대인들의 위대한 구원자가 될 주의 종 다윗은 의심할 바 없이 찰스 2세인데, 그것은 그의 아버지가 살해당한 증인들의 머리로서 죽은 자들 가운데서 살아날 자들의 머리가 될 것이기 때문이다. 그러나 아들은… 어떤 인간이 이 신성한 왕보다 더 인자와 같을 수 있을까."64 저자는 영국이 총애하는 그리스도를 닮은 왕 찰스 2세에 대한 칭송으로 책을 마무리한다. "파괴된 교회를 회복하며… 질병을 고치되 손길로만… 계시록에 일컬은 바와 같이 하늘의 구름을 타고 정사를 맡기로 예정되고… 성도와 고난 겪는 자로 유명하신… 이 말일의 다윗으로 선언되셨다."65

같은 해 왕당파 군대의 대위였던 찰스 해먼드는 『세상의 시대적 경고』를 썼다. 임박한 운명에 대한 성경의 일반 경고들을 장황하게 반복하면서 해먼드는 독자들에게 "노아의 시대와 같은" 시대의 표징들을 읽으라고 간청한다. 어셔의 연대기를 따라 그는 아담 때부터 대홍수의 심판 때까지가 1656년이므로 그리스도부터 마지막 날에 불로 심판할 때까지가 1656년이 되어야 한다고 결론지었다. 그는 이 날짜가 4년 전에 끝났지만, 사람들이 멸망하지 않은 것은 오직 하나님의 은혜였다고 지적했다.66 그는 유럽 전역의 전쟁들과 최근의 지진들, 아일랜드의 전염병과 기근, "가난한 자들에 대한 부자들의 사랑이 식어짐", "도르셋셔에… 피가 비처럼 내린 것", 그리고 "겨울의 아침과 저녁이 5월의 아침 같고 더 따뜻한 것… 새들이 겨울 한가운데 둥지를 짓는 것" 등에 주목하여 모두 "말세의 징조들"이라고 했다.67 그는 "밤의 도둑처럼… 우리가 모를 때 우리를 사로잡을 것인데… 그것은 불경건한 사람

---

64 Ibid., 5~6.

65 Ibid., 8.

66 Charles Hammond, *The World's Timely Warning-piece* (London, 1660), 4~5.

67 Ibid., 6~8.

들을 두렵게 하고 그 날에 주를 만날 준비가 된 자들에게 즐거운 소식이 될 것이다."라고 주장했다. 그리고 사람들에게 "하늘에 있는 성도들의 군대에 들어가 장군, 그리스도 예수를 따르도록, 그래서 세상과 육신과 마귀에 대항해 선한 싸움을 싸우라."라고 권면한다.68

묵시론은 급진파나 보수파 모두의 공통된 견해였다. 티츠필드의 대리 목사인 월터 가렛(n.d.)은 1690년에 계시록 주석에서 영국 성공회 자체가 제5왕국일 수 있다고 주장했다.

> 제5왕국은 몇 사람으로 시작했다… 하나님은 기뻐하시는 뜻대로 그의 목적을 이루실 수 있다. 영국 성공회가 작고, 사소하며, 무시할 만하다고 해서 이것이 제5왕국이 되지 못한다는 편견을 가져서는 안 된다. 이 점은 오히려 이것을 증명하는 논증이 된다.69

반면에 많은 분리주의자 사이에서는 더욱 급진적인 전통이 이어졌다. 아이작 페닝턴은 『세상에서 하나님이 하시는 일들에 대한 질문들』을 썼다. 거기에서 그는 하나님께서 중간시대에 무엇을 하고 계시는가, 어째서 하나님은 "그에게 봉사할 세대를 일으키셨고", 또 왜 하나님은 "이 나라, 정부의 근간, 심지어 종교의 근본들까지 흔드시는가"를 이해하려고 노력했다. 그는 "영국이여, 하나님의 무서운 파괴로부터 자신과 이 나라를 구하라, 그것은 바로 코앞에 닥쳐왔다."라고 경고했다. 그는 아버지의 세대가 "모든 사람에게 하나님을 향한 양심의 자유를 선사했다."라고 찬사를 보내지만, 스튜어트가가 프랑스에서 돌아올 때 "적그리스도적 배도"가 일어나고 있었다고 믿었다. 그는 "교황제로부터 개혁은 매우 약하고 불완전해서 주님은 이것이 완전해지도록 오랫동안 기다리셨다. 그런데 그 대신에 교황제로 되돌아가고 말았다… 그리고 예

---

68 Ibid., 11, 16.

69 Walter Garrett, *An Essay upon the Fourth and Fifth Chapters of the Revelation shewing that the Church of England is particularly describe'd in those chapters* (London, 1690), 13.

상 밖에 장기 의회가 일어났을 때 많은 이들이 이것을 하나님께서 사용하시는 수단이었다고 간주했다." 그러나 지금은 "하나님의 대적, 이 모든 배도의 밤은 적그리스도였다… 성전에 들어가 양심을 빼앗을 권세를 세우며 인위적인 예배를 제정하고 강요한다."70 페닝턴에 따르면, 대환란을 견뎌야 하고, 적그리스도가 잠깐 다스릴 것이지만 환란은 그리스도의 재림과 함께 끝날 것이다.

성경의 예언자 다니엘은 급진적인 영국 청교도들에게 어느 날 "주권이… 지극히 높으신 분의 성도들에게 주어질 것이다."라는 희망을 주었다.71 제5왕국론자들은 1640년대와 1650년대에 지상의 나라들을 뒤엎고 자신들 스스로 경건한 나라를 세우기 위해 노력했지만, 스튜어트 왕가의 복귀로 그들의 소망은 산산조각이 났다. 스튜어트가를 옹호하는 자들은 이런 종말론적 해석을 뒤집어 적그리스도는 영국 왕실과 싸운 무리이며 여기에는 특별히 제5왕국론자들이 포함된다고 주장했다. 제프리 쥬에 따르면, "종말에 관한 관심은 1660년 이후로도 죽지 않았다. 일부 정치적 급진파는 그들의 천년왕국에 대한 망상을 포기했을지 모르지만 묵시를 진지하게 연구하는 일부 학자들은 하나님의 말씀과 세상을 제대로 이해하려고 해석의 세밀한 요점들에 대해 계속해서 연구하고 논쟁했다.72 이 점은 이어지는 장들에서 살필 것이다.

---

70 Isaac Penington [the Younger], *Some Queries concerning the Work of God in the World, which is to be expected in the latter Ages* (London, 1660), 1~7.

71 다니엘 7:27. 또한 다니엘 2:44도 보라.

72 Jeffrey Jue, *Heaven Upon Earth: Joseph Mede (1586~1638) and the Legacy of Millenarianism* (Dordrecht: Springer, 2006), 173.

6

17세기의 세대 개념

The Concept of Dispensations in the Seventeenth Century

오늘날 개혁주의 신학 옹호자들은 세대주의가 새로운 것으로서 "겨우 19세기까지 거슬러 올라가며" 신성한 역사를 세대들로 나눈다는 사상은 영국 복음전도자 존 넬슨 다비에 의해 처음으로 배태된 것이라고 주장한다.[1] 달라스신학대학원 출신의 크레이그 블레이징과 같이 역사적으로 세대주의를 따르는 대학원들의 졸업자들마저 "세대주의는 19세기 초 영국의 형제 모임 운동에서 처음으로 형성되었다."라고 주장한다.[2]

---

[1] Ben Witherington, *The Problem with Evangelical Theology: Testing the Exegetical Foundations of Calvinism, Dispensationalism and Wesleyanism* (Baylor University Press, 2005), 93~95.

[2] Craig Blaising and Darrell Bock, *Progressive Dispensationalism* (Grand Rapids: Baker, 1993), 10. 또한 세대주의가 최근에 생겨났다는 주장들에 대

블레이징이 세대주의로 알려진 종합적인 체계가 플리머스 형제 모임에서 시작되었다는 뜻으로 말했을지 모르지만 신성한 역사를 시대들, 혹은 세대들로 구분한 것은 그보다 훨씬 오래되었다. 이것은 초대 교회 때 원시적인 형태로 발견될 수 있고, 17세기 즈음에는 상당히 잘 발전되어 있었다. 이것을 정확히 다비의 세대주의 체계라고 할 수는 없겠지만, 확실히 그것의 선구적인 모델이다.

시대별로 역사를 나눈다는 개념은, 히포의 아우구스티누스, 세빌의 이시도레, 명예로운 베데에서 볼 수 있듯이, 초대교회 때부터 존재하여 중세 시대, 특별히 요아킴의 피오레에게로 이어졌다.3 구성 방식은 상당히 다양했지만, 그것들은 분명히 존재했다. 15세기와 16세기에 '세대/경륜(dispensation)'이란 단어는 결혼, 이혼, 다른 교회법의 예외들에 대한 교황의 특별 허가를 뜻하는데 가장 빈번하게 사용되곤 했다. 17세기 청교도 저술가들은 점차 인류에게 주신 하나님의 많은 은사와 축복을 의미하는데 '세대'라는 단어를 사용하기 시작했다.4 심지어 종교 개혁기에 영국 성공회교도 존 베일(1495~1563)은 역사를 일곱 세대로 구분하면서 각 세대는 불충성과 쇠퇴의 순환을 포함한다고까지 했다.5 초

해 비슷하게 널리 알려진 진술들을 보려면, http://en.wikipedia.org/wiki/Dispensationalism을 참고하라.

3 Augustine of Hippo, XVIII. Isidore of Serville, *Chronicon*, I, 424. Paul Merritt Bassett, "The Use of History in the *Chronicon* of Isidore of Serville," in *History and Theory* (Oct. 1976), XV, 278~92. Edward E. Hindson, *The Puritans' Use of Scripture in the Development of an Apocalyptic Hermeneutic* (unpublished dissertation, University of South Africa, 1984), 18, 22.

4 온라인으로 된 초창기 영국 책들의 데이터베이스를 사용하여 '세대들'에 관한 포괄적인 단어 연구를 했다. 1630년대 프란시스 라우스(Francis Rous), 존 스미스(John Smith), 조지 워커(George Walker)의 작품들은 하나님의 다양한 세대들을 언급했다.

5 John Bale, "A Comedy Concerning Three Laws," in J. S. Farmer (ed.), *The Dramatic Writings of John Bale, Bishop of Ossory* (London: Early

기 17세기 저자들은 대단히 자주 신성한 역사의 시대들을 "하나님의 경륜의 체계"의 단계들로 언급했다.6 요약하면, 일부 청교도가 그 단어를 오늘날 세대주의자가 사용하는 것과 같은 의미로 사용했다는 점에서 전세대주의(pre-dispensationalism)라고 이해할 만하다고 할 수 있다.

같은 시기인 1599년에 '스코틀랜드 교회의 연로한 목사' 로버트 폰트는 역사의 시대들을 구분하고자 했다. 그는 아우구스티누스가 여섯 시대를 믿은 것을 인용했다. "첫 시대는 아담부터 노아 때까지, 두 번째는 노아부터 아브라함 때까지, 세 번째는 아브라함부터 다윗 때까지, 네 번째는 다윗부터 바벨론 포로 때까지, 다섯 번째는 포로기에서 그리스도 때까지, 여섯 번째이자 마지막은 그리스도의 나라에서 세상의 끝까지이다."7 그러나 폰트는 그가 '위대한 시대들(Great Periods)' 또는 '세상의 시대들(Ages of the World)'이라고 부르는, 천년기에 가까운 시간에 따라 자신의 고유한 방식으로 구분한다. 그는 썼다.

첫 번째 천 년은 56년이 더 있지만 창조에서부터 노아 때까지다.

두 번째 천 년은 23년이 더 있지만 노아 탄생부터 아브라함 때까지다.

세 번째 천 년은 67년이 적지만 아브라함을 부를 때부터 솔로몬의 성전을 지을 때까지이다.

네 번째 천 년은 52년이 적지만 성전을 지을 때부터 그리스도 때까지다.

다섯 번째 천 년은 그의 탄생으로부터 1052년까지 이어지는데… 적그리스도적인 교황의 왕국이… 자신을 교황으로 승격시킨… 실베스터 2세라는 인물로 드러나는 때다….

English Society, 1907), in Edward E. Hindson, *The Puritans' Use of Scripture in the Development of an Apocalyptic Hermeneutic* (unpublished doctoral dissertation, University of South Africa, 1984), 55.

6 William Sherwin, *Exanastasis, or The Saints Rising* (London, 1674), 43.

7 Robert Pont, *A New Treatise of the Right Reckoning of Years and Ages of the World, and mens liues...* (Edinburgh, 1599), 36.

여섯 번째 천 년은 지금 우리가 살고 있으며 하나님이 기뻐하실 때 끝날 것이다….

우리는 첫 번째 시대를 **옛 시대** 또는 황금시대라고 부를 수 있을 것이다….

둘째 시대 또는 천 년은 세상의 **새로워진 시대**, 그리고 시적으로 은의 시대라고 부를 수 있다….

셋째 천 년 혹은 시대는 **율법의 시대** 또는 시적으로 동의 시대라고 부를 수 있다….

넷째 시대의 천 년은 **네 왕국의 시대**, 그리고 시적으로는 철의 시대라고 부를 수 있다….

다섯 번째 천 년 또는 시대는 **그리스도의 시대**, 그리고 황금시대의 회복이라고 부를 수 있다….

여섯 번째이자 마지막 시대는 **적그리스도와 그의 나라 시대**라고 부를 수 있다. 곡과 마곡… 주로 교황과 마호메트가 그들의 사악한 법으로 세상을 괴롭게 했다.8

폰트는 "시대들은 일곱에 의해 계수되어야" 하는데, "일곱은 완전한 수"로서 "유대인들의 희년에 상응하기" 때문이라고 주장했다.9 이것은 교회사 전체에 널리 퍼진 칠천 년 견해의 영향으로 보인다. 일곱 번째 시대는 그리스도의 천년왕국이 될 것이다. 폰트는 독자들에게 탄원했다.

우리는 이 세상에 영원히 남아 있지 않을 것이지만, 어떤 짧은 시간 후 우리의 거처를 바꿔야만 한다… 일곱 번째 천사가 그의 나팔을 불기 시작할 때 시간이 더는 존재하지 않을 것이기 때문이다. 그러면

---

8 Ibid., 39~40. 다양한 '세상의 시대'가 논의되는 데서 더 강조했다. '위대한 시대'는 나중에 71쪽에서 그가 사용한다.

9 Ibid., 41.

(요한이 계시록에서 말씀했듯이) 하나님의 비밀이 끝날 것이다. 그러므로 우리는 신랑이 올 때 어리석은 처녀들같이 되지 말고, 그를 만나기 위해 등불 기름을 준비해 놓자.10

그 시대의 다른 사람들 역시 시대구분을 발전시켰다. 예를 들어, 1621년에 국회의원이며 엘리자베스 1세와 제임스 1세의 통치 때 법사위원이었던 헨리 핀치경(1625년 사망)은 신성한 역사를 구체적으로 '세대들'이라고 부르지는 않았지만 열 시대로 나누었다. 핀치에 따르면, 신성한 역사의 시대들은,

첫째, 창조에서 홍수까지…

둘째, 홍수에서 아브라함에게 약속이 주어질 때까지…

셋째, 약속에서 율법을 주실 때까지…

넷째, 율법 또는 출애굽 때부터 성전을 지을 때까지…

다섯째, 성전이 느부갓네살에 의해 불타기 전까지…

여섯째, 성전이 불탄 때부터 고레스왕의 재건하라는 칙령 때까지…

일곱째, 칙령 때부터 로마인들에 의해 성전이 파괴될 때까지…

여덟째, 두 번째이자 마지막 황폐할 때부터 배도자 율리아누스가 재건하려고 노력할 때까지…

아홉째, 그후 이방인들이 충만하게 들어올 때까지…

하지만 열 번째이자 마지막 시대 때는 이방인들의 충만한 수가 들어오고 나면 당대의 세대는 모든 것이 끝날 때까지 없어지지 않을 것이다.11

---

10 Ibid., 105.

11 Henry Finch, *The World's Great Restauration. Or the Calling of the Iewes* (London, 1621), 174~77.

핀치는 열 시대를 아마도 십계명에서 추론한 것으로 보이는데, 그것은 그가 모세의 율법을 공부했고 영국의 역사에서 바탕을 이루는 법학 책을 저술했기 때문이다. 『노모텍스니아』라는 책은 1613년에 프랑스어로 처음에 출간되었고 나중에 영어로 개정 출간되었으며, 보통 『핀치의 법』으로 알려져 있는데, 여기에서 그는 영국의 관습법이 모세의 율법에서 나왔다고 주장했다. 사실상 그는 구약 연구를 통해 일찍이 유대인들이 이스라엘로 돌아올 것이라는 견해를 발전시키고 공식화하여 유명해졌는데, 그것을 『세상의 위대한 회복 또는 유대인의 부름, 그리고 그들과 함께 지상의 온 나라들과 왕국들이 예수에 대한 믿음 가운데로 부름을 받음』(1621)이란 책에서 논증했다.

프란시스 라우스(1569~1659)와 존 스미스(1618~1651)는 1631년과 1632년에 책을 출간하면서 더는 '세대'를 특별한 교황의 은혜나 신성한 예외라는 뜻으로 쓰지 않고, 인간에 대한 하나님의 일반적인 축복이란 뜻으로 썼다.12 아마도 죠지 워커(1581~1651)가 현대 세대주의자가 쓰는 방식으로 '세대'를 사용한 첫 번째 저자일 것이다. 워커는 1638년의 설교에서 세대적 변화가 안식일을 토요일에서 일요일로 바꿨다고 설명했다.

> 주중의 특별한 날과 그때 사용되는 예배 의식은 그 날의 기초이자 주인이신 그리스도의 변화와 행동에 따라, 하나님의 교회의 몇 가지 상태, 하나님의 구원 사역의 몇 가지 세대와 그리스도를 구약과 신약에서 계시하는 방식, 그리고 그리스도께서 육신으로 오시기 전과 후에 따라 변화할 수 있고 바뀔 수 있다.13

워커는 세대들을 묘사하면서 다비가 200년 후 아담과 하와가 죄를 짓기 전에 대해 생각하면서 '무죄의 상태'에 있었다고 한 것과 같은 용어

---

12 John Smith, *An exposition of Creed* (1632), and Francis Rous, *The Mysticall marriage* (1631).

13 George Walker, *The doctrine of the Sabbath* (Amsterdam, 1638), 69.

를 사용했다. 그는 모세로부터 그리스도의 때까지 '율법 아래' 있었고 그것이 '최초의 행위 언약'이라고 믿었고, 그리스도 이후의 시기를 '은혜의 상태'라고 했다.14 워커는 생각했다.

> 그리스도를 믿는 법은 영원하고 견고하며 변하지 않는다… 그러나 그가 요구하시는 의무는 변할 수 있고 변했으며 이제는 율법 아래 있는 것에서 복음 아래로 상황이 바뀌었는데, 그것은 구약의 신실한 자들이 그리스도를 기대하고 기다리며 그가 올 것을 믿어야 하지만, 우리는 복음 아래서 그리스도를 고백하며 믿는다.15

워커에 따르면 "바울은 휴거되어 셋째 하늘 위로 올라갔다."16

1642년 영국 내전의 발발로 종말론 작품들이 쏟아져 나왔다. 그해 공화정 때 그레이 법원 변호인이자 하원 의원이었던 존 아처(1598~1682)는 『지상에서 그리스도의 통치』를 출간했는데, 거기에서 그는 인류의 타락 이후의 역사를 세 개의 왕국으로 구분했다: 그리스도의 첫 번째 왕국인 "행위의 언약"; 둘째는 "영적인" 왕국으로써 "그의 나라는 이 세상에 속하지 않는다"; 셋째 왕국은 지상적인 "군주제"가 될 것이다. 그는 이 세 개의 왕국에 관해 썼다.

> 인간의 타락 이래, 만유의 즉각적인 세대와 통치는 성부께서 그에게 위임하셨다… 행위 언약에 따라… 이것이 그리스도 왕국의 첫 번째 상태이다.
> 그리스도 왕국의 두 번째 상태는 영적인 것으로서 그의 말씀과 영으로 어떤 사람들의 양심 위에, 그리고 특별히 성부 하나님의 택자들에게 실행하시는 그의 주권이다. … 아브라함과 그의 씨, 다윗과 그

---

14 Ibid., 9~10, 28, 41, 50, 58.

15 Ibid., 50.

16 Ibid., 28.

의 씨에 대해… 또한 믿음으로 말미암는 그의 모든 자녀, 유대인, 그리고 나중에는 이방인, 그러나 이것은 온 세상에 보편적이지는 않은데, 그리스도께서 이것에 관해 말씀하시기를, **그의 나라는 이 세상에 속한 것이 아니다**… 이 상태의 왕국은 그리스도께서 육신으로 오실 때까지 더 협소하고 모호했다.

그러나 이것들 외에 또 다른 의미가 있는데, 그리스도 왕국의 세 번째 상태로서, 나는 그것을 군주적이라고 부르고 싶다… 그는 지상의 군주들이 다스렸듯이, 세상 전체를 가시적이며 지상적인 영광 가운데 다스리실 것이다.[17]

다니엘은 느부갓네살의 꿈에 나타난 신상에 상징적으로 보인 네 개의 왕국을 네 개의 연속된 왕국으로 해석했는데, 아처는 그것들을 앗수르-바벨론 왕국(머리), 메데-바사 왕국(어깨와 팔), 헬라 왕국(몸통), 로마 왕국(엉덩이와 다리)으로 보았다. 로마 가톨릭은 신상을 부수고 전세계적인 제국을 세울 다섯 번째 왕국을 콘스탄티누스 때 이방 로마에 대한 기독교의 승리로 이해했다. 개신교는 16세기 개혁자들이나 17세기 청교도들이나 매한가지로 이방 로마와 로마 가톨릭을 네 번째 왕국에 통합시켰는데, 그것의 다리는 동방(콘스탄티누스)과 서방(로마) 제국들로 갈라져 있었다. 동방 제국은 투르크인들의 손에 넘어갔지만 서방 제국은 한 머리(적그리스도로 여겨진 교황)와 서구 유럽의 열 개의 교황에게 속한 왕국들을 상징하는 열 개의 뿔을 가진 채 살아남았다.[18] 개신교도들은 로마가 멸망하고 전세계적인 제5왕국, 개신교 기독교가 세워질 것을 기대했다. 아처와 같은 전천년주의자들은 그리스도께서 다시 오셔서 지상의 왕국을 세우실 때 이 일이 일어날 것이라고 믿었다. 아처는 독자들에게 그들의 가장 보편적인 기도인 주의 기도에 "당신의 나라가 임하옵시며"가 포함되었으므로 그리스도인들은 이 왕국의 도래를 기대하며 기도해야 한다고 상기시켰다.[19]

---

17 John Archer, *The Personal Reign of Christ upon Earth* (London, 1642), 1~2.

18 Ibid., 6~7, 42~43.

아처는 또 로마의 권세가 무너지고 그리스도의 왕국이 시작되는 날을 추론했는데, 그것은 교황권이 세워지고 나서 1260일(그는 이것을 햇수로 이해했다)이었다.

> 우리 주 그리스도의 해 400년 또는 406년 즈음, 로마의 주교는 교황의 권세를 주장하기 시작했다… 이것이 시작된 때를 406년이라고 계산하자… 그리고 406년을 1260년에 더하면 1666년이 되는데, 이것은 짐승의 수를 이루며… 교황제가 지속하다가… 교황제가 끝나는 때다.[20]

아처는 환란 때 개신교도들(그가 '진실한 그리스도인들'이라고 부르는)은 물론이거니와 이스라엘 유대인들을 박해하고 아마겟돈 전쟁에서 그들과 싸우게 될 적그리스도의 세력들을 식별했다.

> 환란의 때는 이방 그리스도인들에게가 아니라 회심한 이스라엘인들에게 이전에 결코 없었는데, **다니엘 12:1**, 이들은 오랫동안 이방인 로마 황제들에게 괴롭힘을 당해 왔고, 그 후 그들을 계승한 짐승, 곧 교황권에 의해 고통당해 왔다… 그러나 열두 지파는 그리스도께 회심하고 나서 혹독한 괴로움을 당할 것이다… 교황제의 잔재가 (로마가 멸망하고 나서) 퍼져서 다시 고개를 들면, 동방에서 열 두 지파[예루살렘에 돌아온 자들]의 대적들과 합친다. 그러면 마호메트 교도들, 이방인들, 교황주의자들이 유대인들과 진실한 그리스도인들인 다른 모든 이방인을 파멸시키려고 힘을 합칠 것이며, 그리스도께서 그 멸망에서 구원하시려고 하늘에서 내려와 불로 악한 모든 나라를 멸하실 것이다, **계시록 16:13~17**.[21]

---

[19] Ibid., 10.

[20] Ibid., 46.

[21] Ibid., 49.

시간을 다양한 세대로 구별한다는 개념은 내전 때부터 많은 작품에서 발견된다. 종말론을 연구한 사람들은 이 시기의 영국인 저술가들만이 아니었다.

요한 알스테드(1588~1638)는 독일의 칼뱅주의자이며 종말론 저술가였고 그의 책 『사랑받는 도시 또는 지상에서 천 년 동안 성도들의 통치』는 영국 내전이 발발한 직후인 1643년에 출간되어 제5왕국론자들에게 큰 영향을 끼쳤는데, 역사를 다양한 '교회들'로 구분했다. 알스테드가 "지상에서 교회의 상태는… 교회를 변화시키고 차례로 일어난다."라며 계시한 구분은 아래와 같다.

- 첫 사람의 **타락 이전**, 그것은 완전히 합법적이었다…

- **타락 후**… 전적으로 복음적이었다… 아담과 하와는 그들의 가장 고통스러운 타락 후 가장 달콤한 약속인 복음으로 다시 일으켜졌고, 이것으로 위로를 받았다… 교회의 최초 기반.

- **교회는 처음으로 아브라함의 자손으로 계약되었다**… 이스라엘은 점점 더 타락해서 그들의 열 지파는… 가장 고통스러운, 그러나 여전히 계속되고 있는 포로생활에 들어갔다… 유다 왕국에 남아 있던 교회는… 바벨론 포로로… 고레스는 이 포로들을 해방하여 유대인이 자유롭게 그들의 나라로 돌아가게 해 주었다…

- **신약의 교회**는 네 시대로 나뉜다.

  첫째 시대는 유대 지역의 경건한 유대인들의 교회로, 침례자 요한 때부터 예루살렘 회의 때까지… 그리스도의 50번째 해…

  둘째 시대는 온 세상에 퍼진 교회로, 그리스도의 해 51년부터 대부분의 나라들이 부름을 받고 회심하여 1000년이 시작할 때까지다. 그리고 이때는 네 부분으로 나뉜다.

  I. 이방인 로마 황제들 치하에서 콘스탄티누스 대제 때까지… 교회는 다양한 핍박을 받으면서 전파되었다…

II. 그리스도인 황제들 치하에서, 곧 콘스탄티누스 대제 밑에서… 교회는 다양한 특권들을 받았다…

III. 로마의 교황들 치하에서 교황들은 주후 606년부터 1517년까지 그들의 권세를 더욱 확장했다… 그것의 일부는 동방의 사라센들과 투르크인들에게, 일부는 서방의 로마 교황들에게… 가장 비참하게 억눌렸다.

IV. 로마의 교황들 치하에서… 주후 1517년부터 천 년의 시작 때까지… 교회는 이 핍박들로 인해 정화되고, 순결해지며, 깨끗해진다… 교회는 고통당한다…

셋째 시대는 신약 교회로서 천 년의 시작부터 그 끝까지다… 그리고 교회에는 핍박이 없어질 것이다…

넷째 시대는 신약 교회로서 천 년의 끝부터 마지막 심판 때까지다. 그 때 곡과 마곡의 전쟁으로 인해 교회의 상태는 매우 비참할 것이다. 그리스도께서 영광스럽게 오셔서 그 전쟁을 끝내실 것이다…

−**하늘에서**… **교회의 상태**는 마지막 심판에서의 승리가 시작하는… 곳이다.

… 그것의 완성은 영원한 삶으로 귀결된다.22

위에서 보았듯이, 알스테드는 30년 전쟁 동안의 괴로운 경험들에 대한 응답으로 묵시에 관한 글을 많이 썼고, 특별히 제5왕국론자들에게 큰 영향을 주었다.

1646년의 웨스트민스터 신앙고백 역시 역사에 걸친, 하나님의 다양한 세대들을 언급했다: "그러므로 내용에 있어서 다른 두 은혜의 언약들이 있었던 것이 아니라 다양한 세대들 아래 하나의 같은 언약이 있었다."23

---

22 Johann Alstead, *The Beloved City or, The Saints Reign on Earth a Thousand Yeares* (London, 1643), 4~11 (더 강조됨).

1640년대 스토크-뉴잉턴의 장로교 목사 토머스 맨튼(1620~1677)은 "섭리의 전체 세대와 시대들이… 시간에 관한 자연스러운 구별(해와 시간과 달의 구별은 인위적이다)"이라고 말했다.24 그는 시간을 적어도 네 시대로 나누었다: "자연법에서 십계명까지, 그리고 십계명에서 복음서 때까지; 그러나 지금 이 시대를 넘어서면 영원한 상태만이 있을 것이다."25

피터 스테리(1613~1672)는 케임브리지 선임연구원이자 인기 있는 런던의 설교자였고, 크롬웰의 군목이었으며, 웨스트민스터 총회의 회원이었다. 1647년에 그는 하원 의원들 앞에서 「그리스도께서 타고 오시는 구름」이란 설교를 했는데, "이 세대는 그리스도의 승천 때 시작되었다."라는 자신의 신념을 진술했고, 또 사도 바울을 인용하여 "때가 찬 경륜에서 그는 모든 것을 그리스도 안에서 하나로 모을 것이다."라고도 말했다.26

윌리엄 고우지(1517~1653)는 웨스트민스터 총회의 회원이며 웨스트민스터 신앙고백 작성 위원회 의장이었는데, 역사를 일곱 시대로 나누는 세대주의적 체계를 마련했다. 그는 그것을 "세상의 전체 시간을 장차 올 세상과 함께 하나의 큰 주간(週刊)으로… 창조에서 심판의 날까지 여섯 개의 긴 날들과 일곱째 날은 영원한… 안식일로, 혹은 심판의 날 이후의 쉼"이라고 불렀다. 고우지는 "신성한 섭리의 발전"에 대한 자신의 사상을 다음을 포괄하는 것으로 설명했다.

> **첫째**는 **아담**부터 **노아**까지… 자비의 증거는 인간을 사탄 아래 종노릇한데서 해방시킬 구속자를 약속하셔서…여인의 자손, 주 예수 그리스도를 의미한다…
>
> **둘째** 날은 **노아**부터 **아브라함**까지 계속되었다. 교회는 그 대홍수

---

23 웨스트민스터 신앙고백, 7.6. "Dispensation" in *Oxford Dictionary of the English Language*, 5:808.

24 Thoams Manton, *Meate Out of the Eater, or Hopes of Unity in and by divided and distracted Times* (London, 1647), 2.

25 Ibid., 6.

26 Peter Sterry, *The Clouds in which Christ Comes, Opened in a sermon before the... House of Commons* (London, 1648), 14.

에서 하나님이 지키시는 인상적인 모형을 가졌는데… 침례와 관련하여… 죄와 멸망으로부터의 보존과 구원.

셋째 날은 **아브라함**부터 **다윗**까지이며 **아브라함의** 자손 안에서 모든 민족들을 복주시겠다는 귀중하고 명백한 약속이 맺어졌다. 이 때 이스라엘은 이집트의 노예생활에서 건짐을 받는다(교회가 죄와 사탄의 영적인 속박에서 구속받는 것의 모형).

넷째는 **다윗 때**부터 **이스라엘**이 포로로 잡혀갈 때까지다. 이 때 왕권은 하나님의 백성에게 주어진다(그리스도의 왕국의 모형)… 또한 솔로몬의 성전이 지어졌다…

다섯째 날은 **이스라엘**이 포로로 잡혀갈 때부터 **그리스도**께서 하늘로 승천하실 때까지다… 바벨론의 포로생활로부터 이스라엘을 구원하는 것은 그리스도께서 우리를 구속하신 것에 대한 더 확실하고 온전한 모형이다…

여섯째는 **그리스도**의 승천으로부터 심판을 위해 재림하실 때까지다.27

심지어 반세대주의적 과거주의자들이 종종 자신들의 동류라고 주장하는 존 오웬(1616~1683)조차 '세대'라는 단어를 하나님의 신성한 계획에서 특정한 시대를 의미하도록 사용했다.28 오웬은 그리스도께서 "다니셨던 그 세대를 이제 닫으실" 것이고, "예루살렘을 파괴하시고 유대인의 국가와 세대를 끝내셨다."라고 썼다.29 그는 "세 개의 주요 계절

---

27 William Gouge, *The Progresse of Divine Providence, set out in a sermon preached...before the house of Peers...* (London, 1645), 13~15. 고우지의 세대주의적 구성은 *A learned and very useful commentary on the whole epistle to the Hebrews* (London, 1655), 12에 반복한다. 고우지에 대한 자세한 전기는 후자의 서론에 실려 있다.

28 John Owen, *The Shaking and Translating of Heaven and Earth. A Sermon Preached to... the Commons in Parliament* (London, 1649), 21; and John Owen, *Commentary on Matthew 24*, 312, cited from www.preteristarchive.com/StudyArchive/o/owen-john.html.

29 John Owen, *The Shaking and Translating of Heaven and Earth. A Sermon Preached to... the Commons in Parliament* (London, 1649), 21;

들"을 식별했는데, 그때 주께서 "두려운 섭리의 변화들"을 사용하실 것이다. 그것들은 "그리스도께서 유대인의 메시아로 오시는 것, 복음이 이방인들에게 전파되는 것, 그리고 '주 그리스도께서 오셔서 자기 백성을 적그리스도적인 우상숭배와 압제로부터 회복시키시는 것이다.'"30 오웬은 처음 두 계절이 이미 지나갔고, 셋째 계절을 "이제 주께서 막 시작하시려고 한다."라고 믿었다.31

토머스 굿윈(1600~1680)은 웨스트민스터 총회의 회원이며 웨스트민스터 신앙고백을 작성한 사람으로 그도 역시 역사를 세대들로 구분했고, 제5왕국이 이미 시작되었다고 주장했다. "그 세대에 우리는 와 있다. 우리는 더 순수한 세상이 되도록 여전히 일해야 한다."32 [아이스: 굿윈에 관해 크로포드 그리벤을 읽고 나서 이것이 옳다고 생각하지 말라. 제프리 쥬도 같은 것을 말한다. "굿윈은 미드의 천년왕국론의 기본적인 논조에 충실히 따랐다… 그는 교회의 과거사가 복된 천년기가 아니었고 큰 배도의 시기였다고 동의했다.""미드처럼 굿윈도 적그리스도가 일어난 시점을 콘스탄티누스 시기 직후에 교황제가 나타나고 나서

---

and John Owen, Commentary on Matthew 24, 312, cited from www.preteristarchive.com/StudyArchive/o/owen-john.html. 내가 오웬을 과거주의자라기보다는 전천년주의적이라고 간주하는지는 3장의 끝부분에 제시한 상세한 설명을 보라.

30 John Owen, "The Advantage of the Kingdom of Christ in the Shaking of the Kingdoms of the World" (London, 1651) in *Works* (New York, 1851) cited by C. R. Smith, "'Up and be Doing': The Pragmatic Puritan Eschatology of John Owen," *Evangelical Quarterly* 61:4.

31 Ibid., *Works*, 322; Smith, 339.

32 [Thomas Goodwin], *The Fifth Monarchy, or Kingdom of Christ, In opposition to the Beast's, Asserted, By the Solemn League and Covenant, several learned Divines, the late General and Army...wherein the Old Cause is Stated, Appeals made, the Scottish blood split, and the Banners yet in Westminster-Hall witnessing the great decision then given on Christs side... justifying on Christs accompt, the Dissolution of the Parliament...* (London, 1659).

라고 생각했다. 따라서 굿윈은 미드와 동일하게 천년왕국은 미래적 사건이라고 결론지었다.""굿윈은 미래에 '천 년 동안 계속될' '지상의 영광스러운 교회'를 기대했다"(*Heaven Upon Earth*, 178)].

웨스트민스터 총회의 또 다른 회원인 스코트랜드인 존 더리(1596~1680)는 새뮤얼 하틀립의 『묵시의 열쇠, 혹은 계시록의 계시』에 서론을 썼다. 하틀립은 그의 고국에서 추방된 독일인이었는데 영국에 정착하여 30년 전쟁에서의 경험들을 계시록과 짜 맞추었다. 더리는 적그리스도에 의해 초래된 이 "보편적 시련의 세대"에 관해 쓰면서 그리스도께서 곧 그와 더불어 음녀인 "로마 성직제"를 멸망시키려고 돌아오실 것이므로 그의 때가 얼마 남지 않았다고 했다.33 더리는 하틀립의 계시록 주석에 관해 주장했다.

> 우리의 친구 미드 씨의 요약… 그것의 진리를 확증하는 것들을 몇 가지 더해서… 매우 명백하여 나는 어떤 이성적인 사람도 그들이 말하는 것을 반박할 이유를 찾을 수 없다고 생각한다. 그렇지만 이런 종류의 해석적 진리는 당시의 역사에 대한 정확한 지식에 의존한다… 그러므로 우리는 세대의 비밀을 여는 열쇠가 무엇인지 고려해야 한다… 각 세대와 그 특정한 인물들은 이것이 경건의 비밀을 계시하는 만큼 이것을 증언하는 것으로 나타날 것이다.34

더리의 서론에서 인상적인 것은 '세대'라는 단어가 12번 이상 나타나고 때로는 같은 쪽에 두세 번이나 나타난다는 것과 더리가 적그리스도나 짐승, 거짓 선지자, 바벨론의 음녀, 666, 어린양의 혼인 잔치를 계속해서 언급한다는 점이다.

---

33 John Dury, in preface to [Samuel Hartlib]; *Clavis Apocalyptica: or The Revelation Revealed: in which the great Mysteries in the Revelation of St John, and the Prophet Daniel are opened; It beeing made apparent that the Prophetical Numbers come to an end with the Year of our Lord 1655* (London, 1651), 4, 60~61.

34 Ibid., 11, 13, 18, 26.

1647년에 코벤트 가든의 목사이자 더리의 동료였던 토머스 맨튼은 하원들 앞에서 설교했다.

> 섭리의 전체 세대들과 시대들은… 자연스러운 시간의 구분으로(해와 시간과 달들은 인위적이다) 히브리인이 계산할 때 가장 많이 준수하고 사용했다… 그리스도께서 심판 날에 드러내실 세대들의 어떤 것은 유대인의 부름과 적그리스도의 배도와 오류에서 교회가 회복되는 것을 의미하고, 다른 것은 특별히 마지막 대적들의 멸망과 곡과 마곡에 관한 비밀을 말하는데… 성경 어디에나 있는 그 약속들은 마지막 때에 성취된다고 말씀한다… 그리스도의 승천과 세상을 심판하기 위한 재림 사이의 모든 시간의 흐름과 시대의 계승에 관해, 성경의 모든 시간은 마지막 날들로 보이며… 그리스도의 승천 후 세대의 변화는 이전과 달리 더는 없다. 자연법에서부터 십계명 때까지, 그리고 십계명 때부터 복음서 때까지는… 이전 세대들이었고 말세에는 특별한 연합과 달콤한 조화의 약속들이 있다… 하나님은 유대인과 이방인, 그리고 그를 경외하는 모든 이들을 함께 평화와 안정 가운데 쉬게 하실 것이며 한 이름으로 부르게 하실 것이다.35

존 솔트마쉬(1647 죽음)는 반율법주의 설교자이자 패어팩스와 그의 의회군 군목이었는데 같은 해에 쓴 『영광의 광채』에 「하나님이 변화시키시는 세대들」이라는 제목의 한 장(障)을 포함했다. 피오레의 요아킴처럼 솔트마쉬는 세 개의 세대를 믿었다: 율법이 최상인 성부의 시대, 교회가 지배하는 성자의 시대, 자유 은혜와 임재하시는 성령께서 각 신자를 개인적으로 인도하시는 장래 시대.36

---

35 Thomas Manton, *Meate Out of the Eater, or, Hopes of Unity in and by divided and distracted Times* (London, 1647), 2, 5~6, 13.

36 Alfred Cohen, "Two Roads to the Puritan Millennialism: William Erbury and Vavasor Powell" in *Church History* 32 (Sep 1963), 324.

하나님은 놓아줄 때와 감아올릴 때, 이런저런 방법으로 역사하실 때, 그리고 그것을 깨뜨리시고 치워놓으시고는 다른 방법으로 나타나실 때가 있다. 우리는 **이스라엘의 거룩한 자**를 제한하거나 언제나 같은 경륜 방식에 그분을 고정해서는 안 된다. 그는 자신의 장막에서 성전으로, 거기에서 그리스도의 육체로, 그리고 의식들로, 은사들로, 은혜들로, 영으로 나아가셨다. 유대인들과 전쟁, 평화, 포로 생활, 구원 혹은 귀환의 때에 함께하셨다. 이런 세대의 전환을 통해 하나님은 그의 지혜, 영광과 능력을 자신과 세상에 계시하시고 빛나게 하신다.37

솔트마쉬는 다른 그리스도인들을 굴레 씌우는 율법적 그리스도인들을 비판했는데, 그것이 그들이 현 세대의 은혜를 이해하지 못했고 "하나님께서 지금 명백히 계신 곳 이외의 어떤 세대나 방식에 더 거하고" 있기 때문이었다.38 솔트마쉬에 따르면 "이 세대와 같은 시기에는 모든 사람이 하나님을 사랑해야 한다." 하나님의 진노에 대한 두려움이 아니라 사랑이 그들의 주요한 동기가 되어야 한다.39 솔트마쉬는 다음과 같이 강조하면서 그의 책을 끝맺었다.

하나님은 어떤 한 가지 형식이나 외적인 세대(경륜)에 얽매여 있지 않으시고, 자기 뜻과 기쁨에 따라 특정한 운영 방식을 취하다가 그만두시고, 그것을 버려둔 채 다른 방식을 취하신다. 하나님은 어떤 종류가 됐건 특정한 운영 방식을 버리고 떠나실 때, 그것은 종교적이거나, 도덕적이거나, 혹은 시민적인 방식일 수 있다. 그런 운영 방식은

---

37 John Saltmarsh, *Sparkles of Glory, or Some Beams of the Morning-star. Wherein are many discoveries as to Truth, and Peace* (London, 1647), 157~58. 1646년에 출간된 솔트마쉬의 책 『자유 은혜』를 보라. 이 책은 17세기 후반에 걸쳐 10쇄나 인쇄되었다.

38 Ibid., 166.

39 Ibid., 167.

황폐한 집, 장막이 찢긴 예배실, 그리고 빛을 잃은 태양과 같다. 따라서 이것을 예배하는 것은 우상이나 미신을 섬기는 것이며, 하나님 없는, 혹은 하나님의 나타남이 없는 형식에 불과하다.40

솔트마쉬가 이 책 전체를 통해 휴거가 어느 때나 일어날 수 있다고 얼마나 자주 언급하는지 주목해 보면 흥미롭다. 그는 종종 "주님 자신이 여기로 오라고 하실 때까지"라는 표현을 사용했다.41

율법폐기론 동료이며 뉴 모델 군대의 군목이었던 윌리엄 얼베리(1604~1654)는 그리스도께서 육신적으로가 아니라, 신실한 자들의 마음에 영적으로 돌아오실 것이며, 이제 이 영의 새로운 세대에서 그는 "오늘날 이 세상의 피 흘린 자들과 살인자들"을 데려와 "왕들과 나라들이 서로 적대하며… 당신을 경외하지 않는 나라들을 멸망하게 할" 권세가 있다고 믿었다.42

윌리엄 셔윈(1607~1687 즈음)은 예언서 본문에 언제나 조심스럽게 접근했다. 그는 종말론 전체적인 구조를 다 이해했다고 주장하는 대신 "어느 세대들이건 우리는 어두움 가운데 추측할 뿐이지만, 그것을 고려하면서 그의 뜻이 그의 백성들 가운데 알려질 때까지 하나님의 현재 기관들을 반드시 존중하고 따라야 한다."라고 생각했다.43 그는 계속해서 겸손하게 추론했다.

> 내가 말한 이유들을 글로 옮기면서… 이제까지 알려지지 않았던 은혜의 방법으로 새로운 세대가 그런 모든 이유들의 타당성을 없애는

---

40 Ibid., 315.

41 Ibid., preface, 159.

42 William Erbury, *The Testimony of William Erbury* (n.p., 1658), 14~15, quoted in Alfred Cohen, "Two Roads to the Puritan Millennium: William Erbury and Vavasor Powell," in *Church History* 32.3 (1963), 324.

43 William Sherwin, *Eirenikon: or a Peaceable consideration of Christs Peaceful Kingdom on Earth to come* (n.p., 1665), 48.

경우, 나는 이제부터 그것들에 관해서는 기꺼이 물러나야만 한다고 생각한다… 일곱 째 나팔에 새로운 멋진 세상이 시작될 것이다. 그런 패턴이… 이스라엘이 홍해를 건널 때… 새로운 세대로 나타났었다… 모세에게 새로운 계시가 있었고, 두 개의 돌 판에 새겨진 법들이 주어졌으며, 그리고 그 외에도 시민 정부에 필요한 정의로운 새로운 질서, 의식적이며 신성한 예배를 위한 새로운 기관들 및 새로운 제사장의 위계질서가 있었다… 나는 은혜와 진리의 말씀과 영에게서 더 깊은 가르침과 빛을 받도록 눈과 귀를 열어 두어야 한다.44

그의 겸손함에도 불구하고 셔윈은 여전히 하나님께서 그의 백성을 파멸에서 건져주실 것이라고 믿었다.

하나님은 노아를 옛 세상이 파괴될 때 건져주셨고, 롯을 소돔이 멸망할 때 구해 주셨는데, 그것은 불경건하게 사는 사람들에 대한 보복의 예들로서 그것을 통해 주님께서 어떻게 경건한 자들을 시험에서 건지시는가를 선포하셨다. 그 두 가지 모두 그리스도께서 오실 때 혹은 나타나실 때 분명해질 것이다.45

그러나 그는 그리스도께서 오시는 방법이나 사건들의 순서에 관해 의견의 차이가 있다는 것을 알고 있었다.

그리스도는 그의 거룩하신 기쁨과 목적에 맞게 그의 왕으로서의 위엄과 탁월함을 드러내기 위해 어느 방법으로든 나타나실 수 있으나, 하나님의 영이 그의 나타나심 혹은 오심이 그의 때에 어떤 식으로 성취될 것인지 예언하셨어도 우리는 그 방법을 완전히 풀 수 없다….

[본문의 여백에 인쇄된 편집자의 주석:] 저자는 그리스도께서 재림

---

44 Ibid., 48~49.

45 Ibid., 51.

하시는 방식이 친히 몸으로인지 혹은 비밀스럽게인지 결정하지 않는 것이 가장 안전한 길이라고 말한다. 그렇지만… 더 성숙한 사고는 육신적으로 나타나신다고 보는 것이다… 구름을 타고, 적어도 어떻게든 개인적으로 영광스럽게, 복스럽고 거룩한 부활을 입은 성도들에게 자신을 나타내실 것이다….46

십 년이 지나 셔윈은 『성도들의 부활』에서 세대들에 관한 그의 신학을 더 다듬었다. 그는 하나님의 경륜에 관한 그의 체계를 설명했다.

이것이 우리가 말한, 그의 자비에 따른 하나님의 경륜 혹은 그의 집인 교회의 질서이다….

첫째, 앞서 말한 상태의 시작은… 아담과 하와…

둘째, 우리는 노아를… 하나님께서 그와 맺으신 언약을… 고려할 것이다….

셋째, 더 구체적으로 이방인들, 곧 야벳의 자손에 관한 노아의 예언에 따르면, 그들이 셈의 장막에 거하게 될 것(비록 이방인들이 그 전에 하나님의 백성이 될 것이지만)이라고 했고, 유대인들이 거절당함으로 인해… 성경은 이미 한 때 성취되었다고 증언한다… 그러나 아브라함과 그의 모든 영적인 자손들, 그리고 이삭과 야곱은 하나님이 그들과 맺으신 약속과 언약에 따라… 아브라함 언약에 특별히 자비가 역사하는 것으로 보인다. 그러나 다윗의 약속과 언약에는 그리스도 왕국의 이름이 달려 있다.47

셔윈은 '하나님의 경륜'의 이런 모든 측면에는 전체를 아우르는 목적이

---

46 Ibid., 53.

47 William Sherwin, *Exanstasis, or The Saints Rising Out of the Heaps or mass of dead Bodies contained in the Globe of the Earth and Sea, at the first blessed Resurrection Decyphered by Christ* (London, 1674), 43~45.

있다고 결론지었는데, 이것을 계시록 20장에서 얻은 열쇠의 예를 통해 설명했다. 그는 이것을 『그리스도와 그의 택한 성도들을 위한, 하나님의 영원하고 위대한 세상 설계의 체계』라고 불렀다.48 셔윈에 따르면,

> 하나님은 이 신성한 열쇠를 통해 그가 계시하신 모든 약속의 주요 도안을 보여 주시고, 그 안에서 그의 모든 성도의 관심과 염려가 최선의 결과를 내도록 하신다. … 예수께서 마지막에 말씀한 이 열쇠가 없이 우리는… 그것들이 어떻게… 계시록 전체의 모든 부분에… 맞아 들어가는지 이해하고 만족할 수 없었을 것이다.49

셔윈은 모든 다양한 언약들(노아 언약, 아브라함 언약, 다윗 언약, 언약 등)과 함께 세대주의적 체계를 견지했다. 그는 교회가 예전에 노아와 롯이 멸망에서 건져졌듯이 궁극적으로 미래의 '멸망'에서 구출될 것이라고 믿었다. 그는 자기의 열쇠로 "그리스도의 신성한 계시를… 풀었다."라고 주장했는데, 그리스도께서 "구름을 타고 오실 때 모든 눈이 그를 볼 것이고 그를 찌른 자도 볼 것이기" 때문이며, 그리스도는 "재림하실 때 유대인과 이방인들에게 그의 자비를 설명하실" 것이다.50

보스턴의 급진파인 앤 허친슨의 시동생 새뮤얼 허친슨(1590~1667)은 1667년 작품인 『미래의 영광스러운 기업을 선포함』에서 각 세대가 각각 따라야 할 고유한 명령들을 가졌다는 사상에 관해 존 틸링하스트를 인용했다.

---

48 William Sherwin, *The Scheme of Gods Eternal Great Design in the World for Christ and his Elect Saints, given to him by the Father upon the Performance of his Great Work of Mediatorship, as is manifest form his Word in these Four Great Things ensuing: which are all by our Saviours Revelation Key Applied to the Seventh Millennium* (n.p., [1675?]).

49 Ibid., 47, 50.

50 Ibid.

(틸링하스트 씨가 말하듯) 한 세대의 가시적 부르심에 불순종하는 것은 하나님의 명령에 불순종하는 것이다… 우리 세대의 일을 함으로써 우리는 우리가 사는 세대에 두신 하나님의 계획에 가장 충실하게 된다… 아브라함은 자기 세대의 일을 수행하기 위해 그의 조국을 떠났다… 노아는 자기 세대를 위해 방주를 준비했다… 홈즈 박사는 **우리가 현재 사는 이 시대에 우리 세대가 할 일은 그리스도를 위한 순수한 예배와 그리스도의 영광스러운 나라를 위해 일어서는 것이라고 말한다.**[51]

허친슨은 각 세대가 고유의 요구 사항들을 가지고 있고 그 자신의 때를 위한 요구 사항들은 "순수한 예배와 그리스도의 영광스러운 나라"를 위한 것이라고 믿은 것을 주목하라. 또한, 신성한 역사의 시대들을 다양한 세대로 나누는 관습은 17세기에 상당히 흔한 일이었음을 주목하라.

1675년에 윌리엄 케이브의 『사도들의 고대사』는 "교회의 위대한 세 개의 세대, 곧 족장, 모세, 복음 세대들에 관한 담화"라는 제목의 서론에서 역사를 첫째 아담부터 모세까지, 율법 수여에서 그리스도 때까지, 그리스도부터 종말 때까지로 나누었다.[52]

17세기 중반 몇몇 화란 신학자들이 세대주의적 체계를 고수했다. 휴고 그로티우스와 요한네스 코케이우스(1603~1669)는 세 개의 세대들, 곧 약속, 율법, 복음의 세대가 있다고 믿었다.[53] 1677년에 세 번째 화

---

[51] Samuel Hutchinson, *A Declaration of a Future Glorious Estate of a Church to be here upon Earth* (London, 1667), 32.

[52] W. Cave, *Antiquitates Apostolicae...to which is added An Introductory Discourse concerning the Three Great Dispensations of the Church, Patriarchal, Mosaical, and Evangelical* (1675); "Dispensation" in *Oxford Dictionary of the English Language*.

[53] Johannes Cocceius, *Summa Doctrinae de Foedere et Testamento Dei* (1648); Hugo Grotius, *Commentaries of the New Testament* (1650); 둘 다

란 신학자 헤르만 빗시우스(1636~1708)는 이 세 개의 세대들 가운데 처음 것을 아담부터 노아, 노아부터 아브라함, 아브라함부터 모세까지로 나누었고, 나머지 두 개의 세대들에 관해서는 그로티우스와 코케이우스에 동의했지만 그 둘을 모세부터 그리스도와 새 언약 세대라고 불렀다.54 이년 후 네 번째 화란의 신학자 프란시스 투렌틴(1623~1687)도 빗시우스와 매우 흡사한 세대주의적 체계를 제시했다.55

1680년에 T. M.이라는 머리글자를 사용하는 영국의 저술가는 『새 하늘과 새 땅에 대한 논문』을 쓰면서 독자들에게 우리는 "당신의 나라가 하늘에 있듯이 땅에도 임하기"를 기도해야 한다는 것을 상기시켰다. 다른 말로 하면, "그의 나라의 현세대는 현재 하늘에서 성부의 자리에 있지만" 우리는 그리스도께서 "다윗의 자리에 앉아" 다스리는 미래의 지상 왕국을 기대한다.56 T. M.은 유대인의 부르심과 휴거를 한 데 묶었고, 그것은 모두 대환란을 앞선다.

> 먼저 그리스도께서 나타나시고 지파들이 그를 보고 슬퍼한다. 그러면 죽은 자들이 일어나고 살아 있는 성도들은 변화되어 (그들) 모두가 공중으로 주님께 붙들려 올려진다. 그러면 지구는 타서 없어지고

Craig Blaising and Darrell Bock, *Progressive Dispensationalism* (Baker, 1993), 118에서 인용.

54 Herman Witsius, *The Economy of the Covenants between God and Man* (1677), Blaising and Bock, 118.

55 Francis Turrentin, *Institute Theologiae Elencticae* (Geneva, 1679~85)를 Blaising and Bock, 118에서 인용. 이 네 명의 칼뱅주의 신학자들 모두 세대주의적 구조를 제안했으나, 그들은 세대주의가 공식적으로 신학 학파가 되기 전에 작업했다. 그들은 시간을 세대들로 나누는 것이 17세기에 논쟁의 여지가 없는 것으로 여겼다는 것을 보여주려고 포함했다. 세대주의에 관해 대다수 칼뱅주의 그룹이 보이는 요즘과 같은 반응은 없었고, 칼뱅주의자들은 여기에 어떤 문제도 느끼지 않았다.

56 T. M., *A Treatise of the New Heaven and the New Earth. Proved to be Perpetual and Eternal, in that Visible State...* (London, 1680), 2~3.

심판이 시작된다… 죽은 성도들이 말씀으로 순식간에 일어나고 살아 있는 성도들은 눈 깜짝할 사이에 변화한다.57

T. M.은 이 사건과 천 년 후 심판을 위한 인류의 부활을 구분했다.

마지막 날 성도들만이 먼저 일어날 것이다. … 당시 살아 있을 신실한 자들만이 영적으로 되살아나 그리스도와 (영적으로) 천 년 동안 다스리고 나머지 죽은 자들은 그 뒤까지 살지 못한다. 이것이 첫 번째 부활이다.58

T. M.도 휴거를 노아와 롯이 환란 전에 구출된 것과 동일하게 연결한다. "노아와 롯이 멸망 받을 장소에서 취함을 받은 것처럼 의인들은 그 전에 휴거될 것이다."59

삐에르 쥐리외(1637~1713)는 로테르담에 망명한 프랑스 위그노들의 목사였는데, 그도 역사를 세대들로 구분했다. 문자적 지상 천년왕국에 관한 믿음을 논증하면서 그는 '천년왕국 반대론자들'에게 도전적으로 질문했다.

그의 나라가 이미 왔다면, 왜 그는 우리에게 날마다 **당신의 나라가 임하옵시며**라고 기도하게 하셨는가? … 지상의 왕국이라고 이해해야 한다는 것을 확증하려면 주의 기도를 더 읽어 보라. **당신의 이름이 높임을 받으시며, 당신의 뜻이 하늘에서 이룬 것 같이 땅에서도 이루어지이다.** 천년왕국 반대론자들은 지상적인 하나님 나라를 받아들이기를 대단히 어려워한다. 나로서는 이것을 생각하지 않는 것이 더 어렵다. … 하나님께서 그의 은혜의 왕국에 따라 이 세상을 다스리신 때가 언제였는가? 악이 창궐하던 홍수 이전의 처음 세상은 아니었다… 노

---

57 Ibid., 4.

58 Ibid., 7.

59 Ibid., 10.

아 때부터 모세 때까지 역시 아닌 것은 이때 우상숭배가 생겨났기 때문이다… 모세 때부터 예수 그리스도 때까지는 더욱 아닌데, 이 때 마귀가 어디나 다스리고 있었기 때문이다… 이것은 그리스도가 나타나신 때부터 적그리스도의 때까지도 아니다. 왜냐하면… 이교주의가 항상 우세했기 때문이다… 이것은 적그리스도의 탄생 이후도 아니다. 1260년 동안 그의 통치는 짐승과 용의 왕국이었기 때문이다. 그리고 이것은 심지어 세상을 종말로 이끌 것이다… 그리고 세상의 역사는 끝나고 하나님과 그의 은혜의 왕국은 그 안의 어디에도 없을 것이다. … 진리와 은혜가 아직까지 다스린 적은 없다… 하나님께서 여섯 시대들을 세상과 용에게 버려두신 뒤에 적어도 일곱 번째 시대를 자신을 위해 남기셨다고 생각하는 것보다 더 합리적일 수 있을까?[60]

쥐리외의 '일곱 시대'

첫째 시대는 **아담**부터 **아브라함** 때까지 거의 2000년이다.

둘째는 **아브라함**부터 **모세**까지 400~500년 사이의 기간이다.

셋째는 **모세**부터 **예수 그리스도** 때까지 1400~1500년 사이의 기간이다.

넷째는 **예수 그리스도**로부터 **적그리스도**가 일어날 때까지 400~500년 사이의 기간이다.

다섯째는 **적그리스도**가 일어날 때부터 그가 **완전**해질 때까지 500~600년 사이의 기간이다.

여섯째는 **적그리스도**가 완전해질 때부터 그가 **멸망**할 때까지… 700~800년 사이의 기간이다.

일곱째이자 마지막은 **적그리스도**의 **멸망** 때부터 **세상의 종말** 때까지… 약 1000년이다.[61]

---

[60] Peter Jurieu, *The Accomplishment of the Scripture Prophecies, or the Approaching Deliverance of the Church* (London, 1687), 307~308.

1687년에 쥐리외의 불어 원전(1686)이 영어로 번역되자 영국의 종말론 저술가들은 그것을 자주 인용했다. 이 책은 1689년의 영국 혁명을 합리화하는 데 사용되었는데, 그는 적그리스도가 그해에 쫓겨날 것이라고 예측했기 때문이다. 역사가인 헨리 M. 베어드는 이것이 "오랑쥬의 윌리엄이 영국을 침입하는 계획을 성공하게 하는 데 적지 않은 영향을 주었다."라고 주장했다.62 영어 번역은 정치사상뿐 아니라 신학 사상에 있어서 영국과 대륙 간의 상호 인식과 교류가 있었으며, 새로운 사상은 종말론적인 것들을 포함하여 진공 상태에서 발생하지 않음을 보여준다.

17세의 또 다른 저술가는 프랑스의 신비주의자 삐에르 쁘와레(1646~1719)로, 그는 『신성한 경륜』을 1687년 불어로 출간했다(영어로는 1713년 출간). 쁘와레는 역사를 일곱 세대로 구분했다.

1.	창조의 경륜, 홍수 때까지	유아기/무지와 어리석음
2.	죄악의 경륜, 홍수부터 모세까지	유년기/자연의 법
3.	성육신 이전의 회복의 경륜, 선지자들의 때	청소년기/헌신을 일깨움
4.	예수 그리스도의 성육신 이후 회복의 경륜	청년기/미신적 규율들
5.	인간이 하나님의 일과 협력하는 경륜	성인/그리스도를 알게 됨
6.	보편적인 섭리의 경륜	옛 시대/쇠퇴
7.	천년왕국의 경륜	모든 것을 새롭게 함63

---

61 Ibid., 33.

62 Henry M. Baird, *The Huguenots and the Revocation of the Edict of Nantes* (New York: Scribners, 1895), ii, 171.

63 Peter Poiret, *The Divine Oeconomy: or, An Universal System of the Works and Purposes of God Towards Men* (London, 1713), vol. 1, contents; vol. 4, 150.

쁘와레는 "은혜의 외적인 수단은 세상의 일곱 개 다른 시대들로 분배되었다."라고 가르쳤다. "다양한 외적인 율법과 규례들이 다양한 때에" 존재했고 우리는 "이런 다른 세대들… 다른 시대들의 근거와 이유를 이해해야" 한다.64 쁘와레는 어느 날 "모든 나라에서 열 명이 한 유대인의 옷자락을 잡고, 하나님이 너희와 함께하시니, 우리가 너희와 함께 가겠다고 말할 것이다… 하나님은 그의 백성[유대]을 완전히 버리지 않으시며 그의 말씀과 약속들을 취소하시지 않는다."65

유대인들을 핍박하는 나라들은 심판받을 것이다.

> 큰 나라들, 바벨론, 이집트, 그보다 작은 다른 나라들에 대한 심판이… 그들은 유대인의 영적인 보화로 부유해졌고… 하나님의 은혜를 남용했으며… 유대인의 은혜를 전리품처럼 나누어 가졌음에도 유대인의 불행을 모욕했다. 아직 그들에게 내려지지 않았으나 심판을 피할 수 없는 것은 그리스도께서 영광중에 내려오실 것이기 때문이다.66

쁘와레는 로마서 11장을 근거로 유대인의 미래에 관해 말했다.

> 우리는 유대인들에게 어떤 일이 일어났는지 보았다. 그러므로 하나님께서 선택의 은혜를 말소하시고 그가 선택하기로 약속하신 백성들을 내버리셨는가… 사도는 이 백성이 버려지지 않았으며, 결코 그렇게 되지 않을 것이라고 말한다… 유대인의 나라는 아직 완전히 무너지지 않았다. 하나님께서 그 민족의 누구도 더는 그의 백성으로 선택하지 않을 정도로 거부하신 것이 아니다… 하나님은 그들을 택하실 것이며 다시 그의 백성으로 삼으실 것이다.67

---

64 Ibid., 150~51.

65 Ibid., 219, 223.

66 Ibid., 4.282.

67 Ibid., 6.234~35.

쥐리외와 쁘와레는 모두 위그노라고 박해받았고, 그래서 둘 다 묵시론으로 돌아서는 반응을 보였는데, 둘 다 신성한 역사를 비슷한 세대주의적 체제로 나누었다. 그들이 다른 점은 양심의 문제들이었다. 더 신비주의적이었던 쁘와레는 루이 14세가 로마 가톨릭으로 개종시키려는 압력에 대해 거의 문제를 느끼지 않은 채 순응했지만, 쥐리외는 순응하지 않고 홀랜드로 도망쳤다.68

"세대"라는 단어를 하나님께서 그의 피조물을 위한 어떤 계획을 세우는 특정한 시기를 의미하는 말로 사용한 것은 17세기와 18세기에 흔한 일이었다. 어느 무명의 작가는 1690년 헨리 모어(1614~1702)의 종말론 체계를 다시 주목하면서 현재 시대를 "진리와 생명의 기독교 세대"라고 불렀다.69

1691년에 링컨셔의 교장 너대니엘 테일러(1649 즈음~1702)는 "예루살렘의 평화를 위해 기도하라."라는 제목의 설교를 하면서 "유대인의 경륜 아래의 그들 나라"와 "복음 세대 아래의" 기독교를 대조했다.70 "세상의 시작부터 현재 우리 시대까지 인간에 대한 하나님의 다양한 경륜"이라는 제목이 붙은 1694년의 작품에서 윌리엄 펜(1644~1687)은 다비가 200년 후에나 썼을 법한 사상들을 표현했다. 그는 역사가 어떻게 나누어지는가를 숙고했다.

> 세상의 창조 이래 사람의 아들들에 대한 하나님의 다양한 경륜이 있었다. 그러나 그 모두의 위대한 끝은 창조와 인간의 회복에서 드러나는 그분 자신의 탁월하신 이름이 알려지는 것이었다. … 세상은 무죄함으로 시작되었다… 그러나 이 행복한 상태는 오래 지속하지 않았

---

68 W. R. Ward, *Early Evangelicalism: A Global Intellectual History, 1670~1789* (Cambridge: Cambridge University Press, 2006), 51.

69 Anon., Remarks on Dr. Henry More's *Expositions of the Apocalypse and Daniel...* (London, 1690), 4.

70 Nathaniel Taylor, *Pray for the Peace of Jerusalem* (London, 1691), 2.

다. 인간이… 동산에서 추방되었기 때문이다… 그러나 그를 만드신 하나님은 그를 불쌍히 여기셔서… 그의 무한하신 선함과 지혜로… 타락한 인간을 다시… 여자에게서 태어나시기로 약속된 더 고상하고 탁월한 아담에 의해… 때가 차서 하나님의 아들을 육신으로 보내시는 경륜에 따라… 인간의 구원자와 구속자가 되셔서… 회복시킬 길을 찾으셨다… 그러나 타락 후 인간들, 특히 족장들 중에서 어둡게 된 상태가 되고 나서 생긴 외적인 세대… 다음은 모세의 율법의 세대였다… 이 세대는 대단히 외적이어서 열등하고 노예 상태에 걸맞았고, 사도 바울은 그래서 이것을 초등 교사의 때라고 불렀는데, 이것은 백성들이 메시아를 기다리고 갈망하도록 가리키며 준비하는 시기였다. 메시아는 그들을 의식적이며 불완전한 세대의 종살이에서 건져주실 것이다… 이때 율법은 돌 판에 새겨졌고 성전은 손으로 지어졌으며 외적인 제사장들과 외적인 의식들 및 예배들에 의해 운영되었고… 단지 씨가 올 때까지, 혹은 더 탁월하고 보편적인 그리스도의 현현 때까지… 모세의 세대는 요한의 사역과 함께 끝났다… 그리고 나서 하나님은 다양한 시대에 여러 가지 방법으로 그의 종 선지자들을 통해 조상들에게 말씀하셨고 그의 아들 그리스도 예수를 통해 사람들에게 말씀하셔서… 복음의 날, 곧 아들의 세대가 되게 하셨다… 이전 세대들에서는 훨씬 드물게 소통하셨던 성령께서 이제 선지자 요엘의 말씀대로 모든 육체에 부어지기 시작했다.71

이듬해 펜은 퀘이커의 기원에 관해 쓰면서 그들이 "세상에서 하나님의 이전 세대들"과는 다른 새로운 세대를 가져왔다고 주장했다.72 펜은 "진정한 교회"가 "외적인 예식들"로 되돌아왔고 "외적인 제사장 제도"를 발전시켰다고 설명했다.

---

71 Ibid., 1~7.

72 William Penn, *A Brief Account of the Rise and Progress of the People called Quakers...* (London, 1695), title page.

그러므로 거짓된 교회가 생겨났다… 본성을 잃었어도 어린양의 신부, 참된 교회이자 신실한 자들의 어머니로서 선한 이름을 유지할 필요가 있었다. 모든 사람에게 그녀의 표를 이마나 오른손에, 즉 공적으로나 사적으로 받게 했다. 그러나 실제로, 또 진실로 그녀는 비밀스러운 바벨론, 창녀들의 어머니다… 참된 교회는 광야로 도망쳤다. 즉, 미신과 폭력으로부터 조용하고 외롭고 한적한 상태가 되었다. 사람들의 눈에는 보이지 않아도 이 세상에서 빠져나간 것은 아니다. 그것은 성령의 판단으로 볼 때 그녀의 관습적인 가시성이 진정한 교회에 본질적인 특성이 아님을 보여준다… 여러 나라와 여러 세기에 걸쳐 있는, 그녀의 많은 탁월한 자녀들이 신실하게 진리에 충성했기 때문에 잔혹한 미신의 손에 죽임을 당했다.73

퀘이커들은 펜처럼 자신들이 성령의 새로운 세대를 가져왔다고 믿는, 다소 이단적인 견해를 가졌어도 후대의 세대주의와 비슷한 견해를 보였다. 즉, 역사를 다양한 세대로 나누었고 각 세대는 하나님과 인류와의 관계에서 각각 다른 강조점을 가지고 있다고 믿었다.

헨리 댄버스(1678년 죽음)는 급진파 침례교도였고 크롬웰 군대의 대령이었는데, 1672년에 저자 미상으로 쓴 『하나님의 도성 새 예루살렘』에서 "예수 그리스도께서 친히(모든 성도가 그와 함께 완전해진 몸을 입고) 일반적인 부활과 심판 때에 여기 지상에서 행사하실 비공유적 왕권, 즉 주권"을 가르쳤다.74 이 저자 미상의 다섯 왕국에 대한 묘사, 곧 섭리적, 영적, 신비적, 군주적/다윗적, 그리고 비공유적은 20세기 중반의 저명한 세대주의자 알바 J. 맥클레인의 『하나님 나라의 위대함』과 유사하다.75 『하나님의 도성』에 대한 응답으로 W. S.는 『우리의 복되신 주

---

73 Ibid., 13~15.

74 Anon., *Theopolis, or the City of God New Jerusalem, in opposition to the City of the Nations Great Babylon* (London, 1672), 98.

75 Ibid., 97. Alva J. McClain, *The Greatness of the Kingdom* (Brethren

예수의 영광스러운 왕국은… 그의 재림 때까지 이루어지지 않을 것이다』를 썼다. 그는 『하나님의 도성』의 저자가 "천 년의 통치가 예수 그리스도께서 친히 오시기 전에 있다고 함으로써… 그리스도인들이… 정부를 자극하여 그들을 대적하게 하는 경향을 보인다."라고 본 퀘이커 교도라고 주장했다.76 이와 대조적으로 W. S.는 정부에 대한 수동적인 순종을 가르친 토리당을 옹호했고, 『하나님의 도성』의 저자가 (퀘이커 교도들이 실제로 그러했듯이) 다섯 왕국은 문자적이지 않고 "신비적이며 영적이다."라고 한 것을 비판했다. W. S.는 그리스도께서 문자적으로 오셔서 그의 나라를 세우시지만, 우리는 그것을 우리 자신의 힘으로 가져오기보다는 하나님께서 그것을 세우실 때까지 기다려야 한다는 견해를 지지했다.77 W. S.는 『하나님의 도성』에 있는 다섯 왕국에 동의하면서 단지 그리스도의 재림 전에 인간이 그것을 가져온다는 관념만 문제 삼은 것으로 보인다.

17세기 말에 가장 유명한 영국 칼뱅주의 신학자인 존 에드워즈(1637~1716)는 1699년에 『종교의 모든 세대와 방법을 개관하는 완전한 역사』을 썼다. 무신론자들, 이신론자들, 그리고 존 로크의 작품들에 대한 공격으로 가장 잘 알려진 에드워즈는 묵시론 작가들에게 주목했다. 그는 독자들에게 '마지막 세대'라고 부르는 것에 관해 날짜를 정하지 말라고 경고했다.78 그는 세대주의자의 방법론에 동의하지 않았음에도 그도 역시 '세대'라는 용어를 신성한 역사의 시대들을 의미하는 말로 사용했다. 그의 사고와 후대의 세대주의자의 사고의 유사성은 목차와

Missionary Herald, 1967). 맥클레인은 『뉴스코필드 성경』의 편집자였다.

76 W. S., *The Glorious Kingdom of our Blessed Lord Jesus on Earth, Rightly Timed: proving it is not to be till His Second Coming* (London, 1693), dedication.

77 Ibid.

78 John Edwards, *A Complete History of Survey of all the Dispensations and Methods of Religion, from the beginning of the World to the Consummation of all things* (London, 1699), preface.

각 장의 요약에서 볼 수 있다.

> [1.] 첫째 "무죄의 상태"에서는 "우리의 첫 부모가 낙원에서" "자연의 법" 아래서 뿐만 아니라 "결혼", "안식일 혹은 일곱째 날", "그 과실로부터의 금지"를 포함하는 "긍정적인 법들" 아래 살았고…"그들의 모든 족속은 이 첫 세대 아래 있었다."

> [2.] "둘째 일반 세대는… 최초의 죄… 타락의 무서운 결과… 죽음은 형벌의 결과였다… 인간은 짐승과 같이 되었고… 모든 인류는 이 두 번째 세대에 있었다."

> [3.] "셋째 일반 세대는… 몇 가지 긍정적인 법이 이 경륜 아래 있었다. 봉헌과 희생들의 법들… 불신자들과의 결혼은 이 세대 하에 금지되어 있었던 것으로 보인다."

> [4.] "노아의 경륜. 이 세대의 첫 번째 긍정적인 법은 고기를 먹는 것에 관한 것이었다… 두 번째 긍정적인 법은 고기를 피 채 먹는 것에 관한 것이다… 세 번째 긍정적인 법은 사람의 피를 흘리지 않는 것에 관한 것이다… 족장들의 오랜 수명은 모든 사람에게 공통적이었다…."

> [5.] "아브라함의 경륜… 아브라함과 맺은 언약… 할례의 성격….

> [6.] 모세 혹은 유대인 세대… 의식법이 이 세대의 일부다….

> [7.] 기독교 혹은 복음적 경륜… 구원의 방식… 옛 언약 아래서는 영생에 대한 약속이 없고… 사랑은 새로운 계명이라고 불린다.[79]

『완전한 역사』의 두 번째 책에서 에드워즈는 교회사와 종말을 바라보면서 '기독교의 여러 세대'를 개관했다.

> 우리 구원자의 때의 **유아기**에… 성령의 발현…

> 우리 구주의 직후인 **유년기**에… 일정한 종류의 음식을 절제함… 처음에 기독교에 있던 예외적인 은사들에 관한 세대들의 차이

---

[79] Ibid., 제1권의 목차.

기독교의 **청소년기** 혹은 더 성숙한 시기… 예외적인 은사의 중단으로 기독교가 성장하고 발전함. 기적은 이 하위 세대에 해당하지 않는다…

기독교는 **성인기**에 도달할 것이다… 이것은 종교개혁으로 대단히 촉진하고 성장했다.

천 년의 통치… 그리스도는 지상에서 친히 다스리지 않으실 것이다. 죽은 성도들은 그와 함께 여기에서 통치하지 않을 것이다… 최근 두 저자가 이것을 문자적인 의미로 취했지만 근거가 없다… 적그리스도, 곧 교황주의자들과 마호메트 추종자들의 멸망… 유대인의 일반적 회심… 유대인들이 그들의 나라에 다시 모일 것인지… 보편적 의는 또 다른 특징이며 이 마지막 세대에 속한다… 보편적인 평화는 이 그리스도의 왕국에 수반되는 축복이다.

"복음 세대의 **마지막 부분**에서 사탄이 그의 감옥에서 해방된다. 곡과 마곡은 누구인가. 마호메트 교도들과 로마의 세력이 재생할 것이다. 세상의 끝이 오기 전 마지막 날에… 그리스도가 심판할 것이다. 세계의 연합이 이것을 따를 것이다.[80]

그가 칼뱅과 우리 시대의 대부분 칼뱅주의자들처럼 무천년설을 따랐어도 그의 작품은 17세기에 세대주의적 체계가 사람들이 생각하는 것보다 훨씬 더 널리 퍼져 있었다는 것을 증명한다.

새로운 물질의 지구 그리고 사람들이 거할 새로운 천체에 관한 사상은 모두 로망이며 허구로서 성경의 일부 왜곡된 본문과 잘못된 본문… 일부 플라톤 철학자와 스토아 철학자의 자투리와 파편들… 플라톤의 견해를 숭배했던 일부 교부들… 그리고 마지막으로 유대인 랍비들의 망상으로 지어진 것이다.[81]

---

80 Ibid., 제2권의 목차.

81 Ibid., 770.

17세기 말, 아이작 뉴턴은 다비 이전의 세대주의자들의 견해를 요약했다.

> 역사가들이 덜, 또는 더 중요하고, 가장 중요한 혁명들이 일어나거나 끝나는 시기들에 따라 역사를 책과 장과 절로 나누었다면… 우리는 더욱 성령께서 예언의 말씀을 들려주실 때 이 규칙을 정확하게 따랐다고 생각해야만 한다. 그것은 다름 아닌 앞으로 일어날 일들의 역사이기 때문이다.[82]

'세대'라는 단어는 17세기 신학 저자들에게 생소한 단어가 아니었다. 다비와 그의 추종자들이 후에 이 단어를 사용했다는 것은 종종 묘사되는 것처럼 종말론 사상의 불연속성을 보여주는 것이 아니다. 반대로 여기에는 연속성이 있다. 그 단어는 한 가지 이상의 방법으로 이해되고 사용되었지만, 세대주의가 진공상태에서, 또는 신학적 변칙으로 일어난 것을 말하거나 암시한다고 할 수 없다.

---

[82] Isaac Newton, "Rules for Interpreting the Apocalypse," Yehuda MS I, in Frank Manuel, *The Religion of Isaac Newton* (Oxford: Oxford University Press, 1974), appendix A.

16, 17, 18세기에 '세대'라는 단어 사용

존 베일	1538	7시대
로버트 폰트	1599	7시대/기간
토머스 브라이트만	1615	7시대
헨리 핀치	1621	9 '기간들'
프란시스 라우스	1631	
존 스미스	1631	
조지 워커	1638	
존 아처	1642	3
웨스트민스터 회의	1646	
페리 스테리	1647	
토머스 맨튼	1647	4
존 솔트마쉬	1647	
존 오웬	1651	4
존 더리	1651	
윌리엄 가우지	1655	7
토머스 굿윈	1659	
존 벌첸샤	1660	8
윌리엄 셔윈	1665~75	5+
새뮤얼 허친슨	1667	
윌리엄 케이브	1675	3
T. M.	1680	
제인 리드	1681	

이름	날짜	세대
삐에르 쥐리에	1687	7시대
삐에르 쁘와레	1687	7
너대니엘 테일러	1691	
코튼 매더	1709	6
윌리엄 펜	1694	
존 에드워즈	1699	
인크리스 매더	1709	
챨스 다우버즈	1720	6
조지프 페리	1721	
윌리엄 셜록	1725	4+
너대니엘 마워	1728	3+
비스카운트 배링턴	1728	5+
피터 랭캐스터	1730	
조지 버클리	1732	
세이어 러드	1734	7
아이작 와츠	1742	7
존 길	1746	6+
토머스 브로우튼	1768	3+
제임스 글리슨	1797	4+

주: 이름, 날짜, 세대들의 수를 보여준다(다섯은 '세대'라는 용어를 사용하지 않았지만 '시대'[age] 또는 '기간'[period]를 사용했다).

셔원은 현세대에서 단지 다섯 번의 중지를 열거했다. '세대'라는 용어를 17세기 이전에는 교황의 특별한 선물을 뜻하는 말로 가장 빈번하게 사용되었으나, 나는 **시간적 기간**을 의미하는 경우들만을 포함시켰다.

17세기에 조지프 미드의 종말론 도표

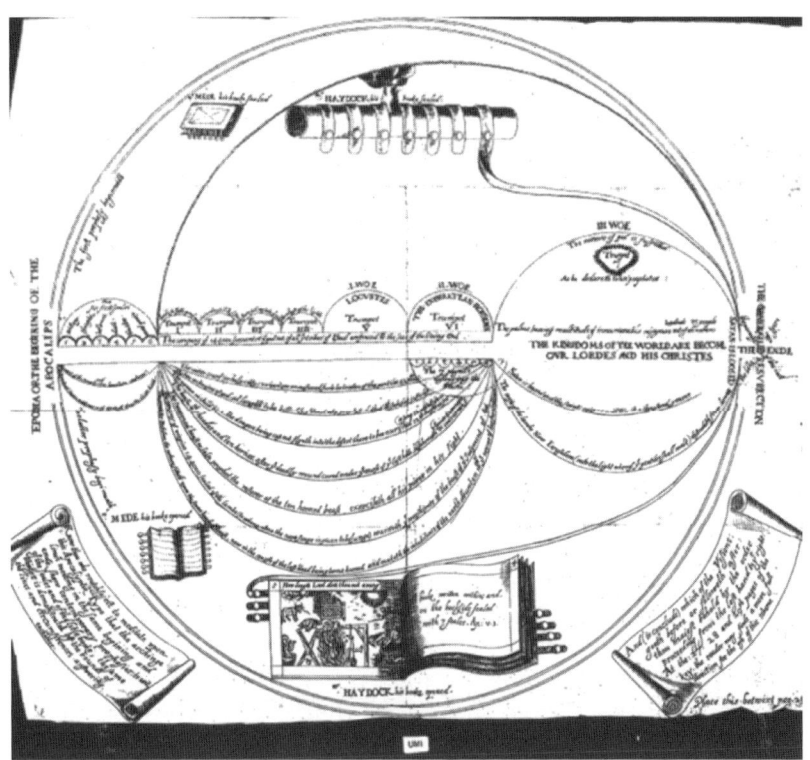

17세기에 헨리 모어의 종말론 도표

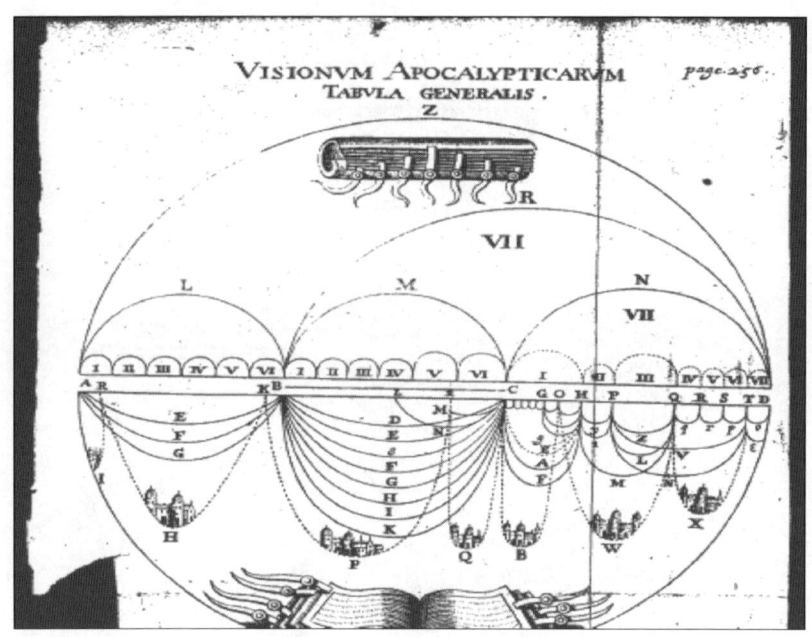

17세기의 세대 개념

그리스도께서 하늘에 나타나시고 성도들이 하늘로 오르는 것을
보여주는 17세기와 18세기의 책 표지 두 개

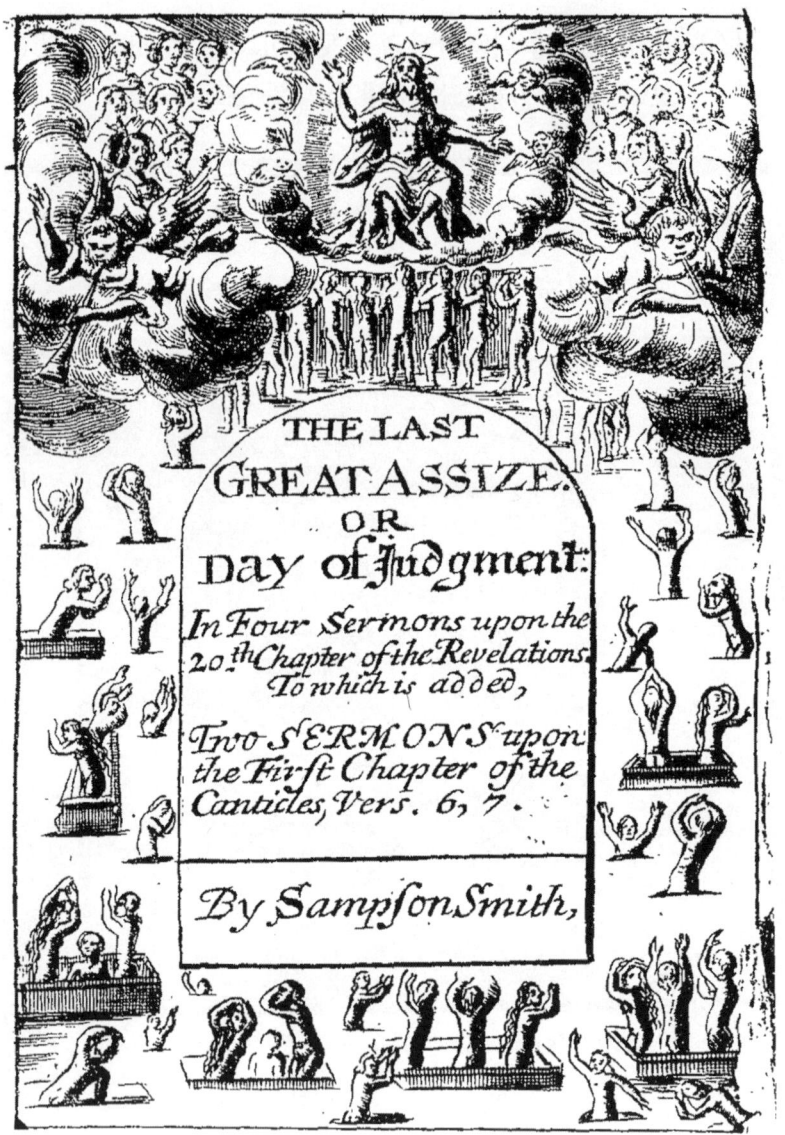

7

17세기 영국에서 환란 전 휴거와 대환란 개념

The Concepts of a Pretribulation Rapture and Great Tribulation in Seventeenth-Century England

'휴거'(rapture)라는 말은 죽은 사람들의 일반 부활 이전에 신자들을 하늘로 붙잡아 올리는 것을 묘사하는 데 흔히 사용되어 왔다. 세대주의를 반대하는 사람들은 이 개념이 거의 200년 전에 존 넬슨 다비가 최초로 사용했다고 주장하지만, '휴거'라는 단어의 어원을 연구해 보면 이 말이 몇 세기 전부터 신학적으로 사용된 것을 알 수 있다.1 '휴거'는 라틴어 *rapio*('붙잡다')에서 유래했고, 영어에서는 일찍이 14세기 버논 사본(the Vernon Manuscript)에서 가장 먼저 발견된다: "그[엘리야]는 낙원으로 붙잡혀 갔다(wan he [Elijah] was rapt into paradys)". 존 리드게

---

1 이 단어의 어원 연구는 옥스퍼드 영어 사전 2판의 'rapt' 3권 192와 Early English Books Online의 방대한 단어 검색에서 볼 수 있다.

이트(1370~1541 즈음)는 15세기 초 제프리 초서의 동료였는데 계시록 11장에 있는 증인들에 관해 썼다: "이런 방식으로 그 두 형제는 하늘로 붙들려 올라갔다([I]n this wyse were the brethren twayne to heaven rapt)".2 이것은 또 윌리엄 본드가 바울의 신비한 체험을 묘사하는 16세기 본문에서도 발견된다: "그는 붙잡혀 셋째 하늘로 올려졌다([H]e was rapt & taken up in to the thyrde heuen)".3

1608년, 토머스 드랙스(1618 죽음)는 그의 동료 그리스도인들에게 하나님께서 "노아와 그의 가족"을 홍수에서 구원하셨듯이 "온 세상이 멸망할 때 그들을 기억하고 구하실 것이며", "소돔의 롯처럼 보존되지만 다른 모든 사람들은 불에 타 없어질 것이다."라고 말했다.4 드랙스는 누가복음 21:36을 인용하면서 "우리에게 닥칠 이 모든 일을 피할 만하게 여겨지도록 깨어 기도하라."라고 독자들을 권면했다.5 그는 오직 자격이 있는 사람들의 부분적 휴거를 믿었다. 또한 그에 따르면, 유대인들에 대한 부르심은 "로마가 불타고 파괴될" 때야 일어나는 이유가 "그 때야 교황주의자들이 그들에게 성상, 성자들을 위한 기도, 라틴어 예배 따위를 통해 둔 거침돌이… 제거될 것"이기 때문이다. 그때 유대인들에 대한 부르심은 "세상의 부활과 재생"을 일으킬 것이다.6 드랙스는 "에녹과 엘리야(즉시 변화될 것임에도)는 살아 있는 채 하늘로 휴거된다."라는 사실에 주목했다.7 그는 독자들을 격려하려 했다.

---

2 Vernon MSS, in *Old English Miscellany*, 223; John Lydgate, *Chronicle of Troy* (1420) 2:14.

3 William Bond, *Pilgrim of Perfection* in *Wynkyn de Worde* (1531): 25.

4 Thomas Draxe, *The Worldes Resurrection*, 41.

5 Thomas Draxe, *The Lambs Spouse Or The Heavenly Bride. A theological discourse, wherein the contract betwixt* (London, 1608), D4.

6 Thomas Draxe, *The Worldes Resurrection*, 88~89, 94.

7 Thomas Draxe, *The Earnest of our Inheritance: Together with a Description of the New Heaven and New Earth* (London, 1613), 50.

부활의 날은 새롭게 되는 때이자 완전한 회복의 때이며 희년의 해이자 우리의 몸이 하늘로 올라가는 때이다. 그러므로 우리가 이날에 주를 만날 준비를 하자. … 우리가 부활의 교리를 믿는다면 우리는 세상을 떠난 친구들 때문에 무절제하게 울거나 슬퍼하지 말아야 한다. … 왜냐하면 그들은 죽지 않았고 땅에서 잠깐 자고 있을 뿐이며, 나중에 몸이 다시 깨어나 영광스럽게 올라갈 것이다. 그들은 멸망하지 않고… 어느 날 하늘의 궁전과 회의에서 다함께 만날 것이다. … 우리의 몸은 비록 벌레에게 먹히고 재로 변할지라도 우리는 때가 되면 죽음에서 일으켜져 우리의 몸과 재결합하여 영원히 영화될 것이다.8

1615년의 후반기 작품에서 드랙스는 우리가 "이 세상에 다가올 그 모든 일을 피하고 인자 앞에 설 수 있도록 그 날에 대비해 자신을 준비해야 한다."라고 경고했다. 그는 하나님께 탄원했다. "우리가 잠시 고난 겪은 후에 스스로 준비가 되었을 때, 당신의 영원한 영광의 나라로 데리고 들어가소서."9

'휴거'라는 단어는 17세기에 개인의 신비 체험을 언급할 때뿐만 아니라 몸이 하늘에 휩쓸려 가는 것을 언급할 때 자주 등장한다. 찰스 1세의 궁중 목사였던 바톤 홀리데이(1693~1661)는 1626년 "엘리야는 승리와 몸의 휴거를 경험했다."라고 썼다.10

조지프 미드(1586~1639)는 두 가지 부활, 곧 천년왕국의 전과 후의 부활을 믿었다. 그러나 1627년 데살로니가전서 4:14~18 주석에서 그는 다비와 동일하게 휴거를 "첫째 부활"의 예로 사용했다. 둘 다 휴거를 노아의 가족이 지상에서 죽음과 고통으로부터 들림 받은 것에서 유

---

8 Ibid., 58~59.

9 Thomas Draxe, *An Alarm to the Last Judgement. Or An exact discourse of the second comming of Christ* (London, 1615), 126, 128.

10 Barton Holyday, *Three Sermons upon the Passion, Resurrection, and Ascension of Our Savior* (1626).

비를 찾았다.11 미드는 '휴거'라는 단어를 단순한 문자적 의미로 여섯 번을 사용했는데, 모두 성도들이 공중에서 주님을 만나는 것을 가리켰고, 심지어 "사도는 이것을 **휴거**라고 부른다(살후 2:1)."라고까지 주장했다.12 미드가 환란 후 휴거를 제안하는 것처럼 보이지만, 휴거와 성도들이 땅으로 돌아오는 일 사이에 약간의 간격을 허용했다. 그는 "공중으로 옮겨진" 자들이 "지상이 불타는 동안 보존될" 것이며,

> 이 일 후 그리스도께서 오실 때 우리가 그에게로 모임은… 성도들이 **공중으로 옮겨져**… 그들은 **땅이 불타는 동안 보존될** 것이다. 그 일은 베드로후서 3:10에서 노아와 그의 가족이 방주를 통해 물 위로 들려 홍수에서 보존되었듯이, **성도들도 불타는 가운데서 구름 속으로 들려** 그들의 방주인 그리스도께로 간다. 그들은 **불의 홍수로부터 보존되지만** 악인들은 불에 탈 것이다.13

조지프 홀(1574~1656)은 1630년대 엑세터의 주교로서 어떻게 모세와 엘리야가 모두 하늘로 올려졌으며 계시록 11:1~14에 나온 두 증인으로 돌아올 것인지에 관해 썼다. 그는 독자들이 이해하기를 바랐다.

> 하나님의 성도들은 잃어버려진 것이 아니라 떠난 것이다. 그들은 그들의 주와 함께 먼 나라로 갔고 떠나갔을 때보다 더 부유하고 더 좋아져 돌아올 것이다. 이것이 하늘로 **휴거**된 엘리야의 경우라고만 생각하지 말고 여기서 그와 짝을 이루는 모세를 주목하라. 그는 죽었고

---

11 Jeffrey Jue, *Heaven Upon Earth* (Springer, 2006), 122~25.

12 Mede, *Works*, 4:775~76, epistle 22. "다함께 모임"에 대해 불가타는 *congregationis*를, 헬라어는 *episynagoges*를 사용한다.

13 Mede, *Works*, 3:611. [Cited in H. Orton Wiley, *Christian Theology*, chap. 34: The Second Advent (Nazarene, 1940); also cited by Thomas Ice, "The History of the Doctrine of the Rapture," *The English Annual Barndollar Lecture Series*](저자 강조).

또 장사되었다. 그리고 이것은 이 두 성도만의 상태인가? 누구도 그와 함께 보이지 않을 것인가? … 오 그대 연약한 그리스도인이여, 그리스도께서 변형되실 때 그의 영광스러운 몸의 단 하나 또는 두 개의 지체만 변형됐는가, 아니면 온 몸 전체가 변형됐는가? 그는 머리시며 우리는 구성원들이다. … 우리의 생명이신 그리스도께서 나타나실 때 우리 역시 그와 함께 영광스럽게 나타날 것이다. … 우리는 모두 잠잘 것이 아니라 변할 것이다. … 엘리야는 변화됐다. … 아무 것도 우리가 그와 함께 나타나는 것을 막을 수 없을 것이다. … 불병거가 나타나 이 죽음의 계곡에서 그대를 데려갈 것이다.14

1642년에 출판 검열이 더는 강행되지 되지 않자, 묵시론 작품들이 쏟아져 나올 때(많은 것들이 영국 내전을 배경으로 한다), 로버트 메이튼(1607~1653즈음)은 즉시 몇 권의 책을 출판했는데, 아마도 그가 옥스퍼드 시절부터 썼지만 출판할 수 없었기 때문으로 보인다.15

『이스라엘의 구속… 우리 구주의 지상 왕국』에서 메이튼은 그리스도께서 그의 성도들과 함께 지상에서 다스리시려고 오기 전에 부활이 일어날 것이며, 말일에 불경건한 자들은 "남겨져" 하나님의 진노를 경험할 것이라는 믿음을 진술했다.

우리의 구주께서 온 땅을 다스리시려고 오실 때 혼자 오시는 것이 아니라 그와 함께 온 성도들을 데리고 오실 것이다. … 성도들이 그분과 함께 오는 것은 그들이 이 왕국에 참여하기 위한 것 외에 다른 이유가 없다. … 왜 선택된 자들만 함께 모이고 나머지는 **남겨지는가**. … 그들이 남겨지는 것은, 만약 이런 일들이 동시다발적으로 일어난

---

14 Joseph Hall, *The Contemplation upon the History of the New Testament, now complete. Together with...* (London, 1708), 96(저자 강조).

15 Mark R. Bell, "The Revolutionary Roots of Anglo-American Millenarianism: Robert Maton's *Israel's Redemption and Christ's Personal Reign on Earth*" in *Journal of Millennial Studies* (1999), 2.

다면, 선한 천사들이 그들을 심판의 자리로 모으는 동시에 택자들을 공중에서 주님과 만나게 할 수는 없기 때문이다. 그러므로 내가 보기에 유대인들을 구속하실 때 그들은 **남겨져 유대인들과 싸운 모든 나라에 닥칠 엄청난 파멸 때 멸망하든가, 아니면** 그 당시 모든 나라들에서 **하나님의 기적을 보는 증인들이 될 것이다.**16

이어지는 책 『곡과 마곡, 또는 전능하신 하나님의 위대한 날의 전투』는 『이스라엘의 구속』과 동시에 출판되었는데 메이튼은 곡과 마곡이 유다를 침공하는 엄청난 일에 관해 썼다. 이것은 아마겟돈 전쟁으로 그리스도께서 천년왕국을 시작하시려고 돌아오실 때 지상의 왕들은 여기에서 큰 음녀인 바벨론과 적그리스도의 세력들과 함께 멸망할 것이다. 메이튼이 믿기로는, 에스겔, 요엘, 스가랴, 그리고 계시록 16~17장이,

> 모두 같은 하나의 전쟁을 예시한다… 첫째, 그들은 모두 더 일반적인 세상의 왕들의 연합과 합체에 대해 말하고 있기 때문이다…. 둘째, 그들은 모두 유대인들이 그들의 고향으로 돌아오는 것이 이런 전쟁 같은 모임을 형성하는 계기가 될 것이라고 말하기 때문이다. … 셋째, 그들은 모두 이 큰 군대의 멸망이 유대 땅에서 일어날 것이라고 선언하기 때문이다.17

메이튼은 성도들의 부활이 이 큰 전쟁 훨씬 전에 일어날 것이라고 주장했다.

> 앞서 말한 성 요한과 스가랴의 예언들이 명백히 보여주듯이, 우리 구주께서 전쟁의 때에 오심은… 데살로니가전서 4장에서 말씀하기를,

---

16 Robert Maton, *Israel's Redemption* (London, 1642), 60, 67(저자 강조).

17 Robert Maton, *Gog and Magog, or the Battle of the Great Day of God Almightie* (London, 1642), 94~95.

> 주님께서 하늘에서 호령과 함께 친히 내려오신다. … 우리는 주의 강림하시는 위대한 날이 오면 일반적으로 안전할 것이라는 말을 듣는다: 먹고 마시며 시집가고 장가간다. 그리고 싸우거나 전쟁하지 않는다. 만약 전쟁이 주의 오심으로 끝난다면 신실한 자들은 그들의 가장 큰 원수들이 쓰러진 것에 여기에서 어떻게 기뻐하며 하나님께 감사할 수 있을까?18

메이튼은 성경에서 '이중 부활'과 함께 성도들은 일어나고 나머지는 뒤에 남겨지는 것을 보았다.

> 무덤에 있는 모든 사람이 그의 음성을 듣고 나올 때가 오고 있다. 선을 행한 그들은 생명의 부활로(이때가 시작되면) 그리고 악을 행한 자들은 심판의 부활로(이때가 끝날 때) 나올 것이다. 그리고 확실히 같은 사도가 계시록 20장에서 명확하게 이 첫째와 둘째 부활을 기록했다. … 성 바울은 또 우리를 위해 말씀한다. 아담 안에서 모든 사람이 죽은 것 같이 그리스도 안에서 모든 사람이 살게 된다. 그러나 모든 사람이 자신의 차례대로 된다. 그리스도가 첫 열매고 다음은 그리스도께서 오실 때 그에게 붙은 자들이다. 이제 그 단어[차례]는 그리스도의 부활과 그리스도에게 속한 자들의 부활 사이의 시간의 차이를 암시한다. 그래서 의심할 바 없이, 그가 오실 때 그에게 속한 자들의 부활 외에 다른 누군가의 부활에 관한 언급이 없다. 이들의 부활과 그에게 속하지 않은 자들 사이에도 역시 시간의 간격이 있음을 암시한다. … 이 사도는 다른 곳에서 우리 구주가 하늘에서 강림하시는 것과 일치하는 부활을 말하면서 그리스도 안에서 죽은 자들을 제외한 누군가의 부활에 대해서는 한마디도 언급하지 않는다.19

---

18 Ibid., 110.

19 Ibid., 119~20.

메이튼은 유대인들이 종말의 약속들과 예언들의 중심이 될 것이라고 기대했고 로마가 전복되고 시온을 재건하는 일에 헌신했다. 현대 신학자들은 다비 이전에는 그와 같은 사람을 발견할 수 없다고 주장하지만, 메이튼은 17세기 후반에 걸쳐 두루 인용되었다.20

1642년에 존 아처(1598~1682) 역시 그리스도의 재림 전 부활을 기대하면서 썼다.

> 그리스도께서 하늘로부터 오실 것이다… 즉, **그리스도께서 그때 가시적으로 나타나실 것인데, 그것은 마지막 심판의 날에 대해 말하는 것이 아니다.** 이것은 **이스라엘인들의 큰 환란의 때**로서 그들이 기독교로 처음으로 회심하고 난 뒤에 일어난다. … 첫째, 그는 **성도들을 일으키실 것인데, 그들은 그가 오시기 전까지 죽은 자들이다**… 이 부활은 세상의 끝에 오는 것이 아니다. … 그들은 왕들의 자리에 앉을 것이며 이스라엘의 지파들을 다스리게 될 것인데, 그것은 성부의 나라인 하늘나라를 말하는 것이 아니다. 그리스도의 나라는 세상이 끝날 때 끝이 난다. … 그들은 그의 나라에서 그와 함께 다스린다… 그리스도와 함께 우리가 다스린다.21

아처는 그리스도께서 성도들과 함께 오는 것을 성도들의 부활 이후의 시간대에 확실히 놓는다.

---

20 Henry Danvers, *Theopolis, or the City of God New Jerusalem, in Opposition to the City of the Nations Grreat Babylon...whether the natural Jew is not most concerned in the latter day Promises and Prophecies, espeically in the pulling down Babylon, and Building of Zion, as Maton, and others assert...* (London, 1672), title page. See also W. S., *The Glorious Kingdom of our Blessed Lord Jesus Christ on Earth, Rightly Timed* (London, 1693), 7.

21 John Archer, *The Personal Reign of Christ upon the Earth* (London, 1642), 16~17(저자 강조).

그리스도께서 그의 왕국을 세우시려고 하늘에서 오실 때 제일 먼저 하실 일은 그가 오시기 전에 죽은 모든 성도들을 일으키는 것이다. 그러므로 그는 자기의 모든 성도와 함께 오신다고 말씀하고 있다(슥 14:5). 왜냐하면 그리스도께서 분명히 그의 부활과 승천 사이에 40일의 중간 상태를 가지셨듯이⋯ 그들은 영광과 불멸 사이의 중간 상태를 가지게 될 것이다. ⋯ 그분이 이미 오셨음에도 불구하고 하늘로부터 오신다고 말씀하고 있으므로, 그분이 다시 하늘로 가신 것이 분명하다. ⋯ 하나님께서는 자신의 교회와 백성의 모든 시대에 적합하고 특별한 어떤 것을 승인하셨다. ⋯ 그리고 이 자리에서 그들은 그리스도의 왕국이 올 때까지 보호받는다.22

웨스트민스터 총회 목사인 제레마이아 버로우즈(1600즈음~1646)는 교회의 구원 전에 대환란이 있을 것이라고 가르쳤다.

이 큰 이스르엘의 날에 이루어질 첫 번째의 일은 그들이 얼마 전에 경험한 비참한 고통에서 교회가 구원받는 것이다. 성경이 다니엘 12:1에서 말씀하듯이, **이날 전에 전무한 환란의 때가 있을 것이며⋯ 또 그 때 너의 백성은 구원을 받을 것이다.** ⋯ 고대인들이 여기에 대해 말한 것은, 비록 우리에게는 다소 이상하게 들릴지 모르지만, 고대 시대 때 가장 평범하게 알려진 것들 중의 하나였다. 이것은 당시에 너무나도 일반적으로 승인된 것이어서 내가 기억하기로 순교자 유스티누스(성 요한 때부터 불과 30년 후에 살았다)가 이것에 관해 표현하기를 (그가 말하기를) 누구도 모든 일에 정통 신앙을 가진 사람은 없지만, 자신은 이것을 인정한다고 말했다. 또 락타니우스는 그의 책 7권에서⋯ 조금 앞서 내려지게 될 가장 고통스러운 시간이 있게 될 것을 보여준다. ⋯ 성도들이 핍박을 받을 것이고⋯ 큰 환란의 때가 그 위대한 날이 이르기 전에 있을 것이다. 그러므로 이것이 **위**

---

22 Ibid., 19.

> 대한 날로 불리는 이유는 하나님께서 그 날에 그의 교회를 구원하시기 위해 영광스럽게 나타나실 것이기 때문이다. … 하나님의 교회를 위한 위대한 날, 영광의 날이 있다… 이것은 위로 가는 것, 일어남, 높은 곳에 이를 때까지 오르고 또 오르는 것이다. … 그분께서 오실 때 그들의 신랑인 그리스도를 만날 준비를 더 잘하도록 하나님의 이런 진리들을 찾으라.23

에브라임 휫(1591~1604)은 1639년에 코넥티컷에 최초의 교회를 세운 사람인데 "인자가 구름을 타고 오심"으로 택자들이 "시험"에서 구출되고 유대인들은 하나님의 계획에서 그들의 역할을 다시 찾게 될 것이라고 믿었다.

> 외적 시험들에서 구원은 주님께서 구름을 타고 오시는 것으로 표현되었다… 자기 교회를 이집트에서 구원하시고 광야에 보존하실 때 그가 하늘을 타신 것으로 묘사되어 있다…
>
> 둘째로, 이렇게 인자가 구름을 타고 오시는 것은… 일반 심판 전에 일종의 기억에 남을 사건으로서의 예표이며, 그러므로 다른 어떤 나타나심을 가르치고 있음이 분명하다.
>
> 셋째로, 이렇게 인자가 구름을 타고 오실 때… 하나님의 나라가 유대인들에게 주어지지만… 우리 주님의 성육신 때 그 나라는 빼앗겨 로마인들에게 주어졌다….
>
> 그러나 여기에서 누군가 나팔 소리에 택자들을 부르시는 것을 반대한다면… 그러나 이 나팔은 택자들에게만 들려지고 유기된 자들은 들을 수 없다.
>
> 우리 주님(마 24:30)과 그의 사랑하시는 제자 요한(계 1:7)은, 인자가 구름을 타고 오시는 것과 유대인들이 회심하면서 거룩하게 울부짖는 것을 연관시켰다…(슥 12:10).24

---

23 Jeremiah Burroughs, *An Exposition of The Prophesie of Hosea* (London, 1643), 187~88, 194~95.

휫은 다니엘 12:1을 풀어썼다. "그날 동안 주 메시아시며, 그의 교회의 보호자이신 분께서 그의 백성을 구속하심으로 그분의 능력을 보여주실 것이다. 그러나 그때는 이전에는 결코 없었던 극도의 환란기여서 누구도 견디지 못하므로 하나님이 택하신 만큼의 백성들만이 구출될 것이다." 그는 '일반 심판과 부활' 전의 부분적 부활을 암시했다.

> 그 환란의 날에 주께서 그의 교회를 변호하시려고 서실 것이다. … 이것들은 일반 심판과 부활로 설명될 수 없다.
>
> 첫째, 다니엘의 백성의 자녀들만이 구원받고 유대인들만이 이 부활을 경험할 수 있는데, 그들은 일반 심판 때 두드러지지 않는다.
>
> 둘째, 이때는 생명으로 살아나는 자들에게조차 큰 환란의 때지만 경건한 자들이 일반 심판에서 일어나는 상태는 안식과 평화로 충만하다.
>
> 셋째, 이 부활 때 많은 이들이 살아나지만 다는 아니다… 그러나 일반 부활 때는 그들이 얼마나 타락한 자들인가에 상관없이 모든 사람이 일어날 것이다.25

그러고는 그는 각각 투르크인들과 사라센들로 간주하는 북방의 왕과 남방의 왕이 재건된 유다를 침략한다고 묘사했다. 유대인들은 "그들이 회복될 때 심한 고난을 당할 것이라고 말씀하지만," 그리스도와 "하나님의 교회가 신부로서 왕족같이 차려입고 하늘에서 내려올" 때 그들은 마침내 구원받을 것이다.26

1647년, 엘리자베스 애버리(1614즈음~1643)는 계시록 12장의 여자(독수리의 두 날개로 광야로 피신한)를 그릇된 교회의 박해로부터 구출된 참교회로 이해했다. 그녀는 『열린 성경 예언』에서 하나님께서 그의 백성

---

24 Ephraim Huit, *The whole Prophecie of Daniel Explained, by a Paraphrase, Analysis and briefe Comment* (London, 1643), 196~99.

25 Ibid., 346~47.

26 Ibid., 204, 347ff.(페이지 오류로 두 차례나 반복됐다).

을 온 세상에서 모아(보통은 유대인들이 이스라엘로 모이는 것으로 이해됨) 자신에게로 불러들이신다고 하는 본문들에 대해 이해하는 바를 설명했다. 그녀는 썼다.

> 그분은 그 땅을 떠났거나 포로로 잡혀간 모든 곳에서 자기 모든 백성을 모으실 것인데, 그곳은 다른 어느 곳보다 명백히 영적 바벨론으로 보인다. … 하나님의 교회가 바벨론에서 구원받기 직전에 떨어질 **큰 환란**을 보여주는 이 성경 본문들을 비교해 보라… 그녀의 구원은 마찬가지로… 하나님이 미워하시는 대적들의 예속에서 일시적으로 이루어진다. 그래서 교회는 이사야 26장에서 말한 방과 계시록 12장에서 말한 광야에서 안전하게 보호받는다. 영적인 의미에서와 마찬가지로 일시적인 의미에서 그것은 **안전한 장소… 하나님께서 성도들을 위해 쉬는 장소로 제공하실 것이다.** 내가 말하건대 이것은 악인들이 칼과 전염병과 기근으로 완전히 파멸되는, 지상에 내려질 하나님의 심판에 관한 의심의 여지가 없는 진리다.[27]

이렇게 성도들이 모이는 것이 그리스도의 실제적 재림과 분리되어 있다는 자신의 견해를 지지하고자 애버리는 다비와 후대의 세대주의자들이 인용한 것과 동일한 본문들을 인용했다.

> 성도들은 마지막 날에 모든 것들이 용해되는 것을 기대했지만, **인자가 하늘에서 구름을 타고 능력과 큰 영광 가운데 오실 때** 그와 함께 모든 성도는 같은 방법으로 나팔 소리에 다함께 모일 것이다, 고린도전서 15장과 데살로니가전서 4, 5장… 베드로전서 3장에서 말씀하듯이. 그 밤에 도둑과 같이 **그날이 올 것이라고** 말한 곳에서… 그리스도의 재림 때 일어난 자들은 죽은 자들 가운데서 일어난 자들과 함께 구름 속으로 끌어올려 공중에서 주님을 만날 것이다… 따라

---

[27] E. Avery, *Scripture-Prophecies opened* (London, 1647), 7~8(저자 강조).

서 그리스도가 영적으로 영광 가운데, 그리고 그의 모든 성도와 함께 오실 것을 기대한다.28

성도들이 환란에서 취함을 받고 적그리스도의 진노에서 보호받는다는 기대는 17세기에 일반적이었다. 또 다른 여성 예언 연구자이며 저술가인 매리 캐리(생존 연도 불명, 그러나 대략 1635~1655에 활동)는 "성도들이 번영하는 때가 올 것과 그들은 짐승의 횡포에서 구원받고 그의 진노에서 온전히 보존될 것이다."라고 믿었다.29

웨스트민스터 목회자 총회의 또 다른 일원이었던 페리 스테리(1613~1672)는 그의 『그리스도가 타고 오시는 구름』(1648)에서 환란 전 휴거를 묘사하는 듯하다.

> 그리스도의 재림은 노아의 때와 같다. 주 예수는 영으로 방주와 홍수 모두에 계실 것이다. 방주는 그리스도에게로 잡혀간 사람들에게 주어지는데, 모든 불행 너머 하늘을 향해 들어 올려진다. 홍수는 무분별한 사람들과 교만한 사람들을 영원한 재앙으로 휩쓸어 간다.30

너대니엘 홈즈(1599~1692)는 '휴거'라는 용어를 데살로니가전서 4장의 사건에 쓴, 17세기의 한 명의 저자이다. 그는 26년 전에 쓰인 조지프 미드의 책을 인용했다.

---

28 Ibid., 19. 25.

29 M. Cary, *The Resurrection of the The Witnesses: and Englands Fall from (the mystical Babylon) Rome* (London, 1648), Postscript. 캐리에 관해 더 보기 원하면, Phyllis Mack, *Visionary Women: Ecstactic Prophecy in Seventeenth-Century England* (Berkeley: University of California Press, 1992)을 보라.

30 Peter Sterry, *The Clouds in which Christ Comes, Opened in a Sermon before the... House of Commons* (London, 1648), 38.

> 그리스도 안에서 자는 자들의 **부활**과 살아남을 사람들의 **휴거**를 통해 그들은 함께 **공중에서** 단번에 모일 것이다. 데살로니가전서 4:16~17의 말씀에 따르면… 상당한 시간 간격을 허용하는 것 같다… 모든 사람(또는 온 인류)이 그들의 차례에 따라 일어날 것인데 첫 열매이신 그리스도… 다음엔 그리스도께서 오실 때 그분께 속한 자들… 위에서 1500년의 시간 간격을 두고 있다. … 성도들이 공중으로 들려지는 이 **휴거**가 그들을 하늘로 옮기는 것이라면… 성도들이 구름 속으로 **휴거**되는 것은 현재적으로 하늘로 옮겨지는 것이다.31

홈즈는 고전적 환란 전 논증을 사용하여 성도들이 그리스도께서 지상에 오실 때 단순히 그리스도를 만나는 대신, 어째서 공중으로 휴거되고, 그 후 하늘로 옮겨지는가를 궁금해 한다.

> 주님이 땅으로 오시기를 기다리기보다 구름 속에서 주님을 만나려고 성도들이 공중으로 휴거되는 이유가 될 만한 것은 무엇인가. 만약 그들이 이 땅과 거기의 일들이 다 **타는** 동안 보존된다면 어떻게 될까. **노아**와 그의 가족이 **방주**에서 물 위로 들려져 홍수에서 보존된 것처럼 성도들도 불에 탈 때 **방주이신 그리스도**에게 구름 속으로 끌어올려져 이 **불의 홍수**에서 보존되고 악인들은 불타면 어떨까?32

홈즈는 이중 부활에 관해 썼다. "첫째 부활에 참여하는 자는 복되고 거룩하다." 그것은 "죽은 신자들의… 부활로서… 만물의 부활에 유대인들을 불러들이는 것은 매우 위대하고 영광스러운 일임을 보여주며" 일어날 것이다.33 홈즈는 휴거와 유대인의 부르심이 동시에 일어난다고 믿었다.

---

31 Nathaniel Homes, *Apocalypsis Anastaseos. The Resurrection Revealed: or the Dawning of the Daystar* (London, 1653), 492.

32 Ibid., 494.

33 Ibid., 62~63.

이 본문["그들은 자신들이 찌른 자를 보고 애통할 것이다", 슥 12:10]의 진정한 의미를 밝히는 가장 그럴듯한 시점은 **만물이 회복**되기 시작할 때 일반적인 부름과 함께 장차 유대인들이 회심할 때다. … 이때의 오심은 **그가 승천하신 후**의 오심을 의미하지만 궁극적인 운명의 날 이전이다… **그가 오신다**는 것은 **미래**의 사건임을 암시한다… 이것은 그가 행할 마지막 행동, 곧 최후의 심판을 의도한 것은 아니다. **보라**는 말은 어떤 탁월한 오심이며 이보다 더 탁월한 것이 없는 것은 **만물이 회복**되기 때문이다. … **그는**… **구름을 타고**… **오신다**. … 이 오심은 그의 성육신처럼 아무도 모르게 이루어지지 않을 것이다… 그는 인상적이며 영광스럽게 가시적으로 지상의 모든 사람에게 임하실 것이다… 예언자 스가랴와 사도 요한은 모두 앞서 말한 곳에서 그의 승천 후 지상에 있는 사람들의 눈에 보이도록 하나의 동일한 인격체로 나타나실 것을 예언한다. 그러나 이것이 최후의 일반적인 심판을 위한 오심이라고 볼 수 없는 이유는, 그들이 유대 가족에게 은총이 내리고 회개를 주실 것이라고 말하기 때문이다.[34]

홈즈는 많은 예언 사건이 아직 일어나지 않았다는 점에 관해 여러 페이지에 걸쳐 논증하고, 환란 전 휴거를 암시하면서 명백한 전천년설 시나리오를 펼쳤다. "첫째 부활에서 모든 성도가 일어난다. 그래서 바벨론의 멸망과 성도들의 부활은 동시에 즉각적으로 일어나는데 한쪽의 슬픔은 다른 쪽의 승리이다." 홈즈는 므낫세 벤 이스라엘을 인용하여 "바벨론의 멸망"으로 이스라엘의 "위대한 회복"이 일어난다는데 "모든 랍비가 동의한다."라고 했다.

이스라엘 사람이 구속받아 자신들의 땅으로 돌아오고 나서 곡과 마곡의 마지막 전쟁이 끝날 때까지는 충만하고 완전한 안정과 평화를 누리지 못한다. 이스라엘 사람이 팔레스타인으로 돌아오는 일이 일어나

---

[34] Ibid., 80~82.

면 곡과 마곡의 나라가… 성경의 여러 곳에서 확증하듯… 거룩한 땅을… 침략할 것이다. 에스겔 37장에 따르면, 선지자는… 다시 모이고 회복되는 것을 다룬다… 38장에 가면 이 백성은 깨어질 것이다. … 둘째로 이것은 요엘서 3장에 의해 확증될 수 있을 것이다…. 셋째로 다니엘 12장부터…. 미드는 투르크인들이 곡과 마곡이라고 말한다.35

윌리엄 애즈핀월(1605~1662즈음)도 큰 진노 전에 하늘로 취해지는 것과 일부는 남겨지는 것을 믿었다.

하나님께서 하늘에서, 내가 보기에는 그의 교회에서 **이리로 오라**(계 11:12~13)라고 말씀하시면, 그의 부르심을 따르고 원수들을 두려워하지 말라. 당신이 그들을 보더라도 그들은 당신이 하늘로 올라가는 것을 볼 것이며 당신은 안전할 것이다. 어떤 소란과 지진이 곧이어 일어날 것이지만, 하늘의 음성에 순종하는 당신에게는 방해가 되지 않을 것이다. 그것은 원수들 자신에게 방해가 될 것이다.36

애즈핀월은 뉴잉글랜드로 이주한 많은 사람들 중에 있었고 대서양을 넘어 정치적, 종교적 사상들을 교류하는 일에 매우 적극적 역할을 했다.

마지막 큰 박해 때 참된 교회가 하나님께 기적적으로 보호를 받는다는 사상은 또한 제임스 어셔 주교(1581~1656)의 믿음이기도 했다. 어셔는 창조의 날짜를 B.C. 4004년으로 잡은 것으로 유명한데, 실제로 조지프 미드와 친밀했고 이런 종말론 체계에 동의했다. 미드와 어셔는 둘 다 6천 년의 인간의 역사가 있고 나서 천 년 동안 낙원이 있을 것이라고 믿었다. 결국 지구는 6일 만에 창조되고 하나님은 일곱째 날에 쉬지 않으셨는가? 미드에 따르면, "주와 함께 있는 하루는 천 년과도

---

35 Ibid., 426~27.

36 William Aspinwall, *A Brief Description of the Fifth Monarchy, or Kingdome, That shortly is to come* (London, 1653), 7~8.

같다."37 미드는 랍비 문헌뿐 아니라 몇몇 교부들(예를 들어, 이레나이우스, 순교자 유스티누스, 그리고 키프리아누스) "주교들의 가장 학식 있는 고위 성직자이며 귀감이 되는 알마의 대주교"를 인용했다.38

어셔는 죽기 1년 전인 1655년에 조지 워커 대령(1689년에 데리를 포위했을 때 그곳의 통치자)에게 말했다.

> 가장 큰 충격이 개신 교회의 미래에 닥칠 것이다. 로마는 자신이 가장 안전하다고 생각할 때 완전히 멸망할 것이다… 그러나 슬픔의 시작은 그리스도의 개신교회들에게 앞으로 닥칠 것인데, 그들이 이제까지 경험해 본 적이 없는 심한 박해를 당할 것이다. 그러므로 당신은 바깥뜰에 있는 자가 되지 말고 성전 안의 제단 앞에서 예배하는 자가 되라. 그리스도께서 그의 이름을 고백하는 모든 사람을 심판하시고 그들을 그의 백성으로 부르실 것이다. 그는 외적으로만 예배하는 자들을 남겨서 이방인들에게 짓밟히게 하실 것이다. 바깥뜰은 형식적인 그리스도인들을 말하며, 그들의 종교는 기독교의 외적인 의무들을 행하지만 믿음의 내적인 생명과 능력, 그리고 그리스도께로 연합시키는 사랑이 없다. 하나님께서는 이들을 이방인들에게 짓밟히고 쓸리게 버려두실 것이다. 그러나 성전의 제단 앞에서 예배하는 사람들은 하나님을 영과 진리로 진실하게 예배하는 사람들이며, 그들의 영혼은 그의 성전들이다… **하나님께서는 이 사람들을 자기 장중에, 그의 날개 그늘에 숨기실 것이다.** 그리고 이 마지막 박해와 그에 선행하는 모든 박해 사이에 큰 차이가 있게 하실 것이다. 이전에는 가장 탁월하고 영적인 사역자들과 그리스도인들이 일반적으로 가장 크게 고생하고 가장 큰 폭력의 희생물이 되었지만, 이 마지막 박해

---

37 시 90:4; 벧후 3:8; 이 6000 + 1000년 체계는 아우구스티누스, 조지프 미드, 제임스 어셔, 윌리엄 셔윈, 토머스 버넷, 아이작 뉴턴, 로버트 플레밍, 아이작 앰브로스가 믿었다.

38 Joseph Mede, "Answer concerning a Discourse inferring... That the World should last 7000 years..." in *Works*, 5:892, 3장.

때 그들은 하나님에 의해 교회에 내려지게 될 영광에 참여할 씨로서 보존될 것이다… 참으로 영적인 신자들은 재앙이 지나갈 때까지 보존될 것이다. … 교황주의자들은 그의 생각에 계시록 11장에서 말하듯 바깥뜰을 받게 될 이방인들로서 그들은 그것을 짓밟을 것이다. 그들은 성상과 죽은 성자들을 숭배하고 자신들에게 많은 중보자를 둠으로 이방인들의 예배를 받아들였다.39

1654년에 존 브라운 대위(1627~1677)는 '마지막 날들'에 관한 사건들의 상세한 순서를 내놓았다.

다음에 교회에 벌어질 일은 주 예수와 그의 사도들이 가르쳐 준 교리의 진리에서 떨어지는 것이다. 이것은 사도 바울이 데살로니가 교회에 예언한 바와 같이 죄악의 사람이 드러나기 전에 배도하는 일이 있게 될 것을 말한다(살후 2:3)… 말씀한 배도는 우리가 다룰 세 번째 일을 일으킬 텐데, 그것은 밤의 어두움이다.40

이 사건들이 환란 전 휴거를 포함하는 이유는 144,000명이 교회가 '들려진 다음에' 있을 것이기 때문이다. 처녀들은 적그리스도를 피해 하늘에 있는 그리스도에게 연합하지만, 144,000명은 지상에 있으면서 적그

---

39 George Walker, *The Protestant's Crums of Comfort: containing…The Learned Bishop Usher's Prophecy, concerning Ireland and the Downfall of Rome*, 4th ed. (London, 1700), 108, 114~17(저자 강조). 저자 미상의 이전 판은 『거룩하고 학식 있고 탁월한 제임스 어셔의 이상하고 놀라운 예언들과 예측들』(London, 1658)이다.

40 John Browne, *A Brief Survey of the Prophetical and Evangelical Events of the Last Times* (London, 1654), 2~3. 그의 작품은 1654/5년에 출판되었다. 그는 1550년대에 해군 대위였고, 켄트주의 올핑턴에 있는 침례교 회중의 일원이었으며, 또 1650년대에는 올핑턴의 치안 판사였다. 그는 거의 확실히 1660년대(스튜어트가의 부활 이후) 로드 아일랜드에서 같은 이름으로 치안 판사를 지낸 사람이었을 것인데, 그의 생존 연대는 1627~1677이다.

리스도에게서 도망친다.

> 처녀들이라고 불리는 144,000명은 배우자, 곧 어린양의 신부를 섬기는 처녀들이라고 말할 수 없는 것은 그들이 **말씀한 배우자가 취함을 받은 후 지상에** 있기 때문이다… 이 144,000명은 광야로 도망치는 여자들이다. … 처녀들은 신랑을 만나러 나아간다.41

브라운은 사건들의 순서를 재확인했는데, 휴거가 먼저고 다음에 적그리스도가 나타나는 것이다.

> 이제 이 왕국 복음은… 그때가 오기 전에 모든 나라에 전파되어야 한다… 그러면 유다와 베냐민 지파가 예루살렘으로 부름을 받는 일이 이어진다… 그리고 나면 **도시가 건설되는데**, 열 지파를 다시 불러들이는 일은 **성도들이 들려진 다음에** 예전과 같이 **예루살렘과 성전이 건설되고** 제물이 드려질 때까지 완성되지 않을 것이다… 두 지파가 부름을 받아 예루살렘을 중건하고 거기에 거주한 다음에 일어날 주목할 만한 일은 짐승과 열 뿔, 곧 왕들이 일어나거나 나타나는 것이다.42

브라운은 반복적으로 온 세상의 복음화와 시오니즘을 강조했다.

> 이제 이 일곱째 머리 아래서 시행되어야 할, 주님의 일은 우리가 말했듯이, 이중적이다: 첫째, 왕국의 복음을 설파하는 것(마 24:24); 둘째, 유대인들을 자신의 고향 땅으로 불러들여(즉, 두 지파, 곧 유다와 베냐민) 예루살렘 성과 성전을 짓는 것.43

---

41 Ibid., 7(저자 강조).

42 Ibid., 12~13(저자 강조).

43 Ibid., 37.

그는 몇 페이지 뒤에 계속 말했다.

> 그리고 이때 유대인들을 부르는 일에 관해… 그러나 아직 그들은 부름 받지 않았고, 투르크인들(이들이 그 땅을 차지하고 있다)이 거기에 거하거나 들어오도록 허락해 주지도 않으며, 다만 순례자들로서 또는 죽은 친구들의 뼈를 그들의 모든 거주지로부터 거기로 가져오고 있다. 둘째, 성경의 예언자들은 예루살렘이 그 자신의 자리에(지금은 그렇지 않다…) 지어져야 한다고 선언한다… 선지자 스가랴의 예언을 생각해 보라… **내가 유다의 통치자로 화로와 같게 하리라… 그들이 주위에, 오른쪽과 왼쪽에 있는 모든 사람을 삼킬 것이고 예루살렘은 예루살렘이 있던 본래의 자리에서 다시 거주하는 곳이 될 것이다.**[44]

그의 연대기와 관념들의 요약과 개관은 아래와 같이 종말 사건들에 관한, 브라운의 순서에 따라 나타난다.

1. 주 예수께서 그들에게 가르쳐 주신 교리의 진리에서 교회의 배도… 죄악의 사람이 등장하기 전에(살후 2:3)….

2. 바벨론의 비밀스런 음녀 등장… 그녀의 거처는…그 큰 도성…그것은 지상의 왕들을 다스린다… 로마, 여섯째 머리의 주요 거점, 로마 왕조….

3. 느부갓네살이 두 다리로 본 성상… 제국의 분열… 이후로 서방 제국은 여러 왕국들로 나뉜다… 그리고 동방은 투르크인들에 의해 상당 부분 정복된다….

4. 이 왕국 복음이 교회들의 배도에 이어 모든 나라에 전파되어야 한다….

5. 그러면 유다와 베냐민 두 지파가 예루살렘으로 부름 받는 일이 따른다….

---

44 Ibid., 39~40.

6. 그러면 도시가 건설된다… 예루살렘과 성전이 지어지고 제물이 드려진다….

7. 이 일곱째 머리 또는 정부는 세금 걷는 자로 나타나며… 그 악한 자 바로 앞에 등장한다… 이 작은 뿔은 그 악한 사람, 죄악의 사람, 그리고 짐승과 같은 것이 분명하다… 그때까지 발생한 일상적인 비용을 감당할 재화가 발견되지 않고 수입이 남아 있지 않으며, 군대를 유지할 돈은 더더욱 없어진다….

8. 요한의 짐승은… 돌아올 것이다… 그들(곧, 유대인들)로 하여금 포위되게 할 것이다… 매일 드리는 제사가 금지되고 황폐하게 하는 죄악… 성소가… 짓밟힌다….

9. 그 공포의 때에 유대인들의 교회(곧, 144,000명)는 예루살렘에서 광야로 도망한다….

10. 열 뿔과 짐승이 일어나고 그들의 권세가 정점에 이르기 전에 성도들은 들림을 받는다… 그러므로 가장 필요한 복음전파를 수행할 더 많은 이유가 있다….

11. 열 지파가 돌아온다….

12. 144,000명은… 말씀한 배우자가 들림 받고 나서 지상에 있다….

13. 짐승은 황폐하게 만드는 가증한 것을 세울 것이다… 그러면 큰 환란이 곧 따르는데, 세상의 시작부터 그때까지 없었던 그런 환란이다.45

브라운은 느부갓네살 신상의 열 발가락, 계시록의 열 뿔 달린 짐승, 그리고 계시록 17장의 열 뿔을 핼 린제이가 1970년대 선풍적 인기를 받은 『대유성 지구의 종말』에서 유럽 연합의 열 나라의 연합체라고 한 것과 매우 유사하게 동일시했다: "그들은… 로마 왕조에서 일어나야 한다."46

---

45 Ibid., 요점 1, 2; 요점 2, 9~10; 요점 3, 31; 요점 4, 12; 요점 5~6, 13; 요점 7, 32~34; 요점 8, 43~44; 요점 9, 45; 요점 10, 7, 13, 39; 요점 11, 13; 요점 12, 7; 요점 13, 46(1~13번의 인용 숫자는 더해진 것).

46 Ibid.

브라운은 '성도들을 데려감'이 그리스도의 재림과 분리된 사건임을 더 확증하려고 다음과 같이 묘사했다.

> 열 뿔과 짐승은 **성도들을 데려가기 전과 후에** 무슨 일을 할 것인가. 첫째, 열 뿔이 성도들을 데려가기 전에 일어나 음녀를 미워하고 그녀를 황폐하게 할 것이며… 그들의 권세를 짐승에게 주기 전에 그녀를 파괴할 것이다. 둘째, 짐승은 무엇을 할 것인가. 첫째 성도들이 데려감을 당하기 전에… 그는 남방의 왕(이집트의 왕)과 전쟁을 벌일 것이다… 그러나 후에 그들은 겉으로만 화해할 것인데, 그것은 그들이 한 테이블에서 속임수를 말하고(또는 거짓말을 하고) 둘 다 재앙을 계획할 것이기 때문이다… 그의 마음은 거룩한 언약(또는 유대 백성들, 전에 그들은 이들과 연맹을 이루었었다)을 어길 것이고… 그의 악한 생각들은 에스겔 38장의 예언에 따라 그들에게 해롭게 작용하기 시작할 것이다(10, 11, 13장). 만약 우리가 에스겔 38장… 39장을… 19장과 비교하면(계 17, 18), 이 곡은… 명백히 이 악한 사람 또는 요한의 짐승으로 나타날 것이다. 약정된 시간에 그는 돌아와… 그들(즉, 유대인들)의 나라를 지나 남방의 왕에게로 갈 때 그들이 포위당하게 할 것이다… 그러면 그때 다니엘 8장의 예언의 또 다른 부분이 성취되기 시작할 것이다(13, 14장). 날마다 드리는 제사가 제거되고, 성전과 성물 모두 짓밟히게 내주는, 황폐케 하는 범죄의 때는… 악한 사람들의 통치가 끝날 때까지… 2,300일이 될 것이다… 그 **공포의 기간에** 유대인들의 교회(즉, 144,000명)는 예루살렘에서 광야로 도망칠 것이다.[47]

브라운에 따르면, "성도들이 데려감을 당하는 것"과 짐승의 통치가 끝나는 것 사이에는 상당한 시간의 간격이 있을 것이며, 그때 짐승, 또는 적그리스도가 예루살렘과 유다를 정복하고 "완전히… 유대인들을… 말살할 것이다."

---

[47] Ibid., 43~44(저자 강조).

그리고 이제 우리는 그가(악한 사람 또는 짐승) **성도들이 들림 받은 후에 할 일**을 말해야 할 때가 되었다. 즉, 그와 그의 군대는 잠시 후 그들의 정신을 회복하고 마귀에게 능력을 부여받아 예루살렘을 취한다… 그리고 나면 **그는 자신을 하나님의 성전에 세우고 신이라고 일컫는 모든 것들 위에 자신을 높일 것이다**(살후 2:4; 단 11:36)… 용과 악한 사람에게 설득되어 이 유대 백성을 그 풍성한 나라로부터 완전히 뿌리 뽑는 일에 합세한다… 그러면 이제 세상은 짐승을 보고 놀라게 되는 때가 되는데, 짐승은 칼에 맞은 상처가 치유되고… 황폐하게 하는 가증한 것을 세운다… 그러면 그때가 그들이[유대인들] [광야로] 도망가야만 하는 때가 될 것이다. 곧이어 벌어질 **큰 환란**은 세상이 시작되고 나서 그 때까지 없었던 환란이 될 것이다.[48]

브라운은 전천년적 환란 중 휴거를 믿었다.

거룩한 성은 42개월[3년 반] 동안 짓밟힐 것이다… 그 이레의 중간[7년의 중간]에 그는 희생을… 중단하게 하고 그들은[유대인들] 그의 손에 넘겨져 한 때와 두 때와 반 때[3년 반]를 보낼 것이다… **성도들이 데려감을 당한** 때로부터 용 혹은 마귀가 잡히고 짐승과 거짓 선지자가 산채로 잡혀 불못에 던져질 때가 되면 앞서 말한 용 또는 마귀는 사슬에 매여 잠시 동안… 그에 관한 예언들은 가장 긴 시간이 소요된다. 왜냐하면 성도들이 들림을 받고 그의 때가 끝나는 시간은 4년이 채 못 되기 때문이다. 영원에 비하면 짧은 시간이고 **이 땅에 사는 사람들에게 닥칠 불행과 질병**의 관점에서는 긴 시간이다.[49]

브라운은 그의 생각에 의심의 여지를 거의 두지 않았다.

---

48 Ibid., 45~46(저자 강조).

49 Ibid., 49(저자 강조).

브라운은 이야기를 전개하면서 이런 예언들이 예전에, 혹은 쓰일 당시에 일어났다는 과거주의 입장을 반박하면서 미래에 속한다는 것을 보여주려고 노력했다. 예를 들면, 그는 황폐하게 하는 가증한 것이 미래일 수밖에 없는 것은 셀류키드(아시아에 있는 알렉산더의 후계자 점령지)의 안티오쿠스 에피파네스가 예루살렘에 제우스 신상을 세웠지만, 계시록은 짐승이 자신의 신상을 세울 것이라고 말씀했기 때문이다. 브라운은 마태복음의 예수님과 계시록의 요한 모두 그 사건을 미래로 묘사했다고 주장했는데, 그에 반해 안티오쿠스는 예수님과 요한보다 200년 먼저 살았다.[50] 브라운이 에스겔, 다니엘, 그리고 계시록을 사용한 방식이 20세기의 모든 세대주의자들이 사용한 것과 얼마나 유사한지 주목하라. 세대주의가 새로운 관념이라고 조롱하는 사람들은 17세기 청교도들의 종말론을 읽을 필요가 있다. 전도서 저자가 썼듯이, 정말로 "해 아래 새것은 없다."

스코틀랜드 목사 제임스 더햄(1622~1658)은 1658년에 출간된 계시록 주석에서 사건들의 순서를 말했다. 그는 19장이 **"이 모든 일 후에"**라는 말로 시작하는 것에 주목했는데, 그것은 "요한이 본 순서일 뿐 아니라, 말하자면, 로마의 멸망과 그녀의 친구들이 슬퍼한 후에 이어지는 순서로 이 노래가 나온다."라는 것을 암시한다. 더햄은 이 노래를 "성도들 혹은 교회의 노래"라고 부르는데, 그것은 "알렐루야… 전능하신 주 하나님이 다스리신다."이다.[51]

이유는 두 가지다… 1. **어린 양의 혼인 잔치가 있을 것이다.** … 2. 왕비가 왕께 이끌림을 받고 그와 함께 영원히 머물게 될 마지막 때 이것은 완성되고 완전해진다… 그리고 성경에는 삼중적 부활이 있다. 1. 복음으로… 둘째, 첫째 것이 특별한 만큼, 마지막 것은 일반적이다. 3. 유대인들과 이방인들이 함께 나올 때… 교회가 그리스도와

---

[50] Ibid., 46.

[51] James Durham, *A Commentarie upon the Book of the Revelation* (Edinburgh, 1658), 689.

결혼하는 것은 삼중적 관점에서도 부활과 같다고 할 수 있지 않을까. 이것은 여기에서 언급된 첫 번째나 혹은 두 번째 결혼이 아니다… 교회들은 영광의 발걸음으로 결혼을 향해 준비를 한다. … 그녀가 준비되었다는 것은 신랑에게 어울리고 적당하다는 뜻인데, 말하자면 웨딩드레스… **깨끗하고 흰 세마포를 입은** 것이다.52

더햄의 미래 사건들 순서는 다음과 같이 요약할 수 있다.

1. 그의 백성들은 적그리스도 로마의 멸망에 슬퍼하지만, 성도들은 "알렐루야"를 부른다.
2. 신부(교회)의 준비: 첫째 부활, "세마포로 옷 입음."
3. "어린양의 명령과 군대는… 어린양의 혼인 후… 번영하는 교회가 군대를 파송할 수 있는데… 천사들과 영화된 성도들뿐 아니라 잘 정돈된 교회의 군대다."53

더햄은 서로 다른 부활들이 있다고 주장했다. "첫째가 특별한 것과 같이 마지막은 일반적이다." 특별한 부활은 그리스도께서 그의 신부인 교회를 위해 오실 때다. 그녀는 결혼식을 위해 세마포로 차려입었고 그 후 그리스도(어린양)는 천사들과 성도들(교회)의 군대를 모은다. 또한 일반적인 부활이 있을 것인데, 그때 유대인들은 "옛 가지가 다시 접붙임을 받고, 한동안 버려졌던 이혼한 아내가 다시 돌아오게 된다."54

존 버첸샤(1605즈음~1681)는 다니엘의 1,260일/해가 1641년에 끝나고 아마겟돈 전쟁(그는 이것을 영국 내전으로 이해했다)이 시작되어 성도들은 적그리스도의 군대에 맞서 싸울 것이라고 믿었다. 그는 그리스도의 복수적 재림을 믿었는데, 첫째는 구름을 타고 오셔서 성도들을 모을 때, 유대인들이 그들의 땅으로 돌아올 때, 그리고 큰 환란의 때이다.

---

52 Ibid., 691.

53 Ibid., 689~91, 699~700.

54 Ibid., 691.

예수 그리스도(이렇게 시간이 교차하는 때)는 구름을 타고 오실 것이다…. 그들은 하늘로 올라가… 공중에서 주님을 만날 것이다… 전쟁이 일어나 그리스도께서 오시기 직전까지 계속할 것이다. 그동안 세상은 큰 환란으로 가득할 것이며 그때 주님은 이전과 마찬가지로 지상의 거주민들을 벌하실 것인데, 그들은 지극히 높으신 하나님의 백성을 계속해서 많은 **환란**으로 괴롭히고 박해하기 때문이다.55

버첸샤에 따르면, 휴거는 상황이 가장 나쁠 때 일어나는데, 그때 남겨진 사람들의 십분의 일이 회심하고 유대인들이 그들의 땅으로 돌아올 것이다.

죽은 사람들이 다시 살아날 것이고 그 큰 성의 거주민들—그 중 일부가 그들을 살해했다—은 그들이 믿는 이방인들과 함께 구름 속으로 승천하는 것을 볼 것이다. … 큰 도성의 십 분의 일(열 나라에 사는)은 **큰 음녀**를 떠날 것인데, 부분적으로는 그녀의 잔인함을 두려워해서, 부분적으로는 죽은 자를 살리시는 하나님의 능력과 기적을 보았기 때문에, 부분적으로는 바벨론과 교황의 제국에 심판이 임박했다고 예상했기 때문이다. 그리고… 주님은 유대인들(하늘에서 인자의 이적을 보았고 그들의 메시아께서 오셨다고 확신한)에게 그들 자신의 땅으로 이주하도록 **실천할** 마음을 불어넣으셨다.56

버첸샤에 따르면 바벨론(그는 그것을 하나의 도시로만 본 것이 아니라 세상 체계 전체로 보았다)이 휴거 후에 파멸될 것이다. 그렇지만, 휴거 때 회심한 사람들은 보호를 받을 것이다.

---

55 J[onh] B[irchensha], *The History of the Scripture* (London, 1660), 3:80(저자 강조).

56 Ibid., 4:61~62.

그러나 성도들, 곧 그녀[바벨론]에 거하는 믿는 이방인들은 그녀와 함께 멸망하지 않을 것이다. 주의 선하심 때문에 그들은 구름 속에 끌어올려 주님을 만날 것이고, 회심한 **유대인들**과 **이방인들**은 바벨론에서 나갈 시간과 마음을 가질 것이다. … 주의 백성들은 그리스도께서 행하실 놀라운 일들을 볼 때 회심할 것이며 바벨론에서 멸망하지 않을 것이다. … 따라서 주님은 바벨론에서 그의 백성을 구원하실 것이다.[57]

그러면 아마겟돈을 위한 때가 준비될 것이다.

모든 나라가 예루살렘과 전쟁하려고 모일 것이다. 전쟁은 그리스도인들이라고 불리는 사람들 사이에서뿐 아니라 투르크인들 사이에서도 일어날 것이다. 전리품은 예루살렘 한복판에서 나눠질 것이다. 도시는 함락되고 집들은 약탈당하며 여인들은 더럽혀지고 도시의 절반은 포로로 잡혀갈 것이다… 그러나 이방인들은 거룩한 성을 오래도록 소유하지 못할 것이다. 왜냐하면 주님께서 그의 성도들에게 그들의 땅을 주시기 위해 내려오실 것이기 때문이다. 그는 자기 모든 성도와 함께 (이것은 분명히 이때 **열두 지파가 예루살렘에서** 만나게 될 것을 보여준다) 오실 것이다… 그러면 모든 이방인이 다 함께 모여 성도와 하나님의 백성을 에워쌀 것이다… 예루살렘에 대항하여 모인 나라들은 멸망할 것이다.[58]

버첸샤는 또 그리스도께서 오실 때 "팔레스타인에서 승리하실 것이다… 그는 자기 백성들에게 그들을 포로로 삼았던 자들을 포로로 사로잡게 하실 것이다."라고 썼다.[59] 버첸샤는 바벨론의 멸망을 1666년으로

---

57 Ibid., 4:83.

58 Ibid., 4:98~99.

59 Ibid., 4:36~37.

잡고 바로 뒤에 휴거가 일어날 것이라고 했지만, 그리스도가 예루살렘에 마지막으로 오시는 것과 아마겟돈 전쟁은 1702년까지 일어나지 않는다고 보았다.[60]

윌리엄 셔윈(1607~1687 즈음)은 1665년에 『중재』에서 '휴거(rapt)'라는 말을 사용했다. "성도들은… 세상의 종말 때 마지막 나팔 소리에 연합하여 한순간에, 눈 깜짝할 사이에 변화될 것이다… 공중에서 그리스도를 만나려고 들림을 받을 것이다."[61] 세대주의 반대자들은 어떻게 그리스도께서 환란 전후에 여러 번 오실 수 있는지 묻지만, 셔윈은 그 개념을 설명하는 데 어려움을 느끼지 않았다.

> 그의 승천 이래 신약 성경은 그리스도의 오심을 여섯 가지로 기록해 놓았다… 성 바울이 회심할 때… 사도 요한의 환상에서… 그가 계시록을 그에게 주시기 시작할 때… 5. 이것은 그의 놀랍고 강력한 나타나심, 영광스러운 오심으로 나타난다… 그리고 여섯째와 마지막으로 그의 오심은 심판의 마지막 큰 날에 일어난다.[62]

셔윈은 마지막 날들에 일어나는 사건들의 순서에 관해 혼동했고 자신이 발견한 불일치를 해결하려고 노력했다. 그는 어떤 본문들을 악한 자들을 멸망시키기 전에 의로운 자들을 옮기시는 것을 지지하는 것으로 보았고, 다른 본문들은 악인들이 먼저 제거되는 것을 암시하는 것으로 보았다.

> 어떤 성경은 세상의 끝에 대해 말씀하고 있다. "**세상 끝날까지 내가 너희와 함께 있으리라**"(마 28:20) 그리고 "**추수는 세상의 끝이요**"

---

60 Ibid., 4:100~106.

61 William Sherwin, *Eirenikon: or a Peaceable consideration of Christ's Peaceful Kingdom on Earth* (n.p., 1665), 40.

62 Ibid., 40~43.

라고 한 쭉정이 비유는 어떤 새로운 세대를 말하는 것이 아니라, 다른 비슷한 본문들과 대조해 보면… 제4왕국의 끝이다… 그것은 일곱 번째 나팔이 불 때와 명백히 일치한다… 선행하는 순서가 마지막 멸망과 모순처럼 보이는 것은 여기서 천사들이 알곡을 모아 곳간, 곧 참된 교회에 모으기 전에 먼저 쭉정이를 모으고 그들을 묶어 태워야 하는 까닭이다. 그러나 최후의 심판 때 하늘과 땅은… 불에 탈 것이다… 그리스도는 이전의 변화에 의해 순간적으로 당시에 살아 있는 신실한 자들을 일시적인 멸망과 적그리스도의 파멸에서 건지신다… 노아 때 홍수의 예와 롯의 시대 때 소돔과 고모라가 멸망당한 예는 불경건한 자들을 데려가시는 경우들이다.63

셔원은 그의 『중재』를 200년 후의 다비와 비슷한 말로, 심지어 '휴거'라는 말을 쓰면서 끝맺는다. 그는 썼다.

그는 당시에 무덤에서 자고 있는 그의 모든 백성을 일으키셔서, 그들의 수많은 동료가 들어올 때까지 그와 함께 땅에서 다스리게 하실 것이다. 이 교리를 많은 교부들이 인정했다… 순교자 유스티누스… 이레나이우스… 터툴리아누스… 심지어 아우구스티누스도 이것을 믿었다. 그가 마귀의 술책으로 천년왕국설을 비난하는 거짓말을 지어내고 사람들을 선동하여 심각한 오류에 빠지게 했어도… 수백 년 동안 이것이 교회에서 대부분 숨겨져 왔지만, 그리스도께서 이 마지막 때에 이것을 재발견하셨고, 그의 신실한 백성들이 정말로 받아들이게 하신 교리가 되게 하셨다… 그들은 의심할 바 없이 확실히 그리스도를 만나려고 휴거될 때, 하늘에서 영광 가운데 영원히 완전해질 것이다.64

---

63 Ibid., 46~47.

64 Ibid., 107~108.

다음 해, 셔윈은 『교회들… 또는 영원한 복음』을 썼다. 휴거에 관해 다시 썼다. "그는 그의 모든 성도를 갑자기 한 순간에 일으키시고 변화시키며, 눈 깜짝할 사이에 공중으로 들어 올려 그를 만나게 하실 것이다."65 1671년, 그는 '휴거'라는 말을 성도들의 부활을 지칭하는 말로 계속해서 사용했다. "마지막 나팔 소리가 들리면 살아 있거나 죽은 모든 성도의 변화, 부활, 그리고 휴거가 순식간에 혹은 눈 깜짝할 사이에 이루어질 것이다."66

또 1671년에 셔윈은 『그리스도의 영광스러운 나라의 도래』를 썼는데, 거기에서 "우리가 그리스도의 매우 임박한 오심을 기대할 만하다."라는 믿음을 표현했고 경건함이 충분하지 못한 자들은 남겨질 것을 암시했다.

> 모든 신중한 그리스도인들이 주의해야 할 것은 (옛 이스라엘이 그들의 불신앙으로 가나안에 들어가지 못했던 것처럼) 그들의 불신앙(그들이 이 신성한 진리를 놓치지 않는다면)으로 그리스도께서 그들을 복된 처음 부활 때 새예루살렘으로 데리고 들어가시기를 기뻐하시게끔 해야 한다.67

셔윈의 동료 토머스 빈센트(1634~1678) 역시 그리스도의 재림이 어느 때나 이루어질 수 있다고 믿었다. 빈센트는 『심판을 위한 그리스도의 확실하고 갑작스러운 나타나심』(1667)을 스튜어트 왕가가 부활하여 그를 청교도라는 이유로 런던 교구에서 쫓아낸 지 5년 후에 썼는데, 그는 1665년의 런던 전염병과 1666년의 런던 화재를 종말에 퍼부어진 하나님의 진노로 이해했다. 빈센트는 그리스도께서 그의 지상 왕국을 세우시려고

---

65 William Sherwin, *Ekklesiases, Protos & Eskatoes. The First and Last Preacher. Or, the Everlasting Gospel* (n.p., 1666), preface.

66 William Sherwin, *A Scheme of the whole Book of the revelation of Jesus Christ* (n.p., 1671), 3.

67 William Sherwin, *The Doctrine of Christs glorious Kingdom [or the New Jerusalem State] now shortly approaching* (n.p., 1672), 4.

어느 때나 오실 수 있다고 기대했다.68 빈센트는 현대 세대주의자들이 그리스도의 재림 때 휴거에 대해 인용하는 본문과 같은 본문을 인용했고(살전 4:16, 마 24:31, 요 5:28, 계 20:13), 영혼들이 "그들 자신의 육체들을 발견할 것이다."라는 육체적 부활을 강조했다.69 빈센트는 경고했다.

> 그리스도 재림 때 지상에 살아 있는 악인들은 죽었던 의인들이 그들의 무덤에서 놀라운 아름다움과 기쁨을 가지고 살아나는 것을 볼 것이다. 살아 있는 사람들은 그리스도의 형상과 모양으로 놀랍게 변화될 것이다. 그들 모두는 갑자기 다 함께 구름 속에서 주님을 만나려고 들려질 것이다. 그 광경은 그들에게 두렵고 놀라울 것이며, 그때 그들은 자신들이 남겨질 것을 깨닫는다. … 아, 그리스도를 믿지 않는 은혜 없는 죄인들의 영에 임할 공포와 환란이여. 그들은 그날에 신자들 가운데 있었고, 그들의 일부는 그들과 가장 가까운 관계로 연결되어 있었는데, 그들의 믿는 친척들은 그들로부터 취함을 받아 나머지 성도들의 영광스러운 행렬과 함께 공중으로 이끌려 갈 때, 그들 자신은 저 아래 지상에 남겨질 것이다… 그날은 다른 날처럼 그리스도께서 오실 것을 기대하지 않고 친구들과 함께 있을 것이다… 하늘이 지금 열리고 당신은 마지막 나팔 소리를 듣는다. 그리스도께서 내려오신다… 그리고 믿는 모든 사람은 … 즉시 구름 속으로 들림 받아 주님을 만난다. 그러나 회개하지 않고 믿지 않는 당신들은 모두 남겨질 것이다. 우리가 당신들에게서 올려지는 것을 볼 때 당신들에게 떨어질 공포가 어떨지 생각해 보라. 오, 당신들과 함께 우리를 취해 주소서! 당신은 정말로 우리를 남겨 두실 겁니까! … 이것이 남겨지는 사람들 가운데 있을 것을 알게 된 당신과 모든 사람에게 얼마나 무서운 일이 될 것인가?70

---

68 Thomas Vincent, *Christ's Certain and sudden Appearance to Judgment* (London, 1667), 10.

69 Ibid., 14, 19, 32. 빈센트는 환란 후 휴거를 믿은 것으로 보이지만, 셔윈은 환란 전, 심지어 이중 휴거를 믿었다.

70 Ibid., 53~54.

빈센트에 따르면, 죽은 사람들 가운데서 부활한 "모든 거룩한 성도들"이 "악인들을 심판할 때 그를 수행할 것이다(유 14, 15)… 그는 자기 모든 성도와 함께 오신다(살전 3:13). 셀 수 없이 많은 성도의 무리 전체가 하얗게 빛나는 옷을 입고 그리스도와 같은 몸을 입은 채 그리스도를 섬길 것이다."[71]

신대륙 식민지에 있던 일부 사람들까지도 환란을 믿었다. 『미래 교회의 영광스러운 상태』에서 새뮤얼 허친슨(1590~1667)은 그리스도께서 다니엘을 인용한 것에 주목했는데, 그리스도께서는 "나라가 세워진 이래 없었고 앞으로도 없을 환란의 때가 있을 것"을 예언하셨다. 허친슨은 거기에 더해, "하나님의 백성이 세상에 알려진 적이 없는 환란 중에 있는 것을 보면, 우리는 그들을 구해 주시려고 그리스도께서 나타나실 것을 바라보아도 좋다."라고 했다.[72] 그는 천년왕국에 관해 말하면서 이것이 환란 후에 와야 한다고 믿었다. "그때 성도들은 더는 전쟁을 배울 필요가 없을 것이다. 그것이 현재의 날들이 아닌 것은, 새예루살렘이 오기 전에 지상에 결코 없었던 환란이 있어야만 하기 때문이다."[73] 그가 보는 사건들의 순서는, 첫째가 환란, 다음이 휴거, 아마겟돈, 적그리스도의 파멸, 그리고 회복이다.

> 이제 이 위대한 만유의 회복이 있기 전에 우리는 그리스도의 재림을 기대해야 하는데, 그 전까지 적그리스도는 결코 완전히 파멸되지 않을 것이다…(살후 2:1). 마태복음 24:31에 따르면, 성도들은 다 함께 그에게로 모일 것이다. 그는 큰 나팔 소리와 함께 천사들을 보낼 것이고 그들은 바람의 사방에서, 하늘의 이 끝에서 저 끝까지 그의 택하신 자들을 모을 것이다. 그리고 나면 큰 전쟁이 있을 것인

---

71 Ibid., 65~66.

72 Samuel Hutchinson, *A Declaration of a Future Glorious Estate of a Church to be here upon the Earth, at Christ's Personal Appearance for the Restitution of all things, a Thousand Years...* (London, 1667), 7.

73 Ibid., 13.

데… 아마겟돈의 큰 전투다… 그날에 그의 발이 감람산에 설 것이
다… 그때 주님께서 온 세상의 왕이 되실 것이다.74

허친슨은 아마겟돈 전쟁 때에 그리스도께서 오실 것을 믿은 틸링하스
트를 인용하면서 그리스도의 영광스러운 영적인 나타나심(휴거 때)과 그
의 개인적 나타나심(아마겟돈에서)을 구별했다. 첫째는 정상적으로 생활
하는 동안에 일어나서 놀라움이 될 것이지만, 둘째는 큰 전쟁 중간에
발생하는 한편 놀라움이 되지는 않을 것이다.

> 사람들은 그리스도께서 영광스럽고 영적으로 나타나실 것만을 바라
> 고 그가 친히 오실 것에 대해 결코 생각하고 있지 않기에 그리스도의
> 날이 생각지도 않은 때 오게 된다. 그리스도께서 말씀하시기를, **너희**
> **가 생각지 않은 때에 내가 올 것이다**(마 24:44; 눅 17:26~27), **노**
> **아의 때에 된 것과 같이 인자의 때에도 그러하리라. 노아가 방주**
> **에 들어가던 날까지 사람들이 먹고 마시고 장가들고 시집가더니**
> **홍수가 나서 그들을 다 멸망시키셨으며. 28절에서도 그렇다. 또 롯**
> **의 때와 같으리니 사람들이 먹고 마시고 사고팔고 심고 집을 짓**
> **더니 롯이 소돔에서 나가던 날에 하늘로부터 불과 유황이 비가**
> **오듯이 그들을 멸망시키셨느니라. 바로 그와 같이, 인자가 나타나**
> **는 날에도 이러하리라. 따라서 사람들이 평화와 안전을 외칠 때 그**
> **리스도는 밤에 도둑처럼 올 것이며, 그들은 갑자기 멸망할 것이다.**75

그리스도의 초림이 경고 없이 상대적으로 평화로울 때 이루어졌다면,
재림은 더 예측할 수 있고 전쟁의 열기로 이루어질 것이다.

---

74 Ibid., 15.

75 Ibid., 16.

그리스도께서 친히 나타나실 때, 지구상에 전에 없던 환란들이 있게 될 것이다(단 12:1; 슥 14:2). 내가 모든 나라를 예루살렘에 전쟁을 위해 모을 것이며 도시는 함락되고 집들은 무너지고 여자들은 겁탈당할 것이다… (3절). 그때 주께서 그 나라들과 싸우실 것이다(4절). 그의 발이 그 날에 감람산에 설 것이다(5절). 그리고 주 나의 하나님께서 오실 것이며 모든 성도가 그와 함께할 것이다.[76]

우리는 그 날과 그 시간을 알 수 없지만, 예언을 잘 공부하는 사람은 그 해를 결정할 수 있다.

이 땅에 큰 환란이 일어난 뒤 하늘에 이상한 징조들이 보일 때, 우리는 여기 이 땅에 영광스러운 상태가 더 가까이 왔다고 기대할 만하다. … 증인들과 이방인 성도들이… 대부분의 사람이 생각하고 또 다른 사람들은 반대하듯, 그리스도께서 친히 나타나시기 전에 부활한다면… 우리는 그리스도께서 심판하시고 유대인들을 곤경에서 건져주시기 위해 오시는 바로 그 해를 알 수 있을 것이다… 우리가 아는 교회는 다니엘 12:11에서 말씀한 대로 1,290일을 광야에 있을 것이다. … 교회가 광야에 머무를 햇수와 그리스도께서 구름을 타고 오신 후 45년이 그리스도께서 그의 모든 성도와 천사가 함께 나타나실 때다… 유대인들을 회심시키고 이방인들의 충만한 수가 들어오게 하려고 오시고 최후의 심판이 일어나기 천 년 전의 일이다. 그러므로 그 날과 그 시는 영원한 비밀이지만 그 해는 확실해졌다… **택한 자들을 위해 그날이 감해질 것**은 그날이 우리가 모를 때 임하지 않도록 우리가 깨어 기도하며 계속해서 예수 그리스도의 나타나심을 기다리도록 가르치시기 위함이다.[77]

---

[76] Ibid.

[77] Ibid., 25~26.

허친슨은 그의 종말론 소책자에서 그리스도의 지상적 천 년 통치를 가르쳤다. 그는 존 코튼, 토머스 굿윈, 조지프 미드, 제레마이아 버로우즈, 존 틸링하스트, 그리고 너대니엘 홈즈가 지상의 천 년 통치를 믿는다고 인용했다. 그는 그리스도의 지상 통치라는 개념을 위해 심지어 순교자 유스티누스까지 인용했다.

> 그 개념은 고대 시대에 일반적으로 받아들여졌지만, 그 이후 모든 면에서 정통이라고 볼 수 없는 시대 전체가 이것을 받아들이지 않았다. 에드워드 6세 때 만들어진 교리문답에 **그들은 왜 주기도문에서 당신의 나라가 임하옵소서라고 기도하는가**를 묻는다. 그들의 대답은… 그들은 아직 사람의 손으로 하지 않은 산에서 나온 작은 돌이 지상의 모든 나라를 쳐부수지 않았기 때문이라는 것이다.[78]

허친슨은 또 여러 종류의 부활에 관해 말했다.

> **모든 사람이 자신의 순차에 따라 일어날 것이다. 첫 열매는 그리스도… 다음은 그리스도께서 오실 때 그에게 속한 사람들.** 여기에서 이후에 1,500년 이상의 큰 시간적 간격을 주목하라… 내가 보기에 성도들은 그리스도께서 만유를 회복하시려고 다시 오실 때 구름 속으로 끌어올려지므로 함께하지 않을 것이다. 그러나 고린도전서 15장에서 말씀하듯 그 뒤로 천 년 후에 그리스도께서 그 나라를 아버지의 손에 넘겨주실 때 구름 속으로 끌어올려져 그리스도와 함께 영원히 있게 될 것이다. … 계시록 20장에 나와 있듯, 택하신 자들의 영혼은 살아서 그리스도와 함께 천 년 동안 왕노릇할 것이다. 그 나머지 죽은 자들, 곧 악한 자들은 천 년이 찰 때까지 살아나지 못할 것이다.[79]

---

[78] Samuel Hutchinson, *Declaration of a Future Glorious Estate of a Church to be here upon Earth, at Christs Personal Appearance for the Restitution of all things, a Thousand Years before the Ultimate Day of the General Judgment* (London, 1667), 9.

허친슨은 또 유대인들의 회심이 그리스도의 재림 이전일지 이후일지를 숙고했다. "심판 전에 유대인들이 회심하고 이방인들의 충만한 수가 들어올 것이라고 일반적으로 생각되고 있지만," 스가랴가 "그들은 찌른 자를 보고 슬퍼하기를 마치 독자를 잃고 슬퍼하는 사람처럼 할 것이다."라고 말씀했으므로 허친슨은 후자가 진실이라고 믿는 것처럼 보인다.80 과거주의 또는 로마 가톨릭 견해에 반대하여 허친슨은 천년왕국이 미래여야만 한다고 주장했다.

> 어떤 사람들이 주장하는 것처럼 지금 우리가 사는, 있는 복음의 시대가 새 예루살렘이라면, 나는 묻고 싶다. 그리스도의 교회들은 오늘날과 같이 큰 환란에 있는데, 언제 우리가 광야에서 빠져나왔는가? 이때가 새 예루살렘일 수 없는 것은 그때는 번영의 시기이기 때문이다… 그때 유대인들이 회심하며 이방인들의 충만한 수가 들어오고 성령이 모든 육체에 풍성하게 부어질 것이다… 요한은 **새 예루살렘**에 관해 말하면서 하나님이 거기에서 **눈에서 모든 눈물을 씻기시며 더는 죽음이 없을 것이며 슬퍼하는 일이나 곡하는 일이 없고 고통도 없을 것이니, 이전 것들이 지나갔음이라**… 누군가 그런 것들이 새 예루살렘에 관해 말한 것이라는 데 대해 반대한다고 해도 그것은 천국임이 틀림없다. 그렇다면 그들은 천국에서 집을 짓고 포도원을 심는다는 것을 인정해야만 한다.81

허친슨은 예수님의 말씀을 인용하여 독자들에게 탄원하면서 책을 마무

---

79 Ibid., 4~5. 나는 그가 그녀의 시동생이라고 생각하는데, 그것은 그가 앤과 그녀의 남편 윌리엄과 같은 해 링컨셔의 같은 마을에서 이주했고, 그의 형제 윌리엄과 그의 가족과 함께 이주했기 때문이다. 자료들을 보면 앤 허친슨의 가족은 함께 이민을 갔다. 청교도 당국으로부터 보스턴에서 쫓겨난 아내를 따라 윌리엄이 로드 아일랜드로 이사하던 해에 그 역시 거기로 갔다.

80 Ibid., 7.

81 Ibid., 11~12.

리했다. "그러므로 너희는 깨어 있고 세상에 임할 이런 일들을 피할 만한 사람으로 인정받고 인자 앞에 설 수 있게 항상 기도하라."82 허친슨은 "그리스도께서 이 땅에서 친히 다스리실 것"을 믿는다고 주장하는 사람들의 몇 가지 자료를 나열했다. 그는 썼다.

> 홈즈 박사는 천년왕국론이 이단이 아니며 성경적 신앙의 지극히 작은 부분에서 실수하는 것도 아님을 우리에게 말한다. 그는 또 콘스탄티누스 대제가 소집한 니케아 회의가 이 견해를 가졌고… 순교자 유스티누스도 이 견해를 가졌으며, 자신의 시대에 대다수의 훌륭한 그리스도인들이 이것을 지지했음을 확신시켜 주었다… 이레나이우스… 터툴리아누스… 키프리아누스… 오리게네스… 메소디우스… 파울리누스와 비텔리우스가 천년왕국론자였다. 천년왕국론은 유대인이 믿었으며 학식 있는 그리스도인들도 믿었다고 말한다…
>
> 비록 제롬은 이 견해에 반대했으나 그는… 교회의 많은 사람과 순교자가 그와 같은 것을 말했다고… 전한다. 이것은 성 요한의 죽음 직후의 모든 정통 교회의 견해였다… 그러므로 미드 박사는 말하기를, 교회에서 한 때 그렇게 보편적으로 받아들여진 견해가 그토록 매도당하고 묻히게 된 것은 놀라운 일이라고 했다.
>
> 이레나이우스는 말하기를, 삼년 육 개월 동안 다스릴 적그리스도가 세상의 모든 것을 황폐하게 할 때 주님께서 하늘에서 구름을 타고 오셔서… 적그리스도와 적그리스도에게 복종하는 자들을 불못에 던지실 것이다. … 알스테드 박사는 마지막 날의 일반 부활 전에 부활이 있고난 뒤 지상에 신실한 자들의 행복한 상태가 천 년 동안 있다는 것이 사도시대 직후 교회에 이어진 견해였다고 말한다. 또 사도시대 이후에 모든 정통 교회가 일반적으로 합의했다는 것은 그 다음 시대의 반대 견해를 반박하는 상당히 강력한 논증이라고도 말한다… 그때의 이단들이 이것을 믿지 않은 것은 그것을 인정하면 육체의 부활을 고

---

82 Ibid., 33.

백해야 했기 때문이다… 트위스 박사… 미드… 홈즈 박사… 데이븐포트… 뉴 헤이븐의 데이븐포트… 캐릴, 본튼… 버로우즈… 아처.[83]

조슈아 스프리그는 공위 기간에 옥스퍼드 뉴칼리지의 학장이자 책임자였고 나중에는 분리파 목사가 되었는데, 1676년에 『새로운 세상에 관한 소식』을 썼다. 그는 '그의 은혜로우신 나타남' 또는 재림 이전에 성도들이 결혼식을 위해 하늘로 취함 받는, 그리스도의 비밀스런 오심에 대해 암시했다.

> 그리스도는 그의 도성이자 아버지의 집에서 자기 백성들과 혼인하게 된다. 진실로 그의 모든 백성은 하늘에 있게 된다. 회심을 통해 아버지는 우리를 그곳으로 데려가시며 거기에서 우리는 모든 일을 바로잡는다. 거기에 신랑이 있다. 우리가 그와 결혼하려면… 혼례는 하늘에서 치러진다. 이제 당신은 그것을 그렇게 받든가, 아니면 죽은 성도들, 곧 **완전하게 된 의인들의 영**으로서 받든가 할 수 있는데, 그들은 주님과 함께 있다가 주님께서 거기에서부터 오실 때 함께 데리고 오신다… 신부는 떠나간 성도들이라는 의미에서… 그가 하늘에서 오신다는 것에는 결혼식으로부터 오신다는 뜻이 담겨 있는데… 그리스도의 재림에 대한 다른 방식이며, 많은 그리스도인이 이것을 상상해 왔을 것이다. 그들은 영광스러운 오심, 곧 가시적으로 친히 영광중에 나타나셔서 모든 것(모든 대적)을 놀라움과 두려움으로 치시며… **모든 눈이 그를 볼 것**을 생각했다. 그러나 여기서 오심은 특별히 우리을 위한 오심이다… 그는 밤에 비밀스럽게 오신다… 깨어 있지 않은 사람들은 알아챌 수 없고 거기에서 어떤 유익도 얻지 못하는 오심이다… 영광스러운 열매와 유익은 주님이 오셔서 깨어 있는 것을 발견하실 사람들에게 있을 것이다. 주님을 그들의 상태를 종의 상태에서 신부로 만들어 주실 것이다… 이것은 주님의 자기 종들에 대한 태도가 아니라 신랑이 그의 신부를 향한 태도이다.[84]

---

[83] Ibid., 20~24.

스프리그는 두 가지 오심을 기대했는데, 첫째는 갑작스럽고 비밀스럽지만, 둘째는 점진적이며 모두에게 명백한 것이다.

> 두 가지의 하나는 **그의 비밀스러운 오심**이고 다른 하나는 점진적 오심이다. … 이것은 성도들 가운데 그리스도께서 영적으로 강력하게 나타나시며 오시는 것으로 성도들이 크게 기대하는 바며 우리를 위해 이루어져야만 하는 일이다. 이것은 구름을 타고 오시는 것이 아니고 지상에 내려오시는 것이나 가시적 인격체로 영광스럽게 나타나시는 것이 아니다… 이것이 마지막 날에 우리를 살릴 것이며 흙에서 우리의 몸을 일으켜 영광스러운 삶을 살게 할 것이다.[85]

> 다니엘은 그날이 환란의 때로서 전혀 없던 일이라고 한다… 다니엘이 본 것에 따르면, 이 **인자의 날들을 악한 자들은 이해하지 못하고 지혜로운 자들이 이해할 것이다**. 그 날들은 그리스도께서 비밀스럽게 오실 때로서… 사람들 사이에서도 드물지 않은데, 군주의 대사들이 올 때 처음에는 비밀리에… 공개적으로 방문하기 전에 오듯이, 그리스도께서도 그의 백성들을 위해 비밀스럽게 오시고, 그의 영광스러운 나타나심은… 모든 것 후에 온다.[86]

> 세 번째 혼례식은 그리스도께서 아버지께 돌아가시는 것이다… 그러고 나서 마지막 혼례식은 그리스도께서 그의 교회에 재림하실 때 그들을 자신에게로 받아들이실 때로, 그가 말씀하시듯, 내가 가면 다시 와서 너희를 내게로 영접하겠다고 하신 대로이다. 세 번째 혼례식에서 그리스도께서 나오셔서 지상에서 고통 받는 자기의 교회로 오셔서 그들을 자신의 영광의 교제 속으로 데리고 가신다… **깨어 있고 주를 이해하며 그 소망과 기대를 품은 사람들은 복되다**. 그가 오셔서… 우

---

[84] J[oshua]. S[prigg], *News of a New World From The Word and Works of God, Compared together* (London, 1676), 5~6.

[85] Ibid., 8~9(저자 강조).

[86] Ibid., 72~73.

리와 함께 있는 자들의 품에서 우리를 데려가시더라도 그는 우리와 그분의 복된 혼례식을 영화롭게 하시려고 오신 것이다… 그는 우리의 비천한 몸을 변화시켜 그분 자신의 영광스러운 몸과 같게 만드실 것이다… 그리스도는 주로서 오셔서 그의 종들을 계수하실 것이며, 신랑으로서 오셔서 자신의 영광스러운 교제로 들어가게 하실 것이다. 또한 그는 구주로 오셔서 이스라엘을 그 모든 환란에서 구속하실 것이며, 심판자와 보수자로 오셔서 그의 적을 멸망시키실 것이다. 그럼에도 이 본문에서 강조하는 것은 신랑으로서 오시는 것이다.[87]

스프리그는 성도들이 환란에서 건져지고 나머지는 남겨진다고 믿었다.

> 내가 너를 지켜 환란의 때를 면하게 하리라(계 3:10)… 하나님은 약속하신 것에 신실하셔서 감당치 못할 시험 당함을 허락지 않으시고 시험받을 때 피할 길을 내신다. … 하물며 성도들은 모든 피조물의 첫 열매이므로 첫 번째로 자비를 얻게 되어 구속의 첫 열매를 가질 것이고 나머지 피조물은 남겨질 텐데, 어떻게 또 언제 그렇게 될 것인가? 그리스도는 맨 처음 하늘로 들어가셨고 우리는 그를 따른다. 그가 우리를 부르시면 우리는 그와 동일한 영광에 들어갈 것이기에 인내하는 가운데 소망이 있다… 시대들을 공부하라, 하나님의 세대들을 연구하라.[88]

스프리그에 따르면 다음에 오는 것은 믿지 않는 유대인들이 자신들의 땅으로 돌아오며, 곡과 마곡이 침략하고, 아마겟돈의 전쟁이 일어나며, 시체들과 무기들을 7년 동안 청소하고 나면 새 예루살렘이 지상에 내려와 천년왕국이 시작되는 것이다.[89]

---

[87] Ibid., 83, 87.

[88] Ibid., 132~33, 138.

[89] Ibid., 166~93.

윌리엄 후크는 1640년대 뉴잉글랜드에서 목사로 시무하다가 1650년대에 크롬웰의 군목이 되려고 영국으로 돌아와서 1662년에 쫓겨날 때까지 일했다. 1681년, 그는 계시록 11장의 두 증인에 관해 쓰면서 그들을 하나로 보고 교회와 동일시했는데, 그것은 그들이 "적그리스도적인 로마 밑에서 비밀스러운 그리스도의 고난"을 보여주기 때문이었다. 그 증인들은 삼년 반 동안 설교했다. 삼년 반 동안의 하루하루가 해라면, 260년이 되는데, 그 해가 이방 로마가 멸망하고 (적그리스도로 간주되는) 로마 교황제가 일어난 때 시작되었다면, 적그리스도가 통치하는 1260년은 곧 끝난다.

> 짐승은 처음 일어난 이래로 계속해서 성도들과 싸우고 있다. 증인들과의 마지막 싸움은…이 마지막 전쟁에서 복음의 사역자들과 교회들은 짐승이 반대하는 특별한 대상임이 틀림없다. … 모든 성도 중에 예수의 순교자들이 증인들로 불리기에 가장 적합한 것은 그 말이 그것을 의미하는 까닭이다. 우리가 관심을 두는 증인들은 (내가 겸손히 본문으로부터 추론하는 것은) 그리스도의 사역자들과 교회들이다. 증인들은 그리스도께서 가시적으로 다스리지 않는 나라에서 죽임을 당해야 하고 그곳의 정부는 짐승에게 복종한다.[90]

후크에 따르면 "성경에는 여러 가지 부활이 언급되어 있다."[91] 그러나 "이 부활 후에 곧 큰 환란이 따를 것이고… 아마겟돈에 이를 때까지… 그것은 짐승의 권세를 흔들어 놓을 것이다."[92] 짐승은 "지상의 지옥에서 살지만, 성도들은 하늘에서 산다. … 그들이 하늘의 구름 속으로 끌어올려졌을 때 그의 원수들은 그들을 보았다… 그들은 적그리스도와 그의 모든 부정한 것과 세상적이며 지옥같은 삶에서 일으킴 받았고…

---

90 William Hooke, *A Discourse concerning The Witnesses, Relating to the Time, Place, and Manner of their being* (London, 1681), 6.

91 Ibid., 13.

92 Ibid., 18.

마침내 그리스도와 함께 세상을 심판하러 올 것이다."[93] 성도들은 하늘로 올라갈 때까지 보호받는데, "그것은 마치 이집트인들이 이스라엘 사람들을 홍해로 쫓아올 때 구름 기둥이 이스라엘의 앞에서 그들과 이집트인들 사이에 섰던 것과 비슷하다. 따라서 여기에서 보호하는 구름은 승천하는 증인들과 그들의 적들 사이에 있다."[94]

1674년 윌리엄 셔윈은 『성도의 부활』을 출판했는데, 거기에서 그는 이중 휴거론을 발표했다. 첫째 휴거는 성도들만을 위해 그리스도의 재림 전에 일어나 곡과 마곡을 멸하고 천 년의 지상 왕국을 세우며, 둘째 휴거는 천년왕국의 끝에 일어나 다시 마지막 곡과 마곡을 멸하여 성도들이 하늘에서 영원히 살고 죄인들은 불못에 던지려는 것이다.

> 마지막 나팔과 일반 휴거, 그리고 모든 성도가 영광스럽게 변할 때… 전자의 경우 그는 예수 안에서 그와 함께 자는 죽은 성도들의 모든 영을 데리고 오신다. 후자에서 그들은 그 이후 세상을 떠난 나머지 성도들과 함께 눈 깜짝할 사이에 공중에서 그를 만나도록 들림을 받을 것이다. … 전자의 경우 그는 구름을 타고 오시고… 후자의 경우에는 모든 구름들이 사라지고 하늘과 땅도 그의 앞에서 사라져 그것들을 위한 장소는 없어질 것이다(계 20:11). 그때 들려 올라간 성도들의 눈과 그때 일어난 악인들은 크고 흰 보좌에 있는 그의 영광을 보도록 준비될 것이다. 전자의 경우 살아난 악인들, 즉 투르크인과 교황은 일시적으로 멸망할 것이고… 후자의 경우 성도들은 처음에 악인들이 심판을 위해 부활하기 전에 먼저 들림을 받을 것이다. 전자 때 성도들은 천 년 동안 이 세상에서 보상의 심판을 것이다(계 11:19). 전에 그리스도를 위해 고난을 겪었으므로 그들은 앞서 말한 첫째 부활에서 그리스도와 함께 다스릴 것이다. 후자 때 그들은 그리

---

[93] Ibid., 20~23.

[94] Ibid., 23. 이후의 담론에서 후크는 풍유적 해석으로 기울어져 담화의 초기에 한 것처럼 부활을 문자적으로 묘사하기보다는 하나님께 영적으로 더 가까이 가는, 더 큰 거룩함을 의미한 것으로 보인다.

스도와 함께 악인들을 심판하는데 참여할 것이다… 그는 호령과 천사장의 소리와 하나님의 나팔로 강림할 것이라고 한다… 전자 때 에스겔의 곡과 마곡인 **투르크인**과 **교황**이 멸망하며… 후자 때 곡과 마곡은 하늘에서 나오는 하나님의 불로 소멸할 것이다(계 20:9).[95]

셔원에 따르면 첫째 휴거는 '마지막 이전의' 시간대에 일어날 것이지만, 둘째 휴거는 상당한 시간이 지나 일어날 것이다.

> 그들은 마지막이 되기 전… 그가 모든 법과 정사와 권세를 파하기 전에… 그의 재림 때 일어나야 한다. … 처음에 그는 자신 안에서 자는 성도들을 데리고 오신다… 그러나 그때 그는 이들이 하늘로부터(**새 예루살렘**이 하늘로부터 하나님에게서 내려올 때와 같이)가 아니라 하늘에서 호령과 함께 내려온다고 말한다… 또 다른 부활은 천 년 후 모든 성도가 교회로 들어오고 모든 사람이 눈 깜짝할 사이에 공중에서 그리스도를 만나려고 들림을 받을 때 있게 된다… 따라서 세 부류가 마지막 때 공중에서 그리스도를 만나려고 들림을 받는다… 두 부류는 두 본문에서 휴거 때 죽어 있는 성도들과는 구별된다: 고린도인들에게 보낸 편지에서 (그는 말하기를) 우리는 모두 다 잠잘 것이 아니다. 어떤 성도들은 그때 죽을 것이지만 모두가 죽지는 않고 우리는 모두, 자연 상태로 살아 있는 사람들은 물론이고 이전에 일으킴 받은 자들은 그때 변화될 것이다. 그래서 데살로니가인들에게 보낸 편지에서 살아남은 우리는… 먼저 마지막 나팔과 휴거 때 일어나게 된다고 한다.[96]

셔원은 비국교도라는 이유로 1662년에 교구에서 쫓겨났는데 그는 자신

---

[95] William Sherwin, *Exanastasis, or The Saints Rising Out of the Heap or Mass of dead Bodies contained in the Globe of the Earth and Sea, at the first blessed resurrection Decyphered by Christ* (London, 1674), 1~2. '휴거'도 7, 39, 40쪽에 언급한다.

[96] Ibid., 55~57.

이 이중 휴거의 숨겨진 진리를 발견한 첫 번째 사람이라고 확신했고 이것이 새로운 발견이라는 사실에도 전혀 동요하지도 않았다. "나는 누구도 이 본문들을 완전히 진실하게 해석하지 못했다고 믿는데, 이것은 사도 베드로가 말한 것처럼 거기에 포함된 것들 때문에 이해하기 어렵다고 한 것과 같다."[97] 셔원의 이중 휴거에서,

> 앞서 말한 첫째 부활은 고난 겪은 성도들의 육체적 부활이다. … 둘째는… 그리스도께서 하늘의 구름을 타고 오실 때 모든 나라 위에 그의 우주적 왕국을 받으시고… 전에 그 안에서 자고 있던 모든 성도를 데리고 오시며, 그와 함께 육신을 가지고 다스리도록 그들의 차례에 일으키신다.[98]

셔원은 그리스도인들에게 권면한다.

> 좀 더 빨리, 좀 더 정성을 다해 일하라, 이제 지혜로운 처녀들처럼 처신하여 기름을 병에 담고 등불이 타오르게 하라. 신랑이 오는지 주의하여 지켜보라… 어두운 밤에 도둑처럼… 사람들이 가장 생각하지 못할 때… 그렇지 않으면 그들은 다가오는 어린양의 행복한 혼인 잔치에 들어가지 못할 것이다. 그러므로 그리스도인들이여 지금 아니면 기회가 없다. 그리스도인처럼 믿고, 그리스도인처럼 행동하고, 그리스도인처럼 사랑하고, 그리스도인처럼 평화를 구하라.[99]

셔원은 1675년에 출판된 『짐승이 멸망할 때가 가까워짐에 따라 만유가 회복되는 때』라는 책에서 성도들의 이 구별된 부활이라는 개념을 요약하면서 이것이 아주 금방 올 것이라고 주장했다.

---

[97] Ibid., 57.

[98] Ibid., 59.

[99] Ibid., 82.

성도들이 처음으로 육신의 부활을 경험하면 행복한 천 년간의 통치로 들어간다… 그 때까지 죽은 모든 성도는 일어나고… 나머지 죽은 자들은 앞서 말한 천 년이 끝날 때까지 살아나지 못한다… 그리스도의 이름을 지닌 모든 자를 권하여… 앞서 말한 그 날이 가까이 왔으니… 매우 경성하고 부지런해야 한다.100

이듬해, 그는 『성도들에게 처음 계시되고 약속된 자비』를 출판했는데, 여기에서 그는 1700년을 짐승, 첫째 휴거, 그리고 그리스도께서 자신의 지상 통치를 시작하려고 돌아오시는 날로 정했다. 그는 어셔의 연대기에 근거하여 이것이 그리스도의 승천 후 1666년인 1699년경에 일어날 것이라고 주장했지만, 그리스도께서 그 "날들을 택하신 자들을 위해" 감하실 것이라는 약속을 인용했다.101

오직 성도들만 첫째 휴거에 참여하여 그리스도와 함께 천 년 동안 다스릴 것이지만, 그 후에는 나머지 인류의 '일반 휴거'가 있을 것이다. 셔윈 자신의 말로 "앞서 말한 천 년 후에 비밀스런 일반 휴거가 있을 것이다."102 (셔윈은 '휴거'와 '부활'이라는 단어를 서로 교환해 사용하는데, 우리가 휴거라고 부르는 '특정' 휴거와 천년왕국 후 우리가 일반 부활이라고 부르는 '일반' 휴거가 있다. 그는 이것을 『만세의 복음』 18쪽에서 논의한다).

1693년 W. S. (아마도 윌리엄 셔윈)는 헨리 댄버스의 『하나님의 도성 새 예루살렘』을 반박하려고 시도했다. 『하나님의 도성』 저자는 "이

---

100 William Sherwin, *Chronoi apokatasastos panton, or The Times of Restitution of All Things, with their Neer Approach upon the Ruine of the Beast* (London, 1675), 목차의 표.

101 William Sherwin, *Euaggelion aionuontes oukoumenestes mellouses: or The Saints First Revealed and Covenanted Mercies, Shortly Approaching* (London, 1676), 1, 4.

102 Ibid., 18.

중 부활은 한 때(시간)에 이루어진다."(휴거와 이어지는 재림)라고 주장했지만, W. S.는 주장했다.

> 때(시간)라는 말은 성경에서 더 짧거나 긴 어떤 일이 이루어지는 일정한 시간을 종종 말한다. 예를 들어 우리 주님이 예언하신 이 세상에 닥칠 크고 보편적인 환란의 때는 시험의 때라고 불린다.[103]

W. S.는 '한 시간'은 60분으로 한정될 수 없다고 주장하면서, '주의 날'이 포함하는 것은,

> 주님의 오심, 성도들의 부활과 변화, 그리고 공중에서 주님을 만나려고 들림을 받음, 유대인들의 회심, 악인들의 당황, 죄악의 사람의 나타남과 그의 무리의 멸망, 성도들이 심판을 위해 부름을 받음, 열방들이 유대인들에게 복종하고 그들은 열방을 다스림 등이라고 했다.[104]

사건들의 순서에 주목하라: 휴거, 유대인들의 회심, 환란, 적그리스도, 파괴, 그리고 유대인들이 온 나라들을 다스림. W. S.는 자신이 휴거 때 그리스도의 오심과 아마겟돈 전쟁 때 오심, 그리고 천년왕국의 끝에 오심으로 구별하는 것에 관한 댄버스의 비판에 대해 변론한다.

> 어떠한가, 이렇게 이해하면 그리스도께서 세 번 친히 오시게 된다! 그렇다, 아마 그럴 것이다… 내가 확신하기로는 둘을 셋으로, 또는 하나를 둘로 만들지 않고는 이것이 성립되지 않는다. 다시 말하는데, 당신이 추론하기로 만약 그가 두 번 오신다면, 천 년의 처음에 오심

---

[103] W. S., *The Glorious Kingdom of our Blessed Lord Jesus Christ on Earth Rightly Timed* (London, 1693), 18. 설교자 셔윈은 1687년에 죽었지만, 조판공인 그의 아들은 1709년까지 살았다. Anon., *Theopolis, or The City of God New Jerusalem* (London, 1672)를 보라.

[104] Ibid., 19.

은 두 번째의 오심일 수 없다. 왜냐하면 (당신이 말하듯이) 이것은 명백히 말씀하시기를, 그는 자기 모든 원수들을 발등상이 되게 하기까지 하나님의 우편에 앉아 있을 것이기 때문이다.105

W. S.가 사건들과 그 순서를 이해하는 것과 현대 세대주의자들이 그것들을 이해하는 방식이 같은 것을 주목하라. W. S.는 "두 번의 부활"이 필요하다고 확신했다. 다만 그는 그것이 현대 세대주의자들이 7년의 환란기라고 주장하는 것보다 더 긴 시간의 간격으로 구별되어야 한다고 주장했다. 첫째 부활은 '세상에 닥칠 대환란의 때'가 시작되기 전에, 그리고 다른 하나는 나중에 그리스도께서 적그리스도를 멸망시키시려고 강림하실 때 부활한 성도들이 지상으로 오면서 일어날 것이다. 『하나님의 도성』의 저자는 팀 라하이와 비슷한 용어로 '남겨진 자들(left behind)'을 언급했다. "그리스도께서 오실 때 그는 그와 함께 모든 성도들을 데리고 올 것인데, 그들은 부활하여 변화되고 영화되었다. 성도들은 하나도 남겨지지 않고 공중으로 들어 올려 주를 만나고 그 상태로 그와 함께 영원히 있을 것이다."106

오늘날에도 같은 논쟁이 그리스도께서 성도들과 함께 지상에 오시기 직전에 일어난다고 하는 환란 후 휴거론자들과 휴거가 7년 동안 나머지 인류에게 쏟는 하나님의 진노 전에 일어난다고 주장하는 환란 전 휴거론자들 사이에 벌어지고 있다. W. S.는 오늘날 우리가 듣는 것과 비슷한 말로 임박한 종말에 대해 경고하면서 책을 끝맺었다.

때가 가까웠다, 크고 무서운 날이 다가오며 매우 재촉한다. 우리 주께서 주신 표징들, 곧 세상의 큰 전쟁들과 전쟁에 관한 소문들 그리고 여러 곳에서 일어나는 지진들… 에 의해 나타나듯 일부는 지나갔는데, **이 모든 것들이 성취되기 전에 이 세대가 지나가지 않을 것**

---

105 Ibid., 5.

106 Ibid., 24.

이라고 결론지어야 하지 않을까? … **머리를 들어라. 너희의 구속의 날이 가까이 왔다**… **확실히 내가 속히 올 것이다, 아멘, 주 예수여 속히 오소서**.107

W. S.는 우리 시대의 많은 세대주의자가 사용하는 수사법과 같은 수사법을 사용했는데, '전쟁들과 전쟁의 소문들', 지진들, 그리고 독자들에게 지금 그 마지막 세대를 살고 있을 수 있다고 경고하는 것과 같은 것들이다. 그는 "주 예수여 속히 오소서"로 끝맺는다.

프레이즈 배어본은 그의 이름으로 '말라빠진 의회'라는 명칭에 영감을 주었는데, 1653년 7월에서 9월까지 영국을 통치했다. 그는 플릿가의 가죽 판매상이며 분리파 침례교 설교자로서 제5왕국론자였다. 그는 1653년 여름에 의회에 선출되어 1660년 스튜어트가 복귀할 때까지 지도적인 런던의 공직자로 남아 있다가 국왕 시해 사건으로 감옥에 갇혔다. 그는 아내의 호소로 석방되었고 남은 생애를 평신도 설교자로 보냈다. 그의 생애 말년에 그리스도의 재림 때의 부활에 관한 책 『다가오는 좋은 일들』을 출간했다. 그는 '천년왕국 지지자'가 멸시를 받는다고 불평하면서 어떤 이들은 환란 전 휴거를 믿는다는 사실에 주목했다.

> 권력의 힘으로 정착된 종교인들과 행습은 어느 민족이나 나라건 그곳에서 정통으로 여겨지고, 국교에 동조하지 않는 다른 사람들은 이단으로 취급된다. … 어떤 사람들은 **다가올 세상**에 조금도 유념하지 않고 이 세상이 끝나기 전에 하늘로 가는 것을 말한다. … 그들은 명백한 예언들을 풍유화하며 영적인 의미들을 더한다.108

---

107 Ibid., 34~35.

108 Praise God Barebone, *Good Things to Come. Or, A Setting Forth of the Great Things that will Contemporize and take place, when our Lord Christ shall come again* (London, 1675), preface.

배어본은 이 104쪽짜리 논증의 거의 모든 페이지마다 고린도전서 15:51~52("보라 내가 너희에게 비밀을 말하노니 우리가 다 잠잘 것이 아니요 마지막 나팔에 순식간에 홀연히 변화되리니"), 마태복음 24장, 누가복음 17장 ("두 사람이 밭에 있으매 하나는 데려감을 당하고 하나는 버려둠을 당할 것이요"), 또는 데살로니가 4:16~17("주께서 호령과 천사장의 소리와 하나님의 나팔로 친히 하늘로부터 강림하시리니 그리스도 안에서 죽은 자들이 먼저 일어나고 그 후에 우리 살아남은 자들도 그들과 함께 구름 속으로 끌어올려 공중에서 주를 영접하게 하시리니")을 인용했다. 대부분의 환란 전 휴거론자들은 마태복음 24장과 누가복음 17장을 재림에 대한 본문으로 읽고 휴거에 대한 본문으로 읽지 않지만, 일부 대중적 해석자는 이 본문들은 휴거 본문으로 사용했다는 점에서 17세기 저술가들과 다르지 않다. 배어본은 데살로니가전서 4장의 개념을 그리스도와 그의 교회 간의 결혼과 연결했다.

> 주 그리스도께서 교회(신부, 어린양의 아내, **새 예루살렘**)를 자신에게 흠과 주름이 없는 영광스러운 교회로 세우실 것이다… 순수한 흰 세마포가… 어린 양의 신부에게 주어지고 그녀는 깨끗하고 흰 세마포로 단장할 것이다… 우리는 성령과 신부와 함께 말할 것이다, 오 주 예수여 오소서, 속히 오소서.109

그러고는 그는 환란 후 휴거 입장을 채택했다.

> 이 둘은 모두 동시에 주 예수 그리스도께서 오시고 나타나실 때 일으켜 변화되고 함께 구름 속으로 끌어올려져 공중에서 주를 만난(그와 함께 하늘로 올라가는 것이 아니라 그가 지상으로 오시는 것을 마중하는 것이다) 이후 영원히 함께 있을 것이다(살전 4:17).110

---

109 Ibid., 51~52.

110 Ibid., 53.

배어본은 분명히 전천년주의자였는데, 그의 책 여러 곳에서 다음의 본문을 반복하기 때문이다.

> **계시록 5:10 우리를 하나님 앞에서 왕과 제사장들을 삼으셨으니 우리가 땅에서 왕 노릇하리로다.** 여기에서 하늘에서라고 말하지 않았다. 다가올 세상은 위에 있는 하늘에서가 아니라 이 아래의 땅에 있을 것이다.111

환란 전 휴거에 관한 또 다른 언급이 토머스 콜리어의 글에서 발견되는데, 그는 1640년대에 특수침례교도였고 1650년대에 제5왕국론자였으며, 1680년대에는 유니테리언이 되었다. 1675년에 콜리어는 『신성한 몸』을 썼는데, 거기에서 마지막 날들에 관해 숙고했다. 그는 (환란 후 입장이었음에도) 전천년주의를 확신했다.112 그렇지 않다면, 그가 과거주의를 떠나 현대 세대주의자들과 같이 되었다는 것을 의미하는데, 그것은 당시에는 거의 불가능했다. 성도들이 천년왕국의 시작 때에 부활할 것이라고 그가 믿은 이유는, "1. 열방이 복종하고 새 하늘과 새 땅이 준비되기 전에 그들이 부활한다는 것은 있을 법하지 않기 때문이다. 2. 성경이 말씀하기를, 마지막 나팔 소리가 있을 것이라고 했는데, 그것은 다른 나팔들이 이전에 울렸음을 의미한다."113

콜리어는 "성도들이 그가 처음 나타나실 때… 부활한다."라는 환란 전 휴거설 사상을 반박하는데, 그때는 그리스도께서 유대인들이 보도록 하늘에 나타나실 때다(그가 이 글을 쓸 때 어떤 이들이 믿었던 견해다). 대신에 콜리어는 성도들이 '천년기에 들어갈 때' 부활한다는 환란 후 휴거설을 입증하고자 했다. 그는 제5왕국론과 '그리스도께서 하늘에서

---

111 Ibid., 57~58.

112 Thomas Collier, *The Body of Divinity, or, a Confession of Faith, being the substance of Christianity* (London, 1674), 581~84.

113 Ibid., 585.

오시기 전에 성도들의 손을 통해 주께서 시작하실' 것이라는 사상을 논박했다.114 그렇지만 그가 전천년설을 믿었다는 것에 의심의 여지가 없는 것은 다음과 같이 쓴 것을 보면 알 수 있다.

> 계시록 4장부터 예언된 대부분의 것은 그리스도께서 하늘에서 오실 때와 그 이후에 이뤄질 것이며 그렇게 될 수밖에 없다… 왜냐하면 6:1~2의 첫 봉인을 열 때 그리스도께서 하늘에서 처음으로 나타나시는 것처럼 보이기 때문이다. **이에 내가 보니 흰 말이 있는데 그 탄 자가 활을 가졌고 면류관을 받고 나아가서 이기고**… 그리스도께서 하늘에서 오심.115

그는 전천년설이지만 환란 후 입장으로 이해한 관점에서 환란 전 입장으로 해석하는 사람들을 공격했다. 이것은 다비보다 150년 전에 발생했다는 점 때문에 중요하다.

토머스 버넷은 케임브리지 동문이자 왕실 목회자로서 중간 상태(죽음과 부활 사이에 영혼에 무슨 일이 일어나는가)에 관해 사색하면서 당시의 종말론 견해들에 대한 연구서를 썼다.

> 나는 견해들 자체를 두 가지로 줄일 것이다. 첫째는 성도들이 천 년 동안 그리스도와 함께 다스린다는 것이고, 다른 견해에서는 영혼들이 하늘에 도착하기 전에 세상의 불로 정화된다고 추측한다… 각각의 견해는 옹호자들과 변론자들이 있고 초대 교회 시대의 대다수는… 그러나 양편은 성도들이 즉각적으로 최상의 행복 상태를 누리지는 못하며… 그들이 거기에 도착하기 전에 정화 과정을 거쳐야 한다는 데 동의한다.116

---

114 Ibid., 586.

115 Ibid., 589~90.

116 Thomas Burnett, D. D., *Of the State of the Dead, and of Those*

또한, 버넷은 예수님의 말씀을 인용하면서 그리스도의 재림 전에 오는 환란에 관해 사색했다.

> 그런 환란의 날들 직후에 해는 어두워지고 달은 빛을 내지 아니하며 별들은 하늘에서 떨어지고 하늘의 권세들이 흔들릴 것이다. 그러면 그때 하늘에서 인자의 표징이 나타나고 이 땅의 모든 족속이 슬퍼하며 인자가 하늘에서 구름을 타고 큰 권세와 영광중에 오시는 것을 본다. 그들은 이런 일들을 그리스도의 입에서부터 듣고… 멸망과 그리스도의 재림 사이에 작은 시간상의 간격이 있을 것이라고 믿었다. 그 후 그들은 그들의 제자들에게 이 지식과 이 믿음을 전달했다.[117]

버넷은 일반적 6000년의 역사와 이어지는 천년기의 구조를 반복했다.

> 세상의 창조 이래 이제 오천 년이 찼고, 여섯 번째 천 년으로 주어진 시간이 지났는데, 나는 성경의 어디에나, 또는 이성으로도 초대 그리스도인들과 유대인들이 같게 받은 예언의 성취를 막을 길을 없다고 생각한다. 그 예언은 세상이 육천 년 동안 계속되고 그 후에 안식이 따른다는 것이다.[118]

17세기에 가장 많이 인용된 환란 전 휴거 주창자는 프랑스 위그노인 삐에르 쥬리외이다. 최근에 수많은 저자는 쥬리외가 "그리스도께서 성도들을 휴거하기 위해 공중에 임하시며 아마겟돈 전에 하늘로 돌아가신다. 그는 아마겟돈에서 심판하시려고 영광중에 오시기 전에 비밀스러운 휴거에 관해 말씀하셨다."라고 믿었다고 주장한다.[119] 나는 쥬리외의 모

---

that are to Rise (London, 1729; 1681년 라틴어 판에서 번역됨), 99.

117 Ibid., 177.

118 Ibid., 179.

든 작품을 훑어보면서, 이 주장을 뒷받침하는 본문 하나를 발견했다.

> 나는 이것이 **그리스도의 가시적 강림과 지상 거주**로 이해되어야 한다고 자신 있게 말할 수 없다. 그렇다, 나는 이것이 그럴듯하다고 생각하지 않는다. 그렇지만 **이 통치가 우리 주께서 영광 가운데 기적적으로 나타나시는 것과 함께 시작될 것이라**는 점이 아주 명확해 보인다. 그 후에 그는 하늘로 돌아가실 것이며 거기에서 이 승리한 **교회**를 다스리실 것이다. I. 미드와 그를 이은 다른 사람들은 이 그리스도의 천 년 통치를 **심판의 날**로 만들고자 하며 이 기간에 죽은 자의 부활이 있을 것으로 본다. 다른 사람들은 **부활**과 **심판**이 **그리스도의 통치** 전에 있을 것이라고 말하지만, 나는 감히 그렇게 결정하지 못하겠다.120

쥐리외의 『성취』에는 더 구체적으로 휴거를 암시하는 또 다른 본문이 있다. 쥐리외는 적그리스도의 마지막 날에 그가 참 교회를 박해하며 그들을 죽일 것이지만 그들이 하늘로 승천할 것이라고 가르쳤다.

> 교회의 핍박은… **적그리스도**의 통치 기간에 베옷을 입은 두 **증인**[계시록 11장]에 의해 상징된다. **적그리스도**의 통치 1260년의 끝에 **교회**에 닥칠 큰 환란이 거기에도 역시 예언되어 있다. 그 박해로 인해 진리에 대한 고백이 완전히 억눌리는 것이 이 두 증인의 죽음에 의해 상징되고 있다… 삼년 반의 끝에 이 **두 증인**, 즉 진리에 대한 공적 고백이 다시 일어나 영광스럽게 재개될 것이고… 두 증인은 하늘로 올라갈 것이다.121

---

119 Paul Benware, *Understanding End Times Prophecy* (Chicago, Moody, 1995), 197~98; Grant R. Jeffery, "Was the PreTrib Position of the Rapture Seen Before John Darby" (unpublished paper presented at Pretrib Study Group, Dallas, 1993), 2~3; James Stitzinger, "The Rapture in Twenty Centuries of Biblical Interpretation," *The Master's Seminary Journal* 13 (Fall 2002), 149~71에 인용.

120 Peter Jurieu, *The Accomplishment of the Scripture Prophecies, or the Approaching Deliverance of the Church* (London, 1687), 2.24, 381~82.

다른 본문에서, 쥐리외는 조지프 미드를 인용할 때 휴거를 암시했는데, 유대인의 회심이 바울의 회심과 비슷하게 하늘에 그리스도의 기적적인 나타나심을 통해 일어날 것으로 생각했다.122 그리스도께서 공중에 임하시는 경우가 두 번 있는데, 겹칠 수도 있다. 그것은 휴거 때(살전 4:16)와 이스라엘에게 나타나실 때(슥 12:10)이다. 쥐리외는 "천년왕국 반대자들은… 그들 편에 다양한 목소리가 있고 의심할 바 없이 품격과 학식을 갖춘 사람들이다. 그런데도 그들은 크게 신경 쓰지 않고 시류에 편승해 온 것이 사실이다."라고 인정했다.123

새뮤얼 페토(1624~1711)는 영국 칼뱅주의자이며 회중교회 목사로서 환란초에 하늘로 휴거되는 것과 그리스도께서 지상에 임하셔서 사탄을 묶고 천년왕국을 시작하시는, 더 늦은 재림 사이를 구분했다.

> 이 나라의 발생과 초기 상태는 증인들의 부활과 유대인들의 회심(계 11:12, 15) 직후, 그리고 천 년이 시작되기 전에 이루어질 것이다. 이것은 돌의 왕국으로(단 2:34, 45) 그것의 시작은 작고, 대적들과 다투면서 그 과정은 시끄럽고 혼란스럽지만, 그러나 그들을 물리치고 멸한다(45절). 그러므로 곳곳에 그리스도의 적들이 우세한 한, 이것은 시작되지 않았다. 이 왕국의 두 번째 상태는 아마겟돈 전쟁 후에 시작될 것인데, 이것은 더욱 평화스럽고 영광스러울 것이다(사 2:4; 미 4:3, 4, 6, 7). 교회는 그녀의 막강한 대적 용이… 천 년 동안 묶여 있을 것이므로… 큰 자유를 경험할 것이다… . 이것은 성도들이 큰 심판의 날에 하늘에 들어가는 상태일 수가 없는데, 사탄은 그 이후로는 더는 풀리지 않을 것이기 때문이다.124

---

121 Ibid., 1.10, 95.

122 Ibid., 1, 310.

123 Ibid., 1, 389.

124 Samuel Petto, *The Revelation Unvailed: or, An Essay towards the Discovering I. When many Scripture Prophecies had their Accomplishment, and turned into History. II. What are now Fulfilling. III. What rest still to*

페토는 휴거를 하늘에서 신부가 준비하는 것과 공중에서 그리스도를 볼 유대인들이 회심하는 것과 연결했다. 이것은 메시아가 실제로 '친히 오시기' 전에 일어난다.

> 이방인의 믿음에 대해 유대인들은 시기하고 분투하게 되는데([롬 11:] 11~12), 아마 증인들이 부활할 때일 것이다(계 11:11~12). 그들의 첫 회심은 그리스도께서 친히 강림하실 때가 아닐 것은 그것이 일곱째 대접 때까지는 일어나지 않을 것이기 때문이다(계 16:15~16). 반면에 그들은 여섯째 대접 이전에 회심하고(12절), 일곱째 대접 전에 신부로 준비될 것이다(계 19:7).125

존 넬슨 다비가 19세기 중반에 가르친 것 중에 새로운 것은 거의 없다.126 이 책에 인용된 자료들은 휴거에 대한 최근의 논쟁에서 인용된 적이 없다. 그것은 거의 확실히 그것들이 수세기 동안 읽힌 적이 없기 때문일 것이다. 이 17세기의 자료들은 다비 이전에 환란 전 휴거 교리에 대한 설명의 일부일 뿐이다. 10장은 18세기의 그런 자료들을 제공할 것이다.127

---

be Fulfilled (London, 1693), 142~43.

125 Ibid., 133~34.

126 Paul Boyer, *When Time Shall Be No More: Prophecy Belief in Modern American Culture* (Cambridge: Havard Univeristy Press, 1994), 88.

127 Ibid., 125, 133~34.

휴거에 관한 영어 단어/개념의 사용

'휴거(Rapt)'		'휴거(Rapture)'		'남겨지다(Left Behind)'	
버논 사본 (Vernon Manuscript)	1320s ?	조지프 미드 (Joseph Mede)*	1627	로버트 메이튼 (Robert Maton)	1642
존 리드게이트 (John Lydgate)	1420	나타니엘 홈스 (Nathaniel Homes)	1653	토머스 빈센트 (Thomas Vincent)	1667
윌리엄 본드 (William Bond)	1531	존 브라운 대령 (Capt. John Browne)	1654	『하나님의 도성』 저자 Author of Theopolis	1672
토머스 드랙스 (Thomas Draxe)	1613	윌리엄 셔윈 (William Sherwin)	1665~ 1700	올리버 헤이우드 (Oliver Heywood)	1700
바톤 홀리데이 (Barton Holyday)	1626	인크리스 매더 (Increase Mather)	1709	토머스 파일 (Thomas Pyle)	1715
조지 워커 (George Walker)	1638	코튼 매더 (Cotton Mather)*	1726	그랜삼 킬링워스 (Grantham Killingworth)	1761
윌리엄 셔윈 (William Sherwin)	1665	존 노리스 (John Norris)	1738		
조지프 홀 (Joseph Hall)	1708	필립 도드리지 (Philip Doddridge)	1739		
		존 길 (John Gill)*	1748		
		토머스 브로우튼 (Thomas Broughton)	1768		

알림: '휴거(rapt)'와 '휴거(rapture)'는 영적 또는 감정적으로 '하늘로 들어 올려짐'의 경험을 말할 수 있지만, 열거된 용례들은 마태복음 24이나 데살로니가전서 4~5장의 문맥에서 물리적 또는 신체적으로 '들어 올려짐'을 말한다.

'남겨지다(left behind)'이라는 용어는 마태복음 24장과 데살로니가전서 4~5장에 언급된 휴거의 문맥에 있다.

17세기 영국에서 환란 전 휴거와 대환란 개념

지상에 오기 전에 구름에서 이루어지는 구별된 부활들		성도들이 환란을 피해 안전하게 하늘에 있음	
윌리엄 브리지 (William Bridge)	1641	로버트 메이튼 (Robert Maton)	1642
로버트 메이튼 (Robert Maton)	1642	제레마이아 버로우스 (Jeremiah Burroughs)	1643
존 아처 (John Archer)	1642	에프레임 휫 (Ephraim Huit[Hewitt])	1643
에프라임 휫 (Ephraim Huit[Hewitt])	1643	새뮤얼 허친슨 (Samuel Hutchinson)	1646
새뮤얼 허친슨 (Samuel Hutchinson)	1646	엘리자베스 애버리 (Elizabeth Avery)	1647
너대니엘 홈스 (Nathaniel Homes)	1653	페리 스테리 (Peter Sterry)	1648
존 브라운 대령 (Capt. John Browne)	1654	너대니엘 홈스 (Nathaniel Homes)	1653
제임스 더햄 (James Durham)	1658	존 애스핀월 (John Aspinwall)	1653
존 버첸샤 (John Birchensha)	1660	존 브라운 대령 (Capt. John Browne)	1654
존 플로이어 (John Floyer)	1721	어셔 대주교 (Archbishop Ussher)	1655
세이어 러드 (Sayer Rudd)	1734	존 버첸샤 (John Birchensha)	1660
		윌리엄 셔윈 (William Sherwin)	1665
		프레이즈갓 베어본 (Praisegod Barebone)	1675
		그렌삼 킬링워스 (Grantham Killingworth)	1761

–대다수가 휴거(지혜로운 처녀들)와 유대인들의 부르심(144,000명을 인침)을 합쳐서 둘 다 구름 속에서 주의 현현을 인정하며 그들이 이스라엘과 아마겟돈 전쟁에 돌아갈 시간을 허락함

–혼인잔치/환란을 위한 최소한의 시간

이중 재림(놀람/평화, 명백/전쟁): 윌리엄 브리지(1641), 로버트 메이튼(1642), 새뮤얼 허친슨(1646)

환란 전 입장은 아니지만 그런 사람을 언급: 토머스 콜리어(1674), 프레이즈갓 베어본(1675), 토머스 버넷(1681), 삐에르 쥐리외(1687)

*단지 진노 전 휴거처럼 보이는 사람들: 조지프 미드, 인크리스 매더, 코튼 매더, 프레이즈갓 베어본, 윌리엄 후크, 존 길, 토머스 리더

분명하게 환란 전 휴거 입장인 사람들: 에프레임 휫(1643), 존 브라운(1654), 존 버첸샤(1660), 새뮤얼 허친슨(1667), 조슈아 스프리그(1676), 세이어 러드(1734)

알림: 위에 열거된 이들 중에 18세기에 글을 쓴 사람은 이 책의 10장에서 찾아볼 수 있다.

8

신대륙 청교도의 전천년설

American Colonial Puritan Premillennialism

뉴잉글랜드 식민지에 관한 주요한 역사적 연구서는 페리 밀러의 『뉴잉글랜드의 지성: 17세기』(1939)인데, 이 책은 초기 정착자들이 "옛 세상에 종교적인 본보기가 될 경건한 공동체를 세우는" 목표를 가졌다고 주장했다.1 식민지 청교도들이 천년왕국에 대한 희망을 이스라엘보

---

1 Jeffrey Jue, *Heaven Upon Earth: Joseph Mede (1586~1638) and the Legacy of Millenarianism* (Dortrecht: Springer, 2006), 175에서 Perry Miller, *The New England Mind: The Seventeenth Century* (New York: Macmillan, 1939)를 언급함. 밀러는 이 주장을 이후에 *The New England Mind: From Colony to Province* (Cambridge: Harvard University Press, 1953), 특히 6장, "Christian of the Covenant"와 나중의 책 *Errand into the Wilderness* (Cambridge, Harvard University Press, 1956), 특히 10장 "The End of the World"에서 반복했다.

다는 미국에 두었다는 현대 역사가들의 일반적 믿음은 역사가 폴 보이어의 말에 더욱 명확하게 나타난다.

> 청교도들은… 참으로 고대 이스라엘인들에게 예언된 엄청난 축복들이 자신들에게 적용된다고 보았다. 또한 그들은 예언을 17세기의 정치적 위기의 관점에서 읽었다… 청교도로서 자신들의 사명은 말 그대로 악한 교회를 정화하고 그리스도의 나라를 가져오는 것이었다. … 그들이 새롭고 공허한 것으로 본 세상에서 말 그대로 천년왕국을 창조하는 것이다.2

이 믿음은 레이너 스몰렌스키의 「식민지 북아메리카의 종말론」에 의해 도전받았는데, 이 논문은 "최초의 이민자 유입 당시 청교도들의 출애굽에 천년왕국 이데올로기가 작용한 것은 아니었다."라고 주장했다.3 미국 혁명기의 성직자들이 자산들의 새로운 나라에서 천년왕국을 기대했다는 많은 증거가 있지만, 미국 혁명기 이전의 식민지 청교도들은 정말로 유대인들이 회복되어 그들의 땅으로 돌아가는 것보다 미대륙에 초점을 맞추었을까?4

뉴잉글랜드의 최초 설교자의 한 사람인 존 코튼(1585~1652)은 감독교회의 위계질서를 비판함으로 더 전통적 성공회 사역자들과 원수가 되었

---

2 Paul Boyer, "Apocalypticism Explained," PBS Frontline interview on colonial Puritan eschatology, airdate November 22, 1988. 또한 James West Davidson, *The Logic of Millennial Thought: Eighteenth Century New England* (New Haven: Yale University Press, 1977); James Holstun, *A Rational Millennium: Puritan Utopias of Seventeenth Century England and America* (New York: Oxford University Press, 1987)을 보라.

3 Reiner Smolenski, "Apocalypticism in Colonial North America," in Seven Stein, ed. *The Encyclopedia of Apocalypticism: Volume 3. Apocalypticism in the Modern Period and the Contemporary Age* (New York:1998), 37, in Jeffrey Jue, 176~77.

4 그런 예들은 15장 「미국 혁명기의 종말론」에서 확인하시오.

다. 윌리엄 로드는 캔터베리의 대주교가 되어 영국에서 칼뱅주의로부터 로마 교회와 비슷한, 보다 성례전적인 성직자 중심 체계로 돌리려는 의향이었다. 로드가 성공회에서 청교도들을 몰아낼 때 코튼은 새로운 매사추세츠만 식민지로 이주하기로 했다. 그는 종교적인 문제에 있어서 감독의 명령이 아니라 개인의 양심을 따라야 한다고 굳게 확신했고, 심지어 앤 허친슨이 그녀의 더 급진적인 견해를 선전할 수 있는 자유를 지지하는 발언을 하기도 했다. (허친슨이 더욱 급진적으로 되었을 때에야 그녀가 로드 아일랜드로 가야 한다는 데 동의했다.) 코튼은 청교도들 사이에서 매우 존경받아 런던으로 돌아와 웨스트민스터 총회에 참가하도록 초청됐지만, 통치자 윈드럽은 그에게 뉴잉글랜드에 머물면서 영국에서 일어난 청교도 혁명을 지지하는 글을 쓰도록 설득했다.

계시록 16장에 관한 코튼의 최초 종말론 작품『일곱 대접의 쏟아짐』은 1642년에 출판되었다. 코튼은 하나님의 진노의 일곱 대접이 가톨릭 교회와 예배, 사제들, 오스트리아, 교황 수위권, 감독 체계, 그리고 가톨릭의 미신들에 쏟아질 것이라고 믿었다.[5] 그는 로마가 바벨론이고 교황은 적그리스도며 가톨릭 교회식으로 예배하는 자들은 "짐승의 표를 받았고" 짐승의 "우상을 섬긴다."라고 믿었다.[6] 그는 확신했다.

> 사람들이 일단 하나님의 참 교회가 어느 것인가를 분명히 보기 시작하면 그것은 성당이 아니라… 회중일 뿐이며, 그곳의 사역자는 경건한 목사들과 교사들, 또한 다스리는 장로들과 집사들이다… 로마는 결국 무너지고 그것에 붙은 나라들 모두가 그렇게 된다… 그러므로… 우리 조국에 있는 우리 형제들을 위해… 그들이 지식이 없어 멸망하지 않고 잘못된 교회를 참 교회로 착각하지 않도록(성당이나… 교구 중 하나라면 그것은 잘못된 것이다)… 누가 교황주의자들이며, 누가 하나님의 참된 성도들이고, 누가 가짜인지 알도록… 사람들이 종

---

[5] John Cotton, *The Powring of the Seven Vials: or an Exposition of the 16. Chapter of the Revelation* (London, 1642), title page.

[6] Ibid., 1.

교개혁의 일부, 미신의 일부, 교황제의 일부, 그리고 개신교 일부를 짜깁지 않도록… 기도하자.7

같은 해, 코튼은 『교회의 부활』을 출판했는데, 성경의 예언들이 이미 성취되었다는 과거주의 입장을 반박하는 강력한 논증이었다. 계시록 20장은 사탄을 무저갱에 천 년 동안 던져 놓음으로써 천년왕국을 시작하게 하는 천사에 관해 말한다. 코튼은 로마 가톨릭에서 천사가 로마 교회를 통해 천 년 동안 그리스도의 통치를 이루게 한 그리스도나 콘스탄티누스, 혹은 테오도시우스 중 하나를 대표한다고 믿는다고 지적했다. 코튼은 이것이 불가능하다고 여겼는데, 그것은 명백히 적그리스도가 여전히 로마 교황으로 날뛰고 있는 한 그리스도의 천년왕국은 시작될 수 없기 때문이었다.

사탄을 무저갱에 던져 넣은 목적은 더는 열방을 속이지 못하게 하려는 것이다. 그러나 콘스탄티누스 이후 천 년이 지나서 이전보다 더 부정과 미신적 종교로 세상을 속였다. … 성령께서는 교황적 이교주의와 이방인의 이교주의를 구별하지 않으신다. … 그것이 지속하지 못하는 이유는 사탄이 그 이후에 하나님의 백성을 핍박하려고 일어날 수 없기 때문이다. 그리고 전쟁에서 이교도들의 칼보다는 짐승[로마]에 의해 죽은 사람이 더 많았다. 게다가… 그리스도 또는 콘스탄티누스, 또는 테오도시우스로부터 천 년을 생각해 보면, 비록 그것으로부터 천 년은 오래전에 지나갔지만 성도들에게 통치할 권세가 아직 주어지지 않았다. 그러므로 천 년은 적그리스도의 퇴출과 로마의 멸망 때부터 시작하는 것이 가장 적절하다.8

---

7 Ibid., 16.

8 John Cotton, *The Churches Resurrection, or the Opening of the Fift and sixt verses of the Chap of Revelation* (London, 1642).

정직한 학문적 연구를 위해 밝히자면, 코튼은 첫째 부활을 영적인 각성으로 보았고, 성도들이 좋은 설교와 영혼 구령을 통해 사탄을 결박할 수 있다고 암시했다. 또 하나님께서 "하나님의 백성들을 로마와 적그리스도를 멸망시키는" 일에 사용하실 것이라고 믿었고, '무저갱'은 문자적인 것이 아니라 로마의 적그리스도가 멸망한 후 어느 때를 가리킬 수 있다고 보았다. 그러면 사탄은 천 년 동안 성도들을 핍박하지 못할 것이다.9 로마가 멸망하면 유대인은 집단으로 회심할 것인데, "이제까지 교황제는 유대인들이 들어오는 것을 가로막는 큰 장애물이었기" 때문이다. "그것이 제거되었을 때, 만약 그들이 들어오려고 하지 않는다면, 그와 비슷한 기회를 가질 수 없을 것이다. 즉, 사탄이 사로잡혔을 때 그들이 들어오지 않는다면 말이다."10

코튼은 이 천년왕국이 심지어 종교개혁에서 이미 시작되었다고도 확신하지 못했다는 사실에 주목해야 한다.

> 그러나 여러분은 말할 것이다. 루터와 칼뱅, 부처 등과 함께 독일, 영국, 스코틀랜드 등에서 개혁을 이룬 교회에서는 주목할 만한 교회의 부활이 있지 않았던가? … 이 종교개혁은 성령께서 부활이라고 부를 만큼의 부활로 살아나지 않았다… 누군가 그런 모든 교회들의 얼굴을 전체적으로 (예외 없이) 볼 수 있다면… 그 구성원들은 대부분 죄와 허물로 죽어 있지 않은가? 당신이 영국을 관통해서 걷는다면(내가 알아야만 하기에) 당신은 교회의 회원들이 일반적으로 죽어 있는 모습을 볼 것이다.11

로마가 멸망하지 않았고 교회는 부활을 아직 경험하지 않았으므로 천년왕국은 미래였던 것이다.

---

9 Ibid., 8~11.

10 Ibid., 13.

11 Ibid., 17~18.

존 코튼의 셋째 종말론 작품은 1656년에 출판되었는데, 계시록 13장에 바다에서 나오는 일곱 머리와 열 뿔을 가진 짐승과 용처럼 말하고 땅에서 올라오는 두 뿔 달린 짐승에 관한 것이었다. 첫째 짐승은 "가시적인 로마 가톨릭교회" 전체로서, 교황은 머리들의 하나에 불과하고 다른 머리들은 예전의 로마의 우두머리들(왕들, 집정관들, 독재자들, 호민관들, 황제들 등)이다. 둘째 짐승은 나중에 땅에서 올라오고 양의 뿔 한 쌍만을 가졌지만 용처럼 말하는데, 그것은 적그리스도이다. 열 뿔을 가진 첫째 짐승은 모든 예전의 이방과 교황의 로마 통치자들을 대표하는 반면에, 둘째 짐승은 "그들의 자리를 이어받은… 셋째 로마 국가임이 틀림없다."12 코튼은 독자들에게 "짐승만이 아니라 그의 우상과 그의 표와 가톨릭의 이름을 부인하고… 짐승과 그의 우상, 그의 이름과 그 이름의 숫자와 전혀 관계하지 말 것"을 당부하면서 결론 맺는다.13 그는 영국이 "적그리스도의 손아귀"에서 빠져나왔지만 "종교적인 문제에 관해 예전에는 교황에게 물었다면 이제는 최고 수령이자 통치자인 왕에게 돌아섰다. 하지만, 교황의 규범이 여전히 교회를 다스린다… 그들은 로마교회의 법을 취하는 것이 합법적이라고 생각했다… 그러나 진실은 교황도 왕도 교회를 다스릴 법을 만들 권한이 없고 오직 그리스도의 법만이 교회를 다스려야 한다."14

　에프래임 휫(히윗)은 로드 대주교가 "예식을 게을리 한다."라는 이유로 그에 대한 조치를 취하고 나서 미국으로 이주했다. 휫은 1639년에 윈저(나중에 코넥티컷이 되었다)를 설립하는 것을 도왔지만 5년 뒤에 죽었다. 그의 비석은 그 주에서 가장 오래되었다. 그는 죽기 전에 런던에서 그의 유일한 작품을 출간했다. 『다니엘의 모든 예언 해설』에서 그는 "유대인들의 영광스러운 부르심과 회심"을 고대했다. "주께서 자비로… 박해받는 사람을 풀어주시도록… 우리에게 의회를 보내주실" 때

---

12 John Cotton, *An Exposition upon the Thirteenth Chapter of the Revelation* (London, 1656), 4~7.

13 Ibid., 258.

14 Ibid., 260~61.

까지 그의 이런 관심은 영국에서 문제가 되었다.15 그는 독자들에게 하나님은 유대인들과 관계를 끝내지 않으셨다고 확신시켰다.

> 주님은 아브라함의 후손을 택하셔서 그들을 특별한 유산으로 삼으시고 그들과 거룩함과 행복의 언약을 세우셨는데, 그들이 그것을 자주 어기더라도… 그들의 남은 사람은 최소한 조상들로 인해 주의 사랑하는 사람으로 남는다. 그들의 신실치 못함이 하나님의 신실함을 무효로 만들지 못한다. 주님께서는 여전히 그들을 위한 평화를 생각하신다.16

휫은 또 다니엘의 네 개 왕국, 곧 바벨론, 페르시아, 그리스, 그리고 (셀류키드가 아닌) 로마에 관해 썼다. 그는 넷째 왕국이 로마라고 믿었는데, "44절에서 말씀하기를, **이 왕들의 날**이라고 했기 때문이다. 이제 우리 주님의 탄생이 이집트와 시리아가 무너진 뒤 로마의 집정관 치하에서 이루어졌다는 것은 잘 알려져 있다." 그는 보통 적그리스도로 해석되는, 다니엘 7:8에 나오는 넷째 열 뿔 달린 짐승에게서 나오는 작은 뿔에 대해 숙고했다. 과거주의자들은 짐승을 안티오쿠스 에피파네스로, 역사주의자들은 교황제로 간주하지만, 휫은 이것이 투르크 국가라고 믿었다.

> 처음에 그는 로마 황제들과의 공개적인 적대 관계 때문에 로마의 열 나라의 셋을 제압하고 완전히 말살하는데, 곧 아시아, 그리스, 시리아다… 둘째, 그는 신성모독적인 이단이며… 그들의 코란은 뻔뻔한 거짓말로 차 있다… 셋째, 그는 모든 로마 국가 중에 유일하게 유대인을 압제했는데 그들을 가장 혹독한 노예로 부린다… 넷째, 이 뿔이 깨질 때 어떤 이들이 생각하는 것처럼, 세상을 상속할 권리를 가진 유대인은 주권을 회복한다… 그는 그들의 압제자로서… 그들을 부르시는 것보다 그의 멸망이 선행해야만 한다… 그는 그들의 압제자인

---

15 Ephraim Huit, *The whole Prophecie of Daniel Explained, by a Paraphrase, Analysis and Comment* (London, 1643), preface.

16 Ibid., 1.

작은 뿔이고 그의 번영으로 계속해서 그들을 예속한다. 그가 멸망할 때 그들은 돌아갈 수 있는 자유와 해방을 얻는다… 투르크의 번영하는 상태는 그들의 불행이 되고, 그의 불행은 그들의 구원이 된다. 따라서 그는 이 독재자다.[17]

다니엘 7:18은 "지극히 높으신 자의 성도들이 나라를 받을 것이다"라고 선언한다. 제5왕국론자들은 그들이 성도들이라고 믿었지만, 휫은 이 성도들이 미래의 지상 왕국의 유대인이어야 한다고 주장했다.

하나님의 교회는 신부로서 고귀하게 단장하고 하늘에서 내려오지만… 거룩한 유대인은 주를 부르는 자기들만이 성도들이란 것을 잘 알고 있다. … 우리는 다니엘이 유대인이 아닌 어떤 성도들을 생각한다고 여겨서는 안 될 것이다. 그래서 이 예언서의 모든 곳에서 성도들과 유대인이 혼동되고 있고, 성도들은 다른 방식으로 여겨지지 않는다.[18]

휫은 유대인들이 "투르크인들의 고된 멍에를 벗어버릴 것이다."라고 주장했지만, 독자들에게 "주의 백성들을 구원하시기 전에 낮추시는 것이 주님의 방식이다."라는 것을 상기시켰다.[19] 그는 북방 왕과 남방 왕이 유다를 침공하는 다니엘 11장에서 이중적 성취를 발견했다. 즉, 왕들은 주전 2세기의 셀류키드와 프톨레미였을 것이나, 마지막 때는 투르크인과 아랍인이 될 것이라고 휫은 믿었다.

그다음의 남방 왕은 유대인을 지배할 다음 독재자를 의미한다… 그는 모든 역사가 증언하는 대로 사라센[아랍인]의 나라로 보이는데, 그들이 여기에서 남방 왕이라고 불리는 것은 그들이 이집트와 유대의 남

---

17 Ibid., 187~89.

18 Ibid., 204~207.

19 Ibid., 207~208.

쪽에 위치한 아라비아에서 일어났기 때문이거나, 아니면 그들이 이집트에 정착했기 때문이다… 이 사라센은 하갈의 후손으로… 그들의 수장인 모하메트의 지배하에… 아랍의 개들이라고 불린다… 유대인의 압제자로서 특히 그들의 왕국을 지배하고 있는데, 유대인들이 회복될 때 그것을 되찾을 것이다. 로마 제국이 유대의 타이틀을 잃었을 때 그것은 제일 먼저 사라센의 수중에 떨어졌는데, 그로 인해 그들은 참으로 압제자라고 불릴 것이다… 로마제국 아래서, 유대인에 대한 셋째 압제자는 북방 왕이라고 불린다… 그것은 투르크 국가로서 북방의 왕이라고 불리는데 그 이유는 그들이 세상의 북부 지역에서 일어난 스키디아인이었거나, 아니면 그들이 시리아를 점령했기 때문이다. 이집트가 사라센들의 주거지로서 여기에서 남방이라고 불리는 것처럼, 그것은 유대의 북쪽에 있기 때문에 이 장 전체에서 그렇게 불린다.[20]

휫은 또한 유대에서 일어날 것으로 기대하는 예언적 사건들에 관해 공들여 묘사했다.

유대인은 흩어져 있던 곳에서부터 한 곳으로 모일 것이다, 롬 11:26 … 이때 투르크인이 침략하고 그들[유대인]은 주님께 거룩하게 될 것이다… 투르크는 이제 세상의 공포다… 그가 성도들을 향해 분노하는 동안 깨달을 것이다. 예루살렘이 두려움의 잔이며 그것을 공격하는 모든 나라에 무거운 돌이 되어서 그는 치명적이며 회복 불가능한 상처를 입고 멸망할 것이다.[21]

휫은 심지어 환란을 암시하는 듯한데, 그것은 적어도 그들의 땅으로 돌아온 유대인에게 해당된다. "유대인의 상태는 그들이 돌아오고 난 뒤에도 아주 고통스러울 것이라고 말씀한다. 그 이유는 1. 전쟁… 2. 또

---

[20] Ibid., 332~33.

[21] Ibid., 331, 343~44.

한 그들이 대응해야 할 적은 투르크 국가이며 그들의 분노와 공포는 잘 알려져 있다."22 휫은 이 사건들의 날짜를 정하는 것으로 결론을 맺는다: 유대인이 부름을 받는 것은 1650년(A.D. 360 + 1290년)이고 이 시대의 끝은 1695년(예루살렘이 공격당하고 메시아가 승리하며 돌아오는데 45년의 환란기가 있다고 믿음)이다.23

토머스 파커는 더블린에서 어셔 밑에서 공부하고 버크셔에 있는 교구에서 트위스를 돕고 나서 뉴잉글랜드로 이주했다. 1635년에 보스턴에 도착하고 난 직후 그는 회중을 이끌어 매사추세츠 뉴베리를 세우게 하고 1677년 사망할 때까지 그곳의 목사로 남아 있었다. 1646년에 그의 『다니엘의 환상과 예언 해설』이 런던에서 출판되었다. 책의 첫머리에서 그는 과거주의적 입장, 곧 다니엘서에 언급된 예언들이 이미 일어났고, 다니엘이 예언한 네 번째 왕국이 셀류키드를 지칭하며, 다섯 번째 왕국이 그리스도의 초림 때 세워졌다는 주장들에 철퇴를 가했다. 파커는 과거주의를 거부하는 이유를 열거하며 쓴다.

첫째, **셀류키드** 왕국은 셋째 짐승에 속하고, 알렉산더가 죽은 후 그리스 왕국이 넷으로 갈라졌을 때 생긴 나라들 중 하나로서 네 날개와 네 머리에 의해 명백하게 대표된다….

둘째, 이 네 짐승은 세상을 정복하려고 연속해 일어났다(2, 3절). 그러나 셀류키드와 알렉산더의 다른 후계자들은 그가 이미 정복한 것을 계승했다.

셋째, 네 번째 왕국은 이전의 어떤 왕국보다 훨씬 크고 장대하므로… **셀류키드**일 수 없다.

넷째, 네 번째 짐승은 이전의 짐승들과 비교해 볼 때… 무섭다고 말씀하지만… **셀류키드**는 약한 편이다… 그리고 유대인은 셀류키드에 대항하여… 로마인이 오지 않았다면 충분히 자신들을 잘 지켰다.

---

22 Ibid., 347.

23 Ibid., 348~56 (두 번째는 페이지 오류로 중복됨).

다섯째, 이 짐승은 그 전에 있던 짐승들과 같지 않다고 말씀하는데… 셀류키드는 다른 왕국들과 같다. …

여섯째, 넷째 짐승은 열 뿔을 가졌고, 그것들 이후 한 작은 뿔이 일어난다… 이것이 어떻게 **셀류키드** 왕국과 일치할 수 있는가? … **안티오쿠스 에피파네스**가 어떻게 작은 뿔인 동시에 열 뿔의 마지막일 수 있는가… 그 짐승은 작은 뿔이 파괴될 때 멸망하지만, **셀류키드** 왕국은 안티오쿠스 에피파네스 때 멸망하지 않았다.

일곱째, 이 네 번째 왕국은 마지막 불 심판과 책들을 열 때까지 연장된다(10절)….

여덟째, 그리스도께서 하늘의 구름을 타고 오실 때까지(13, 14절) 연장되는데, 그것은 재림이다….

아홉째, 지상의 모든 나라가 주와 그리스도의 것이 될 때까지 연장된다.[24]

파커는 역사적 전천년주의자로서 적그리스도 교황 통치의 시작을 606년(그가 "공개적으로 보좌에 앉았을" 때), 755년("피핀이 그에게 현세의 주권을 주었을" 때), 또는 1073년("그의 권세가… 정상에 올라가 왕들과 황제들에게 뜻대로 명령했을" 때)에서 찾았다.[25] 적그리스도가 언제부터 통치하기 시작했는지 날짜를 정한 후 그 시대의 마지막 날짜를 잡는 것이 긴요했다.

> 적그리스도가 지속하는 시기는 **한 때, 두 때, 그리고 반 때**에 의해 결정되는데([다니엘 7] 25절), 그것은 계시록 12:6, 14에서 설명했듯이 1260년이다. 적그리스도가 일어나는 것은 로마 제국이 무너지고 열 뿔이 일어나기 시작할 때로 고정된다.[26]

---

[24] Thomas Parker, *The Visions and Prophecies of Daniel Expounded: Wherein Mistakes of Former Interpreters....* (London, 1646), 1~13.

[25] Ibid., 27~28.

[26] Ibid., 31.

파커는 적그리스도의 1260년이 로마 황제 테오도시우스가 죽기 직전인 A.D. 390년에 시작되었다고 결론 내렸는데, 그것은 종말이 1649년, 곧 그의 책이 출판되고 난 3년 후라는 것을 의미했다. 그렇지만, 그는 또 1260년이 570년에 롬바르드가 이탈리아를 침공했을 때나 A.D. 600년에 "그레고리 교황이 의식과 미신으로 교회를 왜곡시키기 시작했을" 때고, 거기에 다니엘의 수 1290년 또는 1260년을 더하여 1859년경에 끝이 올 것으로 생각했다.27 파커는 계시록 16장의 대접들이 적그리스도 교황에게 부어졌는데, 첫째와 둘째는 사라센들(그의 용어이자 이 시대에 모슬렘들을 지칭하는 데 일반적으로 사용되던 말)에 의해, 셋째는 투르크인들에 의해, 넷째는 발도파에 의해, 다섯째는 존 위클리프에 의해, 여섯째는 마틴 루터에 의해 이루어졌다고 했고, 일곱째는

> 일반 부활과 모든 심판의 결론에 의해 이루어졌다. 만약 620년부터 대접들이 부어지기 시작했다면 여섯째 대접은 천 년이 되는 1620년에 끝날 것이다. … 그러면 삼일 반의 최후의 승리에 의해 그 결과가 적그리스도의 1260년과 정확히 일치하는 1649년에 효력을 잃을 것이다… 그러나 만약 대접들이 840년에 시작한다면 여섯째 대접은 천 년을 더하고 20여 년의 공백을 두면 1860년 전에 끝난다.28

파커는 환란의 개념을 제시했는데, 종말이 삼 년 안에, 아니면 또 다른 113년을 기다릴 필요 없이 온다고 쓰면서 삼 년 반의 환란을 제안했다. "종말의 때가 아직 오지 않았다면 우리는 더 쉬운 고난을 찾아도 좋을 것이다… 종말의 때가 되면 우리는 장차 삼년 반의 슬픈 시기를 기대하고 준비해야 한다(계 11:8). 그러면 완전한 부활이 따라오고 하늘의 완전함에 이른다."29

---

27 Ibid., 138~41. 파커는 Nathaniel Homes, *Resurrection Revealed* (London, 1653), 559에 있는 인용문에 따르면 비잔틴 황제 포쿠스가 그레고리 교황을 "온 교회의 감독"으로 삼고 나서 6년 후였다고 언급했다.

28 Ibid., 152~53.

파커는 순교자들이 "일어나 살아서… 천 년이 차기까지… 다스릴 것이라고 말씀하고… 그리스도인을 대적하는 자들에게 연속적인 대접의 심판을 할 것이다."30 그러나 그는 어떤 사람들이 적그리스도가 파멸되고 천년왕국이 들어서기 전까지 부분적인 부활이 있다고 믿는 것을 시인했다.

> 많은 명사의 의견에 따르면, 천 년 동안 성도들의 통치는 삼 년 동안 적그리스도의 지배가 끝나고 새 예루살렘의 영광중에 이루어질 것으로 기대한다. 내 판단으로는 이것이 가능해 보이지 않는다. 이 견해는 일반 부활 이전의 죽은 자들로부터의 특별한 구원에 관해 해결할 수 없는 문제들과 조잡한 주장들로 들끓게 한다… 다니엘 12장과 계시록 11:18을 볼 때 적그리스도에 대한 마지막 심판 또는 대접은 일반 부활과 연계되어야만 한다.31

토머스 파커는 "많은 명사"가 "천 년 동안 성도들의 통치"를 믿지만 자신은 믿지 않는다고 인정했다. 대신에 그는 "적그리스도에 대한 마지막 심판 또는 대접이 일반 부활과 연계되어야 한다."라고 주장했다. 그렇지만, 존 데이븐포트(1597~1670)는 그리스도의 "개인적인 나타나심"이 "세상이 끝나기 훨씬 전에" 일어날 것이라고 했는데, 성도들이 그리스도께서 돌아오실 때 그를 따라 지상으로 올 것이기 때문이다. 데이븐포트는 유망한 런던의 대리목사였는데, 로드 대주교가 청교도 사제들을 핍박하기 시작하자 뉴잉글랜드로 이주하여 뉴 헤이븐 식민지를 공동으로 설립했다. 마태복음 24장에 대한 설교에서 그는 "심판을 위한 그리스도의 개인적인 오심은 가시적이며 영광스러울 것이고 세상의 종말보다 훨씬 앞설 것이다… 정부에 대항하여 소동을 일으키는 사람들에 의해서가 아니라… 자신의 개인적인 나타나심을 통해 오실 때,

---

29 Ibid., preface.

30 Ibid., 146.

31 Ibid., 147.

하늘의 군대는 그리스도를 따르며 그에 앞서지 않는다."32

윌리엄 후크(1600~1677)는 뉴 헤이븐의 목사이자 데이븐포트의 동료였는데, 인크리스 매더의 『이스라엘의 구원의 신비』(1669)에 대한 서론에서 예언은 성취될 때가 가까울수록 더 잘 이해되며 "예언과 같은 성경의 어두운 부분들"은 히브리 성경인 까닭에 먼저 영국이나 미국이 아닌 이스라엘과 관련해서 이해해야 한다고 썼다.

> 진리의 영의 조명을 위해 열성적인 기도와 함께 성경을 부지런히 찾음으로써 우리는 이런 **풍요한 광산**에 숨겨져 있는 **영적 보화**를 찾을 수 있을 것이다… 성경의 더 어두운 부분들, 곧 미래의 때와 사건들에 대한 예언들과 같은 곳에서 말이다. 그것들 중 **이스라엘의** 유효적 소명과 **구원**에 관련된 곳들은 이전에 모호해 보였을지라도 성취될 때가 다가옴에 따라 많은 사람이 그 의미를 모든 열심을 다해 파헤치도록 자극을 받아… 이전에는 많은 이들에게 가려져 있던 것들을 발견하기 위해 성경을 탐색한다.33

후크는 전천년주의자로서 "그리스도께서 심판하기 위해 오시기 전까지는 교회가 지상에서 크고 안정된 영광을 누리지 못할 것이다."라고 주장하며, "자신이 이해한 것이 다른 사람들과 다르다고 멸시하며" "성경이 보증하지 않는 정통"을 과도하게 존중하는 "자만한 이해"를 비판한다.34 그는 어떤 사람들이 무천년설을 지지하는 것을 인정했지만, 자신

---

32 데이븐포트의 설교는 소실되었지만 Samuel Hutchinson, *Declaration of a Future Glorious Estate* (London, 1667), 22에 언급되어 있다.

33 W[illiam] H[ooke], "An Epistle to the Reader" preface to Increase Mather, *The Mystery of Israel's Salvation* (n.p.[Boston], 1669), no pagination.

34 Ibid. 후크는 "학식 있는 미드 씨(고위 성직자들 자신이 인정하듯 그는 광신자가 아니다)… 그리스도의 왕국은 (그가 말하듯) 그리스도께서 그의 나라에 임하실 때와 온 세상이 다 심판을 받기 위한 마지막 심판 사이에 놓여 있다."라

의 전천년설적 관점을 확신했다.

> 지상에 자기 왕국을 세우시려고 **그가 재림하시는** 것에 관해, 어떤 사람들은 지상에서 그리스도의 왕국을 인정하지 않고 선택된 사람들의 마음에서 영적이며 비가시적인 왕국만을 인정한다… 그러나 마지막 때에 또 다른 그리스도의 정치적 왕국이 세워질 것에 관해 다니엘 2장에 예언되어 있고… 천사 가브리엘이 처녀 마리아에게 누가복음 1:32~33에서, 사도 요한이 계시록 19~20장에서, 사무엘 이래의 모든 예언자와 그 이후의 사람들을 통해 말씀하고 있다.[35]

후크는 동시에 후천년설의 위험하고 급진적인 암시들에 대해 경고했다.

> 그러나 이것에 대해서는 나중에 **제5왕국론자**로 불린 사람들 역시 다른 면에서 두 가지 오류를 범했다. 첫째, 여섯째와 일곱째 대접이 부어질 때까지 이루어지지 않을 때를 기대함으로써. 둘째, 사람들에 의해 의해서가 아니라 그리스도만이 하실 수 있는 일을 자신들의 힘으로 이루려고 함으로써.[36]

후크는 또 천년왕국이 콘스탄티누스와 함께 시작했었다는 역사적 견해를 정죄했다.

> 그들은 또 사탄이 묶이는 천년기가 그리스도 이후 300년에 이방 황제들이 그리스도인 핍박을 중단한 때에 시작한다고 본다. 그러나 이것은 사탄의 묶임과 일치하지 않는다… 왜냐하면 그 이후 사탄은 그의 도구들을 사용하여 적어도 그 전만큼이나 성도들을 유혹하고 핍

고 적었다.

[35] Ibid., no pagination.
[36] Ibid., no pagination.

박해왔기 때문이다. … **알스테디우스는**… 그가 쓴 책에서 계시록 20장에 예언된 천 년은 아직 오직 않았고 모든 상징주의 모양새를 피해야 한다는 것을 증명했다.37

후크는 온 이스라엘이 "그들 자신의 땅으로" 돌아갈 것을 기대했고, 모든 예언은 미래를 가리키는 것이 아니라 그것이 작성된 때의 사건들을 가리킨다는 과거주의 견해를 거부했다. "어떤 사람들은 그들에게 바벨론 포로에서 귀환 밖에 다른 부름이 없다고 생각했지만… 이사야는 다시 한 번 회복될 남은 자에 관해 말한다(사 11:11)."38

후크의 종말론 서론은 20세기의 유사한 작품들처럼 읽힌다. 그는 "주께서 곧 오셔서… 시온을 세우시고 온 이스라엘을 구원하신다."라고 믿었다. 그는 계시록의 144,000명을 "이스라엘 자손의 지파들"로 인식했다. 그는 고린도전서 15장과 데살로니가 4장의 본문들을 인용하여 그리스도께서 "마지막 나팔"에 "밤에 도둑같이" 내려오시면 "우리는 변화된다."라고 했다. 그는 적그리스도를 "죄악의 사람"과 "무법한 자"로 보았고, "큰 강 유프라테스의 물이 말라… 동방 왕들의 길이 마련되는 것"을 오토만 제국이 권세가 줄어드는 것, 곧 "투르크인의 권세가 줄어… 유대인이 그들의 땅을 다시 소유하도록 길을 내어주는" 것으로 보았으며, 아마겟돈 전쟁을 "이 땅과 온 세상의 왕들이 다함께 모이는 장소"와 "바벨론… 큰 음녀의 몰락"을 로마와 동일시했다.39

후크는 자신이 쓴 것을 주장했다.

> 이것은 어느 정도 알려진 일이고 사도들의 때 이후 하나님의 교회의 모든 시대에서 믿어진 진리이다… 내 마음을 찌르며 동요시키는 것이 많아서 나는 도저히 천년왕국설이 오류라고 정죄하기 어렵다… 나는 이

---

37 Ibid.

38 William Hooke, "To the Reader," n.p.

39 Ibid.

것이 사도들 바로 다음 시대에 두루 퍼져 있던 의심의 여지 없는 진리로 통했다는 것을 발견한다. 지금은 천년왕국 개념이 이단적이라고 감히 말하지만, 초대교회 때는 오직 이단들이 이 진리를 의심했다는 것을 읽는다. 순교자 유스티누스는… 거룩한 예언자들과 사도들의 교리에 따라 예루살렘의 부흥과 천년기를 확고하게 믿었다. 게다가 철저하게 정통인 그리스도인은 누구도 그것을 의심하지 않았다고 그는 말한다… 이제 (미드가 관찰하듯) 이것은 절대적으로 확실한 고대의 증거다.40

같은 책의 서론에서 인크리스 매더는 순교자 유스티누스, 이레나이우스, 터툴리아누스, 오리게누스, 키프리아누스, 락탄티우스, 그리고 파피아스같은 교부들이 천년왕국을 믿었다고 인용했다. 천년왕국론자들을 "새로운 것"—전통에 속하지 않고 새로운 관념으로 나온—이라고 비난한 유세비우스와 다른 사람들에게 매더는 응답했다.

천년왕국은 적그리스도가 다스리기 시작하고 훨씬 더 나쁜 견해들이 이 자리를 차지할 때까지 부인되지 않았다… 이교도들은 그리스도인에 대항해 고대 시대에 호소했다… 파피아스는 종교개혁자들이 새로운 것을 제안했다고 비난할 것이다. 이 진리들은 무엇 때문에 그렇게 오랫동안, 적그리스도의 어두운 시대에 잊혀졌을까? 그러나 하나님은 그의 진리를 드러내실 때가 있으며 그 모두를 한꺼번에 혹은 한 시대에 다 하시는 것이 아니라 조금씩 하신다. 확실히 옛 진리에 대한 새로운 발견을 악취 나는 새로운 견해로 낙인찍어서는 안 된다.41

매더는 이야기를 이어가면서 "이방인의 충만한" 때와 "유대인의 회심"을 한데 묶는다. "온 이스라엘"이 구원받을 때 "온 이스라엘"은 "사

---

40 Increase Mather, *The Mystery of Israel's Salvation* Explained and Applyed (n.p.[Boston or New Haven], 1969), Author's preface.

41 Ibid. 오리게네스는 천년주의를 반대했는데도 매더는 그를 제대로 이해하지 못하고 있다.

마리아… 에브라임이라고 종종 불리던… 다윗의 집에서 떨어져 나간 열 지파를 가리킨다… 열 지파는 앗수르인에게 영원히 포로로 끌려갔다. 때로 유대인이라고 불리던 바로 그 사람들은 다른 때에는 이스라엘인이라고 불렸다."

매더는 결코 '모든 이스라엘'이 이방인 그리스도인을 가리킨다고 생각하지 않았다. 그는 예수께서 제자들에게 "이방인의 길로 가지 말고… 이스라엘 집의 잃어버린 양들에게로 가라."라고 하신 말씀을 환기시켰다.42 매더에게 "온 이스라엘이 구원받을 것이다."라는 예언은 '자연적 이스라엘', '육신을 따라 난 이스라엘', '야곱의 자연적 후손'의 재결합에 대한 구약의 예언들과 묶여 있었다.43

매더는 나중에 쓴 책 『유다의 미래 회심에 대한 논문』(1709)에서 그가 가르친 것은 "최근에 소수가 일반적으로 받아들여진 교리를 비성경적 개념으로 여겨 반대했다."라는 사실에도, "모든 시대의 그리스도인들이 믿은 것"이라고 주장했다.44 매더는 유대인의 회심이 1세기에 일어났다고 주장한 백스터를 논박하려 했는데, 요한복음 1:11("자기 땅에 오매 자기 백성이 영접하지 아니하였으나")과 로마서 9:3에 나온 바울의 '슬픔', 곧 '육신에 따른 자신의 친족들'이 예수를 거절한 것을 인용했다.45 그는 또한 예수께서 누가복음 21:24에서, 바울이 로마서 11:25에서 언급한 '이방인들의 충만함'이 4세기 콘스탄티누스 치하 때 일어난 대량 회심에 의해 일어났다는 리차드 백스터의 주장을 논박하면서 대신 넷째의 이방 왕국이 이방 로마에서 교황제 로마로 이어졌다고 주장했다.46 매더는 휴고 그로티우스 같은 과거주의자들이 "세상에 그[교

---

42 Ibid., 3~4

43 Ibid., 4~7.

44 Increase Mather, *Dissertation Concerning the Future Conversion of the Jewish Nation* (1709), 1.

45 Ibid., 2.

46 Ibid., 7. (리차드 백스터에 대한 논의는 11장과 12장을 보시오.)

황]가 적그리스도가 아니라고 설득하고 있다… 그들은 교황주의자들과 함께 적그리스도가 한 특정한 사람, 시몬 마구스나 칼리굴라라고 논리적 도약을 한다."라고 믿었다.47 그로티우스가 특히 의심스러운 것은 나중에 로마 가톨릭으로 회심한 것인데, 매더에게 있어서 그것은 이전에 교황이 적그리스도임을 부정한 결과였다.48

윌리엄 토레이는 거의 17세기 후반 전체에 걸쳐서 매사추세츠 웨이머스의 목사였는데 1687년에 『미래의 일 또는 다가올 일들에 관한 짧은 담화』를 썼는데 사후에 출판됐다. 토레이는 "그리스도의 오심이 두 개 이상이다. 사역에서 **영적** 오심이 있고… 엄청난 섭리 가운데 그리스도의 **섭리적** 오심이, **하늘의 구름** 가운데… **개인적** 오심이 있다."라고 믿었다.49 하지만,

> 그리스도의 오심에 앞서는, 주목할 만한 **다음 표징**은 시간에 관련되어 있다. 그것은 **사람이나 천사들에게 알려지지 않은 때**일 것이다. 그래서 그는 **도둑같이**… 너희는 어느 시에 내가 너희에게 올지 알지 못할 것이라고 말씀하신다. 이 오심은 **비밀스럽게, 갑자기, 기대하지 못한 순간**에 피할 길 없이 이루어질 것이다. 게다가 이것은 **평소와 같이 매우 안전한 시기**다. 사람들이 평안하다, 안전하다고 할 때, 노아와 롯의 때와 같이 먹고 마시고 결혼하는 색욕의 때다… 그것이 일반 심판의 때가 아닌 것은, 지혜로운 처녀들은 잠들지 않을 것이기 때문이다.50

토레이는 아마겟돈 전쟁으로 인도하는 사건들의 시간표를 종합하려고 시도했다.

---

47 Ibid., 8. 그는 자신의 입장을 지지하려고 브라이트만을 인용한다. 그는 백스터와 라이트풋을 반박하지만 일반적으로 그들을 존경한다. (휴고 그로티우스에 대한 논의를 보려면 11장과 12장을 보시오.)

48 Ibid., 48.

49 William Torrey, *A Brief Discourse concerning Futurities or Things to come, viz. The next, or second Coming* (Boston, 1757), 2.

50 Ibid., 6. 토레이는 1707년에 죽었으며, 이 책은 1757년에 출간되었다.

이것이 언제일까? 이것은 **마지막 때**가 될 것이지만(11절) **마지막 때보다 훨씬 전이다**. 이것은 유대인들이 부름을 받을 때거나 그즈음일 것이며(욜 3:1) 큰 멸망 직전이라고 한다(겔 37장)… 그리스도께서 가시적으로 하늘의 구름을 타고 오시기 시작할 때… 죄악의 사람을 심판하신다… 그리고 이 천 년은 그리스도의 나타나심과 마지막 부활 이후에 있을 일반 심판 사이에 있어야만 한다.51

토레이는 이스라엘의 회복에 관해 예레미야와 에스겔을 인용하고, "하나님께서 (유대인을) 모든 나라에서 불러 모으시고 그들의 원래 땅으로 데려오실 때"가 있을 것인데 "그것은 아직 미래"라고 주장했다.52 토레이는 스가랴와 다니엘을 인용하고서 물었다.

그러나 인자가 오실 때는 **언제**인가? 그것은 **작은 뿔**, 곧 짐승이 **죽임을 당할 때**일 것이다… 다름 아닌 그때 **구름을 타고** 오실 것이다… 그 때 **투르크인**은 멸망하고… 만유가 회복될 때… 유다가 회심 또는 회복되어… 그들의 땅으로 돌아갈 것이다. 이스라엘 나라를 회복하는 것은… 셋째 나팔과 일반 심판 사이의 기간에 이루어진다. 우리가 어느 때를 생각하든 그것은 이 세상에서 그리스도의 천 년 동안의 왕국이다. 그것은 그의 적들을 멸망시키시고 난 후 즉시 시작할 것이다…53

여기에서 어떤 사람은 토레이가 환란 후 휴거와 천년왕국이 시작할 때 이스라엘의 회복이 있을 것으로 믿었다고 가정할지 모르지만, 그는 나중에 이스라엘이 아마겟돈 전쟁 전에 "그들이 찌른 자를 보게 될 때"(슥 12:10) 회복될 것이라고 진술했다. 이스라엘이 회복됨으로 세상

---

51 Ibid., 5~6, 9.

52 Ibid., 10.

53 Ibid., 11, 15.

의 나라들이 회복된 유다를 침공할 것이지만 나라들은 메시아와 천년 왕국의 도래로 패망할 것이다.

계시록 16:14에서 우리는 **이 땅과 온 세상의 왕들이 전능하신 하나님의 큰 날에 있을 전쟁을 위해 모였다**는 것을 읽는다. 이것은 선지자 **에스겔**이 38~39장에서 말한 것과 **같은** 전쟁이다. 그것은 **말일에 일어날 것이다**(16절). 그리고 이것은 유대인들이 그들의 땅으로 돌아올 때, 또는 후에 일어나는데, 그것은 아직 미래다. 또한 선지자 요엘도 3:2에서 같은 전쟁에 대해 말한다… **내가 만국을 모아 데리고 여호사밧 골짜기로 내려가서**… 이것은 유대인이 부름을 받는 같은 시간, 유대라는 같은 장소에서 발생할 것이다: 겔 39:4, **이스라엘의 산들 위에;** 욜 3:2, **여호사밧의 골짜기에서;** 계 16:16, **아마겟돈에서**… 그러나 이것이 언제인가? 그들이 찌른 자를 보고 슬퍼할 때다. … 그러나 언제인가? 그들이 모든 나라에서 모여 그들의 원래 땅으로 돌아갈 때이다.[54]

비록 토레이는 부활한 성도들이 얼마나 오랫동안 하늘에 있을지 말하지 않았지만, 그것은 적어도 유다가 세워지고, 세상의 군대가 침공을 준비하며, 전쟁이 일어나 마침내 대환란이 일어나기에 충분할 만큼 긴 시간이다.

어떤 선한 사람들은 왜 이 일반적인 불의 심판 때 육신적으로 피하지 못하고 엘리야처럼 불의 전차를 타고 하늘로 올라가는 영혼의 구원을 받지 못하는가… **주께서 경건한 자는 시험에서 건지실 줄 아시고 불의한 자는 형벌 아래에 두어 심판 날까지 지키시며**(벧후 2:9)… 하나님이 옛 세상을 물로 멸망시키실 때 하나님은 **노아**와 그의 가족을 보존할 길을 찾으셨다… 나는 이때 그분께서 어떻게 그의 교회를 보존하실 지에 관해 확실하게 결론 내릴 어떤 근거를 알지 못한다…[55]

---

54 Ibid., 19~21.

이 감춰진 시기 이후 성도들은 천년왕국을 이루려고 하늘에서 내려온다.

> 새 예루살렘… 우리는 (**첫째로**) 이것이 무엇이고 (**둘째로**) 이것이 언제 임하는지… 나는 이것이 성도들의 사회로서 그 이름이 생명책이 쓰여 있는 성도들만이 참여하는 단체라고 이해한다. 그것은 **하늘의 하나님에게서 내려오며** 죄, 슬픔, 그리고 고통으로부터 완전히 자유로워져 완전함을 성취했지만… 모든 성도를 포함하는 것은 아니다… 다른 성도들 가운데 죄가 있을 것이다… 전자는… 첫째 부활에 참여한 성도들… 어떤 성도들은 다른 이들보다 먼저 일어날 것이다… 이 성도들은 그리스도와 함께 하늘에 있는 하나님에게서 내려오는 새 예루살렘으로서 왜 이 땅에서 천 년 동안 그리스도와 함께 다스리지 않겠는가…56

토레이는 아마겟돈의 절정을 이루는 곡과 마곡의 침략에 관해서 에스겔에 있는 것과 계시록에 있는 것을 구분했다.

> 에스겔에서 말씀한 곡과 마곡은 유대인들이 고토로 돌아올 때 또는 그리 오래 지나지 않을 때의 동시대인들이다… 이 전쟁이 끝날 때 교회는 평화롭고 번영하는 상태가 될 것이다.57

토레이가 배열한 순서는 결론에 여러 번 반복되어 있다. 유대인이 고토로 돌아와 나라가 세워지는 날에 "그때까지 없던 환란의 때가 될 것이며," 곡과 마곡이 침략하면 하나님은 이스라엘을 대적하는 나라들을 멸망시키시고 그의 발이 감람산에 설 것이며 천 년 동안 평화가 정착될 것이다.58

---

55 Ibid., 40~41.

56 Ibid., 50~52.

57 Ibid., 55.

58 Ibid., 56~59.

새뮤얼 윌라드(1640~1707)는 제3보스턴 교회의 목사이자 하버드의 대리 총장(1701~1707)으로서 유대 선지자 스가랴에 관한 논문을 출판했는데, 그는 그 책에서 "유대인에 대한 국가적인 부름이 있을 것을 증명"했다. 윌라드는 "그날에 죄와 더러움을 씻는 샘이 다윗의 족속과 예루살렘 주민을 위하여 열리리라."라는 스가랴의 예언에서 그 부름이 아직 미래에 속했다고 결론지었다.

> 이것은 아직 완전히 실현된 적이 없고 여전히 기다려진다. 유대인에 대한 일반적 부름이 시작할 것에 관해서는 로마서 11장에 만족할 만한 설명이 있다… 하나님의 교회는 **모든 이스라엘이 구원받을** 행복한 시간을 기대한다.59

윌라드는 토머스 굿윈을 인용해 자신의 논문을 결론지었는데, 그는 50년도 훨씬 전에 웨스트민스터 신앙고백을 작성한 위원회의 의장이었고 동료 묵시론 작가로서 유대인들의 귀환이 아무리 비현실적으로 보여도 기적적으로 일어날 것이라고 생각했다.

> 증인들의 죽음 및 부활과 결합해 있는 유대인의 부름은 그것을 불러 일으킬 일상적인 수단에 달린 것이 아니므로, 예언자가 말한 대로 어느 날 한 나라가 탄생하기까지 그것을 전혀 준비할 수 없다… 따라서 이것에 대한, 혹은 이것을 향한 조짐이나 움직임을 아직 전혀 보지 못한다고 해서 우리의 믿음을 포기할 필요가 없다. 그리고 진실은, 증인들의 죽음과 부활 및 유대인들의 부름 모두 우리가 의식하는 것보다 더 일찍 발생할 수 있다는 것이다.60

---

59 Samuel Willard, *The Fountain Opened: or, The Great Gospel Privilege of having Christ exhibited to Sinfull Men. Wherein also is proved that there shall be a National Calling of the Jews from Zech. XIII. I* (Boston, 1700), 4~5.

60 Ibid., 166.

조지프 파머는 1709년에 『말일의 영광에 관한 담화』를 출판했는데, 에스겔 38장을 근거로 "이스라엘의 지파들이 다시 회복될 때" 곡과 마곡이 침범하고, 하나님은 "그들 위에… 큰 우박과 불과 유황을 비같이 내릴 것이다."라고 주장했다.61 파머는 처음에 그리스도께서 "하나님의 우편에 남아 있거나 앉아 계시는 것"이 구름 속의 신비로운 재림이라고 믿으면서 육체적 재림을 믿는 사람들을 멸시했다.

> 그리스도의 마지막, 개인적인 오심은 문자적인 의미로 구름을 타고 오신다는 것이다. 유대인들과 이 땅의 지파들은 진실로 마지막 날에 그리스도께서 친히 구름을 타고 오시는 것을 볼 것이다. 그리고 이 때 그들은 육신의 눈으로 이것을 볼 것인데, 그전에 그들은 그가 신비로운 구름을 타고 오시는 것을 볼 것이다… 구름을 타고 그리스도가 오신다는 것은 하나님의 우편에 남아 있거나 앉아 계신 것과 일치한다… 그들은 **그날에 그의 발이 감람산에 설 것**이라고 말씀했기 때문에 그리스도께서 개인적으로 오실 것이라고 생각한다. 거기에 대해서는… 이것을 신비롭거나 영적인 의미로 받아들여야 한다고 대답할 수 있을 것이다.62

파머는 종말이 곧 온다고 생각했는데, 그것은 "하루가 천년 같고" 또한 "하루를 천년으로 여기신다."라고 했으므로 6000년의 인간의 역사가 거의 끝났고 마지막 1000년은 천 년의 "안식일" 휴식, "제7의 신비로운 날"이 될 것이기 때문이었다.63 그는 "하루가 한 세대(dispensation)

---

61 Joseph Palmer, *A Discourse of the Latter Day Glory, of the Thousand Years Reign: to which is added a Modest Calculation of the Mystical Numbers in Daniel and Revelation* (London, 1709), 5. 필자는 이것을 식민지 뉴잉글랜드에 관한 장에 포함시켰는데 그의 전 생애를 코네티컷의 스토닝스톤에서 보낸 유일한 조지프 파머는 회중주의자이자 코네티컷 군대의 중위였다.

62 Ibid., 76~77.

63 Ibid., 143~44.

또는 천 년을 의미한다."라면 종말이 1760년에 오는데 그 때가 "태양력으로 6000년이 될 것이기" 때문이라고 생각했다.64

인크리스 매더의 아들 코튼 매더(1663~1728)는 아버지의 종말론 믿음을 거의 자신의 생애 내내 간직했다. 유겐 웨버에 따르면, 코튼은 오늘날 우리가 휴거라고 부르는 것, 곧 "성도들은 마지막 환란의 멸망과 고통을 피하려고 공중으로 들림을 받을 것"을 믿었다.65 세상의 종말에 관해 언급한, 코튼의 최초 작품은 『교회의 예표로서 방주에 관한 묵상』으로 1689년에 보스턴에서 설교한 내용이다. 그는 노아의 홍수를 논의하고, 그의 청중에게 "불의 홍수로 인한 끔찍한 재앙이 세상에 닥칠 것이다."라고 경고했다. 그러고 나서 그는 심판 날 사건들의 시기에 관해 말했는데, 제일 먼저 적그리스도의 멸망, 다음에는 대환란, 그 후 정화되고 깨끗해진 지구의 순서이다.

> 누군가 그것이 그 날 **시작, 중간,** 또는 **끝**에 오는지 묻는다면 어떨까? 그것은 아마 그 날이 끝나기 전에 올 확률이 가장 크다고 할 수 있다. 그렇다, **적그리스도**의 마지막 멸망은 그 시기가 시작하는 때로 보인다. 그러나 세상은 멸절되지 않을 것이고, 어떤 영광스러운 목적을 이루려고 다만 **정화되고 깨끗해질** 것이다.66

2년 후, 코튼 매더는 과거주의를 거부하면서 '말일'에 관한 상세한 담화를 출판했다.

> 이것이 이미 지나갔다고 생각하는 것은 **사탄이 묶이는 천년이 콘스**

---

64 Ibid., 155~58.

65 Eugen Weber, *Apocalypses: Prophecies, Cults, and Millennial Beliefs through the Ages* (Harvard University Press, 1999), 170.

66 Cotton Mather, *Meditations upon the Ark as a Type of the Church: Delivered in a Sermon at Boston* (Boston, 1689), 48.

탄티누스 때에 시작되었다고 말하는 것만큼이나 말이 안 되는 소리다. 그렇게 조잡하고 어리석은 해석을 제시하는 것만으로도 그들이 우리에게 제안하는 **체계들** 모두 믿을 수 없다고 판단하기에 충분하다. 그게 아니라, 여기 우리 앞에 있는 것은 **미래의 상태다**.67

코튼은 "삼중 왕국"과 함께 장차 임할 넷째 왕국을 가르쳤다.

> 그는 **영적 왕국**을 가지고 있는데 거기에서는… 그의 말씀과 은혜가 인간의 **양심**을 다스린다. … 그는 또 **섭리적 왕국**을 가지고 계신데, 거기에서 그는 세상의 모든 사건과 행위를 통제하신다… 마찬가지로 **교회적 왕국**에서 그는 교회 국가의 직분을 임명하고 번영하게 한다… 이 모든 것 외에, 또 이 모든 것 위에 **다윗의 왕국**이 있는데… 그것은 우리 주 예수 그리스도께 속한다.68

그는 또한 유대 백성의 영광스러운 미래를 보았다.

> **유대 국가**는 다른 나라들 위에 높임 받는다… **유대 국가**라는 구별된 단체는 우리 주 예수 그리스도와 가장 특별한 관계로 승격될 것이다. 참으로… (그들은 **그의 가시적 임재**를 갖게 되는데, 그것에 관해서는 디모데후서 1:16, 스가랴 12:10, 마태복음 24:30, 그리고 계시록 1:7을 숙고하시오) 그때 그들은 그를 알게 될 것이다. 그때 그들은 이 세상에서 우리 주 예수에 의해 **회심하고 전진할** 것이다… 유대인에게는 달이 없을 것이다. 곧, 압제의 밤에, 압제의 밤으로 그들을 괴롭힌 투르크인들이 없어질 것이다.69

---

67 Cotton Mather, *Things to be look'd for. Discourses on the Glorious Characters, Conjectures... the Latter Dayes* (Boston, 1691), 6.

68 Ibid., 8~9.

69 Ibid., 9, 12

그리고 그는 자신의 천년왕국 체계의 고대성을 믿었다.

> 2세기에 왕성하게 활동했던 순교자 유스티누스 같은 (혹은 폴뤼카르포스의 문하생 이레나이우스) 사람들을 믿는다면, 우리 주 예수의 **왕국**에 관한 것들을 초대교회의 모든 **정통** 교인들이 받아들였다는 것이 매우 확실하다. 그러나 **적그리스도의 왕국**이 무대에 오르자 그것은 **잊히거나** 아마도 **금지되었다. 의의 아들이 그의 이름을 두려워하는** 자들에게 떠오르는 날 **새벽빛**에 **악한** 자가 다시 한 번 **멸망당할** 때까지 이것은 잘 이해되거나 받아들여지지 않을 것이다.[70]

그는 교황이 적그리스도라고 믿었다.

> **마귀**의 장자, 곧 **죄악의 사람**은 우주의 큰 **원수**다. 이것은 **피바다**를 이루도록 사람들을 죽였고 나라들을… 압제한 **로마 교황청**이다. 우리는 계시록 13:7에 묘사된 무서운 **짐승**을 본다… 교황의 무섭고 악명 높은 **십자군**… **양을 따르는 자들**을 천 년 이상 심하게 핍박했다… 이 세상의 칼과 창 대부분이 교황의 손에 들려 있는 그 지옥의 **열쇠**에서 제련되었다. 교황의 아마겟돈이 주는 공포… 모든 사람은 곧 **로마** 교회가 제공한 **가증한 잔**을 멸시하고 거부할 것이다… 로마의 모든 성직자 체계는 사람들의 대화에서 사라질 것이다. 특별히 이 그나시우스의 불같은 종자들[예수회]은… 영원히 멸종할 것이다… 프랑스에서 삼만 명의 개신교도들을 학살한 것과 몇 년 전에 **아일랜드**에서 이십만 명을 도륙한 것에 대해 감사하는 추기경단도 없어질 것이다… **적그리스도**의 왕국은, 다니엘이 우리에게 말해 주듯, 먼저 일어나 **성도들이 왕국을 차지할 때까지** 계속될 것이다. 그러면 잘 가라 **칼**이여, 잘 가라 **창**이여, 잘 가라 모든 죽음의 병기들이여! **모든 전쟁**이 끝난다. 자, 적그리스도의 통치와 분노가 이제 아주 잠깐 후면

---

70 Ibid., 15~16.

끝난다는 희망을 가질 이유가 있다… 로마 교황이 적그리스도다.[71]

또한 그는 종말론에 대한 연구를 비웃는 자들을 꾸짖으며, 그들에게 마지막 날들을 준비하라고 경고했다.

그리고 당신은 옛날에 우리 주께서 마태복음 16:3에서 그들을 엄하게 꾸짖으신 것을 잊었다, **오 위선자들아, 너희가 시대의 징조를 분별하지 못하느냐?** … 그들이 만약 깊이 **잠들지** 않았다면, 다니엘이 **메시아의 나타나심**에 대해 말한 **칠십 이레**, 또는 490일이 거의 끝남을 **계산**할 수 있었을 것이다. 그들이 **그때**에 관해 공부하면서 부주의하고 무관심해지는 것은 그들의 위선 탓이다. 사람들은 마치 마지막 때를 아는 것은 하나님만의 특권이며, 그의 말씀은 그들에게 충분한 정보를 줄 만큼 명백하지 않다고 생각한다. 그런 일들에 대해 그분 말씀의 의미를 찾는 것은 우리의 교육에 대단한 일이 아니라고 여긴다. 그래서 그들은 시간이라는 유리 위에 남겨진 모래를 찾는 모든 시도를 태만하게 여긴다… 이것은 이제 큰 위선이다! … (단 12:1). **그때까지 없었던 환란의 때가 있을 것이며 그와 동시에 나라가 생기고, 그 때 당신의 백성들은 구원받을 것이다.**[72]

그는 교황권의 햇수를 계산하면서 적그리스도가 종말을 맞는 때를 정하려고 노력했다.

우리에게는 로마 **교황이 적그리스도**라는 것에 대한 증거가 부족하지 않다. 실제로… **적그리스도의 제국이 지속하는 기간은 1260년이 될 것이다.** 그러므로 만약 그 1260년이 언제 시작하는지 말할 수 있다면, 우리는 그것이 언제 끝나는지 추측해 볼 수 있다… 당신이 로마

---

[71] Ibid., 20~21, 28.

[72] Ibid., 24~25.

제국에서 열 명의 주권자가 일어나는 것을 본다면, 적그리스도의 권세가 상당히 진척되었다는 것을 당연하게 여겨도 좋다. 이제 모든 사람은 4~5세기에 야만적인 나라들이 로마 제국을 물리적으로 공격하고 침투한 것을 안다… 바울은 데살로니가후서 2:7~8에서 **지금은 그것을 막는 자가 있어 그중에서 옮겨질 때까지 하리라. 그때에 불법한 자가 나타나**… 만약 그때부터 1260년을 계산한다면, 당신은 이 세상에서 25년 이상 사는 사람들은 누구나 적그리스도가 그 안에서 지금까지 경험했던 것보다 더 끔찍한 죽음이 그에게 임함을 볼 것으로 생각할 것이다… 적그리스도의 때가 거의 다 지나간 것 같다.[73]

그는 또한 6000년의 인간 역사와 그 후 1000년 동안 안식년의 평화가 이어진다고 믿었다. 어셔의 연대기를 사용하여 그는 "세상이 만들어지고 있던 육일은 6000년에 대한 모형이고 그에 따라 교회는 복된 안식일을 누려야 한다… 우리 자신은 그 길을 따라 최소한 5678년을 지나왔다."[74] 마지막 천년이 안식년일 것이므로 다른 천년기는 다음과 같다.

인간 세상은 아담부터 아브라함까지가 하루였다. 그때 인간은 처음으로… 메시아를 주목한다.

아브라함부터 모세까지가 세상의 둘째 날이었다. 하나님은 이제 그의 백성을 성별하기 시작하셨다…

모세부터 그리스도까지가 세상의 셋째 날이었다. 하나님 백성의 성별이… 거의 끝났다.

예수님부터 적그리스도 때까지가 세상의 넷째 날이었다. 우리 주 예수 그리스도는 이제 **의의 태양**의 역할을 한다.

세상의 다섯째 날은 적그리스도가 일어나 정점에 이를 때까지, 또는

---

[73] Ibid., 28~29.

[74] Ibid., 34.

5세기부터 11세기까지다.

세상의 여섯째 날에는 적그리스도가 정점에서부터 몰락하는 데 칠백에서 팔백년이 걸린다… 그러나 마지막에 우리 주 예수 그리스도께서… 그의 교회를 배우자로 삼으려고 자신을 나타내신다.75

그는 조지프 미드의 역사적 전천년설을 따랐고, 매더의 견해는 아래의 도표와 같다.

코튼 매더의 묵시 봉인들, '그 왕국[다니엘의 넷째 왕국]에서 멈춤'

첫 번째 봉인/말	베스파시누스와 티투스가 "유다를 정복하고, 기독교는 정복으로 세워졌다"
두 번째 봉인/말	트라야누스
세 번째 봉인/말	세베루스는 "옥수수, 포도주, 기름에 관한 칙령을 발표"
네 번째 봉인/말	막시미스
다섯 번째 봉인	"제단 아래 있는 영혼들… 디오클레티안이 박해를 감행함"
여섯 번째 봉인	"콘스탄티누스 때와 테오도시우스 때에 이교도들이 몰락함"
일곱 번째 봉인	"기독교 황제들은 이제 일어날 적그리스도를 위해 위장했다."76

---

75 Ibid., 59~61.

76 Ibid., 35~37.

코튼 매더의 묵시적 나팔, '로마 제국에게 저주'

첫째 나팔 "사라센은 아라비아인이며… 가장 그럴듯하게 메뚜기 떼로 불리며 제국의 삼분의 일을 차지하며 동방에 있고 거기에서 적그리스도의 가증한 것들에 한결 같이 헌신되어 있다."

둘째 나팔 "투르크인은… 10~11세기에 마침내 콘스탄티노플을 정복했다… 그들이 연합할 때까지 유프라테스 강들을 두루 다니면서… 로마 제국에 가공할 만한 저주가 되었다… 날들을 햇수로 푸는 예언서 해독에 따르면… 이때부터 7년 안에 투르크인은 심한 수치를 받아 유럽에 더는 방해가 되는 일을 하지 못할 것이다."[77]

코튼 매더의 묵시적 대접들, '적그리스도의 마지막 재앙들을 가져옴'

첫째 대접 "10~11세기에 로마 교황청이 무한히 타락하여 영원히 역겹고 경멸스러운 것이 될 때 부어졌다."

둘째 대접 "11~12세기에 잔인한 십자군들이 나갈 때 부어졌다."

셋째 대접 "그후의 보다 소규모의 십자군들이… 발도파와 알비파를 쫓아갈 때 부어졌다."

넷째 대접 "13~14세기에… 교황권이 정점에 이르는 동안 부어졌다."

다섯째 대접 "아비뇽으로 옮긴 교황들에 의해… 부어졌다. 이 때 두 교황들로 분열이 일어났다."

여섯째 대접 "투르크인들이 보스포러스를 차지하여… 찰스 5세가 그들로 하여금 비엔나까지 확장한 포위망을 더 올라오게 할 때까지 부어졌는데, 이때는 교회법… 불결한 영들의 시대였다."

---

[77] Ibid., 31~33, 40.

그는 종말론 연구의 가치를 부인하는 자들을 알고 있었다.

> **신성한 예언**을 잘 연구하여 하나님의 백성 중에 **흉악한 분노**가 더는 일어나지 않게 하라. 세속적인 사람들이 이런 일들에 대해 주의하지 않는 것은 놀라운 일이 아니다…(벧후 3:3~4). **말세에 조롱하는 자들이 와서 이르되 주께서 강림하신다는 약속이 어디 있느냐?** … 그러나 경건한 사람이 그런 일들에 반대하는 것은… **요한계시록**에 어떤 신성한 권위를 인정하기를 거부했던 **천년왕국**의 처음 반대자들과 같이… 좀처럼 설명하기 어려운 악이다… 이것은 오늘날 처녀들이 어느 정도 잠들어 버린 것이 아니면 무엇인가? … 로마의 독을 마신 자들이… 현재 **교황의 통치**가 약속된 **우리 주의 통치**라고 증명하려고… **예언**에 몰입하는 것과… 같지 않은가.[78]

코튼 매더는 '말일'에 관한 그의 작품을 "유감스러운 그로티우스적 적그리스도의 인형"에 대한 긴 공격과 어째서 교황이 적그리스도임이 틀림없는가에 대한 설명으로 마무리했다.[79] 그러나 20년 후, 그의 아버지 인크리스가 죽고 나서 그가 종말로 정해 놓은 1716년이 지난 후부터 그의 천년왕국설을 누그러뜨리고 그로티우스의 과거주의 체계로 더 가까이 갔다. 그는 로마서 11장에 대한 과거주의 견해를 받아들여 1세기의 유대인이 그 본문을 성취했지만, 미래의 영적 성취도 있을 것이라고 믿었다. 이로 인해 그는 자신과 자신의 아버지가 가졌던 유대인의 미래 회심에 대한 견해를 버렸다.[80] 이 주제는 영국의 계몽주의 때 과

---

[78] Ibid., 48~49.

[79] Ibid., 65~68.

[80] Reiner Smolinski, *The Threefold Paradise of Cotton Mather: An Edition of "Tiparadisus"* (Athens: Univeristy of Georgia Press, 1995), 30~37. 매더가 과거주의 관념을 받아들인 범위에 관해서 스몰렌스키는 쓴다. "그의 풍유적 석의는 사보이 신앙선언(1658, 1680)의 교리 안에 안전하게 유지되었고 그의 폭넓은 바탕의 천년왕국론은 두 견해 모두를 수용할 만큼 융통성이 있었다"(37쪽).

거주의의 성장을 다루는 12장에서 논의된다.

    페리 밀러의 '광야로 사명' 논제와 그보다 덜한 폴 보이어의 '천년왕국' 주장은 더는 유지될 수 없다. 대부분의 17~18세기 신대륙 목회자들은 미국을 '새로운 예루살렘'으로 보지 않았고, 유대인이 마지막 날을 준비하면서 성경의 예루살렘으로 돌아갈 것을 기대했다.[81] 묵시론 주제를 자신들의 식민지 생활에 적용한 사람의 일부는 교회가 잠시 진정한 시온에서의 천년왕국을 기다리는 동안 도망가 있을 광야로 미국을 이해했다. 스몰렌스키가 "어떤 천년왕국 이데올로기도 청교도들의 출애굽에 영향을 주지 않았다."라고 주장한 것은 옳지만, 그것은 청교도들이 전혀 "천년왕국 이데올로기를 가지지 않았다."라는 뜻은 아니다. 대신에 그들의 이데올로기에 따르면, 유대인들은 자기 땅으로 돌아가고 그리스도와 그의 성도들이 거기에 왕국을 세울 것이다.

    그렇지만, 미국에는 예언적 사건들과 역사에 대해 무언가 생각할 여지가 있었다. 토머스 리더는 교회가 삼 년 반 동안 적그리스도를 피해 광야로 도망치는 계시록 12장의 여인이라고 믿었다. 리더는 광야를 미국이라고 보았는데, 그리스도께서 예루살렘에 돌아오셔서 그의 천년왕국을 세우시기를 기다리는 동안 하나님의 백성들 가운데 남은 자들은 환란 동안 그곳에서 짐승의 분노를 피한다고 생각했다.[82]

---

[81] Jeffrey Jue, *Heaven Upon Earth*, 208~209.

[82] Thomas Reader, *Remarks on the Prophetic Part of the Revelation of St. John: especially Three Last Trumpets* (London, 1778), 43.

9

17세기 말과 18세기 초 영국에서 역사적 및 미래적 전천년설

Historic and Futurist Premillennialism in Late Seventeenth- and Early Eighteenth-Century England

영국의 묵시 사상(apocalypticism)에 관해 1970년대에 회오리바람이 몰아치듯 한바탕 많은 연구를 했지만, '공위 시대'(Interregnum) 말(1660) 이후를 연구한 책은 단 한 권도 없었다.[1] 20세기 말 학계의 일치된 의견

---

[1] Richard Bauckham, *Tudor Apocalypse: Sixteenth Century Apocalypticism, Millennarianism and the English Reformation* (Oxford: Oxford University Press, 1978); Katherine Firth, *The Apocalyptic Tradition in Reformation Britain, 1530~1634* (Oxford: Oxford University Press, 1979); Peter Toon, ed., *Puritans, the Millennium and the Future of Israel* (Cambridge, Lutterworth Press, 1970); Paul Christianson, *Reformers in Babylon: English Apocalyptic Visions from the Reformations to the Eve of the Civil War* (Toronto: University of Toronto Press, 1978); Bryan Ball, *A Great Expectation: Eschatological Thought in English Protestantism to 1660*

은 천년왕국에 관한 관심과 연구가 17세기 말에 모두 사라졌다는 것이다.2 금세기 들어, 영국 종말론 연구 학과장인 크로포드 그리븐은 "18세기 천년설은 일종의 작은 블랙홀이다."라고 말한다.3 그러나 그 주제에 관해 설교하거나 저술한 사람이 많다. 17세기 중반에 더 많았을지 모르지만, 종말론적 저술들은 스튜어트 왕조 회복기에서 18세기에 이르기까지 발견되며, 그중에는 심지어 스튜어트 왕조의 회복과 영국의 고교회(high Church of England)를 정당화하려고 저술된 것들도 있다.4

『성서의 역사』(1660)에서, 존 버첸샤는 역사를 시대들 또는 세대들로 나눴고 독자에게 말하길 유대인을 위해 예언된 것을 독자 자신들에게 적용해서는 안 된다고 했다. 대신, 그들은 미래에 일어날 예언적 사건들을 기대해야 했다.

> 당신 자신의 **세대**에 속한 것들을 자신에게 알게 하려고 노력하라. 성경이 미래에야 비로소 일어난다고 말하는 것들의 성취를 이 시대에서 찾지 말라. 유대인에게 주어진 약속들(그들의 현재 포로 상태가 회복되기 전에는 성취되지 않을)을 유대인들의 회심 이전에 사는 이방인에게 어떻게 적용할지 주의를 기울이라.5

(Leiden: Brill, 1975); Bernard Capp, *Fifth Monarchy Men* (London, 1972).

2 Christopher Hill, *Antichrist in Seventeenth Century England*, 154; Crawford Gribben, *The Puritan Millennium: Literature and Theology 1550~1682* (Dublin: Four Courts Press, 2000), 198; Jeffrey Jue, *Heaven Upon Earth: Joseph Mede (1586~1638) and the Legacy of Millenarianism* (Dordrecht: Springer, 2006), 141; Eugen Weber, *Apocalypses: Prophecies, Cults, and Millennial Beliefs through the Ages* (Cambridge, MA: Harvard University Press, 1999), 99.

3 필자가 크로포드 그리븐(Crawford Gribben)에게서 2006년 9월 25일에 받은 이메일 내용이다.

4 Warren Johnston; "The Anglican Apocalypse in Restoration England", *Journal of Ecclesiastical History* 55, no. 3 (July 2004): 469; in Jeffrey Jue, *Heaven Upon Earth*, 143~44.

버첸샤는 또한 기독교 역사를 시기들로 나누었다: "29년부터 381년까지"(십자가 처형부터 테오도시우스까지), "381년부터 1641년까지"(테오도시우스부터 영국 내전까지, 다니엘의 1260일/년이 됨), 그리고 "그리스도의 다시 오심… 유대인이 모여듦… 신비적 바벨론의 파괴."6 버첸샤는 다음과 같은 것들을 논하려고 무려 100쪽을 할애한다: 불법의 사람 또는 적그리스도, 바다에서 올라오는 열 뿔 달린 짐승, (그 머리가 상하고 나중에 나은) 짐승에게 권세를 주었던 용, 땅에서 나오는 두 뿔 달린 짐승, 짐승의 이미지와 숫자, 바벨론이라는 큰 음녀, 무저갱에서 올라오는 메뚜기 떼, 두 증인의 죽임 당함, 아마겟돈 전쟁, 다니엘의 이레에 대한 연구를 통해 그리스도의 재림의 때를 계산하기, 멸망의 가증한 것, 여러 다른 부활들, 지진과 땅에 떨어지는 별들, 유대인들이 그들의 고향 땅으로 돌아오는 것, 바벨론의 파멸, 그리스도께서 오셔서 천년 왕국을 시작하시는 것, 성도가 그리스도와 함께 다스리는 것, 그리고 최후의 부활과 심판.7 흥미롭게도, 이 모든 것은 미래주의적 전천년설의 기능들이다. 오늘날 세대주의자가 아니면 사실상 아무도 그런 견해를 주장하지 않는다.

버첸샤는 자신의 더 미래주의적 관점에도 불구하고, 여전히 교황을 적그리스도로 여겼고, 다니엘의 1,260일을 년 수(짐승이 통치한 382년부터 1641년)로 보았으며, 계시록 9장의 무저갱에서 올라오는 전갈 같은 황충을 지옥에서 올라오는 예수회 수사로 생각했고, 아마겟돈 전쟁을 영국 내전(결국에는 성도들이 반격하기 시작한)으로 보았으며, 광야로 도망친 여인을 박해받는 성도로 해석했고, 짐승을 숭배한 사람들을 스튜어트 왕조를 따르는 사람들로 보았으며, "그리스도의 재림 이전에 남은 시간이 별로 없다."라고 생각했다.8 그는 (자신의 책이 출간된) 1660년

---

5 J[ohn] B[irchensha], *The History of the Scripture* (London, 1660), preface(필자가 강조함).

6 Ibid., 제목 쪽.

7 Ibid., 목차.

8 Ibid., iii, 4~8.

이 증인을 죽인 사건(계 11:1~12)이 일어나는 계시록 11장의 날이라고 믿었다. 그는 프랑스의 성 바돌로매 축일 대학살과 비슷한 사건이 스튜어트 왕조가 회복될 때 일어날 것을 기대했다. 그러나 상황이 최악으로 보일 때, "주께서 자신의 예언자들을 통해 말씀하신 바대로, 주 예수께서 나타나셔서 자신의 성도들을 온전히 그리고 완전히 구원하실 것이다."9 그의 시대들과 세대들은 다음과 같다.

시간 상, **첫째** 시대는 불경건한 자들의 **옛 세상의 멸망**과 의로운 노아의 구원으로 끝난다….

둘째 시대는 **아브라함**이 나온 때부터… **이집트**에서 이스라엘 민족이 430년간 종살이했던 때다….

셋째 시대는 세상(the Land)이 나뉜 때부터 **사울**의 때까지… **사사들**이 통치하던 때다….

넷째 시대는 유대인들이 자신들의 땅으로 돌아온 때로부터 **성전**을 짓기 시작한 때다….

다섯째 시대는 **다니엘서**에 언급된 70이레로서 490년이고… **그리스도의 침례**로 끝난다….

여섯째 시대는 **다니엘서**에 언급된 일곱 이레로서 **메시아** 왕 때까지 **예루살렘**을 재건하기 위한 기간이다….

일곱째 시대는 **다니엘서**에 언급된 62이레로서 이 기간 후 **메시아**가 죽임을 당한다….

여덟째 시대는 한 이레로서 그 중간에 **매일 드리는 희생 제사**가 폐해지는데, 왜냐하면 침례를 받은 후 그리스도가 3년 반을 사시기 때문이다. 그래서 주님은 그의 백성에게 그분이 자신의 **위대한 일들**을 성취하시는 때(시대)를 알게 하셨다.10

---

9 Ibid., iv, 5.

버첸샤는, "그리스도가 오실 날과 시는 아버지밖에는 아무도 알 수 없다."라고 인정했지만, 그리스도의 재림 때를 어림잡는 것이 가능하다고 믿었다. "그렇지만 성령님은 성경 안에 많은 날짜를 정해 놓으셨기 때문에 그로 인해 우리는 그때에 관한 근접한 지식을 가질 수 있다." 성경에 나오는 숫자들을 연구한 후 그는 이렇게 말했다. "장래(aftertimes)에 속한 사람들은 그 시대들과 세대들이 얼마나 오랫동안 지속했는지 분명 알 수 있을 것이다."[11]

버첸샤는 로마 군대가 유대인을 그들의 고향 땅에서 내몰았기 때문에 그 약속의 땅이 '황폐'했다고 믿었는데, 왜냐하면 "에스겔 12:19, 20 말씀이 말하는 바처럼, 황폐하다는 것은 어떤 땅에 합당한 거주민이 없어지는 것(비록 적이 차지하고 있어도)이고 소산물 없이 있는 것이다… 그런 저주가 그 땅에 내려서 적들이 그 땅을 차지하고 있는 동안에 그 땅은 황폐하고 열매가 없다."[12] 버첸샤는 성전이 안티오쿠스 에피파네스에게 더럽혀진 때에다가 다니엘의 이레(해)들을 더함으로써 그리스도가 1661년에 다시 오실 것이라고 정했다. 비록 "그 날과 그 시는 아무도 알 수 없지만" 그는 "우리가 그 해(year)는 알 수 있다."라고 생각했다.[13]

그리스도의 재림 직전 때의 삶에 관한 버첸샤의 묘사는 주목할 만하다.

그 날에 공허함이 땅에 임할 것이다. 전에 인기 있던 많은 곳이… 매우 공허해질 것이다. 그리고 그 땅(the Land)은… 황폐한 채로 있을 것이다. … 그 거주민들은… 그들의 땅에서 쫓겨나 이상한 곳에서 거주지를 찾을 것이다. 아버지는 자녀들에게서 분리될 것이다, 남편은 아내에게서, 그리고 한 친구가 다른 친구에게서 뿔뿔이 흩어질 것이

---

10 Ibid., iv, 7~8.

11 Ibid., iv, 6.

12 Ibid., iv, 10.

13 Ibid., iv, 15~16.

다. 무종교와 신성모독이 일반적인 것이 될 것이며… 비종교적 제사장들, 무지한 백성… 사악한 지배자들이 종교적인 그 어떤 신하들도 지키지 않을 것이고 오직 자기들 같은 자들만 있게 할 것이다… 사는 자는 파는 자를 속일 것이며, 파는 자는 사는 자를 기만하려고 애쓸 것이다. 장사하고 무역하는 사람들이 이익을 위해 정의롭지 않게 거래할 것이며, 돈을 빌려주는 자는 빌린 자를 압제하려고 할 것이고 빌린 자는 빌려준 자에게 갚기 위해 전혀 마음 쓰지 않을 것이다… 세상에는 불평밖에 들리는 게 없을 것인데… 세계는 점점 더 약해지고 나이 들어갈 것이기 때문이다.14

윌리엄 후크(1600~1677)는 1630년대와 1640년대에 코네티컷 주에 뉴헤이븐(New Haven)을 건설하는 걸 도왔고, 영국으로 돌아가 올리버 크롬웰의 군목(chaplain)고 사보이의 주공(master of Savoy)이 되어 왕정복고로 쫓겨날 때까지 섬겼다. 은퇴한 후, 후크는 종말론에 관계된 책 두 권을 출간했는데, 하나는 '복음의 날'부터 '새 예루살렘'으로 전환에 관한 것이고, 다른 하나는 계시록 11장의 두 증인에 관한 것이었다. 후크에 따르면, 예수님이 처음에 오신 목적은 옛 "예루살렘이 전복되고 성전이 불타며 성전 예배가 폐지되어… 그분의 복음 왕국(Gospel-Kingdom)이 세워지도록" 하려는 것이었다. 이제 "그리스도의 이 마지막 위대한 재림밖에는 아무 것도 (성취되기 위해) 남은 것이 없다."15 후크는 어떤 사람들이 연대 설정에 실수했음을 인정했다. "적그리스도의 멸망과 유대인 부르심의 때에 대한 실수가 있었다… 그러나 하나님은 짐승의 통치 기간과 그의 수 666에 대해 완벽하게 아셨다. 그래서 이날이 주님께 알려졌는데, 오직 주님께만 그리하였다."16 그렇지만 정확한 때가 되면, "땅의 왕들이… 함께 모여 전능하신 하나

---

14 Ibid., iv, 28~29.

15 William Hooke, *A short Discourse of the Nature and Extent of the Gospel-Day, Reaching from the Destruction* (London, 1673), 122.

16 Ibid., 140.

님의 큰 날의 전투를 위해 올 것이다."17 후크는 그리스도인들이 "하나님의 오래된 백성, 아브라함과 이삭과 야곱의 후손, 그 민족을 위해 기도"해야 하며 "그들로 인해/그들을 위해 그리스도인들이 사랑받는 것"이라고 결론지었다.18

1689년에 윌리엄과 메리의 왕궁 목사가 된 토머스 버넷(1635 즈음~1715)은 그보다 10년 전에 『지구의 신성한 이론』이라는 책을 썼다. 그는 모든 종말론적 사건들을 한 갑작스럽고 결정적인 순간과 결합시켰는데, 그것은 '그리스도의 다시 오심', '적그리스도의 멸망', 마지막 심판, 그리고 '큰불/진노'다. 이 마지막 결정적인 시간에 일어날 사건들은 '새 하늘과 새 땅'이 시작되게 할 것인데, 그는 이것을 위로부터 내려오는 '새 예루살렘' 및 천년왕국과 융합시켰다.19

전천년주의와 친유대주의 입장을 지지하는 한 가지 자료는 윌리엄 얼라인(어떤 경우는 앨런)이 1670년에 쓰고 사후에 출판된 『미래 세대들에서의 교회의 위치』다. 얼라인은 미드를 인용함으로써 자신의 책을 시작한다. "천 년 동안의 통치에 관한 이 교리는 사도 직후 시대에 모든 정통 그리스도인의 일반적 의견이었다… 이단들이나 부활을 부정하는 자들밖에는, 알려진 그 누구도 그것을 부정하지 않았다."20 얼라인은 '짐승의 최후 멸망'과 '유대인의 부르심과 회심, 그리고 흩어짐에서

---

17 Ibid., 150.

18 Ibid., 152.

19 Thomas Burnett, *Sacred Theory of the Earth: Containing an Account of the Original Earth and all the General Changes which it hath already Undergone ... and ... Paradise* (Latin: London, 1681; English: London, 1684, 1691) book 3, chapter 10; cited in Thomas Broughton, *A Prospect of Futurity, in Four Dissertation on the Nature and Circumstances of the Life to Come* (London, 1768), 290.

20 W[illiam] A[lleine], *Of the State of the Church in Future Ages: or an Inspection into the Divine Prophecies, touching The State of the Church, in the latter Ages of the World* (London, 1684), preface. 얼라인은 자주 '앨런'으로 불린다.

그들이 돌아오는 일'이 곧 있을 것이라고 기대했다.21 교회에 관해서는,

> 유대인의 분산 시대가 끝나고 거의 동시에 교회의 적들이 세상을 다 스리고 권세를 휘두르는 때가 다 되는 것임을 암시하는 듯한 예언들이 있다. 우리의 복된 구주께서 예언하시기를… **예루살렘은 이방인의 때가 차기까지 이방인들에게 밟힐 것**(눅 21:24)이라고 하셨다. 이 말씀을 통해 우리 구주께서는 이방인의 때, 그리고 열방 중에 유대인의 분산 때가 같이 끝나든지, 아니면 거의 동시에 끝날 것을 암시하시는 듯하다.22

다른 말로 하면, 그리스도가 죽으셨을 때쯤, 유대인의 첫째 시대가 끝나고 이방인의 시대가 시작했으며, 이방인의 시대가 끝날 때, 유대인의 둘째 시대가 시작할 것이다. 얼라인에 의하면, "흩어진 유대인을 돌아오게 하려는 하나님의 특별한 섭리와 짐승의 왕국이 전복되는 사건은 거의 같은 시기에 일어날 것이다."23

얼라인은 계시록 19장 사건들의 순서를 주목했다. 먼저 "어린 양의 혼인 잔치", 그다음 "백마 탄 자와 그 군대의 전쟁이 신속히 그 뒤를 따르는데, 이 전쟁에서 짐승과 거짓 선지자가 사로잡힘을 당하고, 나머지 사람들은 죽임을 당한다."24 얼라인은 어떻게 유대인들의 흩어짐이 그토록 빨리 끝날 수 있는지 물어보고는, 곧 이사야 66:8을 인용한다. "이러한 일을 들은 자가 누구이며… 나라가 어찌 하루에 생기겠으며 민족이 어찌 순식간에 태어나겠느냐 그러나 시온은 진통하는 즉시 그 아들을 순산하였도다." 그의 결론은 다음과 같다.

---

21 Ibid., 54.

22 Ibid., 55~56.

23 Ibid., 58.

24 Ibid., 68.

> 새 생명의 탄생 같은 그 민족의 회심은 특별할 뿐 아니라 그 돌발성과 시간의 신속성에 있어서 무척 경탄스럽고 놀랍다… 영원한 언약 때문에 그 민족에게 주신 이 땅으로 그들을 다시 돌아오게 하겠다고 하나님은 여러 번 약속하시지 않았는가.25

마지막 때의 사건들에 대한 얼라인의 순서는 이렇다.

> 유대인을 흩어짐에서 기적적으로 부르심(성령의 부으심, 하늘에서 인자의 징조)26
>
> 신부가 스스로 준비한 상태에서 벌어지는, 어린 양의 혼인 잔치(계 19:7~10)
>
> 짐승의 최후의 파멸을 가져 올, 백마 탄 자의 전쟁(계 19:11~16)

얼라인은 이스라엘 회복의 또다른 본질적 요소인, 중동에서 갈등에 관해 논한다.

> 그들이 평안히 가서 자신들의 땅을 차지하겠는가? 그럴 수 있겠는가? 또는 그들이 자신들의 회심 이후에 자신들의 땅을 차지하려는 시도에 큰 반대를 겪지 않을 것인가? … 이 문제에 관해 성경을 참조할 때, 성경은 우리가 **유대인**이 군대들과 많은 사람에 의해 반대를 받으며 적대적인 일들을 직면할 것으로 생각하게 만든다… 전에 어두움으로 가득 찼던 짐승의 왕국은 다가오는 추가적인 위험에 대한 염려로 이제 더 무장될 것이다. … 짐승과 거짓 선지자가 사신들을 이 땅의 왕들과 전 세계에 파송하여 그들을 모아서 전능하신 하나님의 큰 날의 전투에 참여하게 할 것이다. … 하나님 자신이 그들을 아마겟돈(계 16:16)이라는 곳으로 불러 모으셨다고… 성경은 말한다.

---

25 Ibid., 79, 100.

26 Ibid., 92~94.

그리고 요엘 선지자가 이에 동의하는 듯하다(3:1~2). … **내가 만국을 모아 데리고 여호사밧 골짜기에 내려가서 내 백성 곧 내 기업인 이스라엘을 위하여 거기에서 그들을 심문하리니**(역주: 영어 성경 중에는 "[내 백성을 위하여] 변론하리니"라고 번역한 것이 있음) **이는 그들이 이스라엘을 나라들 가운데에 흩어 버리고 나의 땅을 나누었음이며.**27

얼라인에 따르면, 아마겟돈 전쟁에서 여전히 친이스라엘적인 어떤 한 그룹(의 사람들)이 있을 것이다.

유대인이 회심 이후 그들 자신의 땅으로 돌아가려 할 때 직면할 많은 반대, 그리고 개신 교회들의 이방인 그리스도인들이 유대인들과 함께 하고 그들을 도울 때 부딪히게 될 반대… 교회와 그 백성을 위해서, 그리고 그들의 적들을 대적해서, 전능하신 하나님은 신성한 능력과 임재의 표징과 함께 가시적으로 나타나심으로써 또 하나의 위대한 계획을 이루실 것이다… 그들을 위해서 기적처럼 나타나신, 그리스도인들의 하나님이 유일한 참된 하나님이시라는 것과 그들의 종교가 유일한 참된 종교라는 것을 전반적으로 모든 세상에 확신시키는 수단.28

얼라인은 『자연, 종말들, 그리고 두 언약의 차이에 대한 강론』이라는 자신의 책에서, 하나님이 아브라함과 맺은 언약과 모세와 맺은 언약을 구별한다. 하나님은 아브라함에게 "그의 육신의 후손에게 가나안 땅을 주실 것"이라는 "은혜 언약"을 약속하셨다. 반면, 모세 언약은 그 율법을 엄밀히 지키는 자들에게 일시적인 혜택들을, 그렇지 못한 자들에게는 일시적인 재앙을 내리리라 약속하셨다.29

---

27 Ibid., 117~20, 122.

28 Ibid., 127, 140.

29 William Alleine, "A Discourse of the two Covenants," in *The Works of Mr. William Allen* (London, 1707), 2.

얼라인은 유대인이 이스라엘을 회복하려고 돌아갈 때 엄청난 반대를 맞이한다고 예상했다. 비록 그들이 "이방 그리스도인"에게서 도움을 받겠지만, 그들은 적그리스도 세력들의 반대에 직면할 것이다.

> 짐승과 거짓 선지자가 사신들을 이 땅의 왕들과 전 세계에 파송하여 그들을 모아서 전능하신 하나님의 큰 날의 전투에 참여하게 할 것이다. 엄청난 숫자를 몇 개 군대로 조직하여 보내려는 적들 자신의 비상한 노력… 그런데도… 하나님 자신이 그들을 아마겟돈이라는 곳으로 불러 모으셨다… [그러나] 용과, 짐승과, 거짓 선지자의 군대들은 말 탄 분의 입에서 나오는 검으로 죽임을 당하겠지만, 그들 중 단 한 사람도 그분의 군대에 의해 죽임을 당하지 않을 것이다.30

17세기에 가장 미래주의적 전망을 보여준 것은 리차드 헤이터(1611 즈음~1684)의 『계시의 의미』(1675)인데, 다음해에 『묵시를 밝히다』라는 제목으로 다시 출간되었다. 헤이터는 이른바 '신비적 해석'에 질린 나머지, 계시록을 (신비적이 아니라) 문자적으로 이해하려 했다. 사건들이 (서방이 아니라) 예루살렘에 집중된다고 보았고, (첫째 대접, 둘째 대접, 셋째 대접 등, 책 전체에 걸쳐 서수들이 사용되었기 때문에) 사건들이 시간 순서이며, 처음 몇 장의 교회들에게 보낸 편지 부분을 제외하고는 책 전체가 미래 사건들을 묘사한다고 가정(과거주의적 견해를 거부)하였다.31 이레나이우스(200년 즈음), 히에로니무스(300년 즈음), 그리고 유세비우스(300년 즈음) 모두가 그 사건들을 미래로 보았는데, 어떻게 사람들이 계시록을 요한의 때의 사건들을 묘사하는 것으로 해석할

---

30 William Alleine, "Of the State of the Church in future Ages," in *The Works of Mr. William Allen* (London, 1707), 669, 672.

31 [Richard Hayter], *The Apocalyps Unveyl'd: or a Paraphrase in the Revelation* ... (London, 1676), 서문; 전 해에 출판된 초판 제목은 『계시록의 의미』이었다. 계시록에 나오는 숫자들에 관한 더 자세한 논의를 참조하려면 95~96쪽을 보시오.

수 있는지 헤이터는 묻는다. 과거주의적 견해가 제기되기 시작한 것은, 에피파니우스(Epiphanius)가 종말론적인 몬타니스트들(400년 즈음)을 대적해서 글을 쓸 때였다.32 헤이터는 또한 묵시록을 영국이나 심지어 유럽을 중심으로 일어나는 것으로 보는 것에도 반대했는데, 그런 견해는 당시 많은 사람이 견지했던 것이었다. 헤이터에 따르면, 이방 나라들이 유대를 침공한다고 계시록이 말하고 있다면, 유대 민족이 영국이나 프랑스가 아닌 유대를 회복해야 하는 것으로 우리가 이해해야 한다는 것이다. 그 "이방 나라들"은 거의 분명하게 "터키인들과 사라센들"일 것이다. 그리고 계시록이 유프라테스가 마른다고 했으면, 스페인의 금 공급을 교황이 중단시킨 것으로 이해해서는 안 되고, 실제 강인 유프라테스가 마를 것으로 이해해야 한다. 이 사건은 유프라테스 강의 반대편에서 오는 동방의 왕들(아시아인들임이 틀림없음)을 위한 길을 예비할 것이다.33 계시록의 사건들이 이미 일어났다고 보는 과거주의적 견해를 더 반박하려고, 헤이터는 주장하기를, 만약 사건들이 이미 일어났다면,

> 그리스도가 심판하기 위해 오시지 않은 이유가 무엇이란 말인가? 재림에 선행하는 계시록의 예언들이 아직 성취되지 않았기 때문이 아닐까? 만약 성취되었다면, 그리스도께서는 현재 심판하기 위해 오셨을 것이고 그분의 다시 오심을 한 순간도 더는 미루지 않으실 것이다… 그러나 내 의견은, 그것은 많은 사람들이 생각하는 것보다 훨씬 더 멀다는 것이다. 먼저 세상의 창조 때부터 6천년이 지나야 하며[서기 2000년], 그리고 일곱 번째 천년은 심판의 날이 될 것이다. 그리고 지금부터 2백 년 또는 3백 년을 지난 때에 살고 있음에도 그리스도가 심판하기 위해서 오시지 않은 것을 깨닫게 되는 사람은, 그 이유를 알라. 그것은 그 전에 이루어져야 할 계시록의 예언들이 그때까지 아직 성취되지 않아서이고, 그렇게 되기 전까지는 그리스도가 자신의 오심을 연기하실 것이기 때문이다34.

---

32 Ibid., 12~13.

33 Ibid., 32. 동방의 왕들에 관한 더 깊은 연구는 206~207, 243~44쪽을 참조하시오.

헤이터는 심판 전에 일어나야 할 사건들의 목록을 제공했다: "바벨론의 파괴", "짐승과 거짓 선지자의 멸망", "천 년", 그리고 "곡과 마곡의 파멸". 그는 계시록의 짐승이 교황이 아니라 투르크(터키)라고 믿었다.35 그는 유대인이 이스라엘을 회복하고 예루살렘에 성전을 재건하지만,36 그때 투르크가 예루살렘으로 진격해서 거기서 심대한 신성모독을 행할 것이며,37 예배를 요구하고, "오른손이나 이마에 눈에 보이는 666 표를 받지" 않고서는 "아무도 사거나 팔지 못하게" 할 것을 예기했다.38 과거주의적 견해를 공격하면서, 헤이터는 묻는다. "교황 제도 아래에서 언제 이런 일이 성취되었는가?" 짐승의 표 666에 관해서, 그는 묻는다. "이것이 교황권에 무엇을 의미한다는 말인가?"39 그는 교황이 짐승이 아니라 "유대인들의 회심 이후에 그들과 전쟁을 벌일, 악마에 의해 키워진, 이방 왕이나 황제"가 짐승이라고 결론을 내렸다.40 다른 주석가들은 배들이 항해할 항구와 "일곱 언덕이 있는 로마"가 적그리스도의 보좌라고 이해했지만, 헤이터는 제2의 로마이자 터키의 수도인 콘스탄티노플도 일곱 언덕과 또한 항구들이 있다는 것(바다에서 멀리 떨어진 로마와 달리)을 상기시켰다.41 헤이터는 날짜를 정하는 것을 경계하면서 그의 책을 결말지었다.

나는 1654년에 교황이 종말을 맞이하리라고 자신의 생애 중 믿게 된… 한 성직자를 안다. 그리고 그는 그렇게 될 것이라는 데에 자기

---

34 Ibid., 33~34.

35 Ibid., 111, 135.

36 Ibid., 135~37.

37 Ibid., 143, 160.

38 Ibid., 162.

39 Ibid., 176.

40 Ibid., 180.

41 Ibid., 222~23.

전 재산의 반을 내기 걸었는데, 그는 살면서 자신의 예언이 공허한 것이었음을 보게 되었다. 마찬가지로, 짐승이 1666년에 종말을 맞이할 것으로 생각했던 사람들도 같은 일을 겪었다. 우리 생애 중에 음녀의 멸망을 기대했던 사람들, 그것이 성취되는 것을 볼 것이라고 생각했던 사람들도 눈이 빠지게 그것을 기다리겠지만, 아무것도 일어나지 않음을 볼 것이다.42

그는 또한 교황이 아니라 투르크(터키)를 적그리스도로 간주해야 한다고 제안했다.

> 투르크(터키)가 교황만큼이나 종교에 커다란 적이고 강력한 세력이지 않은가? … 교황은 짐승이 아닌데, 왜냐하면 짐승은 마지막에 멸망할 것이기 때문이다… 교황이 죽을 때도 교회들의 문제들은 끝나지 않는다. 왜냐하면 교황이 서쪽에서 그랬던 것보다 동쪽에서 교회에게 훨씬 더 큰 재앙이 되었던 투르크가 여전히 살아 있기 때문이다. … 만약 그리스도인들이 그리스도인들을 향해서 전쟁을 벌이고 서로 파괴한다면, 투르크가 이미 동쪽에서 지배자가 된 것처럼 서쪽에서도 그렇게 될 것이다… 만약 투르크가 로마 시를 정복한다면… 그러면 사람들은 로마가 바벨론이고 투르크가 짐승이라고 생각할 것인가?43

조지프 미드를 제외하고서는, 예언 해석을 하는 저자의 누구도 이 기간 중 헨리 모어(1614~1687)보다 더 많이 인용된 사람은 없었다. 모어가 1631년에 도착했을 때 케임브리지의 크라이스트 칼리지에 있었는데, 1643년에 미드가 죽었을 때에도 여전히 거기에 있었다. 모어는 17세기 대부분을 거기에 있었다. 미드와 모어 둘 다, 극단의 세기 내내

---

42 Ibid., 245.

43 Ibid., 247~48.

강한 신학적 영향을 끼쳤던 케임브리지 플라톤주의 운동의 일원으로 여겨졌다.44 『묵시의 종말』에서, 모어는 자신이 미드에게 많은 것을 빚지고 있고 그의 종말론적 구조가 미드의 것과 매우 비슷함을 인정했다. 그 책에서, 모어는 미드의 것과 비슷한 종말 차트를 구성했다. 그의 역사적 전천년설적 종말론에 따르면, 교회 역사와 세상의 종말은 계시록의 순서를 따라 시대들/기간들로 나뉜다.

헨리 모어의, 교회 역사와 종말적 도표 약어: Z는 일곱 인, R은 일곱 나팔

L   처음 여섯 인: 산고를 겪는 여인 (그리스도의 참된 교회): **콘스탄티누스가 교회를 변혁시키다**

M   처음 여섯 나팔: 여인이 광야에 있다, 성전 뜰이 이방인에게 밟히다(로마), 바벨론의 음녀(교황권)가 짐승(로마의 적그리스도)를 타다, 증인들이 말씀 전하다/죽임을 당하다, **종교 개혁: 다시 설교하도록 증인들이 부활하다**

N   일곱 대접: 하나님의 진노의 포도주틀

H   백마를 타고 성도들과 함께 그리스도가 오시다

P   사탄이 결박되어, 무저갱에 던져지다, 그리고 새 예루살렘이 내려오다

Z   100년 동안의 그리스도의 지상 통치

Q   사탄이 풀려나다   R   곡과 마곡과의 전쟁

S   마지막 심판   T   마지막 커다란 불(불못)45

---

44 Jeffrey Jue, *Heaven on Earth*, 39~40.

45 Henry More, *Apocalypsis*, 256~59.

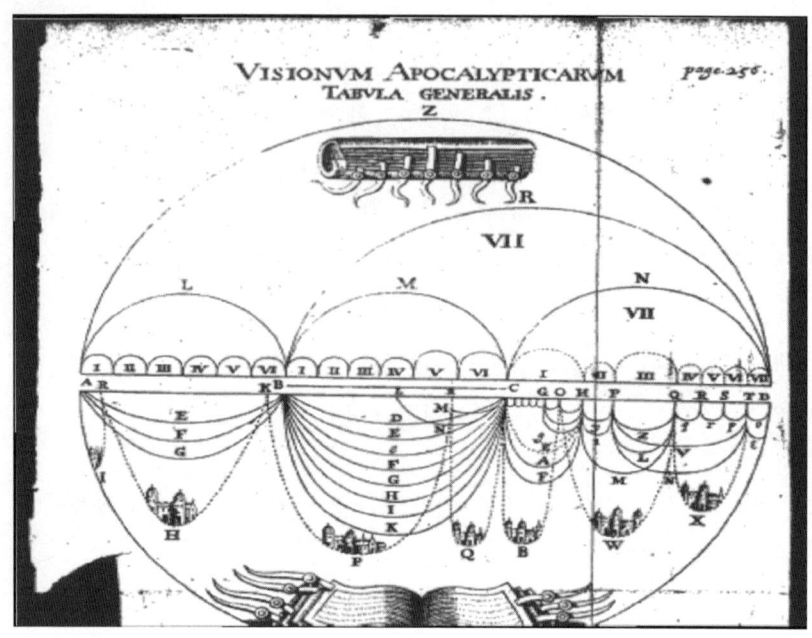

미드와 (역시 케임브리지 졸업생) 브라이트맨의 정신을 이어받아, 모어는 종말을 역사적 전천년설 방식으로 이해했다. 그는 계시록이 "단지 난해할 뿐"이라고 주장하며 "이 책의 예언들을… 이해하려고 노력하는 사람을 바보라고 비웃는" 사람들을 반대하여 논증했다. 그는 "이 묵시의 책을 멸시하는 사람들이 주의를 기울이도록… 하나님의 아들을 짓밟는 사람 중에 그들이 들지 않도록" 경고했다.46

모어는 짐승을 로마 제국으로, 짐승 위에 올라탄 음녀를 "로마의 성직자/지배 계층"으로47, 그리고 "짐승과 그 이미지(우상)을 경배하고 그 손이나 이마에 짐승의 표를 받은 사람들"을 "로마 교회"에 남아 있는 사람들로 간주했다.48 그는 "첫 번째 부활이 그리스도의 천년 지상 통

---

46 Henry More, *Apocalypsis Apocalypseos; or the Revelation of St. John the Divine unveiled* (London, 1680), vi~ix.

47 Ibid., xi.

치 초기에 순교자들이 얻을 합당한 특권"이라고 믿었고, "그런 견해가 원시 교회의 일반적인 의견이었음을 미드가 탁월하게 보여주었다."라고 말했다.49 모어는 하나님께 여전히 유대 민족을 위한 계획들이 있다고 믿었는데, 왜냐하면 "아무 이유도 없이 그들이 세계 다른 민족들과 분리된 민족으로 보존되었을 리가 없기 때문"이다.50 그는 또한 휴고 그로티우스의 과거주의를 공격했는데, 왜냐하면 "그가 예언이 기록되기 전에 일어난 사건들을 해석하려는데, 그것보다 거칠고 터무니없는 것이 없기 때문"이다.51

모어는 역사적 전천년주의자로서 묵시록의 사건들이 자신의 당대에 일어나고 있다고 믿었다. 그는 주장하기를 "예언들이 이미 성취되었거나 성취되고 있으며… 어떤 것들은 조만간 일어날 것… 그러나 그 모든 것들은 교회 시대나 다른 시대들의 연속에 관한 바 머지않아 곧 일어날 것"이라고 말했다.52 엘리자베스 여왕의 통치 시기의 브라이트맨과 찰스 1세 통치 시기의 미드를 본받아, 모어는 계시록 책을 교회 역사를 따라 도표화했다. 아래 차트는 계시록 1~10장을 기독교 역사의 일부로 보는 그의 역사적 전천년설적 이해를 예증한다.

계시록 6장: 3세기의 이방 황제들: 트라이야누스, 하드리아누스, 겔러리우스, 배교자 줄리아누스 (묵시록의 네 명의 말을 탄 자)

계시록 7장: 4세기의 기독교 황제들: 콘스탄티누스, 테오도시우스 등 (하나님을 경배하는 144,000의 무리)

---

48 Ibid., xxviii.

49 Ibid., xii. 후에 그는 이 "순교자들"이 실상 "천국에서 그리스도와 함께 다스릴" 수도 있다고 생각했다(xxvi).

50 Ibid., xiii.

51 Ibid., xx. 과거주의적 견해는 종교개혁을 반대하는 예수회에 의해 개발되었는데, 그로티우스는 그 견해를 지지하는 첫 번째 개신교도였다. Hugo Grotius, *Commentary on Certain Texts Which Deal with Antichrist* (1640)를 보라.

52 Ibid., xxviii, 1.

계시록 8장: 5세기의 야만족 침입: 알라릭/고트족, 아틸라/훈족, 오도아케르, 테오도릭/서고트족(네 나팔)

계시록 9장: 6세기~9세기 사라센/아랍 정복(지옥에서 올라온 전갈 황충이 "온 땅에 퍼졌다")

11세기~15세기(9:14에 유프라테스 강에 묶였던) 투르크 정복자가 소아시와 콘스탄티노플을 정복했다.53

모어는, 양식을 먹고 생존하려고 1,260일 동안(모어에 따르면, 실제는 1260년) 광야로 도망간 여인이 로마의 '우상 숭배하는 이교도적 기독교'에서 도망치는, 콘스탄티누스와 종교 개혁 사이에 광야로 내쫓긴 그리스도의 참되고 충성스러운 교회라고 믿었다. 브라이트맨과 미드 같은 역사적 전천년주의자들과 동일하게, 모어는 계시록 11장의 두 증인이 12세기 말 교황에 순종하는 로마의 명령으로 대량 학살당한 원시적-개신교 발도파와 알비파이며 3일 반(3세기 반) 후의 그들의 부활이 16세기 초의 종교 개혁이라고 믿었다.54

티치필드(Titchfield)의 교구 목사였던 월터 개럿(1716년 경 죽음)은 로마가 '바벨론의 음녀'라는 데 동의했지만, 적그리스도는 로마 교회의 모든 주교들이라고 믿었다. 그는 "로마 제국의 해체 때 적그리스도를 찾아라."라는 테르툴리아누스의 말을 인용했다.55 테르툴리아누스와 다른 많은 주석가는 로마가 적그리스도를 억제(살후 2:2)하고 있으며 그 제국이 무너지면 적그리스도가 세력을 잡는다고 생각했다. 로마 교황청이 로마 제국을 탈취하고 있으므로, 그들이 적그리스도임이 틀림없

---

53 Ibid., 40~94. 그 도표는 모어의 더 긴 설명을 기초로 만들어졌다.

54 Ibid., 105. 또한 Anon, *Remarks on Dr. Henry More's Expositions of the Apocalypse and Daniel ...* (London, 1690), 서문을 보시오. 이 그룹들에 대한 미드의 이해는 16세기 책인 『폭스의 순교사화』에서 온 것 같다.

55 Tertullian, *Apology for Christians*, xxxii, in Walter Garrett, *A Discourse concerning Antichrist, grounded upon the Angel's Interpretation of the Vision, Rev xvii* (London, 1680), 17.

다. 자신을 참신하다고 생각하는 사람들에게, 개럿은 이렇게 썼다.

> '**참신함**'에 관한 설명에 있어서 이 예언에 관한 **개신교** 주석에 편견을 가지는 사람들에 관하여 말하자면, 그들은 다른 한편 적지 않은 서투름과 무분별을 보여준다. 왜냐하면, 개신교의 구도에 의하면, 대접들은 현재 부어지고 있기 때문이다… 그래서, 이 큰 혁명이 속히 완성되기를 기대하는 우리는… 다른 사람들이 자기들의 가설에 일관성 없게 행하지만, (우리는) 우리 가설에 일관성 있게 행한다. 왜냐하면, **우리 것은 진실해도 새롭지만, 그들 것은 진실하면 새로울 수 없기 때문이다**.56

17세기 말 윌리엄과 메리의 통치 때, 역사적 전천년주의자들은 여전히 인기가 있었다. 디그비 불(1648~1710 즈음)은 계시록 12장이 당대의 사건들을 묘사한다고 생각했다.

> **미가엘**과 용과의 큰 싸움은 원시 순교자들의 때에 있었던 것이 아니라 지금 있는 것이라고 의심의 여지 없이 믿는다. … 여기서 용은 면류관 쓴 일곱 머리를 갖고 있다. … 우리는 여기서 그 용이 **이방**[로마 제국]이 아니라 천주교 제국과 거기서 역사하는 용이라고 이해해야 한다.57

---

56 Walter Garrett, *A Persuasive to the Study of the Revelation* (London, 1699), 8.

57 Digby Bull, *A Letter of a Protestant Clergy-man to the Reverend Clergy of the Church of England, and to all other good Protestants, advertising them from the sacred Revelation of St. John of the Evil which he apprehends to be coming upon the Protestant Church* (London, 1695), 60. 또한 Digby Bull, *The Watch-man's Voice, Giving Warning to all Men of the Dreadful Day of the Lord, Which he apprehends to be at hand; That they may take due Care to save their Souls and Lives that they Perish not therein, and that their Blood may not be required at his Hand* (London, 1695). 디그비는 제임스 2세를 축출한 1688년의 혁명에서 새로운

불은 교황권이 무너지고 천년왕국이 시작하는 연대가 로마가 12세기 프랑스 남부의 종파였던 알비파와 발도파를 박해함으로써 일시적인 권세를 휘두르기 시작한 지 666년 이후인 1826년임이 자명한 것으로 간주했다.58 불은 역사적 전천년설 구도를 이렇게 요약했다. "계시록 8, 9, 10, 11장의 일곱 천사와 일곱 나팔은 기독교회의 시작부터 세상의 종국에 이르기까지… 그 많은 연속적 사건의 장면을 나타낸다."59

찰스 스펄전이 200년 후에 목회했던 바로 그 사우쓰웍(Southwark) 회중의 침례교 설교자였던 벤자민 키이치(1640~1704)는 자신의 책 『적그리스도의 습격』에서 로마 적그리스도의 몰락의 때가 가까웠다고 썼다. 그는 이렇게 주장했다.

> 거의 모든 곳에서 하나님의 백성은 마지막 때에 관해서 성경의 예언들과 요한의 계시록을 많이 연구한다. 우리는 일곱 인, 나팔, 그리고 일곱 대접 또는 성 요한에 의해 마지막 재앙이라고 불린 것들을 다루는 몇 가지 간략한 힌트를 제공했다.60

키이치는 전형적인 역사적 전천년주의 방식으로, "처음 여섯 인들"이 니케아 종교 회의 이전에 일어났으며 콘스탄티누스가, 테오도시우스 때 완성된, "참된 기독교로부터의… 그 무서운 배교"를 끌여 들였다고 결론 내렸다. "일곱 번째 인 아래서 일곱 나팔을 가진 천사들이 온다. 처음 여섯 나팔"은 중세 교황권과 모슬렘 정복을 가리킨다. 키이치는 언제든 그리스도의 왕국이 시작될 때 일곱 번째 나팔이 울리길 기대했다.61 사실, 키이치는 그리스도의 재림이 475년에 있었던 서로마

군주가 된 윌리엄과 메리에게 선서하기를 거부했다는 이유로 쉘던(Sheldon)의 교구 목사직을 빼앗긴 충성 선서 거부자였다.

58 Ibid., 30.

59 Ibid., 57.

60 Benjamin Keach; *Antichrist Stormed: or, Mystery Babylon the great Whore, and great City, ... Rome* (London, 1689), 서문.

제국의 몰락부터 1222년 후에 일어난다고 믿음으로 재림 날짜를 1697년으로 잡았다.62

현대 신학자들이 17세기 종말론 저자들의 존재를 자주 부정하지만, 키이치는 다른 많은 사람 중에서도 위에 언급된 사람들인 브라이트맨, 미드, 굿윈, 모어, 쥐리외, 그리고 뒤 물랭 같은 사람들을 인용하는 데 아무런 어려움이 없다. 미드와 모어를 뒤따르는 또 하나의 역사적 전천년주의자는 드루 크레스너(1642 즈음~1718)이다. 1690년에 크레스너는 『계시록의 개신교 적용에 첫 번째 원리들』이라는 책을 출판했는데, 이 책에서 적그리스도가 교황이 아닌 다른 존재라고 추정함으로써 '묵시록의 개신교적 의미와 일치하지 않는' 주석가들을 비판했다. "로마 교회를 바벨론이라고 비난하는 것은 영국 국교회(성공회, Church of England)의 현재의 공언/신앙 고백이다… 교회의 모든 최고 지식인들은 로마 교회가 공식적으로 우상 숭배를 한다고 비난한다."63 역사적 전천년주의가 "예언을 우리 가까이 있는 때와 장소들에 적용하는 데 있어서 너무 공상적이며… 그것도 예언에서 그것들이 무엇인지 분명하고 명확하게 결정하지 않고서 한다."라고 이 주석가들이 비난한다는 것을 크레스너는 인정했다. 그러나 역사적 전천년주의의 타당성은 그에게는 분명한 것으로 생각되었다. "만약 로마 교회가 이 예언의 주된 관심사라면, 두 가지, 즉 때들(the times)과 우리가 사는 세계(지역)가 계시록의 어떤 예언들의 주제임에 틀림이 없다."64 크레스너에 따르면, 마지막 날이 종교개혁과 함께 시작되었기 때문에, 우리는 다음과 같이 해야만 한다.

 대접들의 첫 번째 날짜를 정해야 하는데 그것은 종교 개혁 직후의 짐승에 대한 첫 번째 승리가 될 것이다. 그 후에 로마 교회를 겸허케 하

---

61 Ibid., 서문과 목차.

62 Ibid., 137.

63 Drue Cressener, *A Demonstration of the First Principles of the Protestant Applications of the Apocalypse* (London, 1690), iii~iv.

64 Ibid., xiv.

는 역병/재앙들이 그것의 마지막 파멸을 위해 올 것이다. 그리고 바벨론의 멸망 이전에 끝이 아니라, 대접들에 대한 견해가 일치한다면, 그것들은 종교 개혁 때부터 그때까지 로마 교회의 주된 굴욕들을 배분해야 한다.65

크레스너는 그 자신의 시대에 존재한, 종말론적 해석의 세 학파를 열거했다.

> 그러나 그 해석자들이 그들의 해석을 고정할 시대에 관해서는 그들 가운데 세 가지 주된 차이점이 있다. **어떤 사람들**은 이 환상들을 로마-이방인들의 일에 적용하고 이 환상들의 해당 시기가 이미 지나갔다고 주장한다[과거주의 견해]. **다른 해석자들**은 그 환상들을 **세상 끝날** 가까이 있는 적그리스도의 때에 적용하면서 그 일들이 아직 성취되지 않았다고 주장한다[미래주의 견해]. 그리고 **다른 사람들**은 그 환상들을 **우리가 사는 이 시대와, 로마-이방인 시대 이후의 지나간 많은 시대에 적용한다**[역사주의 견해].66

크레스너는 네덜란드의 자연법적 이론가 휴고 그로티우스(1583~1645), 왕당파 성직자 헨리 해먼드(1605~1660), 그리고 런던의 장로교 목사 리차드 백스터(1615~1691)와 더불어 최근의 로마 가톨릭 학자들을 과거주의자로 열거한다(리차드 백스터는 생애 말년에서야 과거주의자가 되었지만). 그는 또한 대부분의 초기 교부들이 전천년주의자들(그리스도의 재림을 천년왕국 이전에 기대함)이었다는 것, 중세 로마 가톨릭이 무천년주의(천년왕국이란 이미 시작된 교황의 통치에 관한 풍유라고 믿음)였다는 것, 16세기의 종교 개혁자들과 대부분의 개신교도들은 중세의 합의에서 그리 멀리 가지 않았다는 것(교황을 적그리스도로 보는 것 외에는), 그리고 미드

---

65 Ibid., xv.

66 Ibid., 서문과 서론 사이에 있는 소논문에서.

의 영향으로 17세기는 다시 전천년주의로 돌아가고 있다는 것을 보여 주었다. 크레스너가 성경 예언의 성취로 또 자신의 견해를 증명하는 것이라고 보았던 중요한 사건들은 다음과 같다: 1685년 루이 14세의 낭트 칙령 철회, 1686년 오토만의 패배와 헝가리 상실, 1688년의 영광스러운 혁명, 그리고 프랑스의 확장에 대항해서 1689년에 윌리엄 3세에 의해 조직된 "대연합."67

영국의 스튜어트 시대 말에 역사적 전천년주의에 영향을 주었던 가장 저명한 인물은 윌리엄 로이드 주교(1627~1717)인데, 그는 90세를 살았고, 찰스 2세, 제임스 2세, 윌리엄 3세, 메리 2세, 앤, 그리고 조지 1세 통치 때 37년 동안이나 영국 교회의 주교였다. 로이드는 영국 내전(찰스 1세와 의회파의 분쟁) 동안 옥스퍼드에서 공부할 때부터 묵시록을 열심히 연구하는 학생이었다. 스튜어트 왕조가 회복되자마자, 로이드는 찰스 2세 앞에서 설교하는 기회를 얻었다. 그 설교에서, 그는 마호메트는 기적을 행한 적이 없으므로 계시록에서 말하는 거짓 선지자가 될 수 없고, 오히려 로마 교회가 거짓 선지자일 가능성이 매우 크다고 주장하였다. 왜냐하면 "그리스도께서는 기적을 행한다고 주장하는 어떤 인물에 대해 우리에게 경고하셨는데 그 누구도 아닌 바로 교황권의 로마가 기적을 행하는 척하고 있기 때문이다."68 죽기 전 로마 사제에게 종부 성사를 요구했던 비밀-가톨릭교도 찰스 황제 이래 취해졌던 위험한 입장인 미사의 화체설이 이 거짓 기적의 하나라고 로이드는 조롱하고 있다.

로이드가 주교였기 때문에, 그는 자신의 종말론적 예측들을 영국 사회의 상류층에 전파할 기회를 얻었다. 1688년의 영국 혁명이 있은 지 몇 달 후, 로이드는 영국 학술원의 설립 원장인 존 이블린(John Evelyn) 그리고 일지 기록원과 함께 캔터베리 대주교 궁정에 갈 일이 있었다. 거기서 그들은 '적그리스도의 최종적 파멸에 관한 담론'을 나누면서 저녁 시간을 보냈는데, 로이드와 샌크로프트 대주교 둘 다 "세 번째 나

---

67 Ibid., xx.

68 William Lloyd, *A Sermon preached before the King at Whitehall, on Dec 1 1668* (London, 1668), 25~26.

팔과 대접이 이미 부어지고 있다고 결론을 내렸다." 로이드 주교는,

> 두 증인이 죽임당한 것을, 하나는 프랑스와 사브와 공(Duke of Savoy)에 의해 세벤느 개신교도들(Cevennes Protestants)이 진멸한 것으로, 다른 하나는 발도파와 피레네 그리스도인(Pyrenean Christians)[카타리]이 궤멸한 것으로 보았는데, 선한 역사에 나타난 모든 것을 볼 때 그들은 사도들의 시대부터 지금까지 원시적 믿음을 지킨 사람들이었다.69

그 다음 해, 이블린은 로이드 주교를 다시 방문했는데, 로이드는 그때까지 고난을 겪는 프랑스 개신교도들이 계시록 11장의 두 증인들이라는 생각에 여전히 사로잡혀 있었다. 그날 저녁, 두 사람은 유명한 화학자 로버트 보일(Robert Boyle)을 방문했는데, 로이드 주교는 그의 예언에 있어 더 깊이 들어갔다.

> 즉각 이어지는 사건들은, 즉 프랑스 왕[루이 14세]의 몰락과 유대인들이 부름을 받는 일이 가까운 것이다. 그러나 적그리스도의 왕국은 30년이 지나야 완전히 멸망하는데, 그때에는 그리스도가 천년왕국을 시작하시는데, 눈에 보이게 개인적으로 지상에서 다스리는 것이 아니라 참 종교와 전 세계 평화가 전 세계에 펼쳐질 것이다. 로이드 주교는 브라이트맨과 미드와 이 사건들에 대한 다른 해석자들이 성경에 나오는 년 수를 다른 사람들이 하듯 라틴 시스템에 따라 계산하는 실수를 범했다고 생각했다. 그러나 사실은 묵시록은, 다니엘서가 그랬듯이, 페르시아 계산법을 따른다.70

몇 달 후, 로이드 주교는 자신의 예언 해석에 대해 사무엘 페피스

---

69 John Evelyn, *Diary*, iii, 75 (26 April 1689); A. Tidal Hart, *William Lloyd, 1627~1717: Bishop, Politician, Author and Prophet* (London: Society for the Propagation of Christian Knowledge, 1952)의 8장 부록 2, 245.

70 Evelyn, *Diary*, iii, 87 (June 18th 1690); Hart의 책 8장 부록 2, 246.

(Samuel Pepys; 의회 의원, 해양부 장관, 학술원 원장)에게 강론했지만,71 모든 사람이 그의 종말론적 강조를 받아들인 것은 아니었다. 그는 그 당시에도 조롱받았지만, 지금도 역사가들의 손에 의해 어려움을 겪는다. 노르위치의 수석 사제였던 험프리 프리도(Humphrey Prideaux)는 다니엘의 70이레에 관한 로이드의 구도에 관해 듣고, "느헤미야서에 그 견해와 일치하지 않은 많은 내용이 있다고 하면서 그 견해를 반대하여 거절했다."72 로이드의 친구 헨리 도드웰(Henry Dodwell)은 그에게 충고했다.

> 그대의 종말론 연구를 그냥 놔두라. 아니면 좀 더 겸허하고 신중하든지. 사람들이 지나간 시간 동안 드러난 그대의 실수들을 언급하는 얘기를 듣는 것은 날 힘들게 한다네. 이 불신의 시대에는… 그것은 그대를 경멸에 처하게 할 것이네. 그리고 우리는 심지어 진지한 주제나 아주 중요한 얘기에서조차 얄팍한 사고방식, 그 불행한 것을 접하네. 그대가 말한 모든 것에 대해 사람들이 편견을 갖게 만드는 것은 사실은 논리가 아니라 조롱이라네.73

이 충고에도 불구하고, 로이드는 그의 생애 마지막 몇 십 년을 다니엘과 계시록의 예언들을 공부하면서 보냈는데, 그는 자신의 친구들인 존 샤프 대주교, 길버트 버넷 주교, 아이작 뉴턴, 윌리엄 휘스톤 같은 사람들에 의해 그렇게 하도록 격려를 받았다.74 휘스톤에 따르면, 로이드는 그 앞에 있는 세상에서 그 어떤 유대인이나 그리스도인보다… 훨씬 더… 신성한 연대기나, 성경이나, 특별히 예언에 관해 잘 이해하고 있었다." 로이드는, 뉴턴의 『다니엘과 계시록의 예언들 관찰』이라는 책보다 훨씬 이전에 두 권의 종말론 책을 냈는데, 하나는 『다니엘의 70이

---

71 Evelyn, iii, 90 (Aug 15th 1690). Also J. R. Tanner, *Private Correspondence of Samuel Pepys*, I, 33; Hart, 246.

72 *The Life of Humphrey Prideaux*, 237~38; in Hart, 230~31.

73 Cherry MSS., 22, ff. 37~41; in Hart, 236.

74 Ibid., 237~38.

레에 관한 논문』이고, 다른 하나는 『계시록에 있는 어떤 예언들에 관한 설명』이다. 뉴턴의 연구 업적은 로이드에 의해 강하게 영향을 받았다. 둘 다 역사적 전천년주의자였고 그들이 계시록 11장의 사건들을 현재 경험한다고 생각했다. 그들이 보기에, 계시록 11장의 죽임당한 증인들은 1685년 낭트 칙령을 철회한 루이 14세 아래에서 고통당한 프랑스의 개신교도들이었다.

1692년에 출간된 무명 저자의 한 쪽짜리 대형 팸플릿은 로마 거리에 서서 그 도시가 회개하지 않으면 멸망이 속히 임한다고 예언한 한 노인에 관해 언급했다. 그 사람은 로마를 제2의 소돔이라고 불렀고 "3년이 지나면 그 도시가 완전히 파괴되며 불에 삼켜질 것이다."라고 경고했다. 그 사람은 맨발이었는데, 자신이 100살이 넘었고 예수 그리스도의 사도라고 주장했다. 로마 당국자는 그에게 조용히 하라고 명령을 내렸으나 그는 계속 말했다. 당국자는 그를 사슬로 묶었으나 그는 그것을 깨뜨렸다. 그는 계속해서 선언하기를 "1699년 즈음에 세상의 악이 종말을 고할 것이다. 모든 나라가 평화롭게 살 것이며 유대인이 부름을 받을 것이다."[75] (이 보고가 1660년의 한 소책자에서 발견되는 것과 놀랄 정도로 비슷함을 주목하라. 이전 소책자는 보고하기를 계시록 11장의 두 증인이라고 믿어지는 두 노인이 똑같은 주장을 했는데, 단지 세상 종말의 연대가 1670년인 것만 다를 뿐이었다.[76])

1700년, 한 무명 저자의 『다니엘의 환상과 예언』이라는 책이 출판되었다. 그 저자의 목적은,

> 다니엘서의 제4, 제5왕국의 환상을 잘못된 적용에서… 변호하는 것이었다. 진리 그 자체에 관한 편견에 관해서만이 아니라 유대인의 실족에 관해서도… (우리가 지금까지 증명한 것처럼) 만약 제4왕국이

---

[75] Anon., *Strange and Wonderful News from Rome: Giving an Account of an old Man lately ... in the City of Rome* (London, [1692]).

[76] Anon., *A true Narration of the two wonderful Prophets at Rome, Presaging the end of the World to be in 1670* (London, 1660).

로마라면, 그리고 그 견해가 전에도 일반적으로 믿어졌고 지금도 많은 사람에 의해 그렇게 믿어지고 승인되고 있다면… 그리고 유대인이 로마 제국을, 거기에서 비롯된 이방적, 기독교적, 반기독교적(적그리스도적)이라는 몇 단계로 올바로 이해했다면, 그들이 우리에게 신뢰성 있게 말해 줄 수 있을 것이다—그 왕국이 세상에서 지금까지 계속되고 있다고. … 그런 미래의 그리스도 왕국 상태가 우리가 주장하는 바이며 다니엘서가 의도하는 바이다 [제4왕국을 셀류키드 왕조로 보고 적그리스도를 안티오쿠스 에피파네스로 보는 과거주의자들과는 반대로]. … 진리가 그런 것처럼, 제4국이 로마제국이라고 하고, 제5왕국을 그리스도 왕국의 나라라고 하자—그 나라는 지금까지 없었으나 앞으로 세상에 세워질 나라이다.77

또한, 1970년에 T. F.라는 약어를 사용하는 한 저자가 『절충주의적 천년왕국론』을 출간했다. 그 저자는 과거주의적 견해를 공격하고 조지프 미드와 헨리 모어의 역사적 전천년주의 견해를 미래주의적 견해로 대체하여 수정했다.

그들은 천년왕국이 콘스탄티누스 때부터 시작하는 것으로 보지만, 이 견해는 역사적 사건들의 상황으로 충분히 논박되었다… 성도의 진과 사랑하는 도시를 공격하려는 와중에 멸망하는 곡과 마곡에 관한 그들의 설명이 어찌나 만족스럽지 않은지… 그러나 투르크(터키)는… 그리스도인을 적대하는 그 일에 성공해서, 콘스탄티노플을 점령했고, 250년 가까이 그것을 차지하고 있다. … 그러나 나는 대부분의 예언이 아직 전혀 성취되지 않았다고 믿는데, 특히 그리스도 왕국의 평화스러운 상태, 열 두 지파의 귀환과 병합, 곡의 군대 등이 그러하다. 그래서 우리는 세상의 마지막 때에 그것들의 성취를 여전히 기대한다.78

---

77 Anon., *The Visions and Prophecies of Daniel Explained, According to the Measure of the Gift of Christ* (London, 1700), 서문.

78 T. F., *Eclectical Chiliasm; or, a Discourse concerning the State of*

초대 교회가 미래의 천년왕국을 기대하는 전천년주의적이었던 데 비해, 5세기부터는 무천년주의가 지배적이었는데, 이것은 천년왕국이 그리스도의 지상 대리자인 교황의 지배 아래 지금 효력을 발휘하고 있다고 믿는 믿음이다. 이 입장은 주로 아우구스티누스의 영향과 중세 초기에 시작되어 중세 내내 계속된 교황권의 성장에서 기인했다.

16세기에 개혁자들은, 교황의 위치를 그리스도의 대리자에서 적그리스도로 낮추는 것 외에는, 중세에 합의된 견해에서 그리 멀리 가지 않았다(그런데 그 입장을 성경으로 지지하려는 어떤 시도도 없었다). 역사적 전천년주의를 진척시키는, 다니엘서와 계시록에 대한 최초의 진지한 연구는 케임브리지의 청교도 학자들(조지프 미드와 헨리 모어)이 시작했다. 그러나 17세기가 진행됨에 따라 미래주의적 전천년설이 좀 더 일반적으로 되었다.

Things from the Beginning of the Millennium to the end of the World (London, 1700), 서문.

10

18세기(1689~1772) 영국에서
환란 전 휴거와 환란 개념

The Pretribulation-Rapture and Tribulation in Eighteenth-Century England (1689~1772)

현대 신학자들은 다비(Darby) 이전의 전천년설은 오로지 역사적 전천년설이며 미래적 전천년설이 아니라고 한다. 역사적 전천년설은 계시록의 사건들이 교회 역사를 따라 진행되어 나간다고 본다. 예를 들어, 토머스 브라이트맨(1562~1607)은 계시록 11장을 자신이 처한 엘리자베스 시대에 놓았으나, 미드는 자신의 시대인 찰스 1세의 통치시기가 계시록 9장이라고 생각했다. 19세기와 20세기의 세대주의 많은 요소가 17세기와 18세기에도 사실상 발견될 수 있다.

17세기 끝 무렵, 언제라도 그리스도의 재림이 있을 수 있다는 기대는 사라지지 않았지만, 그것이 주된 흐름이라고 보긴 어려웠다. 1691년, 버킹검셔의 영국 국교회 교구 목사였던 존 메이슨은 열 처녀의 비유를 다룬 『한밤중에 외침』이라는 책을 출판했다. 메이슨의 경고는 마태복음에 나오는 예수님 자신의 말씀이었다. "그러므로 깨어 있으라. 너희는 인자가 오시는 그 날과 그 때를 알지 못한다."1 "특별히 마지막 시간이 다가오고 있어도, 왜 그리스도의 왕국 교리가 이처럼 차가운 반응에 직면하는지"2 메이슨은 의아해했다. 그는 "매일 그리스도의 재림을 기대하며 사는 사람들이 가장 생명력 있고 열심 있는 그리스도인들"임을 인지했다. 그는 또한 "이방인의 때가 차고 나면, 그리스도가… 여기 땅에서 다스리실 것"을 믿는 천년왕국 신봉자였다.3

메이슨은 큰 환란, 로마의 붕괴, 그리고 교회의 휴거가 있을 것이라고 가르쳤다.

1. 환란이 있을 것이다. 이 일은 바벨론의 파멸 이전에 있을 것인데, 개신교 교회들에게 임할 것이다. 빨리 회개하라. 2. 이 일 후 즉시, 태양이 어두워지고, 등등. 이것은 네 번째 큰 왕국[로마 제국의 밧줄 끄트머리를 잡고 있는 교황의 왕국]의… 전복을 말한다… 신비한 바벨론의 멸망… 3. 그러고는 유대인들의 회심이 있을 것이다. 족속들이 애곡하는 가운데 인자의 나타나심… **그때에 두 사람이 밭에 있을 터이나, 하나는 데려가고, 하나는 버려둘 것이다… 그들이 칼에 쓰러질 것이다… 그리고 예루살렘은 이방인에게 밟힐 것이다.** 즉, 먼저는 로마인들에게, 이제는 투르크에게, **이방인의 때가 차기까지…** 그리스도의 오심은 유대인들과 이방인들 가운데 그 분의 왕국을 세우기 위함이다… 그러나 무서운 환란이 그 길을 예비할 것이다… 주께서 곧 여기에 오실 것이다. 그리고 모든 눈이 그를 볼 것이다. … 그러므로 **깨어 있으라 너희는 인자가 오시는 그 날과 그때를 알지 못한다…** 그분이 **한밤중에 도둑으로서**가 아니라 낮에 **친구로서** 너희에게 오실 수 있도록.4

---

1 J[ohn] M[ason], *The Midnight Cry. A Sermon preached on the parable of the ten virgins* (London, 1691), 표지 쪽.

2 Ibid., 3.

3 Ibid., 11.

메이슨은 자신의 당대에 다른 종말론적 책자들에서 발견되는 것과 비슷한 시간표를 설정했다.

> 첫 번째 사건은 결혼으로 불리는, 유대인의 회심이다… 모든 교회가 그리스도의 신부이어도 여기서 의미하는 바는… 유대인의 교회… [그러고는] **큰 음녀에 대한 심판**. … 계시록은, 하나하나 차례대로 일어나는 사건들을 제시한 예언의 책이다… 로마는 매춘부의 어머니이고, 교황의 교회들은 매춘부이며, 개신교 교회들은 처녀이다. 이제 이것들은 두 가지로 이뤄진다: 1. 육신적이고 은혜가 없는 개신교도; 2. 영적이고 은혜로운 개신교도. 이것들이 지혜로운 처녀와 어리석은 처녀를 구성한다.5

메이슨의 저술들은 다비의 개념들이 17세기에도 존재했다는 것을 분명하게 보여준다—비록 18세기 소위 '이성의 시대'의 도래와 함께 그런 사상이 주변으로 밀려나고 있었지만. 메이슨의 교회 근처에 있는 한 교회의 교구 목사였던 헨리 모리스는 메이슨의 교회에서 어떤 일이 벌어지고 있는지에 관한 기사를 썼다. 모리스에 따르면, 메이슨은 천년왕국이 영국에서, 그것도 메이슨 자신의 교구에서 시작할 것이라고 가르쳤다. 보수적인 영국 국교회 교구 목사였던 모리스는 메이슨의 교구에서 예배를 관찰하고 이렇게 말했다.

> 영적 **아수라장**이다 (그것은 여전히 나를 공포에 사로잡히게 한다) … 남자들과 여자들 그리고 아이들이 위아래로 달려가고, 어떤 사람은 그들의 구주가 오실 때 그분을 잡으려고 팔을 위로 뻗고, 다른 사람들은 그분의 품에 안기려고 팔을 쭉 내뻗으며… 그들이 그분과 함께 있다는 기쁨으로 박수를 치고… **소란스러움** 그 자체로는 단지 그들의 영적 광기의 희미한 이미지에 불과할 뿐이다.6

---

4 Ibid., 14~15.

5 Ibid., 16~18.

모리스는 메이슨 자신의 "우리 구주의 육체적 임재에 대한 오랜 간절한 기대가 그 미혹을 일으켰다."라고 결론을 내렸다. 모리스는 그가 메이슨의 교회에서 본 그 열정이 메이슨이 무지한 사람들과 너무 시간을 많이 보냈기 때문에, 혹은 "그가 너무 담배를 자주 피웠기 때문에" 비롯되었을 수 있다고 추측했다.7 모리스는, "종교의 자유가 사람을 방종하게 만들 수 있고 매우 은혜로운 면죄부가 방탕으로 남용될 때는," 너무 많은 종교적 자유를 허용하지 말아야 한다고 경고했다. 그의 희망은 "모든 사람이 교회와 국가에 대한 열정적인 원리들의 위험성에 대해 보증되는 것"이었다.8 그러나 메이슨에게는 지지자들이 있었다. 아이작 와츠는 메이슨의 헌신과 사역으로 인해 그를 칭찬하면서 거의 성인전에나 쓸 법한 헌사를 그를 위해 썼는데, 모리스에 의해 보고된 과도함은 전혀 언급하지 않았다.9

또한, 1690년대에 메이슨과 비슷한 말로, 마아신은 환란 전 휴거를 가르쳤다. 마아신은 '주의 오심'에 관한 약속이 데살로니가전서 4:16~17에서 발견된다고 믿었다. "주님께서 호령과 함께… 친히 하늘에서 내려오실 것입니다." 마아신에 따르면, "이 사람들은 공중에서 주를 만나기 위해 구름 속으로 이끌려 올라갈 것이라고 언급된 사람들"이다. 다비처럼, 그녀는 이 구절을 누가복음 17:34~35과 연결했다. "하나는 데려감을 얻고 하나는 버려둠을 당할 것이다."10 그러고는 "주

---

6 Henry Maurice, *An Impartial Account of Mr John Mason of Waterstratford, and his Sentiments* (London, 1695), 8.

7 Ibid., 52.

8 Ibid., 70.

9 *Select Remains of the Rev. John Mason, M.A. Late Rector of Water-Stratford ... recommended by the Rev. Isaac Watts, D.D.* (Salem, 1799).

10 M. Marsin, *The Near Approach of Christ's Kingdom, Clearly proven by Scripture With a certain account of the signs of the present times relating thereto ...* (London, 1696), 7.

님의 오심 이후에, 계시록에 언급된 심한 역병/재앙들 대부분이 땅과 악한 자들 위에 부어질 것이다. 그 짐승과 거짓 선지자는 산 채로 붙잡힐 것이다."11 마아신은 그녀의 독자들이 "주의 다시 오심을 위해 준비되도록," 그리고 (주로 지진과 전쟁인) "시대의 징조들"을 알도록 간청했다. 마아신은 "이때의 마지막 날들과 이스라엘의 환란의 마지막 날들"을 구별했는데, 왜냐하면, 성도들이 휴거되고 나면, "오게 될 때는… 이스라엘의 때가 될 것이고… 하나님이 이스라엘과 맺으신 크고 영광스러운 약속들을 성취하실 것"이기 때문이다.12 마아신은 유대인의 회심이 이른바 '주의 다시 오심' 이전에는 일어나지 않을 것이라고 믿었다. 그녀는 또한 환란 전 휴거를 가르친 것 같다. "곡과 마곡의 전투는 이스라엘의 영광스러운 재건 이전에는 없을 것이며, 죽은 자의 부활 이후에, 그리고 가나안이 에덴동산처럼 된 이후에 있을 것이다."13

영국 국교회에 반대하는 런던의 목사였던 토머스 베벌리(ca. 1621~1702)는 1697년에 교황권이 종말을 고하며 그리스도가 재림하신다고 선언하면서 1680년대와 1690년대에 질풍같이 많은 소책자를 만들어 냈다. 그는 교황권이 시작된 437년부터 다니엘의 1299일을 년 수로 더해서 이 결론에 도달했다. 그의 소책자들을 관통하는 공통 실마리는 데살로니가전서 4:13~18의 해설이었는데, 여기서 그는 "첫 번째 부활", 곧 "죽지 않고 변화되는 성도들에 대한 신비"를 강조했다.14 그 소책자의 하나에서 그는

---

11 Ibid., 표지 쪽.

12 M. Marsin, *An Answer to Dr Whitby, proving the Jews are not to be called into the Gospel of the Christian warfare … till after the Lord, with Messiah's Second coming* … (London, 1701), 2.

13 Ibid., 30.

14 [anon.], *The Catechism of the Kingdom of our Lord Jesus Christ in the Thousand Years. Shewing by Scripture, that the Great Articles of the Redemption, the Resurrection, the Mystery of the Saints not Dying but Chang'ed, the Judgment* ... (London, 1690); [anon.], *The Grand Apocalyptical Vision of the Witnesses Slain, Dated to its Periods of Prophesie and History* (London, n.d. [1690]; T[homas]B[everly], *An*

"주님 앞에 우리가 함께 모이는 것… 죽은 자가 먼저 일어나고, 그리고 우리 남아 있는 살아 있는 자들이 변화됨"을 논설했다. 그는 강조한다.

> 먼저 죽음에서 일어나는, 그래서 **첫째 부활** 성도들이라고 칭해지는 그리스도 안에서 **죽은 성도들**, 그리고 **첫째 부활의 참여자들**이라고 일컬어지는 **변화된 성도들**의 때와 **공중으로 사로잡혀 올라가는 변화된 성도들**의 때, 이 두 때 사이에 간격이 있어야 한다… 두 종류의 성도들이 있다… **썩지 않는 몸으로 일어나는 성도들**, 그리고 자지 않을 그러나 변화된 성도. 이 **변화**란, 더 나은 특권인 썩지 않는 몸으로 일으켜지는 것과는 다른 변화다… [부활되지 않고] **남아 있는 자들**은 죽은 악한 자들의 **멸망**에서 구출된다… 두 종류의 성도들은 다 살아서 그리스도와 함께 천 년 동안 다스린다. 그렇게 **천년왕국**이 있다.15

이 모든 소책자에서, 베벌리는 그리스도의 "오심과 영광중에 나타나심"을 강조했다. 그리스도는 "아직 영광 중에 나타나지 아니하셨는데," 그러나

Appeal most Humble, yet Most Earnestly by the Coming of our Lord Jesus Christ, and Our Gathering together unto Him … The Dead Raised First, and of the Living, The Remaining Chang'd in it. (n.p., n.d, [London, 1691]); T. Beverly, *A Demonstrative Scripture-Proof from Mahometan Times: The Kingdom of Christ Must needs be in its Succession, 1697* (London, 1692); [Thomas Beverly], *A Chain of Principles concerning the Thousand Years Kingdom of Christ, against the Semi-Sadducism of the Apostasie, that denyes that Kingdom* (n.p., n.d. [1692]); [Anon], *A Discourse upon the Powers of the World to come* (n.p., n.d. [London, 1694]); *The Great Charter for the Interpretation of all Prophecy of Scripture, and of the Times* … [n.p., n.d. [London 1694]); T. Beverly, *An Apology for the Hope of the Kingdom of Christ, appearing within this Approaching Year, 1697* …(London, 1697).

15 T[homas] B[everly], *An Appeal most Humble, yet Most Earnestly by the Coming of our Lord Jesus Christ, and Our Gathering together unto Him ⋯ The Dead Raised First, and of the Living, The Remaining Chang'd in it.* (n.p., n.d, [London, 1691]), 3.

그가 나타나실 때 "그리스도 안에서 잠자다가 먼저 일어나 썩지 않는 몸으로 부활할 성도들 그리고 살아 있어서 그리스도가 오실 때 남아 있는 사람들, 곧 죽지 않고 변화될 사람들을 모두를 데리고 오실 것이다."16 베벌리에게는 불행하게도, 첫째 부활은 1697년에 일어나지 않았다. 부끄러움을 느끼고 그는 초야로 물러났지만, 1700년 교황 제도가 무너질 것이라고 선언한 또 하나의 소책자를 쓰고 나서야 비로소 그렇게 했다.17

베벌리를 신랄하게 비판한 사람들의 한 사람은 무천년주의자였던 장로교도 리차드 백스터(1615~1691)였다. 그의 1691년 저술이자 그의 생애 말년에 쓴 책인 『영광스러운 그리스도의 왕국』에서 천년왕국설 신봉자들과 '유대인의 부르심과 통치'를 기대하는 사람들을 비판했다. 그는 토머스 베벌리를 신랄하게 비판했다. 그는 자신의 책을 헌정한 인크리스 매더(Increase Mather)에게 어느 정도의 존경심을 보이지만, 매더조차도 그의 비난을 피하지 못했다.18 백스터는 인정했다. "천년왕국에 관한 주된 저자들은 영국 국교도들이다 [그리고 그들은 엄청난 학식과 영성을 갖춘 사람들이다.]"19 그리고서 백스터는 종말론에 관해 쓴 저명한 저자들을 그들의 견해에 따라 분류해 열거했다.

> 천년왕국에 관한 주요 저자들은 **영국 국교도**들임을 보았다 [그리고 그들은 엄청난 학식과 경건심을 갖춘 사람들이다.]

---

16 Beverley, *A Chain of Principles*, 1.

17 T. Beverley, *The Good Hope through Grace. The Jubilee of the Kingdom of Christ shall come upon the Counterfeit Jubilee of Rome, and before the end of the Following Year 1700, shall begin to bring under Desolation that Great City and its Papacy* (London, 1699).

18 Richard Baxter, *The Glorious Kingdom of Christ, Described and clearly Vindicated, Against the bold Asserters of a Future Calling of the Jews, and 1000 years before the Conflagration* (London, 1693). Jeffrey Jue, *Heaven Upon Earth: Joseph Mede (1586~1638) and the Legacy of Millenarianism* (Dordrecht: Springer, 2006), 153~56에서 쥬(Jue)가 백스터에 대해 논한 내용을 보시오.

19 Ibid., 서문.

조지프 미드, 모어 박사, 트위스 박사(Dr. Twisse). 베벌리, J. M. 등. 나는 그들이 이것을 좋지 않은 소문으로 받아들이지 않기를 희망한다…

많은 사람이 천년왕국이 이미 지나갔다고 생각한다: 빌니(Bilney), 위클레프(Wickleffe)… 그때가 그리스도의 탄생과 더불어 시작했지만.

… 아우구스티누스… 베다, 안드레아스, 이들은 천년왕국이 그리스도의 수난과 더불어 시작했다고 생각했다.

… 브로우튼(Broughton), 어셔(Usher)는 천년왕국이 유다 국가가 망했을 때 시작했다고 생각했다.

… 브라이트맨은… 콘스탄티누스의 즉위와 더불어 시작한 것으로 본다… 그런데 이것은 존 폭스의 견해와 같다.

… 그로티우스(Grotius), 해먼드(Hamond), 그리고 많은 다른 사람이 그리스도인들을 위한 콘스탄티누스의 칙령… 때 시작한 것으로 본다.

… 그대[인크리스 매더]는 다니엘서의 1,290년이 그대가 말한 바처럼 이미 오래 전에 지나갔다고 믿는다… 미드, 알스테드… 트위스 박사 등은 다니엘서의 1,290년이 이미 지나갔다고 믿는다.[20]

흥미롭게도, 백 년도 더 뒤에, 종말론에 관한 관심이 점증하는 경향에 놀라서, 영국 국교회 매년 보고서인 『크리스천 옵저버』는 1830년호 대부분을 이 광적이고 교리적으로 위험한 운동을 경고하는 데 할애하고 있다. 그것은 베벌리의 미래주의적 전천년설을 새로운 것으로 간주하지 않지만, 분명 그 견해를 뭔가 파괴적인 것으로 간주했다.

> 베벌리의 의견들은 그가 썼을 때 새로운 것은 아니었다. 오히려 그것들은 전에도 자주 나와 폭발하곤 했다. 그런 의견들은 그 이후 반복적으로 다시 살아났고, 오히려 더 강한 확신으로 지속됐고, 같은 열정으

---

[20] Ibid., 서문.

로 전파되었다. 아마 미래 세대도 계속 같은 운명을 겪을 것이다.21

천년왕국에 관한 출판 홍수는 베벌리로 끝나지 않았다. 1699년에, 한 무명 저자는 『이 땅에서 성도들과 함께 다스리는 그리스도의 왕국에 관한 짧은 개관』이라는 소책자를 출간했다. 그 저자는, 자신과 동시대 인물인 아이작 뉴턴(그 소책자가 인쇄된 데서 몇 블록 떨어지지 않은 왕립 조폐국 국장이었던)이 그랬듯이, 6천 년의 인간 역사가 있을 것이며 그 이후 천년왕국이 있을 것이라고 믿었다.22 저자에 따르면, 그리스도는 천년왕국 이전에 하늘에 두 번 나타나실 것인데, 먼저는 그분의 교회를 모으시려고, 그다음에는 민족들을 심판하시기 위해서 이다.

> 그리고 그리스도가 오실 때 그 당시 살아 있는 성도들은 죽은 성도들의 일어남을 막지 못할 것이고, 모든 사람이 자기 순서대로 된다… **왜냐하면 그리스도 안에서 죽은 자들이 먼저 일어날 것이고, 그다음에 죽는 몸을 입고 있지만 육체적으로 살아 있는 성도들이 변할 것이다**… 눈 깜짝할 사이에 순간적으로 모든 죽은 성도들을 일으키고, 당시에 살아 있는 모든 성도를 썩지 않고 죽지 않는 몸으로 변화시킬 것이다… **그들은 구름 속으로 끌어 올려져 공중에서 주님을 만날 것이다**… 이렇게 그리스도께서 나타나실 때.23

그 저자는 그리스도께서 하늘에 나타나실 것에 관해서도 말했다.

---

21 *The Christian Observer*, (London, 1831) xxx, 790~91. 1831년에 이르러서는 에드워드 어빙(Edward Irving, 런던에서 설교하고 있었던 스코틀랜드 목회자)과 존 다아비(John Nelson Darby, 아일랜드 교회의 성직자) 둘 다 환란 전 휴거를 가르치기 시작했다. 그들은 그해 예언 컨퍼런스에서 서로 만났다.

22 Anon, *A Short Survey of the Kingdom of Christ here on Earth with his Saints* (London, 1699), 40.

23 Ibid., 9~11.

그러나 여기 그리스도가 또 한 번 나타나시는 일이 있는데, 그것은 그들의 심판자로서 이다. 그분이 하늘 구름을 타고 두 번째 오실 때 죄인들과 경건하지 않은 자들에게 오실 것이다. … 세상에 대한 이 최후의 심판을 위해 준비된 채, 영광 가운데 그의 모든 성도와 함께 여기 이 땅에 그분의 왕국에 들어오시려고 그분이 오시는 것이다.24

그리고 그 저자는 용, 마귀, 사탄, 그의 삼 년 반 통치에 관해 말했다.

자신의 시간이 짧은 것, 즉 42개월[3년 반]이 거의 소진하고 있는 것을 앎으로써 그는 더 큰 열정으로 새로운 시도를 하려 한다… 이럼으로써 여자는 한 때와 두 때와 반 때 동안 광야로 두 번째 신속하게 피한다. 나는 이것이 그 여자가 광야에 1,260일[3년 반] 있고 난 뒤나, 그 끝에 있을 시간이라고 생각한다… [광야는] 하나님에 의해 준비된 장소인데, 거기서 그 여자는 1,250일 동안 양식을 먹고 살 것이다… 문제는, 이 기사들이 끝나기까지 얼마나 오랜 시간이 남아 있느냐는 것이다… 그는 대답한다: 한 때와 두 때와 반 때라고. 이 시간은 여자의 마지막 광야 도피와 같은 시간이다: … 이 한 때, 두 때, 그리고 반 때는 시간의 끝나는 부분이 될 것인데, 이는 계시록 10:6, 7에서 천사가 **때가 얼마 남지 않았다**고 말한 것과 같다. 즉, 적그리스도와 그리스도의 적들에게 말이다.25

1700년, 비국교도 목회자였던 올리버 헤이우드(1630~1702)는 『거대한 회중: 또는 그리스도에게로 모든 성도가 모이는 것에 관한 강론』이라는 책을 출판했다. 그 당시의 베벌리나 다른 사람들처럼, 헤이우드도 다비와 비슷한 휴거를 제시했다.

---

24 Ibid., 15.

25 Ibid., 52~53.

영화된 성도들의 영혼들이 내려와서 그들의 육신과 결합할 것이며, 그리고는 공중에서 주를 만나려고 올라갈 것이다. 악한 사람들은 비료 더미처럼 누추한 이 땅에 남겨진다.26

헤이우드는 이 사건을 묘사하려고 '환희/끌려감(rapt)'이라는 용어를 사용했는데,27 성도는 즉시 하늘로 이끌려질 것이었다.

이 모여진 성도들은 한 장소로, 그리고 영광의 상태로 영접될 터이다. **그들은 하나님의 보좌 앞에 있다**… 천국에는 모든 성도를 위한 자리가 있다. 그리스도께서 말씀하셨다, **내 아버지 집에는 거할 곳**(mansions)**이 많다**.28

환란 전 휴거에 대한 믿음을 보여준다고 많은 사람이 생각하는 생소한 책은 존 애스길(1659~1738)의 것이다.29 애스길은 "사람이 죽음을 통과하지 않고 여기에서 영원한 상태로 산채로 승천할 수 있다."라고 믿었다.30 그는 종말론적 사건이 아니라 단지 에녹과 엘리야가 "옮겨진 것"을 언급했다. 그는 우리도 "그리스도의 죽음과 부활을 통과함으로써" 옮겨질 수 있다고, 우리가 "영원한 생명의 언약"을 받았으므로 "(그 자신의 부활이 따르는) 죽음을 통과하지 않을 수" 있다고 말했다.31 그는

---

26 O[liver] H[eywood], *The General Assembly: or, a Discourse of the Gathering of all Saints to Christ* (London, 1700), 15.

27 Ibid., 16.

28 Ibid., 19~20.

29 Thomas Ice, "The History and Doctrine of the Rapture" unpublished paper, *The Eighteenth Annual Barndollar Lecture Series*.

30 John Asgill, *An Argument Proving, That according to the Covenant of Eternal Life revealed in the Scriptures: Man may be translated ...* (n.p., 1700), 표지 쪽.

"마지막 날의 부활"에 대해 언급했지만, "믿음으로 받을 만한 사람들에게는 죽지 않고 즉각 승천하는 일"이 가능하다고 강조했다.32 애스길에 따르면, 우리는 "그리스도의 재림"을 기다릴 필요가 없이 "우리의 믿음을 가질 수 있을 때 바로 어느 순간이라도 하늘의 왕국[천국]으로 들어갈 자유를 가지고 있다."33 애스길은 충분한 믿음을 가지고 있는 사람들에게는 바울이 말한 성도의 부활 이전에 산 채로 승천이 가능하다고 믿었다. "죽음을 통하지 않는 이 믿음의 승천/휴거는, (바울이 말한) 대격변 이전에 일반적으로 될 것이다. 그리고 그 이전이 아니라 그리고 나서 (첫째 부활이라고 칭해지는) 의인의 부활이 있을 것이다."34 애스길은 확신있게 결론지었다.

> 나는 **흙으로 돌아감으로써** 여기/현세로부터 나가지 않을 것이다… 나는 '옮겨짐'을 통해 이 세상을 나갈 것인데, 그것이 내가 영생의 과학(Science of Eternal Life) 학위를 받은 자의 존엄으로 내가 청구/주장하는 것이다… 그래서, 만약 이후에, 내가 다른 사람들처럼 죽는다면, 나는 나 자신이 무종교로 죽는 것이라고 선언하는 것과 같을 것이다.35

불행하게도, 애스길은 이단적 믿음이라는 이유로 하원에서 축출됐고, 그의 남은 생애 대부분을 옥에서 보냈으며, 하늘로 옮겨지지 못하고 1738년에 죽었다.

애스길은 그의 생애 마지막 무렵에 『인간의 대변모』를 썼는데, 거기서 진노 전 휴거(pre-conflagration rapture)를 제시했다. 노아가 방주로 멸망에서 구원됐고 롯이 소알성으로 도피함으로써 소돔의 멸망에서 구출되었듯이, "모든 성도가 방주에 들어가고 소알로 피신하고, 배에 타고

---

31 Ibid., 62.

32 Ibid., 77.

33 Ibid., 91.

34 Ibid., 93.

35 Ibid., 95.

주거할 장소에 들어가고, 문이 닫히고 안전하기까지는, 멸망케 하는 천사가 일을 진행하지 않기 때문에 땅에 멸망이 없을 것이다." 애스길은 진술된 휴거를 은근히 에둘러 말한다. "첫째 부활의 두 번째 그룹의 마지막 사람이 이 세상에서 이끌려 나갔을 때, 남겨진 (이 땅의) 거주자들에게 화! 화! 화!가 있을지로다."36 그는 그 책 앞부분에서 환란 전 휴거를 위한 시간 여지를 남겨 놓지 않았다. "하나님의 마지막 종이 안전하게 봉인되는 그 같은 날에… 내려온다… 불과 유황이."37 그렇지만, 그는 의인의 부활과 악인의 부활 사이에 시간 간격이 있다는 것을 인정했다. "불의한 자의 부활 이전에 의인의 이 첫 부활… 순서 상의 먼저 만이 아니라, 쭉정이들 가운데서 알곡을 고르는 목적을 위해 가장 안전하고 편리한 방법과 방식으로…" "모든 사람이 각각 자신의 순서대로"라는 바울의 말을 빌려서, 그리고 "두 여자가 맷돌을 갈고 있다가 하나는 데려감을 당하고 하나는 남겨질 것, 두 남자가 밭에 있다가 하나는 데려감을 당하고 하나는 남겨질 것"이라는 예수님의 표현을 써서, 애스길은 두 부활 사이에 시간 간격을 충분히 벌려 놓았다. "그렇지만 이것은 하루 밤이나 하루 낮, 혹은 한 해 동안에 모두 갑자기 일어나는 것이 아니라, 각각 자기 날과 자기 장소에서 일어나는 것이다."38 그러나 그는 의인이 먼저 일어나고 그 남은 자는 마귀와 그 천사들의 손에 남겨질 것임은 전혀 의심하지 않았다.39 애스길의 의인의 부활에 대한 표현에서, 먼저 휴거되는 것은 자격이 있는 자에게 해당하는 것이었다. 바울이 "만약 할 수만 있다면, 나도 죽은 자의 부활에 이르려 한다."라고 바랐듯이, 애스길은 "달성으로만 얻을 그 부활"을 믿었다.40 그는 분명하게 말하기를, 앞에 설명된 부활에 참여하는 사람들이

---

36 John Asgill, *The Metamorphosis of Man, by the Death and Resurrection of Christ from the Dead* (London, 1727), 194.

37 Ibid., 195.

38 Ibid., 196. 성경 인용은 고린도전서 15:23과 마태복음 24:40~41.

39 Ibid., 197.

40 Ibid., 199. 빌립보서 3:11.

> 천 년 동안 살아서 그리스도와 함께 왕노릇(통치)한다. 그러나 나머지 죽은 자들은 천 년이 차기까지 살아나지 못한다… 고린도서에서는 그것은 한 순간으로 정의되지만… 그러나 **계시록**에서는, 이 순간이 천 년이라는 것이 드러난다.41

의인은 데려가지만 불의한 자는 남겨진다는 애스길의 믿음은 또한 존 마샬의 믿음이기도 했는데, 그는 환란 전, 또는 적어도 진노 전 휴거를 묘사했다. 1715년에 런던에서 한 설교에서, 그는 "의인은 다가올 악/재앙에서 벗어나 데려감을 당한다… 그래서 의인들이 거기서 벗어나 안전하게 되기까지. 심지어 소돔도 의로운 롯이 안전한 장소에 들어가기까지는 멸망당하지 않았다."42

그리스도인 신비주의자 필라델피아 소사이어티의 창립자인 제인 리이드(1624~1704)는 자신이 생각하기에 성서 예언을 더 잘 이해하게 한 일련의 환상을 경험했다. 그녀는 1681년에 출간된 첫 번째 책 『천상의 구름』에서 이렇게 주장한다.

> 나는 나의 주인이자 천상 신랑인 분의 종이자 친구로서 여러분을 하나님과 어린 양의 대 만찬(the great Supper)에 초대하라는 사명을 받았다… 식탁은 이런 자들을 위해 차려지는데, 죽은 자들 가운데서 일어난 사람들… 어린 양과의 혼인을 경축하기 위해, 신부… 최상의 천상의 몫을 기쁨으로 맛보려는 사람들과, 영적 잔치로 초대하는 신랑이자 그들의 주인인 분의 부르심을 충심으로 기꺼이 받아들이는 사람들에게. 이 만찬은 당신을 위한 것이니 이것을 알라! 새 예루살렘에서는 위대한 것들이 준비되어 있다는 것과… 우리가 어린 양의 큰 만찬에 앉을 것이라는 것을!43

---

41 Ibid., 200~201.

42 John Marshall, *Sermon Preach'd in the Chapel of Ormond-street ...* (London, 1715). Thomas Ice, "The History of the Doctrine of the Rapture," Part II: "History of the Pre-Conflagration Rapture."

리이드는 '시온의 신앙 고백자들(Sion Professors)'이 그들 사이의 '커다란 분열'을 끝내도록 간청하는데, 이 분열은 '복음 세대'의 '가장 큰 악'이다. 그녀는 자신이 미가엘 천사에게서 메시지를 받았다고 주장한다.

> 하늘이 열리고 환한 **구름**이 갈라져, 부활한 몸을 입은 영혼의 영(the Spirit of the Soul)을 받아들이려고 **승천**을 위한 문이 열린다. 이제 그 것은 이 땅에서 분리되어, 거룩한 삼위일체 하나님과 교제하려고 위로 올려진다⋯ 자신의 본향인 준비된 처소에 도달하기까지는 안식이 없는 그 영혼말이다!44

리이드는 진노 전 휴거만 묘사하는 것이 아니다. 그리스도가 지상에 오시기 전까지 많은 사건이 일어나야만 했다.

> 주님이 (그들을) 승천으로 데려가시려고 하늘에서 내려오실 때⋯ 부름을 받고 마음을 정해 승천밖에 다른 것을 생각하지 않는 **새 예루살렘** 대망자들에게 성령께서 두 번째 내려오실 것이다. 분리된 자들, 이 땅에서 구속받은 자들밖에는 아무도 할 수 없는 영화(Glorification)의 사역을 수행하기 위한 능력을 가장 높으신 분에게서 받으려고⋯ 승천하고 영화된 자들은 다시 내려온다⋯ 그들의 주님과 주인의 약속하신 바를 섬기려고⋯ 크거나 강력한 변화가 이 땅에 이뤄지거나 효력을 발휘할 때, 거룩한 **요한**의 계시록(계 18장)에 언급된 대로 하늘에서 내려오는 천사들에 의해 행해졌다. ⋯ 능력의 하나님이 새롭게 하는 일, 즉 새로운 창조를 위해 부리는, 그리고 시온-산 영광의 기초를 놓으려고 성령의 능력으로 하늘에서 내려오는, 10

---

43 Jane Leade, *The Heavenly Cloud Now Breaking: or, the Lord Christ's Ascension-Ladder, Sent Down, to shew the way to reach the Ascension, and Glorification, through the Death and Resurrection* (London, 1701), *The epistle of the Author*.

44 Ibid., 36.

일 동안 환란(Tribulation)을 통과한, 부활의 천사들… 새 예루살렘이 열려서 내려 올 것이다. 그리고 제사장적 왕국(제사장의 나라)이 계시될 것이고, 그 통치권이 알려질 것이며, 승천 후에 그들의 직분 임명을 위해 어느 정도 시간을 썼을 것이 틀림없는, 가장 높으신 분의 성도들에 의해 그 왕국이 경영된다. … 하늘들이 주 그리스도를 눈에 보이지 않게 받은 것처럼, 왕적 통치를 위해 승인될 때까지 이 승천한 천사들도 그럴 것이다. … 그들의 변화된 내적 영, 혼, 육이 승천하여 눈에 보이지 않게 되고, 하늘들로 끌어올려진다.45

비록 이 자료들의 근원 몇몇은 아마도 보통과 다르거나 신비적이지만 (애스길과 리이드), 다른 사람들은 확실한 주류이다: 토머스 베벌리(애버딘대학교 석사), 케임브리지의 트리니티 대학의 올리버 헤이우드, 런던의 국교회 성직자인 존 마샬(법학박사). 신학적으로 당대의 주류에 속한 사람들과 주류가 아닌 사람들 둘 다 전천년적 사상들을 견지했다는 사실은 그 견해가 이상하거나 유별난 것이 아니었음을 보여준다.

환란 후 재림 견해가 그리스도와 부활한 성도들이 하늘에서 잠깐 만나는 것을 포함하지만, 또 진노 전 재림 견해(역주: 그리스도가 환란 이후에, 그러나 본격적인 하나님의 진노 이전에 재림한다는 견해)가 옛 세상의 파괴와 새로운 세상의 조성을 위해 하늘에서 좀 더 긴 시간을 포함하지만, 리이드의 견해로는 성도들은 하늘로 올라가, 영화되고, "10일 동안 환란을 통과하며," 땅의 재조성을 기다리고, "그들이 승인될 때까지… 그들의 직분 임명을 위해 어느 정도 시간을 가진다." 그리고 그리스도는 "영원한 왕국을 세우려고, 우리와 함께 내려오실" 것이다.46

리이드 같은 신비주의자가 신비적 왕국만 신봉할 것이라고 생각할지 모르겠지만, 나중 저서에서 리이드는 이렇게 썼다.

---

45 Ibid., 43, 45, 49~50.

46 Ibid., 53.

이 땅에서 성도들을 통한 그리스도의 통치가 매우 가까웠다. … 결혼한 신부가 아름답고 흠 없이 순결하게 드러나도록 준비하기 위해. … 주님은 성도들을 이 땅 위에 세우기 위해, 그의 성도들을 통해(in his Saints) 자신을 나타내시려고 오실 것이다. 하나님의 어린 양과의 혼인을 통해, 다윗 자손들을 위한 주권이 시온에서 회복될 것이다. … 그분은 그 안에서 그의 성도들을 통해 친히 다스리실 것이다… 예언된 천 년 통치의 위대한 날을 위해.47

리이드는 1704년에 죽었고, 해크니 마을의 교구 목사인 리차드 로우치(Richard Roach)가 필라델피아 운동의 다음 지도자가 되었다. 로우치는 『승리한 메시아의 제왕적 기준』이라는 책에서, 유대인을 향한 하나님의 약속들이 여전히 유효하고, 유대인이 곧 그들의 땅으로 부름을 받을 것이며, 적그리스도가 나타날 것이라는 자신의 믿음을 발표했다.48 그는 "환란의 감옥에서 너를 이끌어… 너에게 기름을 붓고, 너는 내가 너를 창조하고, 구속하고, 거룩하게 한 너의 하나님이라는 것을 알 것"이라는 '시온의 딸들'에 관한 예언과, '이스라엘의 회복'에 관한 리이드의 비전을 상기시켰다.49 그는 또한 '세상의 모든 시대'를 '다른 세대들'로 나누었다: 율법, 복음, '엘리야의 세대', 그리고 '천년 국가'.50

『묵시적 열쇠』에서, 로버트 플레밍(n.d.)은 계시록 16장의 내용을 하나님의 심판과 땅에 남은 자들에게 닥칠 아마겟돈 전쟁 전에 교회를

---

47 Jane Leade, *The Enochian walks with God, Found out by a Spiritual Traveller, Whose Face towards Mount-Sion Above was Set: with An Experimental Account of what was Known, Seen, and Met withal There* (London, 1702), 22, 45~46.

48 Richard Roach, *The Imperial Standard of Messiah Triumphant; Coming ... to Reign with his Saints on Earth* (London 1727), xii, xvii.

49 Ibid., 209

50 Ibid., 248~49.

하늘로 모으는 것이라고 가르쳤다.

> 교회의 충만하고도 완전한 구출과 그녀를 피 흘리도록 핍박했던 교황권 적들의 파멸은 이중 양식으로 제시된다. 첫째는 그리스도께서 교회를 천년왕국의 행복한 상태로 불러 모으시는 것을 직접 말하는 것 같은 14~16절에 언급되는, 알곡 추수의 양식인데, 그것은 일곱째 대접을 부은 직후에 일어난다. 둘째는 같은 시기를 다루는 것 같지만 교회의 적들을 직접적으로 언급하는, 포도 수확의 양식인데, 거기에서는 교황권의 최후 멸망이 포도 수확으로 표현되는, 그것은… 모든 교황의 계급 질서들을 멸할 것이며… 하나님의 진노 틀에서 죽음으로 짓밟을 것이다. 이것은… 계시록 19:11이하에서 언급한 최후의 결정적인 전투 결과로 생각해야 한다.51

그런데도 플레밍은 '훌륭한' 그리스도인만을 위한 것이긴 했지만, 환란 중의 더 이른 휴거를 믿었다.

> **우선적인 특별한 부활은 이방 세력과 적그리스도 세력의 발흥 중에서도 가장 훌륭했던 그리스도인 중인들을 위한 보상이다**… 이 특별한 상은… 오로지 최초의 훌륭한 그리스도인들, 그리고 가장 탁월한 성도들과 순교자들에게 주어진다. … 이 부활은 일반적 부활일 수가 없고, 그것에 앞서는 특별한 부활인데, 그것은 단지 소수만을 위한 적절한 보상이다.52

---

51 Robert Fleming, *Apocalyptical Key, published in 1702, in A Discourse on the Death of King William. Being a Vindication and enlargement of that Discourse, on the Rise and Fall of the Papacy, published in 1701*. The various periods are inserted, the pouring out of the vials, the final destruction of the papacy, and the commencement of the millennium state (London, 1793), 33.

52 Robert Fleming, *First Resurrection: or, a Dissertation, wherein The Prior and Special Resurrection and Reward of the most Eminent Christian*

특수 침례교도였던 벤자민 키이치(1640~1704)는, 다른 침례교 설교자의 1704년 저서의 서문에서, 종말론적 저술들이 17세기에 그랬던 것만큼 인기가 없다고 말했다. 그는,

> 이런 것들에 대해 말하는 하나님 말씀의 예언서 부분이 마치 연구되어서는 안 되는 듯, 이런 것들을 그들 연구의 한 부분으로 삼지 않는 어떤 훌륭한 사역자들을 이상하게 여겼다… 부분적 이유는 시대를 미리 설명한 학식 있고 경건한 많은 사람이 그들의 계산에서 다 실수했다는 것이 증명되었기 때문이다. 이 해, 아니면 저 연도가 끝(종말)이라고… 그토록 끈질기게 주장하는 그 어떤 사람의 시도도 나는 정말 항상 싫어했다.53

키이치는 그의 독자들에게 도전했다. "그러므로, 경성하고 잠에서 깨어납시다. 내 생각에 처녀들이 지금 자고 있고 졸린 상태에 있습니다. 그러나 한밤의 외침이 그들을 깨워 놀라게 할 것입니다." 그러고는 그는 환란 후 휴거에 대한 견해를 제시한다.

> 그리스도의 때가 오면, 그분은 데살로니가전서 4:13, 14;, 스가랴 14:5 말씀대로 성도의 영혼들을 데리고 오실 것이다… 그러면 그들의 몸이 무덤에서 즉각 일어날 것이며 그들의 영혼과 몸이 합쳐져 결합한다고 우리는 모두 동의한다. 지금은 영혼이 천국에서 몸 없이 있지만, 그러나 땅에서는 장차 그렇지 않을 것이다… 이 성도의 부활은 악한 자의 부활보다 일정한 시간 전에 일어날 것이며, 성도들은… 순

Witnesses, during the Rage of Paganism and Antichristianism … . (London, 1708), title page, 22.

53 Benjamin Keach in preface of Robert Prudom, *The New World Discovered in the Prospect-Glass of the Holy Scripture: being a Brief Essay … Proving the Personal Reign of Christ with his Saints on Earth a Thousand Years* (London, 1704), 3.

서상 처음이 될 것이며, 그 시간은 (나는 시간이 얼마나 걸릴지는 아무것도 말하지 않는다)… 심지어 1,000년 이상이 걸릴 수도 있다. 천년이 차기까지는 악한 자들이 부활하지 않을 것이며, 그때까지는 심판 날이 시작되지 않는다… 그리스도가 지상에 머무르는 동안 성도들도 그분과 함께 머무르며, 그리스도가 그들 모두를 데리고 가기 전까지는 성도들이 지상에서 천국으로 가지 않음에 우리가 모두 동의한다고 나는 생각한다.⁵⁴

요크셔의 침례교 설교자 로버트 프루돔(1655~1708)은, 자신의 멘토였던 키이치가 묘사한 것과 비슷하게 휴거를 설명했다. 휴거는 '위의 가족들', 곧 그리스도가 승천했을 때 승천했었던 구약 성도들, 그리고 '아래의 가족들, 곧 공중으로 끌어올려질 사람들'을 포함할 것이다. 그리스도의 교회인 '아래의 가족들'은 '두 계층'이다.

먼저, 타락 이후부터 그리스도의 오실 때까지 그리스도 안에서 죽은 자들이 영화된 몸으로 일으켜질 것이다… 그리스도가 오실 때 그들의 영혼을 데려올 것인데, 그 영혼들은 자신의 불멸의 몸과 결합하여 다시 그분을 만날 것이다… 두 번째로, 그 때 지상에 살아 있을 선택받은 자들이… 갑작스러운 변화를 경험할 것이다.⁵⁵

프루돔은 그 때엔 유대인이 이미 자신들의 땅에 돌아와 있고 복음으로 회심한 상태일 것이라고 기대했다.⁵⁶ 그들은 이 작은 뿔과 함께 "마지

---

54 Ibid., 5~6.

55 Robert Prudom, *The New World Discovered in the Prospect-Glass of the Holy Scripture: being a Brief Essay to the Opening Scripture Prophecies, concerning the Latter Days. Also, Proving the Personal Reign of Christ with his Saints on Earth a Thousand Years* (London, 1704), 93, 97~98.

56 Ibid., 107.

막 형태의 제4왕국"을 세우려고 할 것인데, "교황권 혹은 마호메트 세력으로 생각되어지는 이 작은 뿔은, 자신들의 땅으로 돌아왔을 뿐 아니라 복음을 순종하게 된 유대인들을 멸하려고 할 것이다."57

예루살렘 침략은 아마겟돈 전쟁을 유발할 것인데, 그 전쟁은 그리스도와 그 성도들이 지상으로 돌아와 유대인을 구출하고 그들의 적들을 진멸할 때 끝날 것이다.

1705년, 사우쓰웍(Southwark)의 회중교회 목사였던 조지프 제이콥(1677~1722)은 『폐허들의 해독』을 썼는데, 거기서 그 순교자들의 부분 휴거설을 제안했다.

> **주 나의 하나님이 오실 것인데, 모든 성도, 곧 그분의 이름을 위해 고난을 겪은 모든 성도가 그분과 함께 올 것이다…** 그리스도 안에서 죽은 자들(또는 그리스도를 위해서 그분을 증거하다가 죽은 자들)이 **먼저 일어날 것이고**(이것이 순교자들이나 그리스도 고백자들에게만 해당되는 특별한 첫째 부활이다), 그러고는 **살아 있고 남아 있는 우리가 그들과 함께 구름 속으로 끌어올려져 공중에서 주님을 만날 것이다**(그리스도의 지상 통치 동안 그분을 직접 볼 것이다). **그래서 우리는 영원히 그분과 함께 있을 것이다**(거기서, 아니 그분이 어디 계시더라도, 우리는 그분과 떨어지지 않고 언제나 그분과 함께 있을 것이다).58

1683년부터 1712년까지 런던의 교구 목사였던 에드워드 웨이플(1647~1712)은 계시록 주석을 썼는데 거기서 그는 진노 전 부활을 가르쳤다. 그러나 웨플은 그리스도가 처음 나타나실 때 "그리스도와 함께 하늘에서 내려오는", "하늘에서 그리스도와 함께 내려오는", 그리고 "그리스도와

---

57 Ibid., 101.

58 Joseph Jacob, *Desolations Decypher'd and The Kingdom of Christ Discover'd: in a second Discourse upon Ezekiel xxi. Ver. 27.* (London, 1705), 29~30.

함께 하늘에서 하강하는" 성도들에 관해 언급하는데,59 이것은 대환란 전 자격자들의 부분 휴거(a partial rapture of the worthy)를 암시하는 것인지 모른다.

성경에 따른, 그리스도의 왕국이 가까웠던 때부터 종국(끝)이 와서 **나라를 하나님께 바칠** 때까지, 그 시리즈들과 사건들의 순서에 대한 간략한 설명이다.

1. **짐승의 달들**(months)이 다하고 **마호메트의 세력**이⋯ 그치자마자⋯ **적그리스도가 몰락**할 것이다.

2. **이방인의 때가 찬** 후에 **유대인**이 그들 자신의 땅으로 **회복**할 것이다⋯

3. **대환란의 날들**이 있을 것이고, 그 직후에 **그리스도의 오심과 세상의 끝**에 대한 **많은 징조**가 있을 것이다⋯

4. 하늘에 **인자**(the Son of Man)의 놀라운 징조가 있을 것인데, 그로 인해 **땅의 모든 족속이 애곡**할 것이며 인자가 하늘 구름을 타고 오시는 것을 모두가 볼 것이다.

5. 그리스도가 나타나자마자, **죽은 자들이 살아날 것이며**, 현재 세상의 **땅과 하늘들은 불에 녹아 없어질 것이다**⋯ 하늘들과 땅의 거대한 연소(Conflagration)에 의해⋯

6. 그리스도께서 첫 번째로 나타나실 때 적그리스도의 온 나라가 완전히 멸망하며, 사탄은 천 년 동안 결박될 것이다⋯ 복된 천년왕국 시대 동안⋯

7. 죽은 성도들의 몸이 일어나고, 공중으로 **끌어올려지며**, 그리스도와 함께 온 성도들은 그 몸을 입고 나타나 그리스도와 함께 천국에 있게 된다. 아마도 그들은 그리스도와 함께 영광 중에 계속 거할 것이다⋯

---

59 Prudom, *The New World Discovered*, 413~14, 475.

8. **살아 있는 성도들은** 연단되어 **금과 은**처럼 순결해질 것이며, 그들 중 많은 이들은 커다란 환란과 함께 이 날에 구원받을 것이다. 그러나 전체적인 큰 불(general Conflagration) 가운데서 모든 사람이 하나님에 의해 보호받을 것이며 (… 마지막 큰 구원/구출의 **모형**인, **롯과 풀무불**에서의 **세 친구**를 보호하셨듯이), 그들의 몸이 변화되어 새 땅에서 그리스도와 함께 다스릴 것이다.60

월셔의 학교장이었던 존 힐드롭은 앤 여왕의 통치 기간에 몇 권의 종말론적 저작물을 발간했다. 그는 『마지막 때의 세 가지 악에 관한 소논문』에서 어떻게 참된 신자들이 환란을 피할 것인지에 관해 말했다.

> 하나님은 남은 자(a Remnant)를 보호하실 것인데, 그들은 하나님의 은혜로 적그리스도 영의 오염과 감염을 피한 것처럼, 또한 징벌도 피할 것이다. 이것이 바로 **빌라델비아** 교회에 주신 약속이다, 계시록 3:10 **네가 나의 인내의 말씀을 지켰은즉 내가 또한 너를 지켜 시험의 때를 면하게 하리니 이는 장차 온 세상에 임하여 땅에 거하는 자들을 시험할 때라…** 그들 위에 그분의 표와 인을 둠으로써 그들을 큰 파멸(the Great Desolation)에서 보호하신다. 그래서 계시록 7장의 일곱 나팔 소리 아래에서 하나님은 자기 종들의 보호와 보존을 위해 특별히 보살피신다. … **이르되 우리가 우리 하나님의 종들의 이마에 인치기까지 땅이나 바다나 나무들을 해하지 말라 하더라.** 따라서, 그들은 인침을 받고 심판으로부터 보호될 것인데, 그 심판은 나팔 소리가 나자마자 나머지 세상에 호되게 밀어닥칠 것이다… 나머지 세상이 전쟁의 비참함과 혼돈 속에 신음할 동안, **그들은 화평한 집과 안전한 거처와 조용히 쉬는 곳에 거할 것**(사 32:18)이다. 하나님은 놀라운 구출을 통해 그들의 생명을 구원하실 것이며, 그들은 그 무시무시한 보복의 때에 살아남을 것이다. … 하나님의 종들이 위

---

60 Edward Waple, *The Book of the Revelation Paraphrased: with Annotations on each Chapter: Whereby it is made plain to the meanest Capacity*. (London, 1715), 471~73.

험에서 벗어나 안전할 때까지 보복이 행해지지 않을 것을 우리는 성
경을 통해서 안다. 그래서 소돔과 고모라를 멸하라는 명을 받은 그
천사는 롯으로 하여금 빨리 피하라고 충고하는 것이다.61

1714년에 출판된 『Spes Filelium, 성도의 희망』의 저자는 예상한다.

> 온 **유대** 민족이 결국에는 다시 모일 것이며 그들 자신의 **땅**으로 회복
> 될 것이다. 그래서 **예루살렘**이 **재건**될 것이고, 그들이 **그리스도를 믿**
> **는 믿음**으로 **회심**할 것이며, 거룩한 선택된 백성이 되어 **평화**와 **번영**
> 의 복을 누릴 것이다. 이 시대는 우리가 **천년왕국**, 그리고 땅에서의
> **그리스도의 통치**라고 부르는 시대일 것이다… 그리고 이 모든 것은
> 마지막 **도래**(Advent), 또는 **세 번째 오심** 이전에 이뤄질 것이다… 그
> 런데 그것은 내 생각에 **성도의 천 년** 통치 끝에 있을 **두 번째** 또는
> **보편적 부활**로 해석돼야 할 것 같다.62

이 저자가, 순교자 유스티누스를 인용하면서, 적어도 세 번의 오심과
세 번의 부활을 믿었음을 주목하라.

> 그[순교자 유스티누스]가 **보편적 부활**과 명백히 구별한 첫 번째 **부활**
> 에 관해… 이 보편적 부활은 **충성되고** 신실한 신자들로만 구성된 **첫**
> **째** 부활에 전혀 참여치 못하는 자들의 부활인데, 이 첫째 부활은 그
> **이름**을 고백하는 것과 관계없이, **부활**과 그 결과로 오는 천년왕국을
> 부정하는, 모든 그러한 **그리스도인**과 전혀 관계없는 부활이다.63

---

61 John Hildrop, *A Treatise of the Three Evils of The Last Times: I. The Sword, II. The Pestilence, III. Famine* (London, 1711), 28~29, 32, 39.

62 Anon., *Spes Fidelium: or, the Believer's Hope. Being an Epistolary Dissertation … of the Millennium* (London, 1714), 61.

63 Ibid., 61. 세 가지 사건은 예수가 사람으로 오시는 것, 천년 왕국 전에 오시는 것, 그리고 천년 왕국 끝에 오시는 것이며, 반면 세 가지 부활은 천년

그 저자는 천년왕국이 "적그리스도의 몰락과 멸망 이후에 있을 것이며… 부분적으로는 문자적으로, 부분적으로는 의역적으로 보는 승천(Translation)을 동반하는데… 이것은 거룩하고 좋은 사람들에게 이뤄진다."라고 믿었다.64 이레나이우스를 인용하면서, 그는 이렇게 썼다.

> **의인의 부활**(적그리스도가 온 이후, 그리고 그의 통치를 받는 모든 나라의 **멸망** 이후에 있게 되며, 그 부활 이후에는 의인들이 땅에서 통치할 것임)과 육체로 살아 있어서 하늘로부터 그분을 찾고 기다리며 환란을 겪었어도 악한 자의 (**폭력의**) 손길을 피한 그 사람들, 그들이 바로 선지자가 말한 사람들이며, 그 남은 자들이 땅에서 번성할 것이다.65

그 저자는 환란의 끝에 있을 의인들만의 부분적 부활에 관한 많은 다른 성경 본문을 열거했다.

> 그리스도 안의 **성도**들, 또는 **죽은 자**들이 **첫째 부활**에서 **먼저** 일어날 것을 명백히 말하는 성경 구절이 하나(살전 4:16)만 있는 것이 아니다. **성도**의 **첫째 부활**이 명확하게 선언된 계시록 20:4, 5과 고린도전서 15:23을 비교하라. 그러나 모든 사람이 각기 자기 순서대로 될 것인데, **그리스도**가 첫 **열매**이고, 그 뒤에 그리스도가 오실 때 **그에 속한 자**들이다. 성경 말씀은 너무 분명해서 설명할 필요가 없을 정도이다. 부활하는 사람들과 당시에 **살아 있는** 사람들이 **하늘로 끌어올려지는 첫째 부활** 직후에, (그것과 완전히 반대로, 즉각 내려와서) 그들이 **땅**에 천 년 동안 남을 것임을 증명하는 성경 본문은 하나도 없다고 나는 말하겠다.66

왕국 전의 부활, 곡과 마곡에게 불충한 군대를 공급할 수 있게 만드는 천년왕국 끝 이전의 부활, 그리고 최후의 심판을 위한 천년 왕국 끝의 부활이다.

64 Ibid., 71.

65 Ibid., 141.

66 Ibid., 188.

어떤 사람들이 대환란에 관해 인지하기 시작했지만, 다니엘의 70이레와 그것을 연결한 사람은 아무도 없었다. 『다니엘의 70이레에 관한 논문』에서 윌리엄 로이드는, 예루살렘을 재건하라는 아닥사스다 왕의 칙령으로 시작하여 메시아가 "끊어짐을 당하는" 것으로 끝나는, 이전의 69이레와 마지막 70번째 이레는 구별된다고 생각했다.67 로이드가 생각한 바처럼 70번째 이레가 이전의 69이레와 분리된다는 언급이 본문에 있는 것은 아니었다. 체셔의 교구 목사인 피터 랭캐스터는 그 70이레는 모두 연속해서 진행되어야 하며 그리스도의 죽음으로 끝난다고 강조하면서, 로이드가 70번째 이레를 포함하지 않았다고 지적했다.68 바로 얼마 전에 로이드가 사망함으로 자신의 입장을 변호할 수 없었기 때문에, 글라우체스터셔의 교구 목사인 벤자민 마샬이 대신 그의 입장을 변호했다.

> 그 69이레는 **그리스도**의 해 32년에 끝났다… 결과적으로, 한 예언적 **이레**, 즉 다른 하나의 **이레**가 여전히 남아 있는데, 그것은 예언에서 시간의 연속선상에 있지 않다. 그러나 이 남아 있는 (70이레 중의) **한 이레**는… 70이레 이상의 역사를 감당할 수도 있다… 우리는 당황해서 쩔쩔매서는 안 된다. 예언에서 나중에 구별되어 언급된 **한 이레**에서 그것을 찾으라… 그 천사가 이 예언의 두 기간[역주: 일곱 이레와 육십 이 이레]에 대한 일을 마쳤을 때, 그는 그 이후에 예언자에게 단지 또 다른 **한 이레**에 대해서만 명백하게 말했다. 그 안에서도 좀 더 즉각적으로 **절반**을 구별하면서 말이다.69

마샬은 다니엘에게 그 예언을 준 천사가 "그 이레를 다른 69이레에서

---

67 [William Lloyd], *An Exposition of the Prophecy of Seventy Weeks, which God sent to Daniel by the Angel Gabriel* (n.p., 1690).

68 Peter Lancaster, *Some Remarks on the late Bishop Lloyd's Hypothesis on Daniel's Prophecy of the 70 Weeks* (London, 1726).

69 Benjamin Marshall, *Three Letters in Vindication of the late Bishop Lloyd's Hypothesis of Daniel's Prophecy* (London, 1728), 44~45.

분리했고… 시간적 연속성에서 그 한 이레를 떼어내었다."라는 점을 지적했다.70 이것은 환란이 7년 동안 지속되고, 그 중간은 성전 안에 세워질 "황폐케 하는" "멸망의 가증한 것"(다니엘서 9장에서 그다음 구절에 언급된)을 분기점으로 나눠진다는 견해를 정립했다. 과거주의적 해석을 이유로 랭캐스터를 "적그리스도적"이라고 공격함으로써, 마샬은 로이드에 대한 변호를 끝냈다.71

18세기에, 사람들은 휴거 사상을 계속 언급했다. 인크리스 매더는 식민지 뉴잉글랜드의 가장 저명한 설교자의 한 사람이었다. 『복된 소망과 위대한 하나님 우리 구세주 예수 그리스도의 영광스러운 나타나심』에서, 그는 환란 전 휴거와 그 이후의 지상 귀환 시나리오를 제안했다. 이것은 환란 후 (또는 진노 전) 견해가 아닌데, 왜냐하면 성도가 심판을 위해 그리스도를 모시고 땅으로 돌아오기 전에 알려지지 않는 기간 동안 하늘로 휴거되는 것이기 때문이다.

> 그리스도가 오실 때, 신자들은 그 왕을 볼 것이다… **그분의 모든 영광 가운데서**. 그리고 아주 먼 그 나라(the Land)까지 그분과 함께 갈 것이다. 천국은 **아주 먼** 나라이다. 그리스도는 신자들에게 천국에 있는 **내 아버지 집에는 거할 곳이 많도다**(요 14:2)라는 확신을 주셨다… 그분은 신자들을 버려두고 홀로 하늘로 되돌아가시지 않을 것이다. 그들은 천상의 처소에서 그분과 함께 앉을 것이고, **하늘의 군대가 그분을 따를 것**이다. 그분이 세상을 심판하시려고 오실 때, 하늘의 성도들은 그분과 함께 올 것이다… 위대한 하나님 우리 구주 그리스도가 나타나실 그 복된 날 우리는 함께 확실히 일으켜질 것이고, 분명 하늘로 오를 것이다… 그리고 모든 거룩한 천사들이 그분과 함께 올 것이다. 일부만이 아니라 그들 모두가. 게다가, 영광 중에 있는 모든 성도가 그때 하늘에서 내려와서 그분을 섬길 것이다. 스가랴

---

70 Ibid., 48. 후에 마샬은 70번째 해(year)가 기원 후 63년과 70년 사이 로마에 의한 파괴 기간에 있을 것이라고 추측했다.

71 Ibid., 128.

14:5. **너의 하나님 주께서 임하실 것이요 그의 모든 성도들이 주와 함께할 것이다…** 그날 그분은 죽은 모든 사람을 무덤에서 나오게 하실 것이나, 각각 자기 순서대로 되게 할 것이다. 그분이 나타나자마자, 신자들이 그들의 무덤에서 나올 것이다, 고전 15:23… 그리스도의 현현과 거의 함께 시작되는 심판의 세대 이전에… 그분이 세상을 심판하기 위해 오실 때, 그들이 그분과 함께 할 것이다: 신자들은 주님과 함께 올 것이며, 그분과 더는 떨어지지 않을 것이다. 살전 4:17 **그리하여 우리가 항상 주와 함께 있으리라.**72

매더는 기도와 원함으로 그리스도의 재림을 "앞당기자"라고 그리스도인들에게 간청했다.

그래서 신자들은 주 예수 그리스도의 재림을 열망해야 한다. 벧후 3:12 **하나님의 날이 임하기를 바라보고 간절히 사모하라.** 당신은 바라봐야 할 뿐 아니라, 그런 날이 올 것을 믿어야 할 뿐 아니라, 간절한 열망과 갈망하는 소원으로 그것을 앞당겨야 한다. 우리는 이 날이 임하기를 기도해야 한다. 그래서 그리스도께서는 우리에게 **(당신의) 나라**(왕국)**가 임하옵시며**라고 기도하라고 가르치셨다.73

나중에 쓴 책 『유대 민족의 미래 회심에 관한 논문』(1709)에서 매더는 두 개의 부활, 즉 의인들을 위한 첫째 부활과 악인들을 위한 둘째 부활이 있다고 주장했다. 그는 심지어 더 이른 부활도 있다고 믿었다. "그리스도는 많은 사람과 함께 승천하셨다… 우리 구주의 시대 이전에 죽은 모든 성도가 그때 일어났다."74 그는 그리스도 안에서 죽은 자들

---

72 Increase Mather, *The Blessed Hope, and the Glorious Appearing of the Great God our Saviour* (Boston, 1701), 23, 33, 122, 131.

73 Ibid., 135.

74 Increase Mather, *A Dissertation Concerning the Future Conversion of the Jewish Nation* (London, 1709), 15. 그는 자기 견해를 지지하는 증거로

이 살아 있는 사람들보다 먼저 휴거되고 그 두 휴거 사이에 (길게는) 불붙는 7년이 있다고 믿었다.

> 그리스도가 오실 때 살아 있는 성도들은 **공중으로 끌어올려질 것이** 고, 그래서 불경건한 자들을 멸할 **불의 홍수**를 피하게 된다… 그러나 산 자들의 이 휴거 전에 죽은 성도들이 일어날 것이다… 무덤에서 잠 자고 있는 성도들의 몸이 그분과 함께 하기 전에는 그들의 몸에 관한 한 그들은 그리스도와 함께하지 못할 것이다… 그 지점에서 **크리소스 토무스는, 의인이 첫째로 일어나는 자들인데, 그 위엄에 있어서만 이 아니라 시간상으로도 그렇다**고 말했다. 홍수가 언제 오느냐에 관 해서는, **노아**의 가족들과 나머지 인류 사이에 차이가 있었다. 마찬가 지로 세상이 불에 의해 멸망할 때, 그 어떤 성도도 그 불에 의해 상하 지 않을 것이지만, 죄인들은 파멸할 것이다… 그러므로 우리는 그 진 노가 얼마나 오래 지속할지 결정할 수 없을 것이다. **노아**의 홍수는 많 은 날과 달 동안 계속되었고, 그는 방주 안에 일 년 내내 있었다. **에스 겔의 곡의 무기들은 불타는 데 7년이 걸린다**, 겔 39:9 … 성도들이 일어나자마자, 현재 있는 하늘들과 땅이 불붙기 시작할 것이다.[75]

또한, 메데는 그리스도가 그의 택하신 자들을 모으시려고 구름 타고 오시는 사건은 종말 사건들의 시작일 뿐이라고 믿었다.

> 그리스도가 **하늘 구름을 타고 오신다**는 표현은 그 큰 심판의 날을 시작하려고 그분의 오시는 사건에 적용된다, 사도행전 1:11과 함께 단 7:13. **예루살렘**을 멸망시키려고 그분이 섭리적으로 오신 것은 **유 대** 민족에게 큰 환란의 시작이었다. 하늘 구름을 타고 오시는 것이 명확하게 표현된 것은 **환란의 날들 이후**라는 것을 누가(Luke)는 다

미드는 물론이고 "Cyril, Chrysostom, and others of the Antients"를 인용한 다.

[75] Ibid.

음과 같이 말함으로써 설명한다. **예루살렘은 이방인의 때가 차기까지 이방인들에게 밟히리라.** 그런데 이것은 의인의 부활이 악인의 부활보다 선행한다는 것을 가리키는 구절 중 하나이다.76

주후 70년에 예루살렘이 멸망한 후에, '유대 민족에게 큰 환란'이 있고, 그것은 의인을 일으키고 '이방인의 때가 차도록' '그리스도가 하늘 구름을 타고 오시는 것'으로 끝난다. 유대인들이 회심할 것이며, 그들 자신의 땅으로 돌아갈 것이고, 로마와 투르크(터키) 양쪽에게 반대를 받을 것인데, 예루살렘은 더는 "이방인에게 밟히지 않을 것"이며 선택된 자들은 그분과 함께 있을 것이다. 매더는 택함 받은 자들이 땅에서 천년 통치를 시작하려고 내려오기 전까지 얼마나 오랫동안 하늘에서 그리스도와 함께 있을 것인지 관해서는 언급하지 않았다. 그렇지만, 둘째 (악인의) 부활은 두 번째 큰 불(진노)과 곡과 마곡의 전쟁 이전에는 일어나지 않을 것이다. 매더의 목표는, 그로티우스, 라이트푸트, 백스터 같은 과거주의적 무천년주의자들의 공격에서 전천년설을 변호하고 유대인들의 미래 역할을 긍정하는 것이었는데, 이것은 초대 교회와 대부분의 17세기 청교도들이 가진 믿음이었다.

인크리스 매더의 아들인 코튼 매더(1663~1728)는 1727년에 『삼중 낙원』을 저술했다. 거기서 그는 진노 전 휴거를 제시했다.

> 그에게 부르짖는 그리스도인들은, 세상이 처하게 될, 어디에나 있을 뿐 아니라 무시무시한 공포(Consternation)와 함께 **다가올 진노에서 건져질 것이다**… 그리고 주의 천사들의 도움으로 그들은 **위로 끌어올려져 주님을 만날 것이다**… 자신들 잔의 몫을 받을 자들 위에 주님이 덫들, 불과 유황, 그리고 무시무시한 폭풍을 비처럼 내리실 때… 주님은 나팔 소리와 함께 천사들을 보내 네 바람에서 그의 **택하신 자들을 모으실 것이다**… 그리스도께서 오시기 전 마지막 일

---

76 Ibid., 17.

의 하나는, 적그리스도가 하나님을 순전하게 예배하는 자들에게 가할 무서운 핍박이다. … **그때, 오 다니엘이여, 너의 백성이 구원을 받을 것이다.** 자신의 백성이 누구인지 아시는 우리의 영광의 구속주께서 그의 백성의 구출을 위해 효과적인 조치를 하실 것이다. 그러나 그들이 어떻게 구출될 것인가? 모든 것을 휩쓰는 그런 홍수에는, 떠서 피난처를 제공하는 방주를 고안하는 것도 불가능해 보인다. 어떻게 해야 하는가? … 주님께서는 경건한 자들을 어떻게 구원할지를 아신다… 그들은 **불타는 풀무 불에서 건져질 것이다**… 이것은 불에서 꺼낸 불붙은 나무 아닌가! 하나님이 진노 가운데 냉혹하게 뒤집어엎었던 그 도시들에 닥칠 진노의 불길로부터 언제 롯이 구원을 받을 것인가… 그리스도 안에서 죽은 자들이 먼저 일어날 것이다. 그러고는 우리 살아 있어 남은 자들이 그들과 함께 구름 속으로 끌어올려져 공중에서 주님을 만날 것이다. 보라, 내가 보여주겠으니, 우리가 다 잠잘 것이 아니고 우리가 마지막 나팔 소리에 눈 깜짝할 사이에 순식간에 다 **변화될 것이다**… 땅과 그 위에 있는 모든 것을 멸할 불에서 의인들이 어떻게 살아남을 것인지. 그들은 그들의 구주가 그들에게 말씀하실 곳으로 **사로잡혀 올라갈 것이다. 나와 함께 너는 안전함에 거할 것이다. 그것은 비밀이다**… 그들은 **변화될 것이며 새 피조물이 될 것이다**… 우리의 주님은 우리에게 말씀하셨다. **두 사람이 밭에, 침대에 있되, 하나는 데려감을 당할 것이요 다른 하나는 남겨질 것이다. 우리 하나님은** 그분이 만들어 오신 보석들을 모으실 것이요 그가 가치를 둔 모든 것을 낚아채 가실 것이기 때문에, 땅은 이제 그 위에 사악한 자들밖에는 남지 않을 것이다.77

코튼 매더는 마지막 날에 유대인을 위한 역할을 부정하면서도 성도의 휴거를 여전히 믿었다.

---

77 Cotton Mather, *Triparadisus in Reiner Smolinski*, ed. *The Threefold Paradise of Cotton Mather* (Athens, GA: University of Georgia Press, 1995), 225~26.

> 주님의 재림은 땅을 불살라 버릴 큰 불[진노]을 동반할 것이다… 분명, 불법의 사람 멸망과 적그리스도의 제거 이전에는 아무도 이스라엘의 민족적 회심을 기대하지 않을 것이다… 그들과 그들의 거주지에 유황을 퍼부을 불꽃 한 가운데서, 언제 그리고 어떻게 그 불충한 민족 [안 믿는 이스라엘]이 하나님과 그의 그리스도에게로 회심할 수 있을지를, 할 수만 있다면 그 어떤 살아 있는 사람이 보여주길 바란다! 혹은 만약 다가오는 불길이 그들에게 주는 확신이 그들로 하여금 구원받은 자의 휴거를 위한 자격을 갖추게 할 수 있다면, 뒤따라 올 일들을 위해, 한 불충한 민족이 다른 민족보다 더 중요한 무엇인가를 보여줄 수 있을까?[78]

코튼 매더는 자신의 저술에서 '부활된 성도들'과 '변화된 성도들'을 구별했다.

> **변화된 자들**은 여러 면에서 **부활한 자들**과 같이 공유하는 자들이다. … 멸망하는 세상의 불길이 그 할 일을 하는 동안… 그들 둘 다 안전한 하늘의 처소에서 주님과 함께 있을 것이다. … 변화된 자들은 그 몸이 무덤의 갉아먹는 부패의 변화 과정을 통과하지 않는다. 그러나 부활한 자들은 거룩한 도시를 위해 어떤 면에서 좀 더 천상의 특성을 가진 몸을 [무덤으로부터] 얻는다. … 그런데도 여러 가지 면에서 그들 사이에 차이점들이 있을 것이다. … 변화된 자들은 새 땅에서 동물적 질서의 어떤 환경들을 가질 것인데, 부활한 자들은 영원히 그런 것과 무관/초월할 것이다.[79]

그리고 그는 4세기 콘스탄티누스의 그리스도인 조언자였던 락탄티우스(Lactantius)를 인용함으로 결론을 짓는다.

---

[78] Ibid., 316.

[79] Ibid., 273.

그 당시 육신을 입고 살아 있는 자들은 죽지 않고, **천년왕국** 동안 **무한한 숫자의 자녀를 낳아 자손**을 가질 것이다. 그리고 그들의 자손은 하나님의 거룩하고 사랑받는 자들이 될 것이다. 그러나 무덤에서 **부활한** 자들은 남은 자들 위에 심판자와 통치자로 관장할 것이다.[80]

1721년, 의사이자 고대 예언의 연구자였던 존 플로이어 경(1649~1734)은 에스드라2서 주석을 썼는데,[81] 거기에서 그는 첫째 부활 또는 휴거, 이스라엘을 다시 세우기 위한 유대인의 귀환, 환란, 곡과 마곡의 침입, 그리고 메시아의 오심에 관해 논술했다. 플로이어는 에스드라2서 2:16을 인용했다. "그리고 내가 죽은 자들을 다시 일으킬 것이며 그들을 무덤에서 나오게 할 것이다." 그는 "유대인의 마지막 귀환은 부활 이후에 있을 것"이라고 결론을 내렸다. 그는 또한 에스드라2서 2:23~24을 인용했다. "부활에 있어서 첫째 위치는 선한 행동을 한 사람들에게 약속된다. … 다른 사람들은 울며 슬픔에 잠길 것이다." 그는 유대인들이 귀환하도록 허락받았지만, "열 지파의 귀환은 그리스도의 재림과 첫째 부활 이후에 이뤄질 것"이라고 결론 내렸다.[82] 플로이어는 에스드라2서 2:38("일어나고 서라. 보라 주님의 잔치에 인침을 받고 이 세상에서 위에 있는 낙원으로 옮겨질 사람들의 숫자를 보라.")을 "주님의 축제에 인침을 받고 이 세상에서 위에 있는 낙원으로 옮겨질 사람들… 의인을 인치거나 확증하는 것이며, 그들을 인쳐서 잔치에 올 수 있게 하는 것"을 의미한다고 이해했다. 그는 이 인침을 계시록 7장의 인침과 동

---

80 Ibid., 274.

81 영어 성경에서는 에스드라2서라고 부르지만, 많은 성경학자는 그것을 에스드라4서로 부른다(에스라와 느헤미야가 1, 2 에스드라서). 에스드라는 에스라를 헬라어로 발음한 것이다. 어떤 사람들은 에스라가 에스드라4서를 썼다고 주장하지만, 그것은 기원전 3세기 경(에스라보다 2세기 후) 기록된 것이 분명하고, 그 일부는 초기 그리스도인들이 추가한 것이다.

82 John Floyer, *The Prophecies of the Second Book of Esdras Amongst the Apocrypha, Explained and Vindicated* (London, 1721), 4.

일시했다. "유대인이 인침을 받고, 성도들이 흰옷을 입는다."[83] 그리고 그는 사건들의 순서를 명확하게 했다. 먼저 부활 또는 휴거, 그리고 혼인 잔치에서 인침, 그리고 천년왕국이다.

성도들, 곧 그리스도인들은 침례를 받을 때, 세상을 떠날 때, 그리고 그리스도의 왕국으로 들어올 때 인침을 받는다고 한다. 이 예언이 이 세 가지 인침에 관계되지만, 가장 분명하게는 주님의 잔치에서 인침에 관련된다. 그 잔치는 **계시록**에서는 **천년왕국** 시작 시점에 있는 **어린 양의 혼인 잔치**라고 불린다.[84]

플로이어는, 에스드라2서 13장이 "그리스도가… 적그리스도를 멸하고, 전쟁하며, 심판하려고 하늘의 수많은 무리와 함께 재림하는 것을 묘사"하는 데 비해, 에스드라2서 2장은 "죽은 성도들의 인침과 흰옷을 입음을 묘사"하고 있다고 믿었다.[85] 그는 에스드라2서 13:2~5의 주석에서 상세히 설명한다.

그리고는, 거짓 선지자에게서 나온 마호메트 종교와 불순한 영인 마귀가 멸망할 것이다. … 모든 예언이 성취될 것이고, 그때 열 지파가 돌아올 것이며, 곡이 정복될 것이고, 유대인들이 그들의 못 박힌 구세주를 보고 회심할 것이다. … 유대인은 이때를 곡(Gog)의 때라고 지칭하는데, 이것은 다니엘 12장의 환란의 때일 것이다. 그리고 이것이 계시록 11장의 두 증인의 살해일 수도 있는데, 그때 이 전쟁은 3년 반 지속하거나 그 살해가 3일 반 걸릴 수 있다. … 그리스도는 하늘로부터 백마를 타고 그의 성도들과 함께 오셔서 짐승과 그의 거짓 선지자를 멸하실 것이다.[86]

---

[83] Ibid., 6.

[84] Ibid., 9.

[85] Ibid., 56. 최근 학계는 처음 두 장과 마지막 두 장(13장을 포함하는)이 기원후 3세기부터 에스드라에 덧붙여진 기독교 설명이라고 생각한다.

[86] Ibid., 112~14.

플로이어가 설정한 사건들의 순서는, 먼저 성도들이 하늘로 휴거되어 어린 양의 혼인 만찬에서 인침/추인을 받고, 다음으로 유대인이 약속의 땅으로 돌아와 그들의 성전을 재건하는 것이다.87 그때 곡(이슬람)이 이스라엘을 침략하여 유대인에게 3년 반 동안 엄청난 스트레스를 가하는데, 열 지파가 돌아오고 그리스도가 흰옷을 입은 천사들과 성도들의 군대와 함께 백마를 타고 와서 곡과, 적그리스도와, 거짓 선지자를 멸한다. 그러고는 그들은 예루살렘을 중심으로 땅 위에 천년왕국을 세운다.

또한 1721년, 서레이(Surrey)의 비국교도 목사였던 조지프 페리는 "먼저 영적이고, 둘째 육체적인," 천 년 동안 눈에 보이며 땅에 세워지는 그리스도의 왕국에 관해 썼다. 그는 이레나이우스를 인용하며 시작했다.

> 3년 6개월 동안 통치하는 적그리스도가 세상에서 모든 것을 황폐화시킬 때… 그다음에 주님께서 하늘에서 구름을 타고 오셔서… **의인**에게 **왕국시대**를 가져다 줄 것인데, 그것은 안식의 휴식이고, 거룩케 된 일곱 번째 날이며, 아브라함에게 그의 기업의 약속을 회복해 주는 것이다.88

그리고 페리는 테르툴리아누스(*Against Marcion*, book 3, ch. 25)의 이중 부활과 성도의 이중 거처 개념을 인용하는데, 먼저 가시적인 지상 천년왕국이고, 다음으로는 하늘의 영원한 거처를 위해 "천사와도 같은 실체"로 변모하는 것이다.

> 다시 한번 왕국이 땅에서 우리에게 약속되는데, 하늘의 왕국 이전이고, 다른 상태, 즉 부활 이후에 천 년 동안이다… 하나님이 제공하신 **예루살렘이 하늘에서 내려오는데**… 부활 때에 성도들을 영접하기

---

87 Ibid., 117.

88 Joseph Perry, *The Glory of Christ's Visible Kingdom in this World, Asserted, proved, and explained, in its two-fold Branches; First Spiritual, Secondly Personal* (Northampton, 1721), vii~viii. 전체 블록 인용은 이레나이우스가 한 말이다.

위해서이고, 천 년 후이다. 그 천 년 동안에는 다음과 같은 것들이 포함된다: 성도의 부활 (그들의 공과에 따라 순서대로), 그리고 또한 세상의 멸망, 그리고 불타는 심판의 날. 우리는 천사와 같은 존재로 순식간에 변화되고 천상의 왕국으로 옮겨질 것이다.89

페리는 압도적인 숫자의 그리스도인이 많은 점에서 일치함을 확신했다.

> **(소수를 제외하고)** 대부분 사람은 우리가 하나님의 영의 더 큰 부어주심을 구하고 있다는 것, 적그리스도가 멸망해야 한다는 것, 그리고 유대인이 회심할 것을 믿는다. 심판을 위해 그분이 오시기 전에… 더 큰 영광. 심판의 때와 거의 동시인, 그리스도가 친히 통치하시는 그분 왕국의 두 번째 부분에 관하여 말해진 것에 관하여. 이것들의 어떤 것은 주 예수에 대한 믿음을 고백하는 모든 사람이 믿는다. 주 예수 그리스도가 하늘에서 다시 오실 것, **두 번째**… 친히 하늘 구름을 타고 능력과 큰 영광으로… 오실 것을 우리 모두는 믿는다. 그분이 오실 때 **마지막 나팔 소리에** 죽은 성도들이 일어날 것이고 살아 있는 성도들은 순식간에 변할 것이다. … 그들은 구름 속으로 끌어올려져 공중에서 주님을 만날 것이며 영원히 주님과 함께 있을 것이라고 우리 모두는 믿는다. … 우리 모두는 심판의 날이 있다고 믿는다. … 모든 적을 그 발아래 두실 때까지 그리스도가 다스릴 것을, 그리고 최후 심판이 끝난 후에 그리스도는 왕국을 아버지께 넘겨 드릴 것을 우리 모두는 믿는다. … 천 년 동안 성도와 함께 그리스도가 친히 다스리는 것에 관련해서는 어떤 특별한 점들에서 다를 수 있다.90

그러나 페리가 언급한 불일치의 한 부분은 그리스도의 재림 이후에 전도가 계속될 것인가 하는 것이다.

---

89 Ibid., viii. 전체 블록 인용은 테르툴리아누스의 말이다.

90 Ibid., xiv.

이 마지막 사람들이 믿고 있는, 그러나 내가 도저히 동의할 수 없는 어떤 것들이 있는데, 그것은 그리스도와 그리고 그분과 함께 하는 모든 불멸의 성도들이 언제 그분의 왕국에서 영광의 보좌에 앉을 것인가에 대해서이다. 그러나 그때 복음의 선포가 있어서 그리스도가 오실 때 살아 있던 많은 민족 중에 회심의 역사가 진행되도록 할 것이다. … 유대인과 이방인 중에서 하나님이 택하신 모든 사람이 회심할 것이다.[91]

페리는 환란 후 휴거를 믿는 믿음을 암시한 듯했는데, 그 믿음 체계에서 부활한 자들과 변화된 자들이 그리스도를 공중에서 만난 후 즉시 땅으로 돌아온다.

죽은 성도들이 살아나고 살아 있는 자들이 변화되며 그분을 공중에서 만나기 위해 양쪽 다 구름 속으로 함께 끌어올려지는데, 그들은 복된 천년왕국 시대 동안 그분의 왕국에서 다스리기 위해 그분과 함께 내려올 것이다. … 함께 구름 속으로 끌어올려져 공중에서 주를 만날 것이다. 그리고 우리 주 하나님이 오실 것이고, 그리고 모든 성도가 그와 함께 올 것이다. 그리고 그리스도는 그의 왕국을 실제 소유하실 것인데, 왜냐하면 그분이 하늘 구름을 타고 올 때까지 그 왕국이 그분에게 주어진다고 했기 때문이다.[92]

보스톤 뉴 노스 교회의 목사였던 존 웹은 몇 단계에 걸친 문자적 부활을 고수했다. 그는 이 견해를 고린도전서 15:23에 근거를 두었는데, 거기서 바울은 "각각 자기 차례대로 되리니 먼저는 첫 열매인 그리스도요 다음에는 그가 강림하실 때에 그리스도에게 속한 자요."라고 썼다. 웹은 그리스도가 먼저 일어나시고, 그다음에 의인들이, 그다음에 남아 있는 그리스도인들이 "상당한 시간" 뒤에 그리고 마지막으로, 천

---

[91] Ibid., 219.

[92] Ibid., 219, 322.

년 후에, 악한 자들이 부활할 것이라고 결론 내렸다.

> 이것은 그리스도 안에서 죽은 자들이 그리스도 **다음으로** 부활될 것과 그들의 일어남이 큰 날의 그 아침에 있을 것을 전제로 한다. **각각 자신의 순서를 따라**라는 말은 시간순서나 품위의 순서, 또는 둘 다에 관여한다. … 의인 중에서 이런 면에서 그 어떤 차이라도 있을지, 어떤 사람들은 나머지 사람들보다 먼저 부활할 것인지(어떤 위대한 사람들이 추측한 것처럼, 모든 순교자가 부활해서 일정 기간 다스릴 것인데, 이것은 그리스도 안의 나머지 형제들이 일어나기 전이다)가 문제이다. 나는 그에 대해 어떤 답을 줄 수 있는 척 하지는 않을 것이다.[93]

1726년, 무명의 저자가 쓴 『카발라 묵시록』이, 환란 기간에 "**어떤 사람들이 장차 올 이 모든 일을 능히 피하고 인자 앞에 서도록 가치 있게 여김 받을 것**"이라는 개념을 위해 누가복음 21:36을 인용했다.[94] 저자는 그의 독자들에게 "멸망의 가증한 것"을 보거든 "산으로 도망가야 한다."라고 경고했는데, "왜냐하면 그 후 즉시, 심지어 세상의 끝에 이르기까지, 큰 환란이 뒤따를 것이기 때문이다."[95]

윈체스터 대성당 성직자인 윌리엄 로우쓰(1660~1732)는 자신의 다니엘서 주석에서 성도들이 대환란에서 구출되는 것과 관련된 세 개 본문을 서로 연결했다: 다니엘 12:1, "**또 환난이 있으리니 이는 개국 이래로 그때까지 없던 환난일 것이며**"; 마태복음 24:21, "**이는 그때에 큰 환난이 있겠음이라 창세로부터 지금까지 이런 환난이 없었고 후에도 없**

---

[93] John Webb, *Practical Discourses on Death, Judgment, Heaven & Hell. In Twenty-four Sermons* (Boston, N.E., 1726), 122.

[94] Anon., *Apocalyptica Cabbala: or a History of the Millennium. Which shews the great Revolutions, Changes* (London, 1741), 24.

[95] Ibid., 34~35. 비록 문맥 상 저자는 "가증스러운 것"을 당시의 로마 가톨릭 교리와 연결하지만, 46쪽에 보면 그는 그것을 또한 "세상 마지막 때"와 연결 지으면서 비슷한 언어로 그 개념을 반복했다.

으리라"; 그리고 계시록 7:14, "이는[이 성도들은] 큰 환난에서 나오는 자들인데." 로우쓰는 다니엘 12:1을 들어 "그때에 네 백성 중 책에 기록된 모든 자가 구원을 받을 것"이라고 결론을 내렸는데, "네 백성"을 심판 날에 있을 보편적 부활 이전에 "첫째 부활에서 몫을" 받을 "순교자들"로 묘사했다.96 로우쓰는 아모스 9:14에 대한 자신의 주석에서 "유대인이 자신들의 고향으로 돌아온 이후 시작될 것으로 기대되는 천년왕국"에 관해 썼다.

같은 해, 존 애스길은 『인간의 변형』을 썼는데, 거기서 유대인이 그리스도의 초림 표징들을 놓친 것처럼 그리스도인이 그분의 재림 징조들을 놓치지 말도록 경고했다. 그는 독자들이 교회의 휴거를 기대할 것을 권면했는데, 그것을 그는 **"땅 사방에서 택해진 사람들을 불러 모으는 천사들에 의한… 첫째 부활"**이라고 칭했다.97 그리고 그는 휴거된 자들이 어디로 가는지에 관해 말했다.

> 그리스도는 그들 모두에게 그분이 어디로 가시는지 그리고 언제 어떻게 그들과 세상 모든 신자에게 다시 오실 것인지에 관해 직접 말씀하셨다. 내 아버지 집에 거할 곳이 많도다. 그렇지 않으면 너희에게 일렀으리라. 내가 너희를 위하여 거처를 예비하러 가노니 가서 너희를 위하여 거처를 예비하면 내가 다시 와서 너희를 내게로 영접하여 나 있는 곳에 너희도 있게 하리라… 주께서 호령과 천사장의 소리와 하나님의 나팔 소리로 친히 하늘로부터 강림하시리니… 그러고는 무엇이 있는가? 그리스도 안에서 죽은 자들이 먼저 일어나고. 첫째 부활이 있다. 그다음에는? 그 후에 우리 살아남은 자들도 그들과 함께 구름 속으로 끌어올려져. 죽음이 없는 승천/휴거가 있을 것이다. 무엇을 위해서? **공중에서 주를 영접하게 하시리니.** 그리

---

96 William Lowth, *A Commentary upon the larger and lesser Prophets; being a Continuation of Bishop Patrick* (London, 1727), 392.

97 [John] Asgill, *The Metamorphosis of Man, by the Death and Resurrection of Christ from the Dead* (London, 1727), 149~50.

고 그다음은? **그리하여 우리가 항상 주와 함께 있으리라.** … 성도가 부활한 이후 살아 있는 성도들과 함께 공중에서 주를 만난 후에, 그들은 다시는 서로 헤어지지 않고 **어린 양이 어디로 가든 그분을 따를 것이다.** 그리고 그리스도가 이렇게 심판하시려고 내려오시고 모든 성도가 그 뒤를 따르며, 나머지 죽은 자들이 그분 앞에 서도록 소집될 것이다. … 여기에 첫째 부활 사건의 순서가 있는데, 그것은 두 단계로 나뉜다. 먼저 그리스도가 일어나신다: **먼저는 첫 열매인 그리스도이시다.** 그리고 마지막은 모든 신자 중에 배정되는데, 그들은 공동의 품꾼들/소작인들이다: **다음에는 그가 강림하실 때에 그리스도에게 속한 자요.** 그러나 살아 있던 자들이든 죽은 자들이든, 둘째 단계에 속한 사람이라면 아무도 그리스도의 오시기까지(역주. 지상 재림) 이 격변(역주. 대환란을 의미)을 통과하지 않을 것이다.[98]

사건의 순서를 주의하라: 먼저 휴거(잠자는 자들의 첫째 부활과 살아 있는 자들의 승천), 다음에 하늘에 우리를 위해 거처를 예비하신 주님과 만남, 그다음에 어린 양이 어디로 가든 그분을 따라가기, 그러고는 인류의 남은 자들에게 해당하는 둘째 부활을 위해 그분이 다시 오실 때 그분과 동행하기. 그리스도는 신자들을 위해 구름 속으로 내려오시고, 그들을 하늘의 거처로 데려가시며, 그리고는 나중에 불신자들을 심판하기 위해 그의 성도들과 함께 이 땅에 오신다. 그리스도가 자신의 신부를 위해 내려오시므로, 어린 양의 혼인 잔치는 그분의 신부가 아닌 자들에 대한 심판을 위해 그분이 이 땅에 내려오시기 전에 일어나리라고 추측할 수 있다.

휴거에 관한 두 본문을 조화시키려는 노력으로, 소머셋셔의 교구 목사인 너대니엘 마크윅은 '환란의 때'의 마지막 3년 반에 '택함 받는 자들'의 '피함'에 관해 암시했다. 그는 이렇게 썼다.

성서 다니엘 12:1은 말한다. **또 환난이 있으리니 이는 개국 이래로**

---

[98] Ibid., 155, 179~81.

그때까지 없던 환난일 것이며 그때에 네 백성 중 책에 기록된 모든 자가 구원을 받을 것이라. 반면 우리의 복된 주님은 그 구절에 대해 암시하시면서—그랬을 가능성이 가장 큼—이렇게 말씀하셨다. 마가복음 13:20. 만일 주께서 그날들을 감하지 아니하셨더라면 모든 육체가 구원을 얻지 못할 것이거늘 자기가 택하신 자들을 위하여 그 날들을 감하셨느니라. 예루살렘의 파괴는… 재림의 때, 종말의 때에 있을 환란의… 축소판 그림이었다… 모든 것의 완성, 또는 세상의 종국이 아직 오지 않았다는 것이 아니라, **하늘 구름을 타고 인자의 오심**. 다니엘 7:13. 이것이 간략하게 말해서 마지막 때의 날들을 단축하는 이유이다. 그 날들은 유대인과 이방인 양쪽을 위해 30년 단축될 것인데, 왜냐하면, 이방인의 남은 자들과 함께 유대인들이, 온 세상의 파멸, 죽음, 살육, 큰 소동, 그리고 가장 폭력적인 소요를 피해 구원받을 것이기 때문이다. 그것들은 여러 가지 이유로 일어나는데, 3년 반 동안… 최고조에 달할 것이다.[99]

『부활, 천년왕국, 그리고 심판에 관한 새로운 해설』(1734)에서 침례교 목사이자 의사인 세이어 러드(1757년 사망)는 그리스도가 여러 번에 걸쳐서 강림하신다고 가르쳤다. 러드에 따르면, 그리스도의 첫 번째 내려오심은 성도들을 부활시키기 위한 것인데 비해, 두 번째 내려오심은 '모든 성도'와 함께 오셔서 '새 예루살렘'을 이끌어 오시기 위함이다. 그는 이렇게 썼다.

나는 성도들에게 보편적으로 적용되는 첫째 부활에 관해 설명하는 바, 모든 성도가 똑같은 때에 한 번으로 부활할 것이라고 본다. 그 근거는 그 어떤 다른 원리로는 성경이 선언하는 바에 부합하지 않기 때문이다. 성경이 선언하는 바는, 그리스도가 두 번째 강림하실 때 모든 성도를 데리고 오시리라는 것과 동시에 어린 양의 신부가 준비되

---

[99] Nathanael Markwick, *A Calculation of the LXX. Weeks of Daniel, Chap. IX. Ver. 24.* (London, 1728), 142~43.

리라는 것, 부분이 아닌 그리스도의 신비적 몸 전체를 포함하는 새 예루살렘이 천국에서 하나님으로부터 내려오리라는 것이다.100

그리스도의 두 번째 강림은 성도들과 함께 하늘에서 내려오시는 것인데, 그분의 성도들은 바로 새 예루살렘이다. 그리스도는, 환란 후 휴거론자들이 제시하는 바처럼 성도들을 공중에서 만나 바로 땅으로 돌아오시는 것이 아니다.

내려오는 새 예루살렘은 다른 것이 아니라, 부활 후 그리스도에게로 함께 모이는 성도들의 집합적인 전체 몸이다. 이제 이 새 예루살렘에 대해 확증되는 바는, 그것이 하나님에게서 하늘에서 내려온다는 것이다. 그런데 어디로 내려오는가? 땅으로… 그들 모두가 지상에서 그리스도와 함께 다스릴 때이다.101

남부 런던 클래팜(Clapham)의 비국교도 목회자였던 모세 로우먼(1680~1752)은 "마흔두 달 동안 권세가 그에게 넘겨졌던" "짐승의 때"는 다음 두 가지와 같다고 믿었다: 즉, "여자가 천이백육십 일 동안 자신을 양육하기 위하여 하나님께서 예비하신 광야의 거처로 도망가기까지 핍박을 받을" 삼년 반의 기간, 그리고 두 증인이 굵은 베 옷을 입고 예언을 할 1,260일.102 또한 로우먼은 삼 년 반의 기간을 "이방인이 마흔두 달 동안 거룩한 성을 짓밟을" 때와 연관지었다.103 로우먼은 이방인이

---

100 Sayer Rudd, *Essay towards A New Explication of the Doctrines of the Resurrection, Millennium and Judgment* (London, 1734), 272.

101 Ibid., 411.

102 Moses Lowman, *A Paraphrase and Notes on The Revelation of St. John* (London, 1737), viiviii, ix, 104; 계시록 13:5, 11:3, 9:3에서. 이런 연결을 짓는 예로서 그는 또한 Thomas Waple을 인용한다. Ibid., 113, note k.

103 Ibid., xi; 계시록 9:2로부터. 이 주제는 로우먼의 책에 지속된다: 121, 124~26, 130, 143, 205.

거룩한 성을 짓밟고 두 증인이 예언하고 또한 적그리스도가 분노 가운데 맹위를 떨치는 때에 초점을 맞추면서, 교회를 "참된 교회에 대한 하나님의 돌봄과 보호를 암시하고 하나님의 보호 가운데 교회의 안전을 공표하기 위해 하나님과 그 보좌 앞으로 이끌려 올라간" 신생아로서 보았다. 그는 또한 교회를, "이 기간에 신적 섭리의 보호에 의해 돌봄 받기 위하여 하나님께서 예비하신 광야의 거처로 도망가서 보호받는 여인"으로 보았다.104

스코틀랜드 교회와 뜻을 달리하는 에벤에셀 어스킨(1680~1754)은 1742년에 계시록에 관한 일련의 설교를 했다. 그는 계시록 7:3("우리가 하나님의 종들 이마에 인치기까지… 땅을 해하지 말라")을 "하나님의 특별한 백성을 위한 안전이 제공될 때까지만 보류되는" 하나님의 심판으로 이해했다.105 어스킨에 의하면 이것은 "하나님의 심판이 땅에 임할 때 하나님께서 자신의 남은 자들에게 베푸시는 특별한 관심/돌봄과 그들에 대해 행사하시는 특별한 섭리"를 보여주었다.106 17, 18세기의 다른 많은 종말론 저술가처럼, 어스킨은 세상에 임하는 그분의 진노에서 그분의 교회를 보호하기 위해 베푸시는 하나님의 돌봄을 노아와 롯이 멸망에서 구출된 것과 연결했다.

> 노아와 그 가족이 방주에 들어가고 문이 닫히자마자, 큰 깊음의 샘들과 하늘의 창들이 열렸고, 홍수의 물이 옛 세상에 임하도록 방출되었다. 롯이 소돔에서 빠져나가자마자, 하늘로부터 덫들과 불과 유황이 악한 남은 거민들 위에 비처럼 쏟아진다. 그러므로 참으로 경건한 자들은… 하나님의 심판들에서 벗어나 있는 것 같다.107

---

104 Ibid., 121; 계시록 12:5~6에서.

105 Ebenezer Erskine, *Sermons and Discourses upon the Most Important and Interesting Subjects* (Edinburgh, 1761), 262.

106 Ibid., 263. 20년 이후에나 출판된 이 설교들은 1742년에 설교되었다.

107 Ibid., 266.

후에 브라운대학이 된 로드아일랜드대학 설립을 도운 모건 에드워즈는 1740년대 초반에 브리스톨침례신학교(Bristol Baptist Seminary)에 있었을 때 휴거에 관해 이렇게 썼다.

> 그리스도가 "공중에 나타나실" 때(살전 4:17) 죽은 성도들이 일으켜질 것이고 살아 있던 자들은 변화될 것인데, 곧 보게 되겠지만 이것은 천년왕국에 들어가기 3년 반 정도 전에 있을 것이다. 그런데 그분과 성도들은 공중에 계속 있을 것인가? 아니다. 그들은 낙원으로, 혹은 "아버지의 집에 있는 많은 맨션/거처들"(요 14:2)의 하나로 올라갈 것이어서 앞에서 말한 기간에 사라질 것이다. 이러한 물러감과 사라짐의 목적은 부활한, 혹은 변화된 성도들을 심판하기 위함인데, 왜냐하면 "하나님의 집에서 심판을 시작할 때가 되었기" 때문이다(벧전 4:17).108

1747년, 아일랜드 국교회 대주교 조시아 호트(Josiah Hort)의 임명 목사였던 로버트 호트는 더블린의 크라이스트-처치 대성당에서 이 땅에서 그리스도의 영광스런 왕국에 대한 설교를 전했는데, 그것은 "준비된 자들을 하늘로 데려가는" 사건과, 그리스도와 이 성도들이 땅에서 천 년 동안 다스리기 위해 돌아오기 전 "땅이 불에 삼켜지는" 사건에 관한 것이었다.109

뉴잉글랜드의 '한 나이든 신사'는 1759년 『다니엘서와 요한계시록의 예언적 숫자에 대한 질문들과 답들』을 출간했다. 그가 1956년이 되기까지는 적그리스도가 멸망하지 않을 것이라고 믿었지만, 그는 이슬람의 약화와 유대인의 고토 귀환과 함께 휴거가 적그리스도의 멸망에 선

---

108 Morgan Edwards, *Two Academical Exercises on Subjects Bearing the following Titles; Millennium, Last-Novelties* (Philadelphia, 1788; written ca. 1743), 7; in Thomas Ice, "Morgan Edwards: Another Pre-Darby Rapturist" *The Thomas Ice Collection* in www.raptureme.com/tt3.html.

109 Robert Hort, *A Sermon on the Glorious Kingdom of Christ upon Earth, or the Millennium. Preached at Christ-Church, Dublin, on ... Advent, 1747.* (London, 1753), 5.

행할 것이라고 믿었다.

> 하나님의 선택받은 자들, 곧 이 눈물 골짜기를 통과한 사람이 거기 거할 것이며, 영원히 신성한 음료를 마실 것이다. … 성도들에게 피난처가 되는 이 행복한 장소는, 그들이 선한 싸움을 싸우면서 통과한, 예수의 이름을 위해 겪은, 슬픔과 환란에 대한 보상의 방식으로 주어지는 듯하다. … 첫째 부활에 참여하는 자들과, **살아 있다가 썩을 몸에서 썩지 않을 몸으로 갑자기 변화되어**, 죽은 자들에게서 일으켜질 자들과 함께 천 년이 차기까지 이 새로운 세상에 살 자들을 집결시키기 위해 어떤 지역/장소가 지정될 필요가 있다… 그리고 하늘, 곧 공중에 인자의 징조가 나타나는 것은… 새 예루살렘의 출현 이전 어느 시점에 일어날 것이며, 지금으로부터 208년 이후는 아닌 어떤 때, 곧 1956년 이전에, 일어날 것이다. … 터키인들, 곧 모든 마호메트 세력이 약해질 것이며… 그들을 짓밟고 거대한 무리를 지어 고향 땅으로 돌아갈 유대인을 위해 길을 예비할 것이다.110

일반 침례교 평신도인 그랜텀 킬링워쓰(1699~1778)는 1761년에 『영혼의 불멸성』을 썼는데, 이 책에서 환란 전 휴거를 분명하게 제시했다.

> 성경은 우리에게 두 개의 부활에 대해 가르쳐준다. 곧, 영광스런 천년왕국이 시작되기 얼마 전에 우리 주님이 두 번째로 나타나실 때에 먼저 일어날, 그리스도 안에서 죽은 자들의 부활…. **이것이 첫째 부활이다**… 그러나 그들은 하나님과 그리스도의 제사장들이 되어 그리스도와 함께 천 년 동안 다스릴 것이다. … 천년왕국은 첫째 부활 후 일정 기간이 지나서야 시작할 것인데, 이 부활은 우리 주님이 두

---

110 Anon., *Questions & Answers, to The Prophetic Numbers of Daniel & John calculated; In Order to shew the Time, when The Day of Judgment for This first Age of the Gospel is to be expected* (Boston, 1759), 12, 14~15.

번째 나타나실 때 있게 될 것이다… **인자의 이 징조가 하늘에 나타날 것인데, 그때 땅의 모든 족속이 애곡할 것이고 그들은 인자가 하늘 구름을 타고 오는 것을 볼 것이다… 그때 두 사람이 한 침대에 있다가 하나는 데려감을 당하고 하나는 남겨질 것이다…** 그때 우리의 복된 주님과 그분을 따르는 거대한 무리가 공중의 영역에서 한 동안 어딘가로 물러나, 지상에 남겨져 있는, 죽을 몸을 가진, 땅의 거주자들의 시야에서 사라질 것이다. 부활한 성도들과 변화된 성도들을 심판하되 그들을 사죄하고 의롭다하기 위해 그리스도는 한 동안 물러나 계실 것임을 나는 말한다… 이러자마자 두 증인이… 죽을 육의 몸을 입은 채 이 땅에 다시 나타날 것인데… 그들의 하나는 선지자 엘리야일 것임에 틀림이 없다. 이보다 훨씬 전에 유다 족속이 그들의 흩어짐 중에서 다시 모여 팔레스타인으로 돌아올 것이다… 에스겔 선지자의 말대로… 그들은 거기에 가장 장엄한 성전을 건축할 것이다… 그리고 이 하나님의 성전에 대단한 적그리스도, 곧 불의의 사람, 멸망의 아들이 자신을 드러내고 하나님처럼 경배를 받을 것이다 유대인이 미혹되어… 자신들의 성전에서 적그리스도를 메시아로 인정하거나 그를 하나님처럼 경배하거나 하지는 않을 것이기 때문에 적그리스도는 가장 심한 핍박을 가할 것이며 전 유대 민족을 멸절시키려 할 것이다… **그러므로 너희가 선지자 다니엘이 말한바 멸망의 가증한 것이 거룩한 곳에 선 것을 볼 때… 큰 환난이 있으리니… 그러나 택하신 자들을 위하여 그 날들을 감하시리라.**[111]

킬링워쓰에 따르면, "그리스도 안에서 죽은 신실한 자들이 일으켜지고" 삼 년 반, 삼 일 반, 그리고 44일 동안 지속될 사건들이 일어날 것인데, 그는 그것을 '마지막 대 환난'이라고 불렀다. 그는 이렇게 적었다.

---

[111] Grantham Killingworth, *The Immortality of the Soul, Proved from Scripture* (London, [1761]), 87, 95~96. 이 인용의 많은 것이 킬링워쓰의 *Paradise Regained: Or the Scripture Account of The Glorious Millennium* (London, 1772), 4에 반복한다.

> 유대인과 그리스도인 모두를 향한, 앞에서 언급한 핍박이 시작될 때, 내 추측에는, 선지자 엘리야와 복음전도자 요한이 나타나서 각 세대에 대한 진리를 확증하고 각 세대의 신앙 고백자를 위로하고 격려할 것이다. … **이 두 중인**은 이적을 할 수 있는 권능을 하나님에게서 받아서 **굵은 베옷을 입고 1,260일 동안 예언 사역을 시작할 것이다**… 그들의 예언이 지속될 기간은 한 때, 두 때, 그리고 반 때, 또는 1,260일인데, 대략 3년 반이며, 마흔두 달일 것이다… 그동안, 부활했거나 변화된 의인들이 심판을 받고, 그들 각자의 공덕과 경건에 대해 적절한 상을 받으며, 그들이 주님과 함께 내려올 때 그분의 왕국에서 유업을 소유할 것이다. … 그리고 1,260일이 지나고 두 증인이 그들의 간증을 마칠 때… 그들은 제압당하고 죽임을 맞을 것이다.112

킬링워쓰는 자신이 '두 번째 나타남'이라고 부르는 휴거와 그가 '두 번째 오심'이라고 부르는 그리스도의 지상 강림 사이의 시간에 관해 논했다. 이때가 바로 적그리스도가 하나님을 **대적하며 하나님이라고 불리는 모든 것 위에 자신을 높이는** 때인, '강력한 적그리스도의 통치 시기', '멸망의 가증한 것'이 나타나는, 두 증인의 때이다. 이 기간에, 나라들은 적그리스도를 따를 것이다.

> 이전에 세상 민족들이 우리의 복된 주님이 하늘 **구름을 타고 나타나시는** 광경을 목도하고 무척 두려워하지만, 그리스도가 성도들을 심판하시기 위해 잠시 물러나 계실 때, 그들은 적그리스도에게 미혹될 것인데… 적그리스도는 아마도 그들이 본 것이 자신이 능력을 드러내려고 야기한 한 현상일 뿐이라고 거짓말을 할 것이다… 그리고 두 증인이… 죽임을 당할 때… 적그리스도는 그 증인들의 시신이 그냥 땅에 묻히게 하지 않을 것이다… 그러나 삼 일 반 후, 생기가 하나님

---

112 *Immortality of the Soul*, 100~101. 이것의 많은 것이 *Paradise Regained*, 16에 반복한다.

에게서 그들에게 들어감으로 그들이 다시 일어설 것인데 이로 인해 그들의 적들이 경악할 것이다. … 두 증인은 적들이 보는 앞에서 구름을 타고 하늘로 올라갈 것이다.113

그러고는 곡과 마곡이 침략할 것이고 그리스도가 그의 성도들과 함께 강림하셔서 땅을 정복하고 심판하실 것이며, 평화의 천년왕국을 개시하실 것이다.114 킬링워쓰는 어떻게 '다니엘서의 숫자들'이 '마지막 대환란'의 길이와 사건들을 설명하고 있는지를 묘사하는 에세이를 싣고서 자신의 책을 마무리했다. 적그리스도는 두 증인이 예언 사역을 할 삼 년 반 기간과, 증인들의 시신이 거리에 방치될 삼 일 반 동안과, 곡과 마곡이 전쟁을 준비하는 시기와 사람들이 전쟁 후의 시신들을 처리할 45일 동안 다스릴 것인데, 이 모든 것이 "우리의 복된 주님이 천년왕국을 개시하시기 위해 성전에 들어가시는 데 필요한 모든 상황을 적절하게 준비할 것"이다.115

킬링워쓰는 대환란이 과거가 아니라 미래의 사건이며, 과거주의자들은 마태복음 24장과 마가복음 13장을 1세기 성전 파괴 사건으로 해석하는 오류를 범한다고 주장했다. "여기에 예언된 환란은 로마의 티투스(Titus)와 그 군대에 의해 유대인에게 가해진 재난과 관련되지 않는다." 적그리스도가 3년 반 동안만 통치하고서는 재림의 주님에 의해 패배한다는 것이 그가 제시하는 이유 중에 포함된다.116

'미래 상태'에 대한 일련의 논문에서, 샐리스버리 대성당의 성직자요 브리스톨의 교구 목사인 토머스 브로우튼은 데살로니가전서의 부활을 '의인들과 훌륭한 그리스도인들에게만 제한적으로 해당'하는 '성도의 휴거'와 동일시했다. 브로우튼에 따르면, 남은 그리스도인들은 천년왕

---

113 Ibid., 102~103.

114 Ibid., 104~106.

115 Ibid., 118~19.

116 *Paradise Regained*, 43~44.

국 끝에 부활할 첫 번째 사람들이 될 것인데, '인류의 남은 자들의 부활이 뒤따를 것'이다.117 브로우튼은 교황권이 대단히 증가한 727년이나 755년보다 1,260년 이후인 1987년이나 2015년을 세상 끝 날의 가장 유력한 시기로 보았다.118 그리스도의 오심을 예비하기 위해 브로우튼이 기대한 것들은, '오토만 또는 터키 제국의 몰락', (그가 적그리스도라 부른) '교황권의 몰락', ('이방 세계 전체의 회심'인) '이방인의 충만함', 그리고 '가나안 땅'으로 '유대인들의 귀환' 등인데, 왜냐하면 '그 나라/땅이 더는 터키의 지배 아래 있지 않을 것'이기 때문이다.119

서포크(Suffolk)의 영국 국교회 교구목사인 사무엘 하디(1720~1793)는 1770년에 『구약과 신약의 주요 예언들』을 썼다. 거기서 '우리 구주와 다니엘 양자'가 말한 '말일의, 세상 끝 가까이' 있을 미래의 '무서운 환란의 때'에 관해 기록했는데, 또한 그는 '지금까지 죽은 자의 부활이 없었던 것처럼, 어떤 일도 아직 일어나지 않았지만'120 성도들은 '하나님께서 땅을 뒤흔들기 위해 일어서실 때 안전한 곳으로' 데려감을 받을 것이라고 주장했다.121 휴거는 '한밤중의 도적처럼' 인류에게 뜻하지 않을 때 들이닥칠 것이다.122 하디에 따르면, 천년왕국이 시작될 1971년 이전에 예루살렘 성전에 가증한 것을 세움으로써 적그리스도가 드러날 때인 1926년 즈음,123 유대인이 그들의 땅으로 귀환한124 뒤에 휴

---

117 Thomas Broughton, *A Prospect of Futurity, in four dissertations on the Nature and Circumstances of the Life to Come* (London, 1768), 227~29, 357.

118 Ibid., 267.

119 Ibid., 254, 260~71, 273~75.

120 Samuel Hardy, *The Principal Prophecies of the Old and New Testaments; particularly those in the Revelation of St. John* (London, 1770), 260, 19~20, 36, 79, 263.

121 Ibid., 26, 55, 58, 272, 274, 407.

122 Ibid., 46.

123 Ibid., 26, 38, 57~58.

거가 일어날 것이다. 비록 하디가 천년왕국 전과 후, 두 가지 별개의 부활을 가르쳤지만, 그는 실제 환란 전 휴거를 가르치지 않은 것은 그의 생각에 성도들이 계시록 12장에서 그 여자에게 약속된 광야로 도망감으로써 환란 기간 동안에 보호받을 것이기 때문이다.

스코틀랜드의 장로교 목사인 알렉산더 프레이저(1749~1802)는 1795년에 『예언의 열쇠』을 썼다. 프레이저의 견해로 볼 때, 2028년까지는 교황 제도가 끝장나고 유대인이 회심해서 그들의 땅으로 돌아올 것이었다. 40년 후 아마겟돈 전쟁이 일어나도 그 5년 후에는 천년왕국이 시작할 것이었다.125 프레이저는 계시록 7:9("각 나라와 족속과 백성과 방언에서 아무도 능히 셀 수 없는 큰 무리가 나와 흰옷을 입고 손에 종려가지를 들고 보좌 앞과 어린 양 앞에 서서")을 '큰 환란에서 나오는 사람들'로 이해했다. 프레이저는 이 무리를 환란 중에 살았던 144,000으로 보지 않고 '큰 환란에서' 건져진 교회로 보았다.126 프레이저는 삼중 부활에 관해 숙고했다.

> 심판주(The Judge)는… 천사장에게 명령을 내리고 천사장은 나팔을 분다. 순식간에, 의로운 아벨로부터 지상에서 마지막으로 죽었던 사람에 이르기까지 '그리스도 안에서 죽은 자들'이 죽은 자들 가운데서 일어날 것이다. "그리스도 안에서 죽은 자들이 먼저 일어나서, 살전 4:16, 영적인 불멸의 몸을 받을 것이다. 심판주는 다시 한번 명령을 발하고 천사장은 두 번째 큰 소리를 낸다. 눈 깜짝할 사이에, 당시 땅에서 그리스도를 신실하게 따랐던 자들이 그들의 썩을 몸을 벗고, 무덤에서 일어난 그들의 형제들이 입었던 것과 똑같은 영적인 썩지 않는 몸을 받는다. … 그리스도의 전체 교회는 이렇게 한 몸으로 연합하며, 섬기는 천사들에게 이끌려 보좌 앞으로 나아간다. "그 후에 우

---

124 Ibid., 58, 349.

125 Alexander Fraser, *A Key to the Prophecies of the Old & New Testament, which are not yet accomplished* (Edinburgh, 1795), 50~51.

126 Ibid., 171~73.

리 살아 있는 자들도 구름 속으로 끌어올려 공중에서 주를 만나게 하시리니," 살전 4:17. 심판주는 그들이 도착하자 은혜로운 말씀을 하신다, "내 아버지께 복받은 너희여 와서 세상의 기초 이전에 너희를 위해 준비된 왕국을 상속하라." … 즉각 한 처소가 그들을 위하여 시중드는 천사들보다 가까이 보좌 옆에 제공된다… 심판주의 명령에 따라 천사장이 세 번째로 소리를 발하니, 세상의 시작부터 죽었던 모든 악한 자들이 죽은 자들로부터 일어나는데, 수행하는 천사들에 의해 그들은 당시 땅에서 사는 악한 자들과 함께 한 장소에 소집된다, (마 13:39~41.) 중보자이신 그리스도에 대한 사랑이 모자란 그들 모두에게 고소/문책이 제기된다.[127]

18세기 말, 다비보다 한 세대도 더 전에, 큰 환란 이전에 있을 교회의 휴거에 대한 믿음은 영국에서 흔했다. 그 믿음은 킬링워쓰 같은 침례교도들만 가졌던 것이 아니라, 호트, 브로우튼, 그리고 하디 같은 영국 국교회 지도적 인사들, 그리고 프레이저 같은 스코틀랜드 장로교인도 가졌었다.

---

[127] Ibid., 465~68.

11

18세기의 전천년적 친유대주의와 과거적 반유대주의

Premillennial Philo-Semitism and Preterist Anti-Semitism
in the Eighteenth Century

이 책의 2장은 청교도들이 히브리 성경(역주. 구약성서)을 얼마나 진지하게 생각했는지 보여주었는데, 17세기 말에 청교도주의가 인기를 잃었을 때에도 히브리 성경에 대한 진지한 고려는 사라지지 않았다. 친유대주의는 18세기 내내 지속했는데, 그것은 아이작 뉴턴(Isaac Newton), 윌리엄 휘스톤(William Whiston), 그리고 다른 많은 사람들의 글에서 볼 수 있다. (비록 후천년주의가 대단히 강했지만) 18세기 초에 발전된 또 다른 것은 무천년주의적 과거주의였는데, 그것은 과거주의자들과 전천년주의자들 양측에 의해 '새로운 길' 또는 '새로운 가설' 등으로 불렸다. 새로운 것은 전천년주의가 아니라 과거주의였다.

프랑스의 위그노이자 삐에르 뒤 물랭의 손자인 삐에르 쥐리외 (1637~1713)는 유대인과 한 약속들이 미래에 틀림없이 이뤄진다고 주장했다. 쥐리외는 이스라엘 나라(Kingdom of Israel)가 영광스럽게 회복하며 다시는 버려지지 않는다는, 이사야 전체에 걸친 많은 약속을 인용하고, 과거주의적 입장을 조롱했다.

> 우리는 묻는다. 언제 이런 신탁들이 성취되었는가? 이 민족이 바벨론 포로 유배에서 돌아왔을 때였는가? 그러나 그 정도에 있어 어떻게 말할 수 있는가? 그들은 시리아에서 약소국을 이뤘을 뿐이었다… 그들의 제국이 전 세계만큼 크다고, 땅의 모든 왕이 그들에게 경의를 표한다고 누가 말할 수 있었는가? … 마카비 정부도 이런 성격이 아니었다… 이 모든 축복은 메시아의 축복과 관련이 있다. 유대 민족이 메시아에게서 어떤 복들을 받았었는지 누가 우리에게 말해 보라. 거의 2천 년 동안, 이 비참한 민족은 온 세상에 흩어져 있고, 그 민족은 배설물이며, 저주이고, 쓰레기다. 그 민족은 오랜 잔혹한 포로 유배 상황에서 탄식하고 있다.[1]

이 약속들이 성취되지 않았기 때문에, 쥐리외는 그것들이 미래에 속한 일들이라고 결론지었다.

> 의심의 여지 없이 말할 수 있는 것은, 세상의 마지막에 있을 그들의 귀환과 소명을 통해 유대인은 이 위대한 약속들의 성취를 경험할 것이라는 사실이다. 유대인이 다시 부름을 받을 것이라는 입장은 진정 참된 교회의 입장이다. 수많은 신탁(그들 중 일부는 우리가 인용했음)이 이것을 약속한다. 하나님이 이 민족을 보존하신 그 기적이 그것을 증명한다. 내 생각에는 압도적으로. 전 세계에 흩어진 이 민족을 하나님이 2천 년 동안이나 보존하신 것은 인간의 생각으로는 상상하기 어려운 것이다… 이 사실은 단순히 말한다. 하나님이 어떤 위대한 일을 위해 그

---

[1] Pierre Jurieu, *The Accomplishment of the Scripture Prophecies* (London, 1687), ii, 297~98.

들을 보존하시는 것이라고.2

오늘날 "대체 신학(replacement theology)"(그리스도인들이 하나님의 백성으로서 이스라엘을 대체했다고 믿는 믿음)이라고 불리는 것을 마주치자, 쥐리외는 하나님이 유대인과 아직 끝나지 않으셨으며 그들에게 하신 약속들을 지키실 것이라고 응답했다.

> 메시아가 유대인에게 속하고, 그는 유대인에게 약속되었으며, 이 민족은 처음부터 메시아의 오심에 대한 소망과 진저리날 정도로 친숙했다… 드디어 그분이 오셨으나 그들이 결과적으로 본 것은 그들의 성전이 불탄 것, 그들의 수도가 약탈당한 것, 그들의 예배가 폐지된 것, 그들의 후손들이 전 세계에 흩어진 것이었고, 그들은 인류의 배설물과 조롱거리가 되었다. 그렇게 그 민족의 영광인 메시아는 그들에게 그 어떤 민족도 경험하지 못한 수치와 파멸과 무한한 불행만을 가져다주었을 뿐이다. … 메시아와 유대인이 다스리는 때가 와야 한다. 그때에는 이 민족이 모든 민족 위에 높아질 것(그들에게 약속된 대로)이며 그들은 성도들 가운데 통치할 것이다… 우리 앞에 있는 예언에서 [성경], 이방인은 이스라엘 민족과 분명히 구별된다. 이스라엘이 이방인을 다스리며 민족들은 이스라엘의 빛 가운데 기뻐해야 한다. 모든 민족이 밤낮으로 시온산과 예루살렘으로 와야 한다. 이방인의 왕들은 이스라엘의 보호자가 되어야 한다… 이방인은 이스라엘을 위해 봉사해야 한다. 한마디로, 이 모든 신탁을 살펴보면, 이스라엘 민족은 다스리는, 선택된, 거룩한 백성이어야 함을 알 수 있을 것이다… 위협이 유대인에게 가해졌는데, 그 약속들은 단지 이방인에게만 성취될 것인가? 전혀 그럴 것 같지 않다.3

---

2 Ibid.

3 Ibid., ii, 299~301.

영국의 칼빈주의자이며 회중교회 목사인 새뮤얼 페토(1624~1711)는 1693년에 유대인이 그들 자신의 땅으로 돌아올 것이라는 그의 기대에 관해 썼다. 이 사건은 교황의 세력과 투르크(오스만 제국의 터키 이슬람교도들)의 세력 둘 다 계속 쇠락할 때 일어날 것이었다.4 페토에 따르면, "한 나라가 어느 날 탄생하는 것, 그것은 갑작스럽고 예기치 않았던 일이 될 것이다."5 페토는 투르크와 그 동맹국들을 '곡과 마곡'으로 보았으며, 투르크를 '북방의 왕'으로, 아랍을 '남방 왕'으로 보았는데, 그들은 '이스라엘의 회복 또는 귀환 후에' 이스라엘을 침공할 것이었다.6

아이작 뉴턴(1642~1727)은 "유대인의 성지로 귀환 그리고 예루살렘과 그 안의 성전 회복을 믿었다."7 그는 자신의 성서 연구로 마지막 날에 회복할 이스라엘을 기대하게 됐다.

> 모든 것의 회복/복원이라는 신비는 모든 예언서에서 발견돼야 하는데, 그러나 거기에서 그것을 발견할 수 있는 그리스도인들이 우리 세대에는 거의 없다. 왜냐하면, 그들은 사로잡힌 유대인의 궁극적인 귀환과… 심판 날에 의롭고 번영하는 그들의 왕국이 이 신비라는 것을 이해하지 못하기 때문이다. 이사야서 마지막 장들 같은, 마지막 때에 관해 쓴 옛날의 모든 예언자에게서 그것을 발견하리라는 것을 그들이 이해했는가… '내가 이스라엘 자손을 그들이 잡혀간 이방인에게서 건져낼 것이며 그들을 사방에서 모아 그들 자신의 땅으로 데려 갈 것이다… 용이 미혹한 나라들이… 그 사랑하는 성읍을 에워쌀 것인

---

4 Samuel Petto, *The Revelation Unvailed: or, An Essay towards the Discovering I. When many Scripture Prophecies had their Accomplishment, and turned into History. II. What are now Fulfilling. III. What rest still to be fulfilled* (London, 1693), 124, 129, 131, 162,

5 Ibid., 133.

6 Ibid., 137~38.

7 Eugen Weber, Apocalypses (Harvard, 1999), 165, Frank Manuel, Isaac Newton: Historian (MA: Cambridge, 1963)를 인용.

데, 결국은 보좌로부터 내려오는 불에 삼켜질 것이다.' … 이것은 아브라함의 자손이 가나안 땅을 영원히 유업으로 소유할 것이라고 약속하신, 하나님이 아브라함과 맺으신 언약이었다. 이 언약 위에 유대 종교가 세워졌다… 그리스도인이라는 이름을 자처하는 모든 사람은 그것을 숙고하고 이해해야 한다.8

2년 후, 윌리엄 휘스톤(1667~1752)이 『성경 예언의 성취』를 출간했는데, 거기서 유대인이 영원히 그들의 소유가 될 그들 자신의 땅으로 돌아올 것이라는 커다란 확신을 피력했다.

메시아에 관한 고대 예언들은 두 종류이다. 그것들의 일부는 메시아가 처음에 와서 고난을 받으리라는 점을 다루는데… 상대적으로 소수이고, 나머지 예언들은 자신의 왕국을 세우고 유대인을 회복시킬 메시아의 재림을 다루는데 이것들은 수가 많다… 그의 오심은 이스라엘의 구원, 구출, 그리고 회복을 위한 것이라고 매우 자주 언명되었다…9

아브라함, 이삭, 그리고 야곱의 씨 또는 후손은 취소할 수 없는 기업으로 그들에게 지정된… 가나안 땅을 정복하고 획득해야 한다. 그래서 그들의 죄 때문에 여러 번 그들이 거기로부터 쫓겨나 포로로 잡혀갔어도, 그들의 권리는 지속하며, 그들은 결국 그곳으로 돌아와 그 안에 재정착해야 한다… 가나안 땅이 그들의 양도할 수 없는 소유와 기업이 된다는… 아브라함과 이삭과 야곱과 맺은 이 영광스럽고 영원한 언약은 성경에서 아주 자주 그리고 매우 강조되어 표현되고 있다.10

---

8 Isaac Newton, "Of the Day of Judgment and World to Come", Yehuda MS.6 folio 12r~19r, Jerusalem University Library; Frank Manuel, *The Religion of Isaac Newton* (Oxford, 1974), Appendix B, 126~27, 130에서.

9 William Whiston, *The Accomplishment of Scripture Prophecies. Being Eight Sermons ... at the Cathedral* (Cambridge, 1708), 39.

10 Ibid., 118~19.

휘스톤은 창세기 12:7; 13:14~17; 15:18~21과 17:7~8을 인용하는데, 거기서 하나님은 아브라함에게 그 땅을 "영원한 언약으로… 영원한 소유로" 약속하신다. 휘스톤은 어떻게 이 약속들이 창세기 24:7에서 이삭에게, 창세기 26:4; 35:12; 48:4에서 야곱에게, 그리고 출애굽기 3:8, 17; 신명기 30:1~5; 34:4에서 모세에게 확장되었으며, 또 히브리 성경 전반에 걸쳐 반복되었는지를 보여주었다. 휘스톤은 결론 내린다.

> 이 가나안 땅이 이스라엘 자손의 영원한 소유가 될 것이라는, 이 약속들에 따르면, 네 하나님 주 야웨는 너의 사로잡힘을 돌이키실 것이고, 너에게 긍휼을 베푸실 것이며, 네 주 하나님이 너를 흩으신 모든 나라에서 너희를 모아서 돌아오게 하실 것이다… 나는 그 날이 멀지 않았음을 믿는다… 하나님은 궁극적으로 그리고 완전하게, 그 분이 약속하신 대로, **아브라함의 후손에게 가나안 모든 땅을 영원한 기업으로 주실 것이다**.[11]

프랑스의 개신교 목사 삐에르 알리스(1641~1717)가 휘스톤의 역사적 전천년주의 체계에 반응하였다. 1707년, 알리스는 유대인이 여전히 하나님의 백성이라는 개념을 비웃는 몇 권의 소책자를 썼다.[12]

다니엘 휫비(1638~1726)는 17세기에 널리 유행한 천년왕국론(millennialism)을 거부함으로써 한 걸음 더 나아갔다. 휫비는 '체계화된 후천년주의를 주장한' 첫 번째 인물로 간주된다.[13] 그의 '새로운 가설'

---

11 Ibid., 120, 123.

12 Peter Allix, *An Examination of several Scripture Prophecies, which the Reverend M[r].W[histon] hath applied to the Times after the Coming of the Messiah* (London, 1707); *Two Treatises: I. A Confutation of the Hopes of the Jews II. An Answer to Mr. Whiston's Late Treatise on the Revelations* (London, 1707).

13 Crawford Gribben은 그를 "점진주의자이며 친계몽주의적 후천년설 신봉자"라고 불렀다(*Protestant Millennium*, xii).

은 천년왕국을 영해(풍유적으로, 즉 영적으로 해석)하고 그리스도인이 하나님의 백성으로 유대인을 대체했다고 주장했다. 휫비에 따르면, 이스라엘에게 주어졌던 모든 약속은 그리스도인에게로 전이되었다. 17세기와 18세기의 수백 명의 저자 중에서, 휫비는 가장 명백한 과거주의자인데, 심지어 반유대주의자이다. 1703년, 휫비는 유대인이―비록 하나님을 찾았던 민족이지만―더는 하나님의 백성이 아니라고 주장하는 『풀어쓴 신약과 그 주석』을 출간했다.

> 아브라함의 믿음이 결핍된 불신 유대인은 그 후손에게 약속된 복들을 박탈당할 것이다. 그들은 들어가기를 원하지만 들어갈 수가 없는데, 왜냐하면 주인이 문을 닫았기 때문이며… 그들에게서 하나님의 왕국은 제거되었다.14

과거주의자로서 휫비는 그리스도의 재림이 로마 군대가 예루살렘을 파괴했을 때 이미 일어났다고 믿었다.

> 인자가 그 나라를 파괴하고 그 성읍들을 불태우기 위해 로마 군대와 함께 오기 전까지 너희는 이스라엘의 성읍들을 다 돌지 못할 것이다… [그]는 로마 군대를 통해 그 성읍들과 그 수도를 파괴할 것이다… 거기에 슬피 울음과 이를 갊이 있을 것이다. 왕국의 자녀인 유대인에게 그렇게 될지어다. … 네가 멸망의 가증한 것, 곧 로마 군대의 에워쌈을 볼 때… 예루살렘의 멸망이 가까운 것이다. … 그것은 최후 심판과 관계되는 것이 아니라 로마 군대에 의해 유대인들이 멸망하는 때와 관계된 것이다. … 제자들이 주님께 묻는다, 어디서 이런 일이 일어나겠니이까? 그러자 그리스도가 대답하신다… 주검(유대인)이 있는 곳에는, 독수리들(그 기장이 독수리인 로마 군대)이 모일 것이다.15

---

14 Daniel Whitby, *Paraphrase and Commentary on the New Testament* (London, 1703), 마태복음 8:11에 관해.

15 Ibid., 1, 116; 마태복음 10:22; 22:7; 24:12; 24:42에 관해. 또한

휫비는 더 나아가 유대인을 '그리스도 살해자들'이라고 불렀고 유대인이 아닌 이방인이 하나님의 백성이라고 주장하기까지 했다.

> 그들의 메시아를 죽인 것 때문에 그 민족에게 닥칠 무서운 심판에 대한 그리스도의 예언은… 고집스러운 불신 유대인을 벌하고… 이방인 가운데 왕국을 세우는 것이다. 그리고 그 다음과 같은 분의 말씀에 따라 유대인을 벌하려고 다시 오신다. **이 천국 복음이 모든 민족에게 증언되게 하려고 온 세상에 전파되리니 그제야 (유대 국가의) 끝이 오리라. 마태 24:14.** 이 비유는 분명 유대 민족과 관련된 것이다… 이 말씀에 따라 그분의 적들의 이름이 불렸으며 그분에 의해 멸망에 드려졌다.16

휫비는 심지어 유대인을 적그리스도라거나 바벨론 음녀라고 부르는 듯했다.

> 멸망의 자식: 이 말은 유대인에게 완벽하게 들어맞는데, 그리스도께서 그 입의 숨으로 그들을 칠 것이고… 저주로 그 땅을 칠 것이기 때문만이 아니고… 그들이 진노를 위해 세워진 사람들로서(살전 5:9), 멸망하기에 적합한(롬 9:22) 진노의 그릇으로 선언되었기 때문이다… 이것은 멸망으로 들어갈 큰 음녀(계 17:8, 11)와 정확하게 일치한다.17

Whitby, *Paraphrase and Commentary Upon all the Epistles* (London, 1700), 1, 400을 보시오(데살로니가후서 2:3에 관해). 거기서 그는 "하늘 아래 유대 민족보다 더 불의/죄의 사람이라고 불릴 만한 민족이 없고… 또한 그 특성이 계시록에서 묘사된 짐승과 매우 잘 어울린다."라고 주장했다.

16 Ibid., Matthew 25:14에 대해. Whitby의 소논문 "A Parallel Betwixt the Jewish and Papal Antichrist in their Apostacy" in *Paraphrase and Commentary*, ii, 494~96를 보시오.

17 Ibid., 데살로니가후서 2:3에 관해. 이것은 Robert Fleming, *Discourse on the Rise and Fall of Antichrist* (Belfast, 1795) [그의 *Apocalyptical Key* (London, 1702)의 재인쇄판], 각주 17쪽에서 확증된다. 휫비는 유대인을 적그리스도로 보려고 했다.

휫비의 대체 신학과 반유대주의는 M. 마아신에 의해 최초로 반박되었는데, 그는 휫비를 '세상적인 에서'라고 불렀다. 마아신은 휫비가 이스라엘을 미워했으며 그리스도인이 하나님의 백성으로서 이스라엘을 대체했다고 믿었다고 주장했다. 마아신에 따르면, "약속들이 그들 자신에게 유효하게 되었다고 주장한 그들의 교리는 필연적으로 오류일 수밖에 없"고, 그래서 그녀는 그들을 "염소들"이라고 불렀는데, 이 염소들은 심판 날에 양들로부터 분리되어 "바깥 어두운 데로 쫓겨날" 것이었다.[18] 휫비의 생애 마지막에, 과거주의자요 대체 신학의 근대 선구자였던 이 사람은 영혼 불멸과 삼위일체 두 교리를 다 부인했다. 심지어 휫비조차 자신의 과거주의를 '새로운 가설'이라고 불렀다. 17세기의 엄청난 숫자의 자료들은 전천년주의가 과거주의보다 훨씬 더 많았음을 보여주는데, 후자는 이단적 사상가들에 의해서도 매우 빈번히 주장되었던 믿음이었다. 휫비 자신은 원죄 교리를 부정했고 유니테리언으로 죽었다.

반유대주의적 과거주의자들은 휫비 외에도 있었다. 1716년에 보스톤 올드 사우쓰 교회(Old South Church Boston)의 목사였던 죠셉 시월은, 예수께서 율법을 폐하러 오신 것이 아니라 성취/완성하려고 오셨다고 말씀하셨는데도, 그리스도께서 처음 오셨던 것은 "모세 세대를 폐하기 위한" 것이라는 자신의 믿음을 진술했다. 또한, 시월은 "그리스도가 오신 것은 예루살렘을 멸망시키기 위한 것"이라고 주장했다.[19] 이것은 히브리 성경과 너무나 다른데, 그 성경은 메시아가 예루살렘을 구하기 위해 오실 것이라고 반복적으로 말하고 있기 때문이다. 그리고 유대인이 그들 자신의 땅으로 회복되기를 기대했던, 17세기 청교도주의에서 변화를 반영하면서, 이 18세기의 주도적인 뉴잉글랜드 청교도는 유대인들의 멸망을 주문하고 있다.

---

[18] M. Marsin, *An Answer to Dr Whitby, proving the Jews are not to be called into the Gospel of the Christian warfare ... till after the Lord, with Messiah's Second coming ...* (London, 1701), 27~28. 마태복음 25장에서 심판 때 양들은 염소들에게서 분리된다.

[19] Joseph Sewall, *The Certainty & Suddenness of Christ's Coming to Judgment, Improved as a Motive to Diligence* (Boston, 1716), 4.

과거주의가 어느 정도 성장했에도, 더 인기 있는 믿음은 미래 유대인의 회복에 대한 기대였다. 옥스퍼드대학의 선임연구원이자 윈체스터 대성당의 성직자였던 윌리엄 로우쓰는 1714년과 1725년 사이에 『예언서 주석』을 여러 판으로 출간하였다. 이사야 11:11에 관해 이렇게 썼다.

> 유대 나라의 회복과 더불어 임하게 될 교회의 영광스러운 시대; 그들이 복음을 받아들일 뿐 아니라 흩어졌던 여러 곳에서 그들 자신의 땅으로 회복될 때.20

1716년, 벨파스트의 장로교인인 존 애버네씨는, "모든 신실한 그리스도인이 예루살렘의 안녕을 마음에 두고 있고 예루살렘의 평화와… 예루살렘이 압제에서 구출되는 시간에 관해 큰 관심이 있기" 때문에, 예언에 대한 연구가 "중요한 의무이자 죽은 경건을 되살리는 커다란 수단"이라는 자신의 믿음을 피력했다.21

소머셋 교구 목사인 너대니엘 마크윅(1664~1735)은 유대인이 여전히 하나님의 백성이며 레위기 26:44~45("내가 그들을 내버리지 아니하며 미워하지 아니하며 아주 멸하지 아니하고 그들과 맺은 내 언약을 폐하지 아니하리니 나는 여호와 그들의 하나님이 됨이니라… 그들의 조상과의 언약을 그들을 위하여 기억하리라")를 포함하여 그들을 향한 하나님의 약속들이 여전히 유효하다는 생각을 지지하려고 성경의 많은 구절을 인용했다.22 이스라엘의 회복에 관한 그의 견해는 매우 시온주의적(Zionistic)이었다. "빼앗을 수 없는 그분의 권한에서, 거짓말하실 수 없는 그분의 약속 아래서, 모든 이스라엘은 구속될 것이며 그들의 땅으로 회복될 것이다."23 마크윅

---

20 Philip Doddridge; "Comment on Romans 11:12" in James Bicheno, *The Restoration of the Jews* (London, 1800), 9.

21 John Abernethy, *A Sermon Recommending the Study of Scripture-Prophecie, As an Important Duty* (Belfast,1716), title, 8, 10, 12.

22 Nathaniel Markwick, *Six Small Tracts; I. A somewhat more express explicit Enarration, or Character* (London, 1733), 71.

은 "현재의 이방인 교회"는 단지 임시변통의 수단이며, 하나님의 진짜 계획에 있어서 잠시 있는 괄호와 같은 것이라고 믿었는데, 그 하나님의 계획에서는 이방인이 "올바른 종교적 조화와 순종 가운데서 유대인들을 위한 종이요, 시종들"일 것이었다. 그들은,

> 세상에서 하나님의 이름과 예배를 지키기 위한, 그리고 주님께 부름을 받은 유대인이… 다시 부름을 받아 유대인과 이방인의 충만한 상태를 도입하기까지만 지속하는 대체적 또는 대리적 교회였다.24

마크윅은 다음과 같이 믿었다. 적그리스도가 올 때,

> 그와 투쟁하고 아주 확실히 그를 이겨낼 사람들은, 하나님의 말씀에 신실하게 붙어 있는, 이방인 교회의 대략 수천 명의 신자들과 연대한 것으로 보이는 이스라엘의 대다수이다… 소수의 참된 그리스도인 남은 자들… 전반적인 타락이 그들을 남은 자가 되게 할 것이다.25

1747년, 『유대와 이스라엘이 미래에 그들 자신의 땅으로 회복되는 것에 관한 소논문』이 출간되었다. 존슨 박사의 '오랜 친구' 새뮤얼 콜릿의 작품으로 추정되는데, 그 초점은 하나님이 그들에게 주신 땅에 대한 유대인의 권리이다.

> 다음 소논문은, 지금은 열방에 흩어져 있는 당신들이 곧 이스라엘의 남은 자들과 함께 당신들의 땅으로 복귀할 것이라는 것을 보여주기 위해 기획된 것이다… 아브라함과 그 자손에게 영원한 소유로 가나안 땅을 주려고… 그들을 나머지 세계 위에 높이려고… 하나님은 당

---

23 Ibid., 49.

24 Ibid., 72.

25 Ibid., 111.

> 신들의 위대한 조상 아브라함을, 그 후손과 함께, 기쁘게 선택하셨
> 다… 당신들에게는 스스로의 땅으로 회복될… 그리고 마지막 시대에
> 온 땅 위에 우뚝 세워질 약속이 있다.26

콜릿은 천 년 이상이나 타력으로 쫓겨나 있지만 그 땅은 여전히 유대인에게 속한다고 믿었다.

> 아브라함과 이삭과 야곱의 후손들에게 가나안 땅을 영원한 소유로
> 주시겠다고 하신 하나님의 약속… 유대인은 1700년 가까이 그 땅에
> 서 쫓겨나 있고, 이 시간까지도 여전히 지상의 모든 나라에 흩어져
> 있다… 가나안 땅은 말하자면 황폐한 상태로 있다. [하나님은 약속
> 하시기를] 그들에게 그 땅을 영원히 주시겠다고 하셨다. 그 후 하나
> 님은 아브라함과 그 후손에게, 그들의 하나님이 되시겠다고, 그리고
> 그들에게 영원한 소유로 가나안 온 땅을 주시겠다고 영원한 언약을
> 세우셨는데, 또한 그 언약은 이스마엘과 그 후손을 제외하고 이삭과
> 그 후손에게만 해당되는 것이었다… 다시 한번 이 약속은 에서와 그
> 자녀들을 제외하고 야곱과 그 후손에게만 해당되었다.27

또한, 콜릿은 이스라엘의 회복에 바로 뒤이어 곡(투르크인들)이 침략할 것이며, 그것은 아마겟돈 전쟁으로 절정을 이룰 것이고, 그것은 천년왕국을 확립하기 위한 그리스도와 그 성도들의 강림으로 귀결될 것이라고 믿었다.28

같은 해, 로버트 호트는 『땅에서 그리스도의 영광스러운 왕국에 관한 설교』에서, 약속의 땅에 관한 유대인의 권리를 말했다.

---

26 [Samuel Collet], *A Treatise of the Future Restoration of the Jews and Israelites to Their Own Land* (London, 1747), iii~v. 보스웰(Boswell)은 콜릿을 '존슨 박사의 오랜 친구'로 인용한다(*Life of Samuel Johnson* [Boston, 1832], v. 2, 522쪽 기록).

27 Ibid., 9~10.

28 Ibid., 27~28, 57~63.

가나안 땅은 아브라함과 그 씨에게 그들의 미래 기업과 상급으로 약속된 것이다. 그 약속은 자주 반복되며, 맹세로 확증되고, 메시아 약속이 더해졌다. 그리고 그 땅은 특별히 구별된다. 수백 년 후 아브라함의 후손들이 가나안 땅을 소유한다는 것 이상은 아무것도 의도되지 않았다고 말하는 것은 하나님의 엄숙한 언약을 이상하게 해석하는 것으로 내겐 보인다… 가나안 땅이라는 그 기업은 족장 자신들과 그들의 씨에게 개인적으로 약속된 것이다… 그래서, 그들은 부활 후에 그 땅을 개인적으로 소유해야 한다.29

그리고 호트는 무천년년적 해석을 비판했다.

그 언약에 관한 또 다른 해석이 고려할 대상으로 남아 있는데, 그것은 약속된 기업이 다름 아닌 천국이라는 해석이다. 그렇지만 이 주장 또한 근거가 없는 것으로 보인다. … 이제 결국 여기에서 천국이 의도된 것이고, 가나안 땅은… 이 사람들의 기업이 아니라고 믿어야 한다면… 이런 자의적인 방식으로 해석할 때, 과연 성경에서 어떤 확실성이 남아 있을 수 있는지 나는 모르겠다.30

유사하게, 브리스톨의 주교였던 토머스 뉴턴(1704~1782)도 하나님의 돌보심이 유대 민족을 위해 계속된다고 믿었다.

유대인의 보호/보존은 진정으로 하나님의 가장 주목할 만하고 뛰어난 섭리적 행위의 하나다. … 초자연적 능력이 아니라면 그 무엇이 그들을 그런 방식으로 보존할 수 있었겠는가… 그들을 향한 하나님의

---

29 Robert Hort, *A Sermon on the Glorious Kingdom of Christ upon Earth, or the Millennium. Preached at Christ-Church, Dublin, on … Advent, 1747.* (London, 1753), 31, 33.

30 Ibid., 33~34.

약속들은 아직 완전히 효력을 발휘하지 않았다… 우리에게는 다음과 같은 것들을 믿을, 상상할 수 있는 모든 이유가 있다. 곧, 그토록 많은 예언이 성취되었기 때문에 남은 예언들도 또한 성취되리라는 것… 유대인이 하나님의 때가 되면 그들의 본래 도시와 땅으로 돌아가게 된다는 것… 하나님의 백성을 차례로 정복하고 압제했던 거대한 제국들이 모두 파멸할 것이라는 사실 말이다. 하나님의 백성을 향해 아우성치며 핍박하는 모든 사람에게 경고가 되게 하자. … **내가 그들을 내 버리지 아니하며 미워하지 아니하며 아주 멸하지 아니하고 그들과 맺은 내 언약을 폐하지 아니하리니**(레 26:44).31

아이작 와츠(1674~1748)는 지금도 여전히 불리는 찬송가로 유명하다. 비록 반드시 미래 이스라엘을 말했다고 볼 필요는 없지만, 와츠는 종종 시온을 언급했다. 어느 쪽이든, 와츠는 그의 믿음의 유대적 뿌리에 대한 존중심을 보여주었다.

> 본질상 이방인인 우리는 야생 감람나무에 속해 있다.
> 은혜가 우리를 열매 없는 그 나무에서 취해 좋은 나무에 접붙였다.
> 은혜가 이방인과 유대인에게 똑같은 복을 수여했다.
> 만약 뿌리가 순결하고 거룩하다면, 가지도 역시 그렇다.32

찰스 웨슬리(1707~1788)의 찬송가들은 유대인이 예루살렘으로 다시 모이는 것과 그들의 성전을 재건축하는 것에 관한 기대를 반영한다.

> "그 선택된 무리가 이제 그들의 동포들을 데려올진저. 그리고 모든 나라에서 모여서 시온의 왕 앞으로 나아올진저.

---

31 Thomas Newton, *Dissertation on the Prophecies* (London, 1754), 1, 216, 218, 239~41.

32 Isaac Watts, *Abraham's blessing on the Gentiles*, 로마서 11:16, 17에 근거하여 17세기 초에 만든 찬송가.

그 오래된 민족 중 한 사람도 뒤에 남은 자 없을 것인바, 비밀스러운 은혜에 이끌려 가나안으로 오는 길을 발견하도다!

우리는 하나님이 그것을 명하셨기에 그렇게 돼야 함을 아는바, 모든 이스라엘이 그들의 회복된 첫 국가로 갈 때 그들의 구주를 소유할 것이다.

그분의 명령에 따라 예루살렘이 재건되어 굳게 설 것이며, 모리아 산 위의 그 성전이 다시 세워져 하늘을 찌를 것이다.

히브리인들을 고향으로 부르기 위해 모든 종을 보낼진저, 동과 서와 남과 북에서 모든 방랑자를 오게 하라.

그 어떤 알지 못하는 땅에 그들의 도피자들이 남아 있든, 모든 피조물을 명하여 그들이 당신의 거룩한 산에 가까이 오게 하소서."33

(「전능하신 사랑의 하나님」, 작사 작곡 찰스 웨슬리, 1762, 이사야 66:19~20을 기초로)

「전능하신 사랑의 하나님」에 관해, 웨슬리 펠로우쉽 의장인 허버트 맥고니글은, 그 찬송이 요한 웨슬레와 찰스 웨슬레 두 사람의 견해를 반영한다고 말할 수 있으며, 웨슬레 형제가 하나님의 계획에서 이스라엘의 미래에 관해 어떻게 성경을 보고 있는 지에 관련해서 공부할 가치가 있다고 말했다.34

웨슬리의 또 다른 찬송가는 그리스도인이 유대인을 위해 기도하되 그들의 마음이 열리고 그들이 자신들의 땅으로 돌아와 새 생명을 얻도록 기도할 것을 요청한다.

신실한 아브라함의 아버지여, 아브라함의 후손들을 위한 우리의 진실한 청원을 들어주소서!

---

33 Charles Wesley, *Almighty God of Love*, 1762, 이사야 66:19~20에 기초한 찬송가.

34 Herbert B. McGonigle, "Your Questions Answered" in *The Wesley Fellowship Bulletin*, Spring 2008.

정당하게도 그들은 우리로부터 가장 호의에 찬 기도를 요청합니다… 그러니 오소서, 위대한 구속자여, 오소서!
야곱의 마음에서 수건을 제하소서. 당신의 옛 백성을 고향으로 영접하소서!
그래서 세상이 당신의 애타는 사랑에 감동되어, 모든 인류를 위한, 죽은 자에게서 생명을 발견하게 하소서.35

그랜텀 킬링워쓰도 하나님이 여전히 유대 민족을 위한 계획을 가지고 계신다고 믿었다.

하나님의 선택을 받은 백성이면서도 믿지 않는 유대인이 그분의 능력의 날에 기꺼이 믿고자 하는 백성이 되는 일이 일어날 것이다. **왜냐하면, 하나님의 은사와 부르심에는 후회하심(취소하심)이 없기 때문이다.** 그래서 하나님이 그분의 거룩한 예언자들을 통해 약속하시고 선언하신 것들은 모두 그분 자신의 때에 가장 확실하게 성취될 것이다.36

또 다른 옹호자는 존 제임스 바흐메어(1778년 사망)였는데, 그는 교황권을 바벨론의 음녀로 보았고, 교황 제도를 적그리스도로, 마호메트(무하메드)을 거짓 선지자로, 투크르와 아랍을 아마겟돈 전쟁에서 유대를 침공하는 '동방에서 오는 왕들'로, 루이 14세를 '작은 뿔'로 여겼다.37 바흐메어는 이렇게 말했다.

유대인은 다음과 같은 개념을 가지고 있다. 모든 이의 메시아가 오실

---

35 Charles Wesley, *Father of faithful Abraham*, 1762, 로마서 11:15~27에 기초한 찬송가.

36 Grantham Killingworth, *Paradise Regained: Or the Scripture Account of The Glorious Millennium, &c.* (London, 1772), 13.

37 John James Bachmair, *The Revelation of St. John historically explained; not compiled from* (London, 1778), 255, 275, 300.

때 모든 유대인이 그들이 흩어졌던 모든 나라에서 나와서 모인다는 것, 그들이 그들 자신의 본토로 돌아간다는 것, 예루살렘이 재건된다는 것, 그들의 성전이 회복된다는 것, 그리고 메시아가 그들 위에 천년 동안 다스리면서 땅의 모든 민족/나라들을 복종시키고 유대인들을 온 세상 위에 주권적인 민족이 되게 한다는 것.38

과학자이자 신학자였던 조지프 프리스틀리(1733~1804)도 이렇게 믿었다.

유대인이 천년왕국이 시작될 즈음 그들 자신의 땅으로 돌아가리라는 것, 그들이 그 땅을 평화 가운데 오랫동안 차지하고 번영하는 민족이 되리라는 것은 구약의 여러 예언에서 아주 분명하게 예언된 듯한데, 구약은 바벨론 포로로 비롯된 분산보다 훨씬 더 길고 철저한 분산 이후에 이 백성이 귀환할 것이라는 점을 명백하게 언급한다. 게다가, 이 예언의 몇 가지는 바벨론에서 귀환 이후에 주어졌기 때문에, 아직 일어나지 않은 후속적인 또 다른 귀환을 말함이 틀림이 없다.39

18세기 후반에도 친유대주의는 계속되었다. 토머스 리더의 『유대인의 구원, 또는 유대인들이 겪을 중대한 일들에 관한 해설』은 좋은 사례이다. 유대인들은 회심하고, "그들 자신의 땅으로 돌아올 것이며," 번성하고, 평화롭게 살 것이다—곡과 마곡이 침공하기까지. 그때 메시아가 아마겟돈 전쟁의 승리를 위해 돌아오셔서 유대인들을 구출하고 천년왕국이 도래하게 하실 것이다. 이 공개적인 "유대인들에게 보내는 편지"에서 리더가 유대인들을 향해 나타내는 존중심이 얼마나 강한지 주목할 수 있는데 그 이유는 다음과 같다.

---

38 Ibid., 336.

39 Joseph Priestley, "Of the Future Condition of the World in General" section V of *Doctrines of Revealed Religion* (1772), in *The theological and miscellaneous works of Joseph Priestley* (London, 1817), v. 2, 368.

그대들은 전에 하늘 아래 어떤 민족에게도 없었던 영광을 소유하고 있기 때문에, 나는 하나님이 그대들을 위해 주신 은사와 소명에 관해 자유롭게 말하길 원합니다… 지상 위에 그대들의 분산은 오래 되었고 끈덕지며, 특히 어떤 나라들에서 그렇지만, 그럼에도 불구하고 주께서 그대들의 조상들을 멸했던 나라들을 속히 끝장내시는 동안, 그 분의 눈과 손이 눈에 보이게 그대들 위에 있어 왔습니다… 하나님이 그대들의 고대 족장들과 예언자들—그 영예스런 후손들이 그들에게 전해진 생생한 신탁들을 가지고 있는—에게 보여주셨던 사랑에 대해 내가 묵상할 때, 온 세상의 소망들을 담지한 모든 행적들과 기록들은… 나에게 또 나를 통해 전수되었습니다… 그 약속들은 여전히 유효합니다… 그대들의 아직 태어나지 않은 후손들의 확실한 행복에 대해 하나님이 그대들에게 주신 (미망을 깨우쳐 주는) 맹세… 그대들의 미래의 영광… 나는 종종 다른 그리스도인들과 함께 그대들을 위해 하나님께 절실하게 기도합니다… 나는 하나님이 앞으로 그대들을 위해 행하시려고 계획하신 것들에 대한 확실한 기대로 많은 힘을 얻고 있습니다.[40]

리더는 하나님이 아브라함과 그 후손에게 주신 땅에 관해 성경 전반에 걸쳐 구절들을 인용했다.

절대적인 이 언약은 취소할 수 없음이 분명하다… 본질상 가장 지속 가능한 것들보다 더 견고하고 견실하다… **산들은 떠나며 언덕들은 옮겨질지라도 나의 자비는 네게서 떠나지 아니하며 나의 화평의 언약은 흔들리지 아니하리라.**[41]

---

[40] Thomas Reader, *Israel's Salvation: or, An Account from the Prophecies of Scripture of the Grand Events which await The Jews, to the end of time* (London, 1788), 서문 격인 "Letter to the Jews," 5~7.

[41] Ibid., 22~24; 창세기 12:7; 17:7~8; 28:12~15; 출애굽기 6:8; 20:24; 여호수아 1:2~3; 민수기 23:19; 로마서 9:29; 이사야 54:10 인용.

그는 결론짓는다. "반박의 여지가 없이 유대인은 옛날 그들의 현세적이고 영적 영광으로 회복할 게 틀림없다."42 그는 가나안 땅이 아브라함의 후손에게 **영원히** 약속되었다고 주장하면서 심지어 그 사건이 일어날 일시까지 정한다: '기원후 1866년.'43 리더는, 이스라엘이 회복할 때 세상은 "도덕적으로 엄청 어두울 때"가 되며 투르크처럼 적그리스도가 "하나님이 보복하시러 오실 때까지 예루살렘을 짓밟을 것이지만, 그런데도 그들은 유대인들이 그들 자신의 땅을 다시 차지하는 것을 막지 못할 것이다."44 마치 핼 린지가 그의 책 『대유성 지구의 종말』에서 말하는 것처럼, 리더는 침략자들에게 "상대도 되지 않는 전쟁을 전능자와 벌이지 말도록" 경고했으며, "가나안 땅이 현재는 터키의 속박 아래 있지만, 승리하는 러시아가 아마 1866년에 그들을 쫓아낼 것"이라고 말했다.45 또한, 당시의 종말론 저자 조엘 로젠버그와 다르지 않게, 리더는 곡이 러시아, 페르시아, 그리고 다른 중동 국가들을 포함한다고 믿었는데, 그 나라들은 "유대인들을 지상에서 뿌리 뽑기 원하는데, 곡에 속한 나라들이 사람들의 영혼과, 몸과, 본질을 전세계적으로 지배하려고 하는 것을 유대인들이 지금 현저하게 방해하고 있기 때문이다… 그러나 사실 곡의 나라들은 **전능하신 하나님의 큰 날의 전쟁**으로 소집되는 것이다, 계 13:14."46

뉴캐슬의 비국교도 목회자 존 베일리(1741~1806)는 1792년에 "유대인의 회심과 전체적 회복"에 관한 설교를 했는데, 그 설교에서 그는 이렇게 선포했다.

---

42 Ibid., 25.

43 Ibid., 34.

44 Ibid., 44.

45 Ibid., 61. Hal Lindsey, *The Late Great Planet Earth* (Grand Rapids: Zondervan, 1972). 그도 북방 왕을 러시아로 본다(Reader, 95).

46 Ibid., 90. Joel Rosenberg, *Epicenter* (Carol Stream, IL: Tyndale House Publishers, 2008).

만약 그 어떤 나라의 역사도 우리의 주목을 요구한다면, 거룩한 권위의 인침을 받고 탁월한 특성을 가진 민족, 즉 하나님의 백성이라면 오죽하랴! 하늘 아래 모든 나라가 그들의 거룩하고 신성한 지식의 출처로 삼는 나라, 그 안에서 땅의 모든 민족이 복 받는 나라… 지금은 흩어져 분산되고 추락해 있지만, 하나님의 친구인 아브라함의 후손들은… 어느 날 땅의 모든 끝에서부터 모일 것이며, 우뚝 일어나서 그들 역사의 가장 찬란한 시대를 훨씬 뛰어넘는 명성과 축복을 누릴 것이다.[47]

베일리는 마지막 때의 일시를 어림짐작했다. 날짜를 계산하기 위해, "짐승과 거짓 선지자가 일어나는 정확한 때"를 결정해야 한다고 그는 믿었다. 그때를 베일리는 756년으로 보았는데, 그때 프랑크 왕이며 샤를르망의 부친인 페핀(Pepin)이 롬바르드를 패배시키고 교황에게 이탈리아의 일시적 지배권을 주었다. 베일리는 그 연대에, 계시록 11:2과 13:5에 근거하여(42달, 즉 42×30 = 1260), 1260년을 더해서 적그리스도의 종말과 그리스도 지상 통치의 시작 연대로 2016년을 산출했다.[48] 그는 그때가 그리스도가 재림하시고 "참된 하나님의 진실한 예배자들과 순교자들이… 그들의 무덤에서 올라오며… 천 년 동안 그리스도와 함께 통치하는" 때라고 믿었다.[49] 그리고 유대인이 "새로운 일로 온 우주를 놀라게 하는" 때가 올 것인데, 즉 **"한 나라가 즉각 태어나는 것"**이다.[50]

1790년대에 버크셔 뉴베리의 침례교 목사였던 제임스 비체노(1752~1831)는 유대인이 그들의 본토로 회복할 것이라는 광범위한 기대를 목격했다.

---

[47] John Baillie, *Two Sermons: The First … ; The Second on Time, Manner, and Means of the Conversion and Universal Restoration of the Jews* (London, 1792), 47~48.

[48] Ibid., 61~64.

[49] Ibid., 65.

[50] Ibid., 68.

유대인이 그들의 분산과 속박에서 그들 자신의 땅과 자유로 회복할 때, 죽은 자들에게서 유대인의 부활이 허락되어 그들은 정치적 독립 국가가 될 것이다. 그리고 에스겔 37:14에 약속된 영… 정치적 국가적 생명의 영.51

비체노는 예언 달력에서 다음에 일어난다고 기대한 것을 설명했다.

내가 주목할, 시대의 다음 징조는 오토만 제국에 관한 것이다. 다니엘 11:40~45에서 우리는 네 번째 왕국, 즉 교황권 교회가 남방 왕인 사라센 제국으로부터와 북방 왕인 투르크로부터 받을 재앙에 관한 예언을 발견한다. … 네 백성(유대인)의 자녀에게 나라가 개국한 이래 보지 못했던 환란의 때가 있을 것이며, 그때에 네 백성(유대인)이 구원[구출]을 받을 것인데… 그것은 투르크가 지금 차지하고 있는 유대인들의 본토로 그들이 돌아가는 것에 대한 전조일 것이며, 그때 그 환란들이 그 전에 그 어떤 것들보다 더 열방을 고통스럽게 할 것이다.52

그는 나아가 오토만 제국에 가해질 두 가지 위협을 밝히는데, 그것은 아라비아 반도에서부터 와하비(Wahabis)와 북쪽으로는 러시아인들이다. 그는 그들을 곡, 마곡, 메섹과 두발로 보았던바, 이것은 핼 린지와 당대의 다른 세대주의 저자들이 이해했던 방식과 같다.53

3년 후, 비체노는 『유대인의 회복』을 출간하는데, 그 책에서 유대인이 마지막 날들을 준비하려고 언제든지 이스라엘로 귀환할 수 있다는

---

51 J. Bicheno, *The Signs of the Times; or, The Dark Prophecies of Scripture Illustrated by the Application of Present Important Events*, part II (Philadephia, 1797), 26.

52 Ibid., 29.

53 Hal Lindsay, *The Late Great Planet Earth* (Grand Rapids: Zondervan, 1970), 48ff..

기대에 관해 썼다.

> 그리스도의 재림이 아주 가까이 임박했다는 가장 가까운 징조는 성경 예언에 두드러져 나타난다… 짐승[교황권]에게 권력을 넘겨준 왕국들[나라들]에 대변혁이 일어날 것이다—투르크의 권세가 전복될 것이다. 그리고 이런 결말들, 환란들, 대변혁들에서, 유대인이 동력을 부여받아서, 그들의 오랜 땅의 소유권을 되찾으려고 귀환한다. 예언들이 우리에게 찾아보라고 한, 그리고 우리 주님의 가까운 재림에 대한 징조들로 여기라고 가르쳐 준, 이 모든 범상치 않은 놀라운 사건들에서, 유대 백성의 회복만큼 더 인류의 시선을 강탈하도록 계획된 것은 없다… 그것은 모든 참된 그리스도인들의 진지한 주목을 불가항력적으로 요구한다. 유대인의 회복이 얼마나 가까웠는지는 말할 수 없다.[54]

비체노는 아브라함에게 주어진 약속들은 영구적이고 영원하다고 믿었고, 또한 한 민족으로서의 유대인의 생존이 기적적이라고 믿었다.

> 그것은 '영원한 언약'이 될 것이었다. 하나님은 비록 그들의 죄로 인해 잠시 그들로부터 얼굴을 감추셨지만, 그런데도 여전히 영원한 자비로서 그들을 떠나지 아니하시며, 언약을 옮기지도 않으신다. 그리고 그들이 (영원히) 폐기되지 않을 것이라고 사도 바울이 믿었다는 것은… 주의 깊게 로마서 11장을 읽은 모든 사람에게 명백하다… 계속되는 기적으로 하나님은 유대인을 한 구별된 백성으로 보존하셨다. 그 목적은, 다른 모든 정복당한 나라들에서 일어난 것과 달리, 그들이 비록 흩어지고 지상의 그 어떤 민족보다 더 미움 당하고 핍박당하지만, 그들이 자신의 종교와 의식에 끈덕지게 붙어 있게 하시려는 것이

---

54 J. Bicheno, *The Restoration of the Jews, The Crisis of all Nations; or, An Arrangement of the Scripture Prophecies, which relate to the Restoration of the Jews, and to some of the most interesting circumstances which accompany* (London, 1800), 4~5.

었다. 그러나 의심의 여지없이, 그들이 보존된 것은 아주 중요한 목적들을 위한 것이다. … 그들이 언젠가 회복할 뿐 아니라 또한 그들이 곧 회복할 것이라는 것. 어떤 일이 일어나든, 커다란 반대가 일어나리라는 것. 그것은 예언의 특출한 성취가 될 것이다… 사람들의 시선을 끌며, 모든 진지한 그리스도인들의 마음에 깊은 영향을 줄 것이다.55

비체노는 유대인의 회복이 언제든 일어날 수 있으며, 심지어 그들의 회심 이전에도 일어날 수 있다고 믿었다.

> 현재의 오랜 포로 유배 상태 후에 유대인이 모든 나라에서부터 모일 것이고, 다시 한번 그들 자신의 땅으로 복귀하며, 거룩하고 행복한 민족이 될 것이다. 그들의 회복은 전 세계적인 큰 재난들과 대변혁의 때에 이뤄질 것인데, 필시 제4왕국이 몰락할 때, 특히 터키 제국이 몰락할 때일 것이다. 곧, 유대인에 대한 구출이 그들의 회심 전에 있을 것이다. 유대인이 처음에는 어떤 외국 세력에 의해 동력을 부여받기 시작하는데, 그 세력이 세계의 서반구에 있는 어떤 해양 국가일 가능성이 크다는 것. … 유대인 자신들도 커다란 고난을 받을 것인데, 그들의 많은 사람이 죽을 가능성이 크다. 이런 일들이 일어날 때, 적어도 이런 일들이 진전을 보일 때, 인류는 계시된 진리의 (논쟁할 여지가 없는) 증거들을 목도할 것인데, 전에는 전반적으로 그런 적이 없었다. "이스라엘 집의 마른 뼈들"이 움직일 때까지 얼마나 시간이 남았는가… 하나님이 유대 민족에 대한 자신의 약속들을 성취하실 때가 얼마나 가까웠고 얼마나 남았는지는 아무도 말할 수 없을 것이다.56

---

55 Ibid., 6~7.

56 James Bicheno, *The Restoration of the Jews, The Crisis of All Nations; or, and Arrangement of the Scripture Prophecies, which relate to the Restoration of the Jews … drawn from the present situation …* (London, 1800), 110~11.

비체노의 예측이 얼마나 정확했는지 생각해 보라. 유대인이 "모든 나라에서부터 모일 것… 그들 자신의 땅으로 회복할 것… 전 세계적인 큰 재난들과 대변혁[두 차례의 세계 대전의 소용돌이]의 때에… 터키 제국의 몰락… 유대인의 회심 이전에… 처음에는 어떤 외국 세력에 의해 동력을 부여받기 시작… 서반구에 있는 어떤 해양 국가[영국]. … 그들[유대인] 자신도 커다란 고난을 받을 것이며, 그들의 많은 사람이 죽을 것[러시아의 유대인 학살(Pogroms)과 나치스의 유대인 대학살(the Holocaust)]." 비체노의 마지막 말을 주목하라. "하나님이 유대 민족에 대한 자신의 약속들을 성취하실 때… 인류는 계시된 진리의 (논쟁의 여지가 없는) 증거들을 목도할 것"이고, 그리고 "이런 예언의 성취"는 "모든 진지한 그리스도인들의 마음에 깊은 영향을 줄 것이다."[57] 다비보다 한 세대 전에, 오토만, 로마노프, 합스부르크, 호엔촐레른 왕조를 끝나게 한 제1차 세계대전과 대변혁이 있기 1세기 전에, 제2차 세계대전, 홀로코스트[유대인 대학살], 이스라엘 건국보다 150년 전에 이런 말들이 쓰였다. 비체노는 밸푸어 선언(Balfour Declaration)을 통해 시온주의자들을 도움으로써 꽤 중요한 역할을 한 영국에 적절히 들어맞게끔, 유대인들의 귀환을 도울 이방 해양 세력을 묘사할 정도로 선견지명이 있었다.

---

57 Ibid.

친유대주의적이었고 이스라엘의 회복을 기대한 17, 18세기 저자들

에드먼드 버니 (요크의 부주교보)	1585
프랜시스 케트 (케임브리지 펠로우)	1585
가일즈 플레처 (주 러시아 대사)	1595
토머스 드랙시 (에섹스 교구목사)	1608
토머스 브라이트맨 (캠브리지 펠로우)	1611
헨리 핀치 경 (의회의원, 바리스터)	1621
윌리엄 고우지* (케임브리지 펠로우)	1621
조지프 미드 (케임브리지 학감)	1627
토머스 굿윈* (옥스퍼드 맥덜린 학장)	1641
존 아처 (암스테르담의 영국 목사)	1642
로버트 메이턴 (옥스퍼드 청교도 학자)	1642
존 더리(Dury)* (청교도, 왕궁목사)	1645
피터 버클리 (청교도 목사, Concord)	1646
윌리엄 트위스* (Berks의 교구 목사)	
허버트 파머* (케임브리지 퀸스대 학장)	
엘리자베스 애버리 (제5왕정주의자)	1647
모세 월 (benIsrael 번역자)	1652
피터 스터리* (케임브리지 펠로우)	
헨리 제시 (침례교 성직자)	1656
너대니얼 홈즈 (런던 청교도)	1653
조세푸스 Philo-Judaeus (소책자발행)	1654
페트루스 세라리우스 (네덜란드 성직자)	1656
윌리엄 셔윈 (런던의 비국교도)	1665

존 밀턴 (변증가, 시인)	1671
프레이즈갓 베어본즈 (의회원, 비국교도)	1675
삐에르 쥐리외 (위그노 망명자)	1689
새뮤얼 페토 (서포크의 비국교도)	1693
M. 마아신 (퀘이커? 여성)	1693
아이작 뉴턴 (케임브리지 학감, 조폐국)	1706
윌리엄 윈스턴 (케임브리지 학감)	1708
윌리엄 로우쓰 (케임브리지 펠로우, prebWinc)	1714
존 애버네씨 (벨파스트 장로교도)	1716
필립 도드리지 (노쓰햄턴 비국교도)	1731
너대니엘 마크윅 (소머셋 교구목사)	1733
새뮤얼 콜릿 (존슨 박사의 '오랜 친구')	1747
로버트 호트 (아일랜드대주교의 사제)	1753
토머스 뉴턴 (브리스톨의 주교)	1754
찰스 웨슬리 (감리교 찬송작곡가)	1762
그랜텀 킬링워쓰 (Norwich 침례교도)	1772
존 제임스 바흐메어 (독일 문법가)	1778
토머스 리더 (Taunton의 비국교도)	1788
존 베일리 (뉴캐슬 비국교도)	1792
제임스 비체노 (버크셔 침례교도)	1797

*웨스트민스터 성직자 회의의 회원

12

영국 계몽주의 시대(1700~1740)의 역사적 전천년설 그리고 과거주의의 성장

Historic Premillenialism and the Growth of Preterism
in the British Enlightenment (1700~1740)

    17세기의 역사적 전천년주의는 1733년에 아이작 뉴턴의 조카에 의해 유고작으로 출간된 『다니엘과 계시록의 예언 관찰』로 요약될 수 있다.1 뉴턴(1643~1727)은 브라이트맨, 미드, 그리고 모어의 전통에 굳게 서 있었고,2 심지어 규칙적으로 그들을 인용하기까지 했다. 그러나 우리는 그가 이런 초기 저작들을 연구하는 시간보다 더 많은 시간을 성경을 연구했다는 것과 그가 그들과 다른 부분들에서 그의 선구자들을

---

1 Isaac Newton, *Observations upon the Prophecies of Daniel and the Apocalypse of St. John* (London, 1733).

2 Stephen Snobelen, "A Time and Times and the Dividing of Time: Isaac Newton, the Apocalypse and 2060 a.d." in *The Canadian Journal of History* 38 (December 2003): 537~51.

비판하려고 자신의 성경 지식을 사용했다는 것을 알 수 있다. 뉴턴은 성경 예언에 관한 철석같은 연구자였고, 과학 연구만큼이나 많은 시간을 종말론을 연구하는 데 투자했다.

  뉴턴이 그의 과학 연구에서 자주적으로 생각하고 새로운 영역을 개척했던 것처럼, 그는 또한 성경을 탐구하는 데도 그렇게 했다.

> 그러므로 그 어떤 사람의 의견도 신뢰하지 말라고 그대에게 간청하고 싶다… 군중의 판단을 의지하지 않아야 함은 두말할 나위도 없다… 오직 성경 자체만을 찾고 연구하라… 신성한 예언들을 이해함으로 결과적으로 얻을 수 있는 유익과 그것들을 무시함으로써 발생하는 위험이 너무 크고, 그리스도가 오셨을 때 유대인의 경우를 생각해 본다면, 예언을 공부해야 할 의무도 마찬가지로 크다. 유대인이 그들의 메시아를 알 수 있었던 그 원칙들은 바로 구약의 예언들이었다… [그]는 제자들의 이러한 무지를 책망하시면서 이렇게 말씀하셨다, "미련하고 선지자들이 말한 모든 것을 마음에 더디 믿는 자들이여! … 이에 모세와 모든 선지자의 글로 시작하여 모든 성경에 쓴바 자기에 관한 것을 자세히 설명하시니라." 유대인이 그들의 메시아를 거부한 원인은 바로 이 예언들에 관한 그들의 무지였다… 그 예언들을 부지런히 탐구하는 것이 그들의 의무였다면, (마찬가지로) 우리가 처한 마지막 때에 관한 예언들이야말로 우리가 많은 배도에서 진리를 분별하고 그로 인해 믿음에 설 수 있도록 우리의 유익을 위해 의도된 것이라고, 따라서 이 예언들을 부지런히 탐구하는 것이 우리의 의무라고 생각함이 마땅하지 않은가. 그리스도를 알 수 있도록 하나님이 유대인에게 주신 그 예언들을 부지런히 탐구하지 못한 유대인에게 하나님이 분노하셨다면, 적그리스도를 알 수 있도록 우리에게 주신 그 예언들을 부지런히 탐구하지 않은 잘못을 하나님이 용서해 주시리라고 어찌 생각할 수 있겠는가? 분명, 그리스도인들이 적그리스도 편에 선다면 그것은 유대인이 그리스도를 거절한 것만큼이나 위험하고 범하기 쉬운 잘못임이 틀림이 없다. … 당신이 적그리스도를 분별할 수 있도록 잘 준

비되어 있지 않으면 적그리스도는 기독교 세계 전체를 미혹할 것이고 따라서 당신도 쉽게 미혹할 것이다. … 그들은 당신을 고집불통이요, 광신자요, 이단자라고 부를 것이고, 당신에게 [예언에 대한] 그 해석들의 불확실성에 관해 말할 것이다… 그리스도인이 타협한다면 유대인이 느꼈던 것보다 훨씬 더 큰 심판들이 그들을 기다리고 있다. 그러나 세상은 속는 것을 좋아할 것이고, 그들은 이해하지 못할 것이다… 진리를 고백하길 부끄러워하지 말라.3

뉴턴의 한 계산에 따르면, 묵시록의 짐승은 1867년에 멸망할 것이고, 천년왕국의 도래는 2000년에 일어날 것이다.4 또 다른 추측에서 뉴턴은 세상의 종국이 2060년경에 올 것이라고 예언했다.

아이작 뉴턴 경은… 1670년대부터 그가 죽은 1727년에 이르기까지, 전천년주의자, 성경 예언에 대한 문자적 해석자, 유대인의 성지로 귀환에 대한 열렬한 지지자였다. 오늘날의 대부분 기독교 시온주의자들처럼, 뉴턴은 아브라함과 맺은 하나님의 언약을 영원하고 취소 불가한 것으로 여겼다. 지금도 여전히 계속되고 있는 논쟁에 들어가면서, 뉴턴은 유대인의 포로 유배에서 귀환에 관한 예언들이 이미 성취되었다는 주장을 거절했다. 오히려 그는 예언자들이 두 가지 귀환을 내다보았다고 주장했는데, 하나는 바벨론에서 귀환이고, 다른 하나는 유대인의 현재 분산(diaspora)에서 귀환이다. 뉴턴은 유대인의 이러한 '이중 귀환'에 관한 근거를 이사야 11:11에서 발견했다. "그 날에 주께서 다시[두 번째로] 그의 손을 펴사 그의 남은 백성을… 돌아

---

3 Isaac Newton, "Rules for Interpreting the Words and Language of Scripture", 뉴턴이 직접 썼으나 출간하지 않은 Yahuda MS.1 in Jerusalem University Library, Frank Manuel, *The Religion of Isaac Newton* (Oxford, Oxford University Press, 1974), Appendix A로 처음 출간.

4 Robin Barnes, "Images of Hope and Despair: Western Apocalypticism ca. 1500~1800" in McGinn (ed.) *The Continuum History of Apocalypticism* (London: Continuum, 2003).

오게 하실 것이라." 뉴턴은 유대인이 아마겟돈 전쟁 전에 기독교로 회심하고 성지로 귀환한다고 믿었는데, 그 전쟁은 그의 계산에 따르면 2060년이 되어서야 일어날 것이었다.5

뉴턴은 2060년이라는 연도를 추측했다. 뉴턴은 기원후 800년에 샤를마뉴 대제의 즉위 때 교황이 정치적 수위권을 얻은 날부터 시작해서, 다니엘의 1,260일을 더해서 ("하루는 천년과 같음") 2060년에 도달했다.6 뉴턴은 언제 종말이 시작할 것인가를 결정하려고 4,500쪽 이상이나 썼다.7 그는 종말적 사건들의 순서를 도식화하려고 많은 도표를 만들었는데, 그 하나를 1690년대에 존 로크에게 보냈다.8

뉴턴은 조지프 미드의 동료였던 종말론 학자 헨리 모어(Henry More, 1614~1687)의 케임브리지 동료였다. 미드는 476년 로마의 몰락부터 1260년의 카운트를 시작하여 1736년에 세상의 종말이 있다고 결론을 얻었다. 윌리엄 로이드 주교(Bishop William Lloyd)는 1716년이라는 이른 연대를 정한 데 비해, 뉴턴의 동료 윌리엄 휘스턴(William Whiston)은 미드의 연대인 1736년에 동의했다.9 이 사람들은 17세기에 가장 존

---

5 Stephen Spector, *Evangelicals and Israel: The Story of Christian Zionism* (New York: Oxford University Press, 2009), 17.

6 Steven Snobelen, "A time and times and the dividing of times: Isaac Newton, the Apocalypse and 2060 a.d.," in *History of Science and Technology Progamme* (University of King's College, Halifax), c그의 Daily Telegraph, 2003년 3월 4일 인터뷰에 재인용. 또한 그의 *Observations upon the prophecies of Daniel and the Apocalypse of St. John* (London, 1733), 113~14; Newton, *Keynes MS 5*, folio 21을 보라.

7 *Newton: the dark heretic*, BBC2 Documentary (1 March 2003); Jonathan Petre, "Newton set 2060 for the end of world," 예루살렘에 있는 Jewish National and University Librar 안의 뉴턴 고문서 보관소(Yehuda MSS)에 대한 자신의 조사에 근거한 뉴턴 학자 Steven Snobelen의 The London Daily Telegraph 인터뷰(21 February 2003)에서.

8 To Locke: Bodleian Library, Oxford MS Locke c.27, f.88r. Others: Yahuda MS 7.2a, ff. 29r~30r.

경받는 학자들이었고, 그들 모두가 휴고 그로티우스(Hugo Grotius), 헨리 해먼드(Henry Hammond), 그리고 리차드 백스터(Richard Baxter)의 과거주의를 반대했는데, 후자의 무천년주의는 양쪽 그룹에 의해 '새로운 길(New Way)'로 간주되었다.10 (이것은 무천년주의적 과거주의가 더 오래되고 좀 더 확립된 해석학파였다고 주장하는 사람들에게는 생각해 보아야 할 점임).

윌리엄 휘스턴(1667~1752)은 케임브리지에서 뉴턴의 조수였고 나중에 그의 교수직을 승계했다. 휘스턴은 뉴턴의 가까운 친구였으며, 존 로크(John Locke), 에드먼드 할리(Edmond Halley), 그리고 우스터(Worcestor)의 주교인 윌리엄 로이드(William Lloyd)와도 친한 친구였다. 1706년에 휘스턴은 『요한 계시록 소론』를 썼는데, 거기서 5세기 서로마 제국의 몰락 때 네 번째 왕국이 열 왕국(다니엘 7장의 열 뿔)으로 쪼개졌으며, "로마 제국의 마지막 단계는 아직 끝나지 않았고, 우리 구주의 의와 평화의 왕국은 이 세상에 아직 세워지지 않았다."라는 조지프 미드의 기본적 사상에 동의했다.11 그는 과거주의적 입장에 이의를 제기했다. "만약 적그리스도의 때가… 단지 3년 반밖에 되지 않는다면, 역사에서 그것을 우리에게 보여 달라." 만약 천년왕국이 4세기에 시작했다면, "그것은 이제 대략 1200년 지난 것이고, 그러므로 과거 시대 역사에 지정되어야 할 것이다."라고 그는 지적했다. 그는 "기독교 세대(Christian Dispensation)에" 사는 것도 언급했다.12 그는 분명 전천년주의자였고, 다비보다 150년 전에 역사를 세대들로 나누었다. 그는 문자적 천년왕국을 믿었는데, 그것은 "주로 유대인에 관련된 것이며, 그들의 회심 이후에 해당하는 것으로 생각된다."13 그는 과거주의적 시간표가

---

9 스노든의 글 중 Yahuda MS 7.2a, f.31.

10 Jeffrey Jue, *Heaven Upon Earth*, 166~68.

11 William Whiston, *An Essay on the Revelation of Saint John, so far as concerns the Past and Present Times* (Cambridge, 1706), 8.

12 Ibid., 16.

13 Ibid., 17.

불합리함을 보여주는 여러 가지 역사적 이유를 제시했는데, 특히 셀류키드 왕조가 네 번째 왕국이고 안티오쿠스가 적그리스도라는 견해에 이의를 제기했다.14

이성 시대가 종말론을 폐기했을 것으로 생각할 사람이 있겠지만, 아이작 뉴턴이나 윌리엄 휘스턴 둘 다 영국 초기 계몽주의의 주도적인 인물이었음을 잊지 말아야 한다. 진리에 관한 그들의 엄밀한 추구 때문에 그들은 비정통(heterodoxy, 이설)이라고 의심을 받기도 했지만, 감당해야 할 결과와 관계없이 그들은 자신들이 믿기에 진리가 그들을 이끄는 곳으로 간 것이다. 예를 들어, 1710년에 휘스턴은 삼위일체에 의문을 제기하고 아리안주의를 지지한다는 명목으로 케임브리지에서 교수직을 박탈당했다.

1680년대에는 로테르담, 1689년의 혁명 이후에는 런던에서 장로교 사역자였던 로버트 플레밍(대략 1660~1716)은, 1702년에 출판한 역사적 전천년주의적 작품인 『종말의 열쇠』에서, 마지막 때를 위해 자신의 동시대 인물들보다 훨씬 늦은 연대를 설정했는데, 그것은 뉴턴이 설정한 기원후 2,000년이었다. 그는 이렇게 썼다.

> 웅대한 종말론적 시대 I이 위치 설정되고, 그리고 1260년의 예언적 시기가, 내 계산에 따르면… 우리에게 참된 기독교회에 관한 설명을 제공한다… 758년과 1517년 사이… 본 장에 포함된 두 번째 것은 교회의 놀랍고 탁월한 부흥에 관한 설명과 로마의 배교에 대항한 교회의 간증인데, 그것은 세 천사에 의해 대표되고 있으며 너무나 많은 새로운 개혁을 포함한다… 첫 번째 천사는… 1517년에 쯔빙글리와 루터의 출현부터 1794년까지이다. 두 번째 천사는… 바벨론, 즉 로마 교황권의 몰락을 선포하며… 이는 다섯 번째 대접과 동시대이다. 그리고 내 추측에, 그것은 1794년에 시작하여, 1848년에 끝난다. 그리고 세 번째 천사는… 여섯 번째 대접의 마지막 시기와 연관됨이 틀

---

14 Ibid., 22~26.

림없는데, 우리가 읽은 계시록 13~16장에 따르면, 그때는 더러운 영들이 나라들이 성도들과 싸우도록 미혹하려고 나가는 때이다(내가 추측하기에, 1848년과 2000년 사이, 특히 1900년 이후인). 이 시기에 선한 사람들의 관심사는 마지막 중대한 공격에 맞서 자신을 지키는 것이 되어야만 하는데, 왜냐하면 역사상 가장 가공할 적그리스도의 최후의 노력(*ultimus conatus Antichristi*)이 여섯 번째 대접 아래에서 펼쳐질 것이기 때문이다.15

플레밍이 1794년을 첫 번째 천사의 때로 잡은 것은 프랑스 혁명 당시 예언 연구자들의 주의를 사로잡았으며 그래서 그 책은 그때 여러 판을 거듭했다.16 또한 플레밍은 다음과 같은 믿음에 기초해 적그리스도의 몰락 때를 1848년으로 잡았다.

> 포카스(Phocas)가 자신에게 전세계적 주교라는 칭호를 부여하면서 서방의 통치권을 자신에게 지웠던 때인 666년에 적그리스도는 그의 통치를 시작했는데, 그때로부터 1260년을 더하면 우리는 1866년을 얻게 된다. 1866년은 우리가 예언적 계산을 한다면[1년이 365일이 아니라 360일] 1866년은 1848년이 된다.17

플레밍이 세상 종국의 때로 2000년을 잡은 것은, 다니엘의 1,260일과 인간 역사를 6,000년으로 본 것과 다음 내용에 기초한 것이다.

---

15 Robert Fleming, *Apocalyptical Key, Published in 1702, in a Discourse on the Death of King William. Being a Vindication and enlargement of that Discourse, on the Rise and Fall of the Papacy, published in 1701. The various periods are inserted, the pouring out of the vials, the final Destruction of the Papacy, and the commencement of the Millennium State* (London, 1793), 28~32.

16 『종말의 열쇠』는 다음과 같이 다른 제목을 달았다: *Discourse on the Rise and Fall of Antichrist* (Edinburgh, 1792; London, 1793, Belfast, 1795).

17 Fleming, (Belfast, 1795), 20.

피핀(Pipin)의 이 증언는 758년경에 있었는데, 그때 교황 바울 1세가 성 베드로와 성 바울의 교회를 짓기 시작했다. 자, 만약 우리가 이것을 교황 왕국의 영역으로 본다면, 1,260년이라는 기간은 2018년이 되어야 끝난다… 그러나 이것을 예언적 계산으로 환산하면 교황 왕국의 절멸은 2000년에 있다. … 세상이 6,000년 동안 지속한다는 것, 세상이 6일 동안 창조된 것처럼 같은 수의 천년 기간들(역주. 6일에 근거한 6천 년)이 있으리라는 것은 아주 오래된 견해였기 때문에, 결국 다음과 같이 된다. 창조에서 아브라함 때까지 (기록된 종교 지침서가 없는) 2000년이 있었고, 그때부터 그리스도의 때까지 율법이라는 옛 경륜(economy) 아래에서 2000년이 있었으며, 마찬가지로 메시아 아래에서 2000년이 더 있을 것이다… 그리고는 영광스러운 안식의 천 년에 들어가는데, 그때는 성도들이 천 년을 더 지상에서 평화스러운 방식으로 통치할 것이다.[18]

플레밍은 계시록 13:3에 언급된, 적그리스도에게 머리가 상하는 일이 마지막 로마 황제가 476년 죽었을 때 성취되었지만 로마의 주교가 그 대신에 임시 권력을 잡았을 때 그 상처가 나은 것이라고 믿었다.[19] 플레밍은 또한 종교 개혁이 로마의 적그리스도 몰락의 시작이지만 최종 결말은 2000년이 되어서야 이뤄진다고 믿었는데, 이는 300년가량의 갈등 기간이 더 있다는 말이다.

우리는 교황 적그리스도 몰락의 시작과 종국 사이 중간기에 살고 있는데, 즉 1517년 루터가 나타났던 때와 종말의 때와 시기에 대한 내 추측[계산]에 의하면, 기원 후 2000년, 이 둘 사이 기간에 살고 있다는 말이다. 그래서 만약 우리가 환난과 핍박을 겪게 된다면 … 그렇게 될까 봐 내가 두려워하는바, 앞으로 300년 가까이가 흐르기까지

---

18 Ibid., 26.
19 Fleming (Belfast, 1795), 23.

는 일어나지 않겠지만… 그리스도의 이 말씀들로 우리 자신을 위로하도록 하자.20

1751년의 무명의 작품인 『자유로운 사상의 랩소디』에서 저자는, 비록 악인들을 위한 영원한 형벌을 부인하고 천년왕국이 여섯 세대들(six dispensations)과 인간 역사 6,000년 이후 2001년에 시작될 것이라고 상정했지만, 뉴턴의 종말론을 많이 인용했다. 저자에 따르면, "장대한 드라마"는 '5막으로 구성'될 것이었다: 노아에서 아브라함까지, 아브라함에서 그리스도까지, 그리스도에서 적그리스도까지, 적그리스도에서 그리스도의 재림까지, 그리고 천년 왕국.21 "유대인이 먼저 들어오고… 다니엘 예언의 70이레가 그들에게 관련되며… 그들의 회복을 위해 예루살렘을 건설하라는 명이 떨어질 것"이라는 점에서 저자는 뉴턴과 일치했다.22

17세기는 과거주의가 처음으로 깜박거린 때였는데, 이것은 1세기 사건들에 의해 설명되는바 신약 성경에 나오는 예언적 구절들이 이미 성취되었다는 개념이다. 과거주의는 우리가 그 어떤 미래적 종말론을 기대해선 안 된다는, 후천년주의와 쉽게 공존한다. 최초의 과거주의자들은 다 로마 가톨릭이었지만, 개신교의 첫 번째 과거주의자는 휴고 그로티우스(Hugo Grotius)였는데, 그는 자연법 이론을 개신교에 들여오려고 로마에 간 사람이다. 1640년부터 1645년까지 그로티우스와 토머스 홉스(Thomas Hobbes) 둘 다 파리에 있었는데 전자는 대사로서 후자는 유배자[추방자]로서였다. 둘 다 자연법에 관해 저술하고 있었으므로 분명 서로 어떤 접촉이 있었을 것이다. 홉스는 『리바이어던』에서 반복적으로 성서의 정확성에 의문을 제기했는데, 결국 이는 그가 무신론자는 주장이 일어나게 했다. 과거주의는 후에 헨리 드러먼드, 리차드 백스터, 다니엘 휫비가 받아들였는데, 심지어 코튼 매더(Cotton Mather)도 그들의 영향력을 느꼈다.

---

20 Fleming, *Apocalyptical Key* (London, 1793 reprint), 37.

21 Anon., *A Rhapsody of Free Thoughts; exhibiting, in New Light, various Interesting Subjects* (London, 1751), 87, 92, 94~95.

22 Ibid., 96.

코튼 매더(1663~1728)는 언제나 강력한 전천년주의자였지만, 말년에 유대인이 이스라엘 땅으로 회복되리라는 믿음을 잃어버렸다. 그가 변하는 그 시점에 이르기까지 그는 시대의 종말이라고 생각되었던 날짜들이 별일 없이 지나가는 것을 보았다. 그는 성경의 진실성이 이러한 잘못된 날짜 설정에 의해, 또 홉스, 스피노자, 그리고 다른 사람들의 이신론(Deism)과 고등 비평의 성장에 의해 위협 받는다고 생각했다.[23] 성경에 대한 이러한 공격으로 매더는 예언에 대한 좀 더 영해적인/풍유적인(allegorical) 해석에 의지했는데, 적어도 로마서 11장의 물리적 이스라엘에 대한 약속의 해석에 있어서 그러했다. 매더는 자신의 마지막 미간행 저서인, 종말론에 대한 방대한 책 『삼중 낙원』에서 자신 견해의 변화를 인정했다.

> 나는 아주 오랫동안 당신의 견해와 같았다… 나는 참된 이스라엘을 이해하지 못했다. 나는 이전 입장을 취소하고, 철회하며, 공적으로 견해를 바꾼다. … 새 땅이 오기 전까지는 약속된 왕국이 오지 않을 것이라는 견해 외에 다른 견해를 갖고 있지 않다… 새 땅에 앞서면서 새 땅을 가져오는 큰불/진노에 관련하여 나는 새 땅의 상태에 대해 당황스러움을 느꼈다. … 우리는 이스라엘에 예언된 영원한 몰락을 발견한다. **내가 이스라엘 집에 '더는' 자비를 베풀지 않을 것이며, 그들을 '완전히' 옮길 것이다. 그리고 처녀 이스라엘이 몰락할 것이며, 그녀는 '다시는' 일어나지 못할 것이다.** … 분명 하나님이 찌꺼기 마냥 치워 버리신 육적인, 반역하는, 책무를 다하지 못하는[물러나는] 이스라엘은 현재의 모습 그 이상이 될 수 없다.[24]

---

23 Reiner Smolenski, *The Threefold Paradise of Cotton Mather* (Athens: University of Georgia Press, 1995), 31.

24 Cotton Mather, *Triparadisus* (unpublished MS, 1627), Reiner Smolinski (ed.), *The Threefold Paradise of Cotton Mather* (Athens: University of Georgia Press, 1995), 314~315, 317에서 재인용. 이스라엘의 멸망에 대한 성구 인용은 호세아 1:6과 아모스 5:2.

매더의 목표는 "계시된 종교를 이신론자들의 맹공격에서 지키려는 방편으로 예언적 문자주의를 휴고 그로티우스의 과거주의적-영해적 해석학과 조화시키는 것"이었다.25 그러나 그는 타협으로 믿음을 지키려다 너무나 많은 것을 양보하고 말았다.

> 1724년부터, 매더는 그가 그의 부친과 조지프 미드에게서 물려받은 거의 모든 종말론적 이론을 개조했으며, 예언에 관한 그의 석의를 고등 비평에 맞춰 조정했다. 언어학적이고 과거주의적-문맥의 학문을 강조하면서 말이다.26

매더는 유대인이 하나님의 선민이고 그들이 약속받은 땅으로 회복해야 한다는 믿음을 잃었다. 그는 영해적 무천년주의 견해를 받아들였으며 그리스도인이 하나님 목전에서 유대인을 대체했다고 생각하기 시작했다.27 다니엘 휫비와 코튼 매더(그의 생애 후반에) 같은 사람들에 의해 받아들여진 이성주의와 과거주의의 성장에도 불구하고, 조지프 미드의 전천년주의적 견해들은 18세기 내내 추종됐다.

소년 시절에 프랑스로 도피한 위그노인 찰스 도버즈(1673~1717)는 케임브리지에서 교육받았고 당시에 서부 요크셔(west Yorkshire)의 교구 목사였다. 그가 죽고 1730년에 그의 책 『요한 계시록 영속적 주석』이 출판되었다. 그는 미드의 역사적 전천년주의를 따랐으며 다음과 같은 것을 기대했다.

---

25 Reiner Smolinski, "Introduction," Reiner Smolinski (ed.), *The Threefold Paradise of Cotton Mather* (Athens, GA: University of Georgia Press, 1995), 18에서 재인용. 이전 장에서 주목한 바처럼, 스몰린스키(Smolinski)는 심지어 코튼 매더가 로마서 11장에 대한 과거주의적 견해를 받아들인 후에도 그를 여전히 전천년주의자로 간주했다.

26 Ibid., 18.

27 Ibid., 21.

> 로마의 완전한 멸망… 개혁교회의 기쁨 가득한 상태… 유대인의 회심과 이방인의 충만함… 독재와 우상 숭배의 근절… 천 년 동안 마귀의 권세가 억제됨… 그 뒤에… 첫 번째 부활—순교자의 부활—그리고 그들의 통치.28

도버즈는 무천년주의적 과거주의자의 해석을 알고 있었지만 그것 대신 다음과 같이 주장했다.

> 성도들의 몸이 실제 부활함으로써 그들이 그리스도와 함께 다스리는 **천년왕국**은 원시 그리스도인들의 지속적인 견해였고, 그것은 니케아 회의 때까지 지속되었다. 그런데 그 견해를 지금 많은 사람이 완고하게 부인하고 있는데, 그런데도 거의 반박되지 않고 있다. 그래서 예언이 그들의 편견에 따라 말하게 함으로써, 열심히 수고하고 노력하지만 목적 없이 그렇게 하는 셈이다. 고집스럽게 계속 그렇게 할 때 그들은 의미와 문법에 맞도록 예언에 대해 그 어떤 설명도 하지 못하고 말 것이다. 또 원시 기독교의 공통 의견에서 비롯된 우리 편에서 논증에 대답하지 못할 것이다.29

도버즈는 계시록 8장에서 천사들이 적그리스도를 심판하고 천년왕국을 도입하려고 나팔을 불기 전에 시간 간격이 있다는 점을 주목했다. 그는 그 간격이 3년 반이라고 간주했고, 그 간격에 '적그리스도의 발흥'과 '어린 양의 혼인 잔치'를 넣었다.

> 일곱 번째 인을 떼는 것과 일곱 나팔의 첫 번째 소리 사이에, **반 때**라

---

28 Charles Daubuz, *A Perpetual Commentary on the Revelation of St. John; with a Preliminary Discourse* (London,1720), 목차, 40.

29 Ibid., 45.

는 시간상 제한 기간이 있고, 그 후에 **일곱 나팔을 불기 위한 천사들의 준비**라고 불리는 제한 없는 기간의 사건이 있다… 가장 분명하게는 **반 때**와 **준비** 둘 다를 위한 일정 기간… 그래서 다시 한번 시간적인 중간 공간이 있다… 성도들을 대적하는 짐승의 통치와 싸움이 있는 마흔두 달 같은. 이것과 동시에 있는 사건들, 그리고 **천년왕국**. 그리고 그 기간에 많은 사건이 일어나는데, 그것들은 **천년왕국**을 위한 준비 과정이다. … 우리는 그 사이에 있다고 언급되는 몇 가지 다른 사건을 발견하는데, 예를 들어 어린 양의 결혼, 짐승과 거짓 선지자의 최종 파멸, 하나님의 큰 잔치, 그리고 용의 결박에 이르기까지. 이 모든 것은 복된 **천년왕국**을 위한 준비 과정들이다. 그리고 그것들의 어떤 것도 정확한 시간/때를 위한 그 어떤 상징들에 의해서도 제한받지 않는다.30

도버즈에 따르면, 짐승의 멸망 후 천년왕국의 설립 때, 오로지 순교자들(그가 '천년왕국 성도들'이라고 부른)만이 부활할 것이고 교회의 나머지 구성원들은 천년왕국 끝에 가서야 부활할 것이다.31

도버즈는 '오이코노미(oeconomy)'와 '세대(dispensation)'라는 말을 상호교환적으로 사용함으로써, 그리고 "인류에 대한 하나님의 경륜(dispensation)이 언약과 상호 규약에 근거한다."라고 주장함으로써, 역사를 세대들로 나눴다. 도버즈에 따르면, 각 시대에 "하나님은 (몇 가지) 고통의 위협들을 주시고 그것들을 보상, 생명, 그리고 행복의 몇 가지 약속들로 만드신다."32 그에 따르면, 역사는 다음과 같은 세대들로 나뉜다.

---

30 Ibid., 51. '첫째 부활'이 '어린 양의 혼인 잔치' 전에 일어난다고 믿은 존 길(John Gil)에 의해 이것은 주목받았다. *An Exposition of the Revelation of S. John the Divine, both Doctrinal and Practical* (London, 1776), 계시록 19:7에 관해, 219.

31 Ibid., 137, 564~70.

32 Ibid.

홍수 전 상태⋯ 옛 세상⋯ [아담과] 언약⋯

홍수 후 상태⋯ 새 세상⋯ 하나님이 [노아와] 언약을 맺으셨다⋯

하나님이 아브라함과 새로운 언약을 맺으셨다. 이것은 호렙[시대]에서 개입하여 간섭하는 언약이 생기기까지 계속되었다. 그리고 이제 드디어 그리스도교 세대, 또는 모든 인류와 새 언약이 오는데, 그것은 미래 시대라 불린다.33

모세 세대⋯ 모세적 경륜⋯ 유대인의 세대⋯ 복음 세대⋯ 그리스도인 세대⋯ 새 언약⋯

승리 상태⋯ 미래 시대⋯ 천년왕국, 또는 천 년 동안 통치.34

1725년, 벤자민 마샬(1682~1749)은 『다니엘의 칠십 이레에 관한 연대기 소논문』에서, 어느 날 끝나는 이방인의 때, 다시 한번 중심적인 역할을 하는 유대인, 그리고 그리스도의 다가올 왕국을 다스리는 성도들 같은 전천년적 사상들을 지속했다.

> 유대인은 로마의 **칼날에 쓰러질 것이고, 모든 나라로 포로 유배 갈 것이며,** 예루살렘은 이방인의 때가 차기까지 이방인에게 밟힐 것[원어로는 선을 넘어갈 것]이다⋯ **이방인이 주재하고 유대 나라는 불행과 굴종을 겪는 때들이 (네 왕국으로 해석되는) 네 이상, 네 짐승의 환상에 설정된다**⋯ 그러나 그들의 때가 차면, 다니엘 7:18에서 말하듯 지극히 높으신 하나님의 성도들이 왕국을 취해서 영원히 그것을 소유할 것이다⋯ 이방인의 충만함이 차면, 유대인이 다시 회복될 것이다, 롬 11:25.35

---

33 Ibid., 201.

34 1Ibid., 201은 가장 자세한 묘사이다 또한. 26, 28~29, 40, 60, 88, 109, 132~33, 149~50, 215~16, 563, 606, 624에 부분적으로 묘사된다.

35 Benjamin Marshall, *Chronological Treatise upon the Seventy Weeks*

같은 해에 치체스터 대성당의 주임 사제인 토머스 셜록은 『세상의 몇 시대에서, 예언의 용도와 의도』를 출간했다. 영국 국교회(성공회)의 이 존경받는 지도자는 '인류를 향한 하나님의 일련의 세대들'의 개요를 만들었고, 언제든 닥칠 수 있다고 그가 기대했던 "새 세상의 시작 때, 곧 하나의 세대를 기대할 커다란 이유가 있을 것 같다."라고 믿었다.36 셜록은 신성한 역사를 아담부터 노아까지, 노아부터 아브라함까지, 아브라함부터 모세까지, 모세부터 그리스도까지(이것을 그는 '모세적 세대' 또는 '유대인의 세대'라고 칭했다), 그리고 현재의 '새 세대'/'복음 세대'로 나눴다.37

1728년, 소머셋셔의 교구 목사였던 너대니엘 마크윅(1664~1735)은 『다니엘의 70이레 계산』을 출판했다. 마크윅은 유대인의 "열국 중의 분산"이 "2000년 이상 계속될 것"이라고 믿었는데 그리고는

> 유대인의 소명, 그리고 **솔로몬의** 시절에 보았던 모든 것을 훨씬 초월할 도시와 성전의 건설, 자신의 백성을 판단하고 복수해 주고 회복하는 주의 전쟁… 모두 그 시대의 종결 전에 있을 것인데, 그것은 **메시아**의 실제 강림과 모든 이전의 영광을 훨씬 초월할, 성전에 메시아가 들어가는 사건으로 결정될 것이다, 학개 2:9.38

마크윅은 역사를 적어도 세 개의 세대로 나누었다: '율법적' 또는 '모세적' 세대, '그리스도교적 세대', 그리고 '천년왕국' 세대. 그리고 '모든 이스라엘의 구속'이 '이방인의 충만함'과 같은 때에 일어날 것을 기대했다.39

---

of Daniel (London, 1725), 268~69.

36 Thomas Sherlock, *The Use and Intent of Prophecy, in the several Ages of the World: in Six Discourses* (London, 1725), preface.

37 Ibid., 31, 119~21, 163~64.

38 Nathanael Markwick, *A Calculation of the LXX. Weeks of Daniel, Chap .IX. Ver. 24. As they are supposed and* (London, 1728), 7~8.

39 Ibid., 52.

같은 해, 스카브로우(Scarbrough)의 교구 목사인 테오빌로 가렌시에레스(1610~1680)는 『창조부터 이 시대까지, 그리고 세상의 종말까지 종교의 발전』을 출간했는데, 거기서 그는 역사를 서로 다른 세대들로 나누었고 종말 전에 몇 가지가 일어나야 한다고 기대했다.

> 섹션 20. 세상의 종말에 관해… 복음이 온 땅에 전파될 것이고, **적그리스도 또는 불법의 사람**(죄의 사람)이 나타날 것이며, **유대인**이 회심할 것이다… 섹션 21. 일반적 부활에 관해… **유대인의 회심** 이후에, 하나님의 명령으로 천사들이 온 땅에 나팔 소리처럼 그 목소리가 들리게 할 것이다. 그 소리에 모든 사람이 눈 깜짝할 사이 순식간에 일어날 것이다. 다시 말해, 각 사람의 **영혼**이, 먼지가 되어 부서져 무덤에 갇혔으나 이제 변화되어 온전해진 몸과 결합할 것이다. … 섹션 22. 그리스도의 마지막 오심에 관해 … 그리고 **인자**(사람의 아들)가 자신의 모든 **거룩한 천사들**과 **성도들**과 함께 위대한 능력과 위엄으로 하늘 구름을 타고 이 하늘들에서 오시는 것이 보일 것이다. … 그리고는 산 자와 죽은 자의 재판장으로서 그 보좌 위에 앉으신 **그리스도는 그의 성도들**을 자신 주위에 있게 하실 것이다.40

가렌시에레스는 문자적 천년왕국이나 의인과 악인의 분리된 부활들에 관해서는 전혀 언급하지 않았다.

또한 1728년에, 존 슈트 배링턴 자작(1678~1734)은 『인류를 향한 하나님의 몇 가지 세대에 관한 소론』을 저술했다. 영국 계몽 시대 한 가운데 살았던 배링턴 자작은 그 시대에 종교적 신자들이 겪었던 갈등을 반영했다. 하나님의 계획들을 진정 발견하는 데 자연 종교가 불충분하다는 것을 언급한 후, 자연적 이성을 사용하는 것을 옹호하는데, 그 이유는 "성경을 비평적인 방식으로 연구하지 않은 것이 이신론의 증가에

---

40 Theophilus Garencieres, *General Instructions … Shewing the Progress of Religion from the Creation to this* (York, 1728), 387~89, 396.

대한 한 가지 큰 이유이기 때문이다." 그러고는 그로티우스, 로크, 그리고 뉴턴 같은, 계몽주의에 의해 존경받는 사람들을 극찬한 후, 그의 독자들에게 이 사람들이 "성경에 대한 가장 높은 찬양을 표현"했다는 것을 상기시켰다.41 (그는 그로티우스가 성경에 대한 약한 견해를 가지고 있었다는 것을 몰랐음에 틀림이 없다.) 배링턴은 시간을 다섯 세대로 나누었다: 무죄, 범죄, 이스라엘 왕국, 그리스도의 왕국, 그리고 주권적 지배, 그리고 "천상의… 몸 상태의 축복."42

1734년, 침례교 목사인 세이어 러드(1757년 사망)는 『부활, 천년왕국, 심판 교리의 새로운 설명을 위한 소논문』을 출간했다. 러드의 종말론에 따르면, 그는 서방(교황권)과 동방(모슬렘) 적그리스도 양자의 임박한 패배를 기대했는데, 이 사건은 아마겟돈 전쟁에서 여섯 번째 대접을 부을 때 일어날 것이다.43 이 사건 전에 다음과 같은 일이 있을 것이다.

> 유대인의 미래 귀환과 그들이 자신들의 땅에 평화롭게 정착하는 것… 아마 거의 확실하게 서방 적그리스도는 투르크와 연합해서 유대인을 치러 **여호사밧** 골짜기로 올 것이다. … 현재의 **마호메트 교도**와 **로마 가톨릭**, 옛 로마 제국이 분할될 두 개의 주요 집단. 이 연합 세력을 대적해서, 주님께서 친히 나아가실 것인데… 이집트인을 대적해 싸우실 때 그러셨던 것처럼 그들을 멸망시키실 것이다.44

또한 세이어는 '어린 양의 혼인'을 기대했는데, 이때는 천년왕국 직전 그리스도께서 불멸의 완벽한 상태로 그의 온 교회와 함께 다스리려고 두 번째로 오실 수 있도록 모든 것이 준비된 때이다. 세어어는 이것이

---

41 John Shute Barrington, *An Essay on the several Dispensations of God to Mankind, in the Order in which ...* (London, 1728), xiii~xiv.

42 Ibid., 2, 66, 75~80.

43 Sayer Rudd, *Essay Towards A New Explication of the Doctrines of the Resurrection, Millennium, and Judgment* (London, 1734), 7~8.

44 Ibid., 10~12.

아직 미래에 속한다고 주장했다. 세이어는 천년왕국이 이미 이뤄졌다고 생각하는 과거주의자들과 무천년주의자들을 조롱했다.

> **로마 가톨릭**교회는 사탄이 결박당하지 않았다는, 또한 **천년왕국**이 **콘스탄티누스** 때 시작하여 끝나기 훨씬 전에, 사탄이 세상의 그 부분(역주. 로마 가톨릭을 의미)을 미혹하여 새로운 종류의 우상 숭배를 시킬 충분한 기회를 얻었다는 충분한 증거이다. … 같은 **천년왕국** 중에, 마치 서방에서 교황권에서 우상 숭배가 이뤄지듯, **마호메트** 미신은 동방에서 만연했다. … 분명하며 확신을 주는 증거는, **천 년**이 콘스탄티누스 때부터 시작할 수 없다는 것이다. 여기에 더해져, 하나님 백성이 **고트족과 훈족과 반달족**에 의해 고난을 받는, 두 번째 핍박이 있다. … **사라센**(Saracens)과 **투르크**에 의해 만들어진 황폐. … 그리고 이 모든 것은 콘스탄티누스 때부터 시작되었다고 생각되는 그 행복한 상황에서 일어날 것이다. 우리는 전에 **천년왕국** 중에 **마호메트 교도**의 발흥에 관해 언급했었다(역주. 이 부분은 천년왕국에서 어떻게 이런 일들이 일어날 수 있냐고 조롱하는 내용임). … 어떤 수단에 의해서 **마호메트** 미신이 이렇게 전파되었을까? 칼에 의해서이다… 맹목적인 열심에 의해 야기된. 그들이 기독교 신앙을 고백한 사람들을 대적해서 모든 종류의 야만적 행위를 저지르도록 몰고 간 그 맹목적 열심이다.[45]

그는 로마 가톨릭에 의해 발도파(Waldenses)와 알비파(Albigenses), 위클리프와 후스에게 자행된 모든 잔혹 행위와 루터와 16~17세기의 종교 전쟁들을 열거했다. 그는 천년왕국이 아직 미래에 있음이 틀림없다고 결론 내렸다. "천년왕국은 적그리스도적 짐승들이 멸망하기 전에는 아직 시작될 수 없다."라고 썼다. 그것은 "그리스도가 탁월한 영광 가운데 왕으로서 나타나실 때 이뤄질 것인데," 왜냐하면 "사탄이 아직 결박되지 않았고, 따라서… 천년왕국이 아직 시작되지 않았기 때문이다."[46]

---

[45] Ibid., 152~55.

[46] Ibid., 195~96.

다니엘 휫비(Daniel Whitby)가 오직 하나의 부활이 있으며 미래 천년왕국이란 것은 없다고 믿었지만, 러드는 천년왕국 전과 후로 분리된 부활들에 관해 믿었던 초기의 그리스도인들을 언급했다.

> **순교자 유스티아누스와 이레나이우스**는 가장 오래된 두 사람으로서, 이 점에 관해 같은 의견이었다. 그들은 부활에는 순서가 있다고 생각했는데, **첫째**는 성도들에게 속했고, **둘째**는 악한 자들에게 속했다. [순교자 유스티아누스는 이렇게 썼다.] **온전히 정통인 모든 그리스도인은 육체 부활과 예루살렘에서 천년왕국이 있을 것을 아주 잘 안다… 이 부활은 천 년보다 앞선다… 그리스도에게 속한 모든 신실한 사람이 예루살렘에서 천 년을 보낼 것이다.** … 이레나이우스는 유스티아누스와 견해를 같이 했다… 두 교부는… 성도의 구별된 부활에 관해 의견이 같았는데, 이것이 당시 교회의 공통된 믿음이었음을 인식하자. **성도의 부활**과 그 후에 뒤따르는 **천년 왕국**은 정통으로 간주되는 모든 사람이 받아들였다. [그러나] 휫비 박사는 이 교부들에게서, 그리고 우리가 인용했던 바로 그 구절들에서, **천년왕국**은 원시 교회에 의해 일치로 받아들여진 적이 없다는 것을 입증하려고 애를 썼다. 그러나… 그 반대라는 점을 인정해야만 한다.[47]

러드는 심판 날에 있을 마지막 부활만이 아니라 많은 부활이 있다고 믿었다.

> 그리스도가 두 번째 오실 때 있을, 모든 성도의 구별되고 특별한 부활. 이것은 분명 성도들의 특별한 부활의 경우이다. 그리고 그리스도의 승천 때에 성도들이 부활해서 그분을 수행한 것이 확실한 만큼이나, 그리스도가 재림하실 때 그분을 공중에서 만나려고 모든 성도가 부활한다는 것, 그리고 더 나아가 마지막 날에 그분과 함께 심판하리라는 것 또한 확실하다. 우리가 다른 가능한 대안을 생각할 수 있겠는가?[48]

---

47 Ibid., 245~48.

러드는 또한 인간 역사가 6,000년 동안 지속될 것이며 안식 기간으로서 천년왕국이 이어질 가능성이 크다고 생각했다. 그는 이런 견해를 가졌던 몇 교부들을 인용했으며,49 다음과 같이 세대 기간 구조를 고안했다.

1. 아담부터 아브라함까지….

2. 아브라함부터 모세까지….

3. 모세부터 레위적 국가의 완성까지….

4. 유대적 교회의 절정에서 그리스도의 성육신까지….

5. 그리스도의 탄생부터 5천 년의 끝에 있을 동쪽의 마호메트와 서쪽의 교황권 아래 적그리스도적 흑암이 확산되기까지

6. 적그리스도적 흑암의 절정부터 세상의 여섯 번째 천 년의 끝으로 우리를 아주 가까이 이끌고 갈 그리스도의 영적 통치의 끝 또는 재림에 이르기까지.

7. 그리스도의 재림부터 천 년 통치의 완성, 보편적 부활, 그리고 악인의 심판에 이르기까지.50

러드는 모세부터 그리스도까지의 기간을 '(율)법적 세대'로, 그리고 그리스도의 두 강림 사이의 기간을 '복음 세대'로 불렀다.51 그는 미래의 천년왕국을 '영적 통치'라고 불렀으며 그것이 '첫 번째 부활', '어린 양의 신부의 준비와 혼인', 그리고 '투르크와 교황의 파멸' 다음에 나타난다고 생각했다.52

1748년, 아일랜드의 성공회 대주교였던 조시아 호트(Josiah Hort)의 조카이자 채플린이었던 로버트 호트(1709~1773)는 『지상에서 그리스도

---

48 Ibid., 268.

49 Ibid., 17, 371~72.

50 Ibid., 374~75.

51 Ibid., 176, 199, 329.

52 Ibid., 199~200, 212, 219.

의 영광스러운 왕국, 즉 천년왕국에 관한 설교』에서 "덕 있는 자들이 하늘로 휴거되도록 하는 것… 그리고 지구가 불타는 것"에 관해 전했다. 비록 호트는 '수용된 견해에서 떠나는 것'을 두려워했지만, 그 어떤 견해에도 '만족하지 않았다.' 그는 이렇게 결론을 내린다.

> 적그리스도의 **멸망**과 죽은 자의 **부활**은 **사도 바울**이 가르친 대로, 동시에 또는 한꺼번에 일어나지 않고 **순서대로** 일어날 것이다. … **주님**의 재림과 관련되는 이런 모든 일이 **자연적인** 한 날이라는 시간적 공간 속에 다 일어날 것으로 생각하기가 나로서는 너무 어렵다. … **미드경**이 말한 바, 성경적 용어로 [한] **날**은 많은 연수가 이어지는 기간, 가능하기로는 천년 중 어떤 기간을 말할 때… 사용된다. 그렇지만 더 나아가, 우리의 복된 **주님**은 성도와 함께 땅에서 영광스러운 왕국을 소유하실 것인데, 그것을 재림 때에 실행하실 것이다. 이 영광의 왕국이 **자연적** 한 날 동안에 시작하고 끝날 것이라고는 생각하기 힘들다.53

호트는 미래적 지상 천년왕국은 반박의 여지 없이 역사 내내 주장되었다고 결론을 내렸다.

> 거룩한 성경이 **그리스도**와 그 **성도**의 영광스러운 왕국에 관해 가르치신 바를 요약하면… 우리의 목적에 부합하는, 세상 거의 모든 부분에서 발견되는 어떤 발자국들에 고대의 전통이 남아 있다. 그것은 **아브라함**부터 현재에 이르기까지 **유대인**의 계속된 견해였다. 그리고 300년간 **정통** 기독교의 믿음이었다. 그것은 4세기 초부터 불신을 받기 시작했는데, 그때 다른 어떤 변화들이 **그리스도** 교리 가운데 이뤄졌음을 **개신교도**는 알고 있다.54

---

53 Robert Hort, *A Sermon on the Glorious Kingdom of Christ upon Earth, or the Millennium. Preached at Christ-Church, Dublin, on ... Advent, 1747* (London, 1753), 5~6. 초판은 1748년 더블린에서 출간되었다.

54 Ibid., 52.

위그노 망명자의 아들인 앤써니(Anthony, Antoine라고 칭하기도 함) 플류리(Fleury, 대략 1707~1801)는 북아일랜드 시골의 교구 목사였다. 1752년에 그는 『보편적 부활에 관한 소논문』을 출간했다. 그는 신성한 시간을 세대들로 나누었다: 모세 세대, 유대적 세대, 첫 (또는 '구') 세대, 그리고 복음 세대.55 불행하게도, 플류리와 그의 회중은 1779년에 북아일랜드에서 로마 가톨릭교도가 친영국적인 개신교도에 대적해서 내란을 일으켰을 때 예배 중 교회 건물에 갇혀 불타 죽었다.

가명 알카이커스를 사용한 한 저자는 1753년에 『선포된 성경에 따른, 유대인의 거절과 회복』을 출간했다. 저자는 이스라엘이 자신들의 땅으로 귀환할 시간이 임박했다고 기대했으며, 성경이 '마지막 날'이라고 말할 때 그것은 세상의 마지막이 아니라 단지 특정한 한 세대의 마지막을 의미한다고 믿었다.56

써섹스(Sussex)의 교구 목사 헨리 테일러(1711~1785)는 『거대한 배교의 속성에 관한 소고』를 썼는데 거기서 그는 마태복음 24장의 마지막 때 사건들의 순서를 정했다. 그는 휴거를 환란 전에 일어날 구별된 사건으로 보았는데, 왜냐하면 그리스도의 제자들은 환난을 피하려고 주의를 기울여야 했기 때문이었다(그들은 그리스도의 재림 전에 주의를 기울여야 할 필요는 없었는데, 왜냐하면 아무도 그것을 피할 수 없기 때문이다).

그리스도는 본 장 전반에 걸쳐, 황폐함이 그분의 재림 때 일어나지 않을 것을, 즉 황폐함은 그 날들의 환란 이후에 있을 것임(29절)을 그들에게 말씀하셨다. 그러나 그분의 다시 오심은 신원의 날 이후가 될 것이며, 누가복음 21:22~24에 따르면, (지금은 계속되고 있는) 이방인

---

55 Anthony Fleury, *A Short Essay on the General Resurrection: Wherein it is proved, That we shall rise with those Same Bodies that we Now have; and the Objections to this Opinion are candidly examined and answered* (Dublin, 1752), 48~50, 282.

56 Archaicus, *The Rejection and Restoration of the Jews, According to Scripture, declar'd* (London, 1753), 17, 22, 24, 26.

의 지배권이 끝난 후가 될 것이다. … **이 모든 날**이라는 표현에 그리스도의 오심과 세상의 종국이 암시돼 있다면, 장차 일어날 이 **모든 일**을 피하기에 합당하게 되라는, 그리고 항상 **기도하고 깨어 있으**라는 우리 구주의 말씀이 무슨 의미가 있겠는가… 인자의 오심과 세상의 종국을 피할 수 있도록 기도하고 깨어 있으라는 말인가? … 내가 보기에, **이 모든 일**이란 위협으로 간주되며, 신원의 날과 연관되는 듯하다… 우리 구주는 징조들에 관해 말씀하셨다… **이 모든 일**(이 모든 징조)**을 보거든, 그것이 가까이 심지어 문 밖에 임한 줄 알라**. 그러나 그리스도가 언급한 모든 징조는 오로지 황폐함에 관한 것이다… 인자의 오심에 대한 그 어떤 징조도 주어지지 않았다… 그리스도 자신도 그분의 두 번째 다시 오시는 날에 대해 모르셨다. 그랬다면, 그분이 어떻게 그것을 그의 제자들에게 알리실 수 있었겠는가! 16~22절은 황폐함의 때에 어떻게 처신해야 하는지에 대한 내용을 포함한다. 23~25절에서 그리스도는 제자들에게 그분이 황폐함의 때에 나타나시리라고 기대하지 않도록 권면한다… 27~28절, 인자의 두 번째 오심은 비밀스러운 것이 아니며, 번개가 칠 때처럼 명확하게 눈에 보이는 사건이 될 것이다. 30~31절. 여기서 그리스도는 처음으로 인자의 오심과 택함을 받은 자들을 모으는 것에 대해 말씀하신다. 그러나 그분은 그것에 대한 사전 징조를 주지 않으신다. 그리고 그것이 황폐함 이후에 일어날 것을 말씀하셨는데, 여기서 이 표현은 사건들의 순서만 말하는 것이지 시간 간격에 대해서 말하는 것은 아니다.[57]

마지막 때 사건들에 대한 테일러의 순서는 다음과 같이 요약 정리될 수 있다.

환란(적그리스도에 의한 것임, 그러나 준비된 자들은 '이 모든 일'을 피한다)

---

[57] Henry Taylor, *Thoughts on the Nature of the Grand Apostacy, with Reflections and Observations on the XVth Chapter of Mr. Gibbon's History of the Decline and Fall of the Roman Empire. To which are added, Three Dissertations* (London, 1781), 51~54.

황폐함(적그리스도에 의한 성전의)

이방인들의 지배권의 종식

재림(환란 후, 다시 오심, 그리고 택함을 받은 자들을 모음)

천년왕국

일반적으로 18세기의 계몽주의가 종교적 열광주의를 거부한 것처럼 생각될지라도, 사실은 심지어 지적 선도자들도 종말론적 탐구에 관여했다. '이성적'으로 간주된 과거주의 신학이 로마 가톨릭과 이신주의 양쪽에서 발전하고 있었지만, 많은 사람은 여전히 유대인이 그들 자신의 땅으로의 귀환할 것, 성도가 휴거될 것, 지상에 환란이 있을 것, 예수 그리스도께서 천년왕국을 개시하려고 다시 오실 것을 계속 믿고 있었다.

13

역사적 교황 적그리스도로부터
미래의 개인 적그리스도까지

From an Historic Papal Antichrist to a Future Personal Antichrist

  적그리스도에 관한 개념은 교회 역사 전반에 걸쳐 존재했다. 초기 교부들은 적그리스도가 나타날 것을 기대했다.1 이레나이우스(Irenaeus)는 로마제국이 붕괴되어 열 개의 나라로 나뉘고(다니엘서 7장과 계시록 17장에서 말하는 열 뿔에 근거하여), 적그리스도가 그것의 셋을 다스릴 것이라고 믿었다. 이레나이우스는 요한1서와 요한2서에 언급된 적그리스도를 데살로니가후서 2장에서 바울이 말하는 '불법의 사람'과 요한계시록에서 말하는 '짐승'과 마태복음 24장에서 예수께서 언급하신 '멸망의 가증한 것'과 동일시하였다. 이레나이우스는 적그리스도가 이스라엘의

---

1 Didache, XVI; Justin Martyr, *Dialogue With Trypho*, LX; Irenaeus, *Against Heresies*, V, xxvi; Hippolytus, *Treatise on Christ and Antichrist*, LX~LXI; Augustine, *City of God*, XVIII, lii~liii.

단 지파에서 나오겠지만, 그가 라틴계 사람으로 불릴 것이라고 믿었다. 테르툴리아누스(Tertullian) 또한 로마제국이 데살로니가후서 2장에서 말하는 막는 자이며, 그것의 멸망이 열 왕국을 낳고 적그리스도가 일어날 자리를 만들어 줄 것이라고 믿었다. 히폴리투스(Hippolytus)는 적그리스도가 단 지파에서 나올 것이라는 생각에 동의했으며, 그가 유대인으로서 예루살렘에 성전을 재건하고 자신을 하나님으로 높일 것이라고 믿었다. 오리게네스(Origin)는 적그리스도를 마귀의 아들로 보았다. 히에로니무스(Jerome)는 로마제국이 막는 자라는 생각에 동의했으며, 제국이 이미 무너지기 시작했으므로 그는 독자들에게 사탄이 내재할 '인류 가운데 한 사람'을 찾도록 권고하였다.[2]

4세기 후반의 한 무명작가는 자신의 글에서 로마제국이 멸망할 때 적그리스도가 예루살렘에 있는 여호와의 집에 앉음으로써 자신을 드러낼 것이며, 그때 엘리야와 에녹이 거리에서 말씀을 전하고, 죽임을 당한 후 삼 일 만에 일으킴을 받을 것이라고 주장했다. 이러한 사건들은 "지금까지 없었고 후에도 없을 큰 환란" 동안 일어나겠지만, "여호와께서 택하신 자들을 위하여 그 날들을 감하실 것이다."[3]

991년, 랭스(Rheims)의 대주교 아눌프(Arnulf)는 데살로니가후서 2장을 인용하면서 그것이 로마제국을 가리킨다는 자신의 믿음을 진술했으며, 교황 요한 15세가 하나님의 성전에 앉아 자신이 하나님의 권세를 가졌음을 선포했다고 주장했다. 이것이 교황을 적그리스도로 고발한 중세 고위 성직자들의 긴 행렬의 시작이었다. 오스나브뤽(Osnabruck)의 추기경 베노(Benno)는 1076년에 교황 그레고리 7세가 신성 로마 제국의 황제 대신 서임의 권세를 주장했기에 그를 적그리스도로 불렀다. 잘츠부

---

[2] Jerome, *Jerome's Commentary on Daniel,* trans. Gleason L. Archer, Jr. (Grand Rapids: Baker Books, 1958), 77.

[3] "Latin Tiburtine Sibyl," http://http-server.carleton.ca/~jopp/3850/1-1.htm. 적그리스도에 관한 역사적 해석 개관은 Bernard McGinn, *Antichrist: Two Thousand Years of the Human Fascination with Evil.* (San Francisco: Harper Collins, 1994)를 보시오.

르크(Saltzburg)의 대주교 에버하르트(Eberhard)는 1241년 교황 그레고리 9세가 "나는 무오하다."라고 뽐낸 것 때문에 그를 적그리스도로 불렀다. 종교개혁의 중세 선구자들(위클리프, 후스, 그리고 그들의 추종자들)은 교황 제도의 로마를 적그리스도로 보았다.4 많은 분리적 종파(카타리파[Cathars], 발도파[Waldensians], 롤라드[Lollards], 타보르파[Taborites])가 로마를 적그리스도로 생각했던 것은 놀랄 일이 아니다. 모든 종교개혁자(루터, 칼뱅, 크랜머[Cranmer], 녹스[Knox])는 교황을 적그리스도로 언급함으로써 11세기 제왕적 교황권의 발생과 함께 시작된 풍조를 유지했다. 종교개혁자들과 청교도들은 로마제국의 멸망과 함께 적그리스도가 일어날 것이며 로마 제국이 쇠퇴하면서 교황권이 권세를 얻을 것이라고 보았던 교부들의 믿음에 주목했다. 하지만 그들은 초대 교부들이 수 세기 동안 지배권을 가질 제도적인 적그리스도가 아닌, 미래에 나타나 짧은 기간 동안 다스릴 한 개인으로서의 적그리스도를 믿었다는 사실을 무시했다.

제네바 성경(Geneva Bible, 1557)의 신약 부분의 각주는 바울이 말한 '불법의 사람'을 교황으로 명시한다. 그 성경은 요한계시록의 '짐승'과 '바벨론의 음녀'에 관해서도 똑같이 했다.5 교황을 '적그리스도'로 불렀던 개신교 종교개혁자들에 대응하여, 16세기 후반의 예수회 학자 리베라(Francisco Ribera)와 벨라르민(Robert Bellarmine)은 (교부 시대부터) 천 년이 더 지난 후에 처음으로, 교부들의 일치된 생각이 적그리스도가 세상의 마지막 바로 전에 나타날 미래의 한 개인을 가리킨다는 사실을 지적했다.6 물론 그들의 목표는 적그리스도가 교황이 아니라 누군지 밝히는 것이었다.

---

4 Christopher Hill, *Antichrist in Seventeenth Century England* (Oxford: Oxford University Press, 1971), chapter 1.

5 데살로니가후서 2:3; 계시록 13과 17장. Edward Hindson, *The Puritans' Use of Scripture in the Development of an Apocalyptical Hermeneutic*, unpublished dissertation (University of South Africa, 1984), 109~10에 인용. Hill, *Antichrist*, 4.

6 Francisco Ribera, *Commentary on St. John the Apostle & Evangelist's Apocalypse* (1590), 96; George E. Ladd, *The Blessed Hope: A Biblical Study of the Second Advent and Rapture* (Grand Rapids: Eerdmans, 1956), 37~38.

초대 교회, 동방 기독교, 로마 가톨릭교회의 주류 모두가 미래의 개인 적그리스도를 믿었다는 주장은 강력하다. 러시아에서도 '옛 신자들'은, 러시아 정교회를 국가의 권력 아래에 두고 러시아의 예배 의식을 바꿨던 표르트 1세(Peter the Great)가 개인으로서 정치적인 적그리스도라고 믿었다. 17세기까지 대부분의 개신교도는 로마에 의해 그들이 경험한 박해와 전쟁에 대한 반응으로 교황권이 적그리스도라고 믿었다.

영연방의 작가이며 비국교도 청교도의 한 사람이었던 너대니얼 스티븐스(대략 1606~1702)는 적그리스도가 개인이라고 믿는 로마 가톨릭 신학자들과 그로티우스(Hugo Grotius)의 견해가 잘못임을 보여주려 했다. 스티븐스의 장황한 학술서는 적그리스도가 로마가 주후 70년에 예루살렘을 점령한 지 666년이 지나 동방의 로마 황제 포카스(Phocas)에 의해 설립된 교황 체계를 가리킨다는 개신교도들의 일치된 생각을 지지하였다. 동방 황제 포카스는 606년 로마의 대주교들에게 정치적인 통치권을 부여했다.7

17세기가 진행되면서 로마를 적그리스도로 보는 견해가 쇠퇴하기 시작했다.8 이것은 17세기 초에 대주교 로드(Laud)가 교황을 적그리스도로 보는 것을 금지한 데서 시작했다. 하지만 곧 로드와 그가 장려하였던 성공회 고교회파(Anglican High Church)를 청교도들은 적그리스도로 불렀다. 그렇지만 1660년에 이르러 고교회파는 웨스트민스터 회의(Westminster Assembly)와 크롬웰(Oliver Cromwell)과 장기 의회(Long Parliament)를 적그리스도로 부르고 있었다.9 영연방 시대의 묵시적 청교도인 엘리자베스 애버리는 다음과 같이 주장했다.

---

7 Nathaniel Stephens, *A Plain and Easie Calculation of the Name, Mark, and Number of the Name of the Beast* (London, 1656).

8 Christopher Hill, *Antichrist in Seventeenth-Century England* (Oxford: Oxford University Press, 1971). 이 책의 첫째 장 제목은 "Before 1640: The Roman Antichrist"이며, 마지막 장은 "After 1660: Antichrist in Man"이다.

9 Ibid., 37~40, 152~54.

바벨론과 적그리스도는… 모든 것을 포함하는… 독단적 권력으로 다스리는 모든 나라와 모든 교회 위에 군림하고 있다. 이것은 이전에는 교황 절대주의자들의 경배로 이해되었지만, 우리는 그것이… 모든 거짓 예배에서… 지금의 나라와 영국의 교회에 있음을 발견했다. 내가 그것들을 하나로 보는 것은 그것들이 너무도 깊이 연관되어 있어서 오직 한 짐승을 형성하기 때문이다.10

1667년에 발행된 『종말론적 짐승의 표』라는 제목의 작자 미상의 글에서 저자는 요한계시록의 짐승이 적그리스도이며 그의 표를 그를 따르는 저주받은 자들이 받아들일 것으로 생각했다. 저자에 의해 "변절한 교회… 로마"로 이해된 바벨론의 음녀는 그 짐승 위에 올라탈 것이다.11 저자는 그 "음란한 여인"이 로마이며, "따라서 교황, 또는 로마의 주교는 그녀를 떠받치는 짐승"이라고 밝혔다. 이어서 그는 적그리스도의 통치가 500년경 로마제국이 멸망할 때 시작했으며 그것이 그 때 이후로 "1200년 이상" 이미 존재했기 때문에 "배교한 로마"의 멸망은 어느 때든 이루어진다고 생각했다.12

적그리스도로 밝혀진 또 다른 후보는 이슬람이나 오토만제국이었다. 1620년대에 피터 헤일린은 케임브리지 특별 연구원으로 있는 동안 세상의 지리에 관한 네 권짜리 『우주 구조론』을 썼다. 헤일린은 적그리스도가 오토만 터키나 교황 제도의 로마일 수 있다고 손쉽게 생각했다.

---

10 Elizabeth Avery, *Scripture-Prophecies opened, Which are to be accomplished in these last times, which do attend the second coming of Christ* (London, 1647), 2.

11 Anon., *The marks of the Apocalyptical Beast, Plainly Decyphered; and the Danger of having Communion with him clearly* (n. p., 1667), 3~4.

12 Ibid., 11.

적그리스도를 찾을 때, 우리가 콘스탄티노플, 또는 새로운 로마(Nova Roma)에서 그를 찾는 게 좋을지 모른다. 거기에는 교황이 거주하는 옛 로마의 일곱 언덕 가운데처럼 그리스도와 기독교 신앙의 적으로 공언한 자인, 투르크 황제가 자리를 잡고 있다. 또는 적그리스도가 하나님의 성전에 앉는다는 사실이 그를 어디에서 찾아야 할지를 우리에게 보여준다면, 우리는 또한 여전히 기독교 성전인 로마의 성 베드로 교회에서처럼 지금 터키의 이슬람교 사원인 성 소피아의 성전에서 그를 찾아볼 수 있을 것이다.13

이와 유사하게 잉글랜드 공화국 시절(역주. 왕정이 폐지된 1649~1960년)에 런던에서 청교도 설교자였던 리처드 헤이터(약 1611~1684)는 적그리스도가 교황이 아니라 투르크인이라고 생각했다. 그는 로마를 바벨론의 음녀와 동일시했다.

> **투르크**(역주. 터키인, 오스만 제국 사람, 이슬람교도)는 교황처럼 종교의 큰 적이며 또한 강력하지 않은가? 교황은 죽었고 도성은 불탔다고 가정해 보자. 이렇게 될 때 우리는 투르크에 관해 무엇을 할 것인가? ··· 교황은 짐승이 아니다. 짐승은 가장 늦게 멸망할 것이기 때문이다··· 교회의 문제는 교황이 죽을 때 끝나지 않는다. **투르크**가 여전히 살아 있기 때문이다. 그는 서방에서 교황이 했던 것보다 동방에서 교회를 더 많이 황폐케 하였다··· 그리스도인이 그리스도인과 싸우고 서로 파괴한다면 **투르크**는 이미 동방의 주인인 것처럼 서방에서도 그렇게 될 것이다··· 투르크가 로마 시를 점령한다면 어떻게 될 것인가··· 사람들은 로마가 바벨론이며 투르크가 짐승이라고 생각할 것인가?14

---

13 Peter Heylyn, *Cosmography in Four Books, Containing the Chorography and History of the whole World* (London, 1703), ii. 548. 헤일린은 1662년에 죽었고, 이 책의 초판은 1621에 발행됐다.

14 Richard Hayter, *The Apocalyps Unveyl'd; or a Paraphrase on the*

18세기 초에 소머셋셔(Somersetshire)의 교구 목사였던 마크윅(1664~1735) 또한 오토만 제국에서 큰 위협을 보았다.

> 교회는 날카로운 대립, 그리고 맹렬한 공격을 경험할 것이다. 먼저 여종의 아들, 하갈 사람들, 투르크인들, 이스마엘 사람들, 그리고 다음으로는 사탄의 강력한 도구, 적그리스도인 용의 권세와… [그리고 하나님께서는] 오랫동안 여러 민족의 폐허에 죽어 있는 이스라엘 집의 마른 뼈들을 움직이실 것이다. 그는 그들에게 가죽을 입히시고… 그들에게 숨을 불어넣으실 것이다.15

마크윅은 '투르크 제국'을 요한계시록 13장의 일곱 머리와 열 뿔을 가진 짐승과 동일시한다.

> 이 짐승은 내가 확증하기를 주저하지 않는바, 이 짐승은 투르크 황제다… 의심의 여지 없이, 11:7에서 **무저갱에서 올라온다**고 말한 같은 짐승이다… 뿔은 우리가 다음과 같이 셀 수 있다. **알제**(Algiers), **튀니스**(Tunis), **트리폴리**(Tripoli), **바르카**(Barca), **이집트**, 그리고 **투르크** 제국의 다섯 우두머리 정부의 다섯 우두머리 **지도자**(chief Beglerbegs)… 그들 종교의 설립자이자 위대한 사기꾼이며 모독자인 **아라비아인 마호메트**만이 아니라, 그의 추종자들도 똑같이 지옥처럼 섬뜩하고 흉악한 성격으로 그렇게 낙인찍혀 있다.16

마크윅은 요한계시록 13:3에서 기적적으로 나은 적그리스도의 머리 상처가 1403년에 술탄 베야지트(Bayezid)가 타메를란(Tamerlane, 티무르)에 패

Revelation of the Holy Apostle John (London, 1676), 246~47.

15 Nathanael Markwick, *A Calculation of the LXX. Weeks of Daniel, Chap. IX. Ver. 24.* (London, 1728), 117~18.

16 Ibid., 125, 127~28.

배하고 죽임을 당한 것으로 해석했다. 오토만은 곧 회복했으며 나아가 콘스탄티노플을 점령했고 그들의 앞길에 있는 모든 것을 초토화했다. 이것은 마크윅이 "회교도 제국은 다니엘 12:11에서 말한 **멸망의 가증한 것**"이라고 결론 내리게 했다.17 마크윅은 "투르크 제국의 실제적인 멸망이… 주후 2299이나 2300년"에 일어날 것으로 보았으며, 이것은 "유대인들의 회심"과 "비밀의 바벨론… 교황의 멸망"과 거의 같은 때일 것이다.18 마크윅은 다음과 같이 계산함으로써 이렇게 늦은 날짜를 결정했다.

> 거룩한 장소, 곧 유형의 성전, 그리고 여호와의 살아 있는 성전이자 주인인 **유대인**은 2,300일 동안 다른 한 대적의 발아래 밟힐 것이다. 나는 이것을 2,300년으로 이해하며, 그들의 연대를 아드리안 황제가 성전 정복을 완성한 주후 133년부터 계산한다.19

5년 후, 마크윅은 다니엘 7:8, 24~26의 '작은 뿔'이 '로마제국의 열 뿔에서 나오는' 것으로 보았다.

제국의 동쪽 절반이 투르크인에게 정복되었기 때문에 마크윅은 짐승이 교황이면서 이슬람교도라고 보았다. "그 **작은 뿔**은 **투르크**인가, 아니면 어떤 사람들의 생각처럼 **교황**인가? 전자보다 오랜 시간 후에 나타난 이 극악무도한 뿔은 전자와 같은 것일 수 없다… 후자가 가장했던 것보다 훨씬 더 높고 대담한 어떤 것이다."20 그는 다음과 같이 설명한다.

> 이 지점에서 독자가 나를 좀 더 잘 이해하도록 하게 말한다. 우리의 견해는 이렇다. 아직 태어나지 않은 한 사람이 있다. 마귀는 그가 한때 우

---

17 Ibid., 139~40.

18 Ibid., 249~50.

19 Ibid.

20 Nathaniel Markwick; *Six Small Tracts; viz. I. A Somewhat more express and explicit Enarration* ... (London, 1733), 73.

리의 주께 제시하였던 것, **세상의 모든 왕국을 권세와 영광과 함께 그에게 줄 것이다. 이 인물이 적그리스도, 자랑스러운 동방의 루시퍼로 불리는 자다.** 높이 들린 자, 땅 위에서 하나님이라 불리는 모든 것들 위에 높이 들린 자… **그리하여 그는 하나님으로 하나님의 성전에 앉아 자신이 하나님이라고 스스로 나타낸다.** 주어진 시간에 예루살렘의 주인으로서… 그는 세상이 자신의 것으로 생각할 것이기 때문이다.21

마크웍은 적그리스도를, 한때 로마제국에 포함된 지역에서 나타날 미래의 개인, 로마 가톨릭교도거나 이슬람교도로서 예루살렘을 탈취하여 자신이 하나님이라고 주장할 어떤 개인이라고 생각했다.

아일랜드 오소리(Ossory)의 성공회 주교였던 그리피쓰 윌리엄스(약 1589~1672)는 교황이 아니라 웨스트민스터 회의(Westminster Assembly)가 적그리스도라고 생각했다.22 점성술사이며 로마 가톨릭 개종자였던 존 개드버리(1627~1704)는 침례교도를 적그리스도로 보았다. "우리는 멀리 로마까지 가서 적그리스도를 찾을 필요가 없다… 침례교도(Dippers)의 비밀 집회에서… [우]리는 그를 찾을 수 있다."23

1688년, 제임스 2세의 통치 말기에 한 무명작가의 소책자에서 저자는 자신의 독자들에게 "우리 주 예수의 재림"을 준비하고 "신랑께서 오실 때 어리석은 처녀의 하나와 같이" 되지 않도록 호소하였다.24 이

21　Ibid., 4~5.

22　Griffith Williams, *The Great Antichrist Revealed, Never Yet Discovered. And Proved to be neither Pope, nor Turk, nor any Single Person nor any one Monarch nor Tyrant in any Polity* (London, 1661), title page; Hill, *Antichrist*, 152.

23　John Gadbury, *A Brief Examination of that Nest of Sedition and Phanatick Forgeries* (London, 1664), 23; in Hill, *Antichrist*, 146~47.

24　[Anon], *A Modest Inquiry into the Meaning of the Revelations. In a*

저자는 분명히 (역사주의가 아닌) 미래주의적 전천년주의자였다.

> **요한계시록** 4장 이후의 부분에 대한 나의 이해는 이렇다, 즉 그것은 **천년왕국** 바로 전에 있을 일들을 선포하며 그리고 **왕국**의 시작에 관한 것이다. … 나는 이 세 부분, 즉 **음녀**, **증인들**, **짐승**을 선정할 것이다. … 셋 모두 **땅**의 한 지점, 또는 한 **지역**에 있다. … 성취의 **때**와 이런 일들이 성취될 **땅의 범위** 모두 지금까지 생각했던 것보다 더 짧고 더 좁다… 이 책은 주로 땅에서 **그리스도의 왕국**에 관해 말한다… 이러한 일들이 성취될 시간은 1260일이지 1260년이 아니다. … **필자**의 때부터 **세상의 끝**까지인가? 혹은 **그리스도의 재림** 바로 전의 마지막 날에 이루어질 것인가? 모든 사람이 1,000년이라고 보듯 때를 문자적으로 이해하면, 마지막 때에 있을 일이라고 내게 가장 분명해 보이는 것이 (결국) 아주 명백하게 드러날 것이다.25

저자는 콘스탄티누스 이후의 역사적 전천년주의가 주장한 1260년의 개념이 아니라, 미래적 전천년주의의 1,260일의 개념(3년 반, 곧 7년 대환란의 반)을 제시하였다. 그는 두 견해 모두에 관한 이해를 보여주었으며, 두 견해 사이를 구별하기까지 했다. 그는 과거주의자의 견해(요한계시록의 사건들이 그것들이 기록되기 전에 일어났다고 보는 것)를 언급하고 그것을 배격하였다. "성 요한이 그 환상을 봤던 때, 또는 음녀의 심판이 이루어지는 때… 어느 것도 요한 때 있을 수 없다."26 적그리스도는 1,260일 동안 다스릴 미래의 '한 사람'일 것이며, 역사적 전천년주의자들이 주장했던 것과 같이 과거 1,260년 동안 지배했던 전체 교황 체제가 아니다.

Letter to all such as wait for the Kingdom of Christ (London, 1688), preface.

25 Ibid., 2~5.

26 Ibid., 5~6.

요한계시록 16장과 19장의 거짓 선지자도 한 명의 미래 인물로 이해됐으며, 두 증인은 17세기의 역사적 전천년주의자들이 주장하였던 집단적 운동들(보드와[Vaudois]와 피레네[Pyrenean]의 신교도들)이 아닌 한 사람으로 이해되었다. 저자는 사람들이 지난 1,260년 동안 짐승의 표를 받지 않으면 매매를 할 수 없었다고 믿는 것이 말이 안 된다고 생각했다. 그는 미래의 어느 때 단지 1,260일 동안 그런 일이 가능하다고 생각했다.27 저자는 머리가 상한 적그리스도가 미래의 배교 이후에 드러날 데살로니가후서 2장의 '불법의 사람'이라고 밝혔다.28 따라서 그는 "짐승은 아직 나타나지 않았으며, 따라서 그의 통치는 1,260년일 가능성이 매우 낮다."라고 결론지었다.29 이 저자는 1690년대에 질풍처럼 비슷한 종말론적인 글을 썼던 런던의 목사 토머스 베벌리(Thomas Beverly, 약 1606~1702)와 의견을 달리했던 것으로 보인다.

윌트셔(Wiltshire)의 교장이었던 존 힐드롭(1682~1756)은 18세기 초에 미래의 개인 적그리스도를 상상한 또 한 명의 성직자였다. 그는 로마가 "가장 부패한 교회이며, 그 결과 그러한 의미에서 그것이 적그리스도"라는 점에 동의했지만, 미래의 개인 적그리스도가 역사적인 기독교 신앙의 가르침과 일치한다고 믿었다.

> 나는 고대 교회가 계속 가르쳤던 교리에 반대해, 교황 또는 로마 교회가 큰 적그리스도라고 주장하는 것이 개혁의 목적에 도움이 된다고 도저히 생각할 수 없다… 개혁의 때가 이르기까지 모든 교회 시대를 통틀어 그러한 주제를 다루었던 [모]든 저자는 같은 의미로 그것을 이해했으며, 그것을 어떤 개인적인 사람에게 적용하였다(내가 하는 것처럼 아직 나타나지 않은 한 사람에 대해 적용하지는 않았을지라도)… 그것은 사도들, 특별히 성 바울… 이레나이우스… 히폴리투스 … 키

---

27 Ibid., 10~11.

28 Ibid., 10,12.

29 Ibid., 13.

프리아누스, 오리게네스, 예루살렘의 키릴 등이 전한 전통이었다.30

힐드롭은, "모스크바 대공국의 대주교 또는 총대주교 대리가 적그리스도에 관해 1704년에… 한 책을 발행했으며," 그것을 통하여 "그리스도가 그랬던 것처럼 적그리스도도 한 사람"이라고 주장했다는 정보를 러시아에게서 받았다. 힐드롭은 러시아 대주교가 인용한 한 관련 사건에 관해 다음과 썼다.

> 여러 언어를 말할 수 있는 어떤 이상한 아이가 **새 바벨론** 또는 **바그다드**에서 태어났다고 전해졌다. 지금 이 이야기를 믿었던 일부 **헬라**와 **라틴** 교회는 그가 다름 아닌, 그리스도께서 영광 가운데 다시 오시기 전에 드러나게 될 **개인적인 적그리스도**라고 결론을 내렸다. 이제 이 고위 성직자, 모든 모스크바를 통치하는 대주교는… (헬라 교회의 근본 방침들을 근거로) 세상의 종말과 적그리스도의 출생과 나타남에 앞서 나타날 징조에 관해 짧은 논문을 출판한 것으로 보인다.31

힐드롭이 인용하는 무명의 저자는 "적그리스도가 이미 태어났다는 것을 입증하려고" 이 보고에 관해 상세히 설명했다. 힐드롭은 또한 4세기 동방의 성자인 시리아의 에프렘(Ephrem of Syria)에 의해 보들리(Bodleian)에서 발견되었다고 알려진 시리아 사본을 인용하였다. "호의를 가진 마음과 그리스도인의 단순함을 가지고 그것을 읽는 자들은 누구나 분명히 알 수 있을 이유 때문에" 그 사본은 그에게 "적지 않은 즐거움"을 주었다.32 지금은 유사-에프렘으로 알려진 본문이 힐드롭의

---

30 John Hildrop, *God's Judgments upon the Gentile Apostastized Church. Against the Modern Hypothesis* (London, 1713), ii~iii.

31 Ibid., x.

32 Ibid., xv. 실제로 이것은 4세기에서 7세기의 Pseudo-Ephraem, *On the Last Times, the Antichrist, and the End of the World*이며 4세기의 성 에프렘의 글이 아니다. Psuedo-Ephraem과 그의 종말론에 관해 Timothy J. Demy

미래 개인 적그리스도 입장을 지지했다.

> 내 형제들아… 마지막 날의 대환란은 중대한 사건이 될 것이다… 혼란스러운 군중은 마지막에 나타날 이 폭군을 볼 것이다… 그리고 이 모독하는 자는 자신의 능력을 발휘하여 자신의 악한 영들을 모든 나라에 보내며, 공개적으로 선포해 말하기를 **위대한 왕이 영광 가운데 나타나셨다, 와서 그를 보라**… 그의 때에 땅에는 쉼이 없을 것이다! 오직 큰 환란, 분쟁, 혼란, 폐해, 기근이 온 땅에 있을 것이다… [그]는 우리 모두에게 경고하기를… **너희가 이 환란을 벗어날 가치가 있으며 인자 앞에 설 수 있다고 생각되기 위하여, 깨어서 항상 기도하라.** 때가 임박했기 때문이다… 주께 구하라, 온 세상에 임하는 환란에서 벗어날 수 있도록! 너희가 이 무서운 짐승을 보지도 않고 그의 두려움에 대해 듣지도 못하기를 원한다. 하나님의 대적으로서 그는 온 세상을 멸망시키려고 애쓸 것이기 때문이다. 기근과 지진과 여러 질병이 온 땅에 임할 것이다… 그는 모든 사람이 그의 표를 받게 하려 할 것이다.33

힐드롭은 다시 한 번 유사-에프렘을 인용하며 죽은 자의 대환란 후 부활을 암시한다.

> 따라서 그가 삼 년 반 동안 폭정으로 다스리며, 온 세상을 황폐화하키는 일을 마칠 때, 주께서 친히 말씀하신 대로, 거룩하시고, 순전하시며, 무서우신, 영광의 하나님께서 번개처럼 하늘에서, 이루 다 말할 수 없는 장엄함으로, 수많은 천사와 천사장과 함께 내려오시며… 두려운 목소리로 외쳐 말씀하실 것이다. **자는 자들아 깨어라, 보라 신랑이 오신다.** 무덤이 열리며, 눈 깜짝할 사이에 땅의 모든 민족이

---

and Thomas D. Ice, "The Rapture and an Early Medieval Citation," *Bibliotheca Sacra* 152 (July~September 1995): 1~13을 보시오.

33 Ibid., xxx~xxxix.

일어날 것이다… 짐승의 표를 받지 않은 정의롭고 의로운 자[들]은 즐거워할 것이며, 그의 표를 받은 압제자와 모든 불의하고 경건치 않은 자들은 의로운 심판자의 심판대로 끌려갈 것이며, 그는 그들에게 선고를 내리실 것이다.34

힐드롭은 또한 15세기 초에 살았던 버고스(Burgos)의 대주교 바울(Paul)의 글을 인용한다.

> 적그리스도가 세상의 끝에 이르러 일어날 것이며, 그는 전무후무한 박해를 할 것이다… 그는 그리스도인이 자기의 신앙을 배반하게 하며 또한 자신을 하나님으로 경배하도록 굴복시킬 것이기 때문이다. 따라서 마호메트가 실제로 그랬던 것처럼 그는 거짓 선지자임이 분명하며 명백히 누구보다도 그리스도와 대조되는 적그리스도로 불린다.35

힐드롭은 그가 "큰 적그리스도에 관한 세 가지 입장"이라고 부르는 것을 제시하며, 그것들이 다음과 같다고 말한다.

1. 그가 특정 인물일 것이라는 점,
2. 그가 모든 면에서 그리스도를 모방하려고 애쓸 것이라는 점,
3. 그가 마귀에 사로잡혀 일할… 것이라는 점.36

그는 마호메트나 이슬람이 적그리스도일 수 있다는 생각을 배격하였다.

> 첫째로, 사라센(Saracenic)이나 마호메트 종파는 이집트인부터 로마인에 이르기까지 나머지 모든 종파와 달리 우상숭배의 죄를 범하지 않기 때문이다.
>
> 둘째로, 이전에 [모슬렘은] 일반적으로, 참된 믿음을 고백하는 자들

---

34 Ibid., lix~lx.

35 Ibid., xxiii.

36 Ibid., xviii.

을 강제로 몰아내지 않았으며… 특정한 규제는 있었지만 투르크의 지배 아래서 그들에게 관대했기 때문이다.

셋째로, 마호메트교는… 예수님의 신성을… 부인하지만, 그가 세상의 모든 피조물 위에 가장 뛰어나신 분이심을 인정하기… 때문이다.

마호메트는 자신보다 그리스도를 선호하며, 코란을 오직 복음에 대한 확증으로서 소개한다. 그는… 적그리스도가 될 수 없음이 명백하다.

적그리스도의 박해는… 가장 짧을 것이다. [하지만] 마호메트의 박해는… 나머지 것들보다 훨씬 더 길… 것이다.[37]

힐드롭은 존 그라베(John Ernest Grabe, 1666~1711)의 글을 인용하며 결론을 맺는다. 그라베는 동 프러시아 출생의 신학자이며 성공회 목사였다. 그는 개신교도가 역사적인 기독교로부터 나온 종파 분리자들이라고 믿었기 때문에 로마 가톨릭으로 개종할 것을 고려했지만, 그에게 로마가 이단이 된 것을 보여준 동료 루터교회 신학자들의 설득으로 개종하지 않았다. 그라베는 영국 교회(역주. 성공회라고도 함)가 사도의 계승을 주장하였기 때문에 분리파가 아니며, 또한 성공회가 원래 그리스도의 복음에 계속 충실했기 때문에 이단이 아니라고 궁극적으로 결론을 내렸다. 그라베는 옥스퍼드로 거처를 옮겼으며 그리스도 교회(Christ Church)에서 대학 교목이 되었다. 거기서 그는 개신교도가 교황을 적그리스도로 부르는 것이 잘못되었다고 가르쳤다.

I. 그 첫 번째 이유는… 적그리스도를 신봉하는 열 왕, 그리고 결과적으로 적그리스도 자신이 로마와 전쟁을 벌이고 그것을 무너뜨릴 것이며… 따라서 적그리스도의 왕국과, 비밀스러운 바벨론 왕국 또는 로마 교황 제도는 별개의 두 왕국이기 때문이다.

… 적그리스도는… 바벨론을 황폐케 하고 벌거벗기고 또한 칼로 그 주민들을 삼키고 불로 그 도성을 사를 것이다(계 17:16).

---

[37] Ibid., xxii~xxiv.

II. 그 두 번째 이유는… 교황이 적그리스도가 아니면 로마의 왕실은 바벨론의 특성을 가질 것이기 때문이다. … 적그리스도를 따르는 왕들은-우리가 예언을 믿는다면-음녀, 곧 우상 숭배하는 교회를 미워할 것이다.

III. 천사는 성 요한에게 자신이 그에게 큰 음녀의 심판을 보여줄 것이라고 말했다. 하지만 성 요한은 적그리스도의 짐승과 관련된 심판으로 간주할 수 있는, 여인[로마]에 관한 그 어떤 것도 보지 못했다. … 따라서 심판을 받는 큰 음녀는 적그리스도가 아니다. … 로마에 대한 심판은 적그리스도의 출현 이후에 [있을 것이다].

IV. 또 다른 이유는… 적그리스도의 때 이전에 큰 변절, 배반, 배교가 있어야 하기 때문이다. 만일 그렇다면, 배교는… 그 후 뒤따르는, 적그리스도가 통치하는 상태로 생각될 수 없다. … 이 모든 것은 그리스도를 대적하는 저 불법의 사람, 적그리스도가 드러나는 길을 예비할 것이며 그렇게 해야 한다. 그리고 신실하지 못한 교회의 타락한 예배는 거의 우상 숭배에 가까울 것이지만, 적그리스도에 대한 예배나 짐승에 대한 예배는 아니다. … 정통 신앙에서 변절이 적그리스도의 때를 앞설 것이다.

V. 다섯 번째 이유는… 고대 교회의 저자들의 일반적인 견해에 의하면 적그리스도는 우상숭배와 그것에 관한 모든 외형에 대해 극도의 증오를 나타낼 것이기 때문이다.

… 히폴리투스는 적그리스도가 우상들을 묵인하지 않을 것이라고 말한다. 예루살렘의 성 키릴(St. Cyril)은 적그리스도가 우상들을 혐오한다고 말한다. 성 에프렘(St. Ephrem)은 적그리스도가 우상들을 혐오하는 가운데 자신을 우상숭배의… 적으로 선포할 것이라고 말한다. 성 크리소스토무스는 그가 모든 신을 해산시키고 파괴할 것이라고 말한다.

VI. 적그리스도는 앞에서 말한 것과 같은, 우상 숭배에 적대하는 이러한 선언에 의해 하나님의 장엄한 이름으로 속이며 하나님처럼 경배를 받을 것인데… 이것은 성 요한이 **그들이 짐승을 경배하였다**고 말한다는 점에서 확증된다… 그는 주로 홉스의 리바이어던(Hob's Leviathan)의 원리로 자신의 왕국을 세울 것이며, … 그리스도의 십자가에 반대하여 자신의 이름과 형상이 숭배되게 할 것이며… 모든 의미의 종교를 힘써 금할 것이기 때문이다.38

로마가 적그리스도가 아니라는 그라베의 논리 정연한 주장은 후기 스튜어트(Stuart) 시대의 옥스퍼드라는 영향력 있는 곳에서 제기되었으며, 교황 적그리스도에서 미래에 나타날 개인 적그리스도로 신학적인 전환이 이루어지는 데 크게 이바지했다.

17세기 개신교도 대부분은 교황을 적그리스도로 생각했지만, 리처드 프랭클린(1630~1685)은 로마가 단지 바벨론의 음녀라고 주장했다. 기사 의회(Cavalier Parliament, 1660~1679) 기간에 허트포드셔(Hertfordshire) 출신 의회 의원이었던 프랭클린은 스튜어트가의 왕정복고 시대의 고 교회(high church)에서 발전된, 로마가 아닌 다른 어떤 것이 적그리스도라는 개념을 실행했다. 프랭클린은 마호메트가 적그리스도라고 믿었고, 콘스탄티누스가 로마를 콘스탄티노플로 옮겼고, 콘스탄티노플은 1000년 후에 터키에 의해 정복되었으므로 투르크가 곡과 마곡, 곧 적그리스도를 섬기고 하나님의 백성을 침공한 이방 군대임이 분명하다고 믿었다.

> **사라센** 등과 함께 **곡과 마곡**은 기독교 국가를 크게 파괴하였으며, 그들의 거짓 선지자는 그토록 **그리스도**를 대적하고 **그리스도** 위에 자신을 높이므로, 나는 **마호메트가 큰 적그리스도**라고 선언한다.39

---

38 "The Opinion of Dr. Grabe about the Scripture Prophecies concerning the Church of Rome" appendix in Hildrop, *God's Judgments,* lxx~lxxix.

39 Richard Franklin, *A Discourse on Antichrist, and the Apocalyps shewing ... that Mahomet is the grand Antichrist* (London, 1675), preface.

하버드대학 학장이었던 인크리스 매더가 자신의 집필하는 동안 확인한 사실은, 교황이 적그리스도임을 부인하는 데 있어서 가장 영향력이 컸던 사람으로는 마술사 시몬(Simon Magus), 칼리굴라(Caligula), 그리고 이방 로마의 다른 황제들을 적그리스도로 보았던 그로티우스(Hugo Grotius) 및 다른 과거주의자들(해먼드[Hammond], 백스터[Baxter], 휫비[Whitby]와 같은)이었다.40 스튜어트 왕정복고 기간에, 로마를 적그리스도로 보았던 종교개혁의 표준적인 생각은 점점 쇠퇴했다. 그라베의 경우, 그리고 나아가 힐드롭에게 있어서, 로마는 바벨론의 음녀였으며 적그리스도가 아니었다. 프랭클린의 경우, 마호메트가 적그리스도로 간주되었다.

토머스 뉴턴(1704~1782)은 1750년대에 『예언들에 관한 논문들』이라는 제목의 세 권으로 된 장황한 전천년주의적 책을 출판했다. 이 출판으로 그는 보일(Boyle) 강연자, 왕실 예배당 목사, 브리스틀(Bristol)의 주교, 런던의 성 바울 대성당의 수석 사제가 됐다. 그의 책 거의 한 권 전체가 그로티우스(Grotius)와 예수회 수사들의 과거주의를 반박하는 데 주어졌다. 뉴턴 주교는, 일부 로마 가톨릭이 적그리스도가 교황 체계임을 부인하려고 의도적으로 다니엘이 말하는 '장차 올 왕'을 안티오쿠스로 재해석했지만 다른 로마 가톨릭은 미래의 개인 적그리스도를 고안했다고 믿었다.

> 그는 단지 삼 년 반 동안 지속할 것이다. 하지만 전에 우리는 **바벨론의 음녀**가 한 여인이 아닌 것처럼 **불법의 사람**이 한 사람이 아님을 보여주었다. 전자는 물론이고 후자도 전체 제도와 사람의 계승으로 이해되어야 한다. … 교황의 교리와 권위가 모든 것 위에 우세했을 때 적그리스도에 관한 바른 생각이 억압되고 교회의 학자들이 또 다른 길과 해석을 제시하려 노력한 것으로 생각하고 기대하는 것은 자연스러운 일이었다.41

---

40 Increase Mather, *A Dissertation concerning the Future Conversion of the Jewish Nation* (London, 1709), 8.

41 Thomas Newton, *Dissertations on the Prophecies, Which have remarkably been fulfilled, and at this time are fulfilling in the world.*

뉴턴 주교는 적그리스도가 교황이 아닌 다른 어떤 사람이라는 교리의 풍조가 점점 거세지는 것을 막으려고 할 수 있는 모든 것을 했다.

사우스캐롤라이나 찰스턴의 토리파(Tory) 교구 목사인 리처드 클라크(약 1740~1780)는 1759년부터 그가 영국 왕정주의자로서 영국으로 돌아가기까지 일련의 종말론 책을 썼다. 클라크는 '예언의 정신이 일반적으로 경시되는 것'을 걱정했다. "1757년 이후로 나는 그것을 깨닫고 있다… 하지만 나는 다가오는 위대한 경륜(dispensation)에 관한 거의 유일한 증인이다."42 그는 성경을 인용하였지만, 유대교 신비 철학(Cabbala)뿐 아니라 조지프 미드(Joseph Mede), 휴 브로우튼(Hugh Broughton), 토머스 버넷(Thomas Burnett), 헨리 모어(Henry More)와 같은 종말론 저자의 영향을 크게 받았다.43 1759년, 그는 적그리스도가 식스투스(Sixtus) 3세의 교황 정치를 통해 그의 1335년 동안 통치를 시작했다고 주장했다. 식스투스는 6을 뜻하며, 세 개의 6은 666, 곧 요한계시록 13장의 짐승의 숫자를 만들었다. 이것은 적그리스도의 통치가, 1762년과 1766년 사이에 그리스도께서 땅으로 돌아오셔서 적그리스도, 곧 '로마와 또 다른 자, 곧 마호메트' 모두를 멸망시키실 때에 끝날 것을 의미했다.44 클라크는 그의 다음 저작에서 자신이 대환란과 그 뒤를 이어 영광 가운데 나타날 그리스도의 재림을 기대한다고 썼다.

> **아들**이 **영광** 가운데 나타나실 것을 기대하는 이유는… 나의 판단에

(London, 1758), ii, 345, 370~71, 397.

42 Richard Clarke, *Signs of Times, or, A Voice to Babylon, the Great City of the World, and to the Jews* (London, 1773), vii~viii.

43 Ibid., 2.

44 Richard Clarke, *The Prophetic Numbers of Daniel and John calculated; In Order to shew the Time when the Day of Judgment … is to be expected: and the Setting up the Millennial Kingdom of Jehovah and Christ* (Boston, 1759), 4~6. 클라크는 1335년의 숫자를 다니엘 12:12 해석에서 얻었다.

따르면 "몇 년 안에," 곧 이때와 1763년이나 1764년 사이일 것이다. 이 시기 전에 다니엘 12:1에 예언된바, **환란의 때가 있을 것이다. 나라가 있은 후로 그때까지도 결코 없었던 것과 같은 환란일 것이다. 그리고 그때에 너의 백성은 구원을 얻을 것이다**… 하지만 히브리인들은 이것을 확신하라. 곧, 그들이 이 첫째 주, 또는 안식의 해에 부르심을 받는다면, 그들은 큰 고통과 어려움 가운데 있을… 것이다. 그들이 회복되기 전 이집트에서 때처럼. … 그들의 극심한 환란의 때가 임박했음이 분명하다.45

신비주의와 퀘이커 사상에 경도된 토머스 하틀리(1784년 사망)는 노샘프턴셔(Northamptonshire)의 교구 목사였는데, 후에 그는 영국에서 스베덴보리(Emanuel Swedenborg)의 사상을 발전시킨 주요 인물이 되었다. 1764년, 그는 『복락원』이라는 제목의 전천년주의적 논문을 썼는데, 이 제목은 밀턴의 『실락원』에 대한 풍자로 보인다. 그는 '선의의 사람들'이 세상의 종말에 대해 잘못된 날짜를 정했으며, 그리하여 예언의 연구에 비웃음을 가져왔다는 것을 인정했으며, 신비적이며 예언적인 사상가들을 '광신자'로 간주한 웨슬리(John Wesley)의 비판을 뭉개버렸다.46 그는 또한 "다니엘의 70이레에 대한 유명한 예언"이 어떻게 일어날지 결정하는 것이 어렵다는 것을 인정했지만, 또한 곧 우리가 "마지막 환란"을 경험할 것이며, 우리가 "다가오는 메시아의 왕국"을 "준비하는 일을 서둘러야 한다."라고 경고했다.47 하틀리에 따르면, 대부분의 사람은 "시대의 표시를 위하여 오직 로마를 바라보는 경향이 있지만," 적그리스도는 실제로 로마가 아니라 대환란 동안 "미래에 개인적으로 다스릴 자연적이며 세속적인 사람"이다.48

---

45 Richard Clarke, *Spiritual Voice to the Christian Church and to the Jews; Explanation of the Sabbatical* (London,1760), 138~39.

46 Thomas Hartley, *Paradise Restored: or A Testimony to the Doctrine of the Blessed Millennium* (London, 1764), 272, 389.

47 Ibid., 272~73.

대환란은, **세상의 처음부터 있어 왔던 것들과는 다른 특별한 것이 며**… 특별히 이 극악무도한 사람의 통치가 예언된 다니엘 11장과 12장에 언급된 **멸망의 가증한 것**… 그 날들의 환란 직후, 세상의 모든 민족은 인자가 하늘의 구름을 타고 오시는 것을 볼 것이다. 따라서 인내의 소망 가운데 우리 주의 재림을 모든 기대 가운데 기다리자. 그가 위로부터 **예루살렘**을 세우려고 오실 때를… 이를 위해 예정된 시간은 매우 짧을 것이다. 이는 극도의 가혹함 때문이며, 그리고 택하신 자들, 악한 자의 분노로부터 기적적으로 보존될 그들 중 많은 이들을 위하여 그 때가 단축되었기 때문이다.49

『적그리스도의 종교』라는 제목의 1770년의 무명 저자의 글은 적그리스도를 로마로 한정하지 않았으며 "사람의 인격, 성질, 의식을 가진 모든 종류의 성직자"를 포함했다.50 저자는 역사적 전천년주의자였으며, 다섯 번째 대접이 그때 "성직자의 왕국 위에 쏟아질 것"이라고 기대했으며, 여섯 번째 대접, 곧 "마호메트 세력의" 붕괴가 이제 막 일어나기 시작했다고 믿었다.51 저자는 일곱 번째 대접이 세상의 끝에 그리스도께서 오시는 것이라고 믿었다.

노르위치(Norwich) 침례교 평신도 그랜텀 킬링워스(1699~1779)는 유대인이 그들의 땅으로 돌아올 때 재건할 예루살렘 소재 미래의 성전을 더럽힐 미래의 개인 적그리스도를 믿었다.

선지자 엘리야가 나타나기 [오]래 전에 유다 지파가 그들이 흩어져

---

48 Ibid., 275, 282.

49 Ibid., 282, 303.

50 Anon., *The Religion of Antichrist: or, Notes on the Book of the Revelation of John, and other Prophecies* (London, 1770), vi.

51 Ibid., vii~viii.

있던 여러 곳에서 함께 모일 것이며, 팔레스타인으로 돌아와, 안이함과 평안과 풍족함 가운데 거기 정착하여, 속세의 모든 좋은 것을 즐길 것이다. **여호와가 먼저 유다 장막을 구원하리니, 예루살렘 사람들은 다시 그 본 곳 예루살렘에 살게 되리라**, 스가랴 12:6, 7. ⋯ 예루살렘에서 유다 지파는 가장 훌륭한 성전을 지을 것이다⋯ 그리고 이 **하나님의 성전**에서 큰 적그리스도, 또는 **불법의 사람, 멸망의 아들이 앉아 자신**을 나타내 보이고, **하나님처럼 경배를 받을** 것이다. 에스겔 40:4~48장, 데살로니가후서 2:3, 4. ⋯ [그]는 아침의 말과 모든 종류의 거짓으로 부패/타락할 것이며, 자신의 정책에 의해 기술이 번영하게 하고 그로 인해 평화롭게 권세를 얻을 것이다⋯ 대중의 선에 대해 가장 사심이 없는 것처럼 가장할 것이다⋯ 제국의 최고 우두머리의 명예와 관심을 증진하게 시키려고 수많은 군대가 그에게 위임될 것이며, 그리하여 그는 작은 백성에게서 일어나 크게 될 것이며, 자기 뜻에 따라 행할 것이다. 그의 권세는 클 것이지만, 자신의 힘에 의한 것이 아니다.52

킬링워스는 그때에 적그리스도가 어떻게 군대를 일으킬 것인지 설명한다. 그는 이스라엘을 침공하여 예루살렘의 재건된 성전에서 자신이 하나님이라고 선포할 것이다. 하지만 유대인은 그를 경배하지 않을 것이며, 그리하여 그는 그들의 전 종족을 멸절시키려고 시도할 것이다. "하지만 하나님께서는 그들에게 안전한 장소를 제공하실 것이다⋯ 이것이 우리의 복되신 주께서 말씀하신 환란이다. 마태복음 24:15~29."53 하지만 적그리스도에 대해 말하면,

---

52 Grantham Killingworth, *Paradise Regained: Or the Scripture Account of The Glorious Millennium, &c. The Time when it will commence; First Resurrection & Change: Elijah and St. John prophesy 1260 Days. Anti-Christ, the Man of Sin* (London, 1772), 10.

53 Ibid., 11~12. 이것에 관한 이러한 배경과 이미지는 에스겔 38~39장, 다니엘 9장, 계시록 13장에서 온 것이다.

> 많은 **백성과 종족과 언어와 나라**는 전에 그들이 우리 복되신 주께서 **하늘의 구름 가운데 나타나신** 것을 보고서 크게 두려워했어도 여전히 적그리스도를 **하나님**으로 **경배**할 것이다. 주께서 성도들을 심판하시려고 물러나신 후에 사람들은 여전히 적그리스도에게 미혹되며, 적그리스도는 자신을 가장하고 자신의 사자들을 통하여 사람들 자신이 보았던 것이 단지 자신의 능력을 보여주기 위해 일으켰다가 사라지게 만든 하나의 현상이라고 믿게 만들 것이다.[54]

킬링워스에 따르면 두 증인 엘리야와 요한이 죽은 후에 적그리스도의 군대는,

> **인자가 권세와 큰 영광과 함께 구름을 타고 오시며⋯ 하늘의 군대가 뒤를 따르는 것을 볼 것이다.** ⋯ 이어서 적그리스도의 모든 군대는 완전히 진압되고, 어디에 있든 그의 모든 동맹국은 해체되고 부서질 것이다. 그리고 모든 권세와 권위가 완전히 파괴될 것이다.[55]

이 일 다음에 적그리스도는 불 못에 던져지며, 사탄은 무저갱에 묶이고, 45일 동안 어지러운 것들(시체와 적그리스도 군대의 무기들)이 정돈된 후 성전이 정화될 것이며, 그리스도의 발이 예루살렘의 동쪽 감람산 위에 내려서실 것이며, 천년왕국이 시작할 것이다.[56]

더블린(Dublin)의 스코틀랜드계 아일랜드 침례교 목사인 제임스 러더포드는 교황을 적그리스도로, 마호메트를 거짓 선지자로 명시했다. 그들은 함께 유대인이 그들의 땅으로 돌아오기까지 세상을 지배하면서 아마겟돈 전쟁과 그리스도께서 성도들과 함께 오시는 길을 예비할 것이다.[57]

---

54 Ibid., 18.

55 Ibid., 19~20.

56 Ibid., 23, 41.

런던의 침례교도인 윌리엄 버튼에 따르면 어떤 저자들은 루이 14세를 적그리스도로 보았다. 하지만 버튼은 프랑스 혁명으로 교황을 적그리스도로 보는 생각이 쇠퇴했다고 결론을 내렸다.[58]

개혁자들과 청교도들이 교황 제도를 적그리스도로 이해했으나, 17세기 말기에 이르러 잉글랜드 사람들은 프랑스 군주정치를 적그리스도로 보았다. 1775년에 이르러서 미국 독립전쟁 수행자들은 영국을 적그리스도로 보기 시작했다.[59] 자유의 아들(A Son of Liberty; 역주. 독립 전쟁의 리더 중 한 사람이었던 Thaddeus Kosciuszko)은 인지 조례(Stamp Act)가 요한계시록 13:16의 '짐승의 표'라고 생각했다. 그 표시 없이는 사람들이 문서를 사거나 팔 수 없었기 때문이다.[60]

초대 교부들의 일치된 생각은 적그리스도가 미래의 개인, 사탄이 내재하는 한 사람이라는 것이었다. 현대 세대주의자들처럼 이레나이우스는 다니엘 7~11장의 뿔/왕, 마태복음 24장의 성전을 황폐케 할 사람, 데살로니가후서 2장의 불법의 사람, 요한 서신의 적그리스도, 요한계시록 13~20의 짐승을 함께 묶어 미래의 한 개인으로 여겼다. 적그리스도가 로마와 관련되기 시작한 것은 10세기가 되어서였다. 처음 이러한 견해를 가졌던 자들은 종종 교황에게 따질 일이 있었던 중세 대주교들과 추기경들이었다. 13세기와 14세기에 이르러 적그리스도를 로마로 명시했던 자들은 카타리파(Cathari), 위클리프, 후스와 같은 분리파들이었다. 16세기에 루터, 칼뱅, 녹스와 같은 신교도 개혁자들은 계속해서 이러한 해석을 수호했지만, 17세기에 이르러 로마를 변호한 예수회(Jesuit) 변론자들과 그로티우스는 적그리스도가 미래의 개인을 가리킨다

---

57 James Rutherford, *Dissertations on Biblical Principles* (Newcastle, 1794), dissertation iii, 215~33.

58 William Button, *Prophetic Conjectures on the French Revolution, and other ... shortly expected events* (London, 1793), 8, 45.

59 James W. Davidson, *The Logic of Millennial Thought: Eighteenth Century New England* (New Haven: Yale University Press, 1977), 234, 241, 248.

60 Ibid., 238.

는 생각으로 되돌아갔다. 일부 개신교도들은 로마 가톨릭과 함께 모슬렘을 적그리스도 후보에 포함시켰다. 18세기에 이르러 개신교도 성직자들(성공회 힐드롭과 그라베, 이어서 비국교도 하틀리와 킬링워스)도 적그리스도를 미래의 한 개인으로 보기 시작했다.61 킬링워스가 미래의 적그리스도의 행위에 대해 제시한 설명은 이레나이우스가 15세기 전에 사용했던 것과 같은 구절들을 함께 묶었으며, 그것은 존 다비(John Nelson Darby)가 60년 후에 제시할 설명과 놀랍게도 가깝다.

---

61 Christopher Hill, *Antichrist in Seventeenth-Century England* (New Haven: Yale University Press, 1977). 이것은 나의 연구에서 발견했으며, 후에 힐의 책 *Antichrist*를 읽는 가운데 구체화되었다. 힐의 책 첫째 장 제목은 "1640년 이전, 로마 적그리스도"이며, 마지막 장은 "1660년 이후, 사람 적그리스도"다.

14

18세기 대각성 시대(1740~1770)의 종말론

From an Historic Papal Antichrist to a Future Personal Antichrist

아이작 와츠(Isaac Watts, 1674~1748)는 찬송 작가이자 신학자였다. 그는 「하나님께서 인간에게 지정하셨던 모든 종교와 그들을 향한 모든 세대의 조화」에서 이렇게 약술했다.

> 하나님께서 그 안에서 인간에게 기대하셨던 의무들을 포함한, 연속되는 몇 시기들, 또는 세계의 시대들(ages), 그리고 하나님께서 금하셨던 죄들과, 또한 그분께서 이러한 죄인에게 가하겠다고 위협하신 형벌들과 더불어서, 그분께서 약속하셨던, 또는 사람들이 그분에게 기대하도록 만드셨던 지금과 앞으로의 축복들: 혹은, 하나님께서 만드신 세대들은 하나님께서 인류를 다루시기 위해 지정하신 도덕적인 규칙들로서 더욱 더 단순하게 묘사될 수 있었을 수도 있다… 하나님

께서 정하신 각각의 세대는 이 세상의 연속되는 몇몇 시대들에서 인간들에게 지정된 다른 종교들로서, 혹은 적어도 종교의 다른 형태들로서 대변될 수도 있다.1

와츠가 나눈 세대들, 혹은 "연속된 시기들, 또는 세계의 시대들"은 이렇게 되어 있다.

I. 무죄(Innocency) 세대, 또는 처음에 있었던 아담의 종교

II. 은혜 언약의 아담적인 세대, 또는 타락 이후의 아담의 종교

III. 노아 세대, 또는 노아의 종교

IV. 아브라함 세대, 또는 아브라함의 종교

V. 모세 세대, 또는 유대인들의 종교

VI. 그리스도교적 세대

와츠는 연속되는 각 단계 또는 세대가 있다고 해서 하나님께서 변하신다는 의미는 아니며, 그분께서 인간 문화나 이해 능력에 대해 서로 다른 적응(accommodation)을 하셨다는 사실을 보여준다고 믿었다.

> 인간에 대한 하나님의 이런 세대들은… 우리가 성경의 많은 부분을 훨씬 더 잘 이해하도록 도와주는데, 왜냐하면 이것이 구약과 신약에 있는 많은 난제를 즐거이 설명해 줄 것이기 때문이다. 나에게 있어서, 성실한 연구자를 만족하게 할 수 있는 또 다른 방식의 해결책이 존재하는 것 같아 보이지는 않는다.2

---

1 Isaac Watts, *The Harmony of All Religions which God ever prescribed: Containing A Brief Survey of the several Publick Dispensations of God toward Man, or his Appointment of Different Forms of Religion in successive Ages* (London, 1742), 100. (이것은 온라인 *Isaac Watts Works* (Leeds: Baines, 1800), ii, 537~73; 625~60에서도 찾을 수 있다.)

2 Ibid., 100. 다시, 이것들은 그의 책 「하나님께서 인간에게 지정하셨던 모

성서 전반에 걸쳐 있는 모순들을 인식하고서, 와츠는 기원전 2000년의 아브라함 때의 다양한 문화부터 기원후 1세기의 그리스도교 성경의 기록에 이르기까지 변화들을 반영한, 세대들에서 변화들을 통해 그것들에 관해 설명했다.

> 때로 [하나님께서는] 특정한 음식을 금하도록, 때로는 발에서 신을 벗도록, 때로는 번제를 드리도록, 때로는 물이나 피를 가지고서 씻거나 뿌리도록, 때로는 거룩한 절기에 먹거나 마시도록 정하셨다. … 이러한 의무 규정들은, 그것들이 계시되거나 요구되었던 시간과 장소에서, 그 지역과 시대에 살았던 사람들이 가지고 있었던 종교의 적절한 부분이 되었다. 그 이유는 하나님을 향한 내적인 경외가 그분에 대한 순종이라는 외적인 집행(Transactions)으로 표현되었기 때문이다. 다양한 시대와 장소에서 적용되는 이러한 것들을 고안했던 주된 이유는, 하나님께서 죄악된 세상을 자신과 화목하게 하고 계신다는 사실을 상징(Emblem)이나 비유(Figure)의 방식으로 인간들에게 점차 가르치기 위한 것이었다… 죄인들을 회복시키려는 하나님의 이러한 전체적인 계획은… **한 번에** 전부 알려졌던 것은 아니었으며… 연속되는 많은 시대를 통해, 그것도 특정 인물들에게 알려졌으며, 그리고 그들을 통하여 나머지 인류들에게 알려졌다… 하나님께서 인간들과 맺으신 이러한 집행들과 인간들에게 명시된 약속들은 보통 이에 해당하는 **세대들**로 구분되며… 은혜 또는 의무를 나타내는 하나 또는 그 이상의 특별한 표징(sign)과 상징에 의해서 다른 것과 구분된다.3

든 종교와 그들을 향한 모든 세대의 조화」 전체에 걸쳐 장 제목이 된다(단지 한 쪽에서만 아니라; 왜냐하면 책 서두에 목차가 없기 때문에). 100쪽이라는 인용은, in quatro 119쪽을 가진 초판(1742)을 인용한 것이다. 그렇지만, Leeds edition(1800)은 volume 2의 마지막 섹션(625~60쪽)인데, 그것은 전체 면으로 36쪽뿐이다. 그게 바로 1742년판에서 그것이 100쪽에 있고 『작품집』에서는 v.ii, 660에 있는지에 대한 이유이다.

3 Ibid., iv, ix~x.

와츠는 미래 세대에 관해서는 그리스도의 재림에 있을 부활 외에 다른 언급을 하지 않았다. 비록 그가 전천년주의자였고 일련의 점진적인 세대들을 믿었을지라도, 그를 세대주의자-우리가 현재 이 용어를 이해하는 바대로-라고 부르는 것은 정확하지 않을 것이다. 왜냐하면 무엇보다도, 유대인들이 자신들의 불신앙 때문에 하나님의 백성으로서 지위를 잃고 교회가 이것을 대체하였다고 그가 믿었기 때문이다. 그가 그리스도의 재림 직전에 "유대인들에 대한 특별한 부르심"을 진실로 기대하였으나, 이는 현세대에 유대인들이 가지고 있는 특별한 지위를 통해서라기보다는 오히려 그리스도께로 집단적으로 회심하는 것을 통해서 될 것이었다.4

노스햄튼(Northhampton)의 회중주의 목사이자 와츠의 친구였던 필립 도드리지(1702~1751)는 1739년에 신약에 관한 인기 있는 여섯 권짜리 주석인 『가족 주석』을 출판하였다. 이 책에서, 그는 미래주의적 전천년설을 옹호했다. 마태복음에 대한 자신의 주석에서, 그는 트루크가 "유대인들의 회복 때까지 팔레스타인(the Holy Land)을 계속 소유할 것"이라고 기대하였는데, 유대인들의 회복은 "이방인들의 수가 가득 찰(the fullness of the Gentiles)" 때 일어날 것이다. 그는 "마지막 날 하늘에서 나타날 인자의 징조"를 천사들이 "사방에서 그분이 선택하신 자들을 모을… 사람들이 먹고 마시며 결혼하느라 인자의 오심이 예기치 못한 것이 되며 놀라움이 될" 때와 연결한다.5 그리고 그는 그리스도의 초림과 재림 사이의 때를 "복음의 세대"라고 했다.6

바울 서신인 데살로니가전서에 관한 도드리지의 주석에서, 비록 지상으로 즉각 (또는 대재앙 후) 귀환에 관해 언급하지 않았지만, 그는 죽은 자들이 일어나는 4장에서의 사건을 "수백 만의 사람이 티끌 더미에서 단번에 일어나고, 모두 영광의 옷으로 치장하며, 자신들을 매우

---

4 Scott Aniol, "Was Isaac Watts a Proto-Dispensationalist?" *Detroit Baptist Seminary Journal* 16 (2011), 1~22.

5 Philip Doddridge, *The Family Expositor: or, a Paraphrase and Version of the New Testament* (London, 1739), 2:384, 389, 393.

6 Ibid., 2:399.

오랜 시간 동안 무덤에 가두어 두었던 땅을 비웃으면서… 공중에서 주님을 만나는 사건인 휴거"라고 불렀다.7

데살로니가후서 2장에 관한 그의 주석에서, 그는 휫비 박사(Dr. Whitby)의 과거주의적 견해, 곧 카이사르가 '불법의 사람'이었다는 주장을 반박했다. 대신, 적그리스도가 (아직은 일어나지 않은 일인) 로마의 멸망 때까지 드러나지 않을 것이라는 터툴리아누스와 아우구스티누스, 그리고 크리소스토무스의 견해와 일관되게, 로마 제국이 "막는 존재(막는 자)"(6절)라고 믿었다. 만약에 이러한 말들이 "교황 제도(the Papacy)에 적용되지 않는다면… 지금까지 누구였으며, 혹은 누가될 수 있는지, 이것들이 누구와 관계있는지 말하기 어렵다."라고 그는 결론지었다.8

미국 식민지 시대에 목사였으며 세대주의 신학을 비난하던 많은 사람에게 매우 존경받았던 조나단 에드워즈(1703~1758)는 "종말론에 매혹되었으며, 시대들의 모든 표적을 신중하게 주목했으며, 그 도래를 계산하고 또 계산하였으며, … 적그리스도의 통치가 교황제가 끝나는 1866년에 끝날 것이며 옛 뱀, 곧 사탄은 천년왕국이 시작되는 2000년에 정복될 것이라고 결론 내렸다."9 에드워즈는 천년왕국의 도래를 기대하였을 뿐 아니라, 또한 거룩한 역사를 여러 세대−이 모든 것이 '같은 계획'을 가지고 있다는 점에서 와츠에 동의하면서−로 나누었다. 에드워즈는 이렇게 썼다.

> 그것[구속의 행위]과 연관된 다양한 세대와 행위는 하나의 계획(one scheme)이 가지고 있는 다양한 부분들일 뿐이다. … 이 사이[아담과 하와의 타락부터 그리스도의 재림까지]에 있는 하나님의 다양한 세대(dispensations)는 같은 행위에 속해 있으며, 같은 계획(인류의 구속)으로 나아간다.10

---

7 Ibid., 5:381.

8 Ibid., 5:408~10.

9 Eugen Weber, *Apocalypses* (Cambridge, MA: Harvard University Press, 1999), 171.

"여러 세대"에 오직 "하나의 계획"이 있다는 에드워즈의 반복된 주장은, 다른 세대들에 다른 계획들이 있다고 주장하는 누군가가 존재했음을 암시한다. 에드워즈처럼, 대부분의 세대주의자들은, 비록 그것을 이루려고 하나님께서 여러 세대 가운데 다양한 방법을 사용하실지라도, 하나님께서 "인류의 구속"이라는 하나의 중심되는 목적을 가지고 계시다는 것을 인정할 것이다. 에드워즈는 자신이 주요한 참가자였던 대각성 운동이야말로 임박한 천년왕국의 징조라고 믿었다.11

1742년, 새뮤얼 존슨-『영어 사전(Dictionary of the English Language)』를 저술한 존슨 박사가 아니라, 데본셔(Devonshire)의 사제였던 동시대인-『성경 예언들에 대한 설명』을 저술했다. 그는 계시록과 에스겔서, 다니엘서, 그리고 요엘서에 나타나 있는 마지막 날에 관한 여러 구절을 마태복음 24장에 나오는 예수님의 말씀과 바울의 데살로니가서와 통합하려 했다. 그는 최소한 네 가지 시기를 언급하였다: "족장 시대, 모세 율법 시대(Mosaical), 복음 시대, 그리고 천년왕국 시대."12 그는 유대인들이 이스라엘로 귀환하고 예루살렘에 세 번째 성전이 재건될 것-이것은 적그리스도에 의해 더럽혀질 것이었으나-을 기대하였다.13 그가 믿기에, 성경이 새로운 유대 국가를 향한 투르크(the Turks, 그가 곡과 마곡이라고 지칭한)의 적대를 예언하고 있는데, 그것은 "유대인들로부터 가나안 땅을 되돌려 받으려는 시도"로서 거대한 공격을 통하여 그 정점에 이를 것이며, 결국 "오토만 제국의 파멸과 붕괴"를 초래할 것이었다.14

존슨은 첫 부활 또는 휴거에 어떤 단계들이 존재할 것인지, 그래서 "모든 사람이 자신의 순서대로 일으킴을 받을 것이며, 이는 누군가는

---

10 Jonathan Edwards, *Works*, i, (Isaiah 51: 8), 534.

11 Andrew Holmes, "Conclusions" in Gribben and Holmes, eds. *Protestant Millennialism* (New York: Palgrave, 2006), 230.

12 Samuel Johnson, *An Explanation of Scripture Prophecies, both Typical and Literal* (Reading, 1742), 294~95.

13 Ibid., 296.

14 Ibid., 297~99.

다른 이들보다 먼저 일으켜지는 것을 암시"하는지를 숙고했다.15 그는 모든 성도가 천년왕국이 개시되기 전에 부활할 것이며 천 년 동안 그리스도와 함께 통치할 것이라고 믿었지만, 그리스도의 재림보다 앞서 있을 휴거에는 순서가 있을 수도 있다고도 믿었다.

> 필자는 의로운 사람들의 부활이 **동시적**이 아니며 **점진적**일 것이라고 이미 인정했다. 곧, 성인들(Saints)은 모두 동시에 부활하지는 않을 것이다… 성인들의 부활 순서와 다른 이들의 부활 순서 사이에는 약간의 공간과 간격이 존재할 것이다. 그리고 여기서 **순교자들**은 독보적인 위치를 점할 것이다. 어떤 이들은 먼저 부활할 것이며, 다른 이들은 그 뒤를 따를 것인데, 이렇게 계속적인 순차를 따라 결국 하나님의 선택된 모든 자가 살아날 것이다. … 군대의 해산이나 행진에 있어서 앞서가는 **대장**(captains)과 지도자가 있는 것처럼, **엄청나게 많은 수의 집단** 가운데에서 **순교자들**이 앞서 나가며 길을 주도할 것이며 **첫 번째로 새 예루살렘**에 입성할 것이라고 우리는 합리적 결론을 내릴 수 있을 것이다.16

존슨에 따르면, 순서상 가장 먼저 살아날 사람들은 계시록 앞부분에 등장하는 순교자들이 될 것이며, 좀 더 평안한 죽음을 맞이한 그 밖의 성도들이 그 뒤를 이을 것이다. 그리고 마지막으로, "이세벨의 가르침을 따르지 않았으며, 사탄의 구렁텅이에 빠지지 않았던, 경건하며 비교적 온건한 가톨릭교도들(Papists)"이 포함될 것이다.17

비록 15세기에도 "rapt"라는 동사가 "하늘로 이끌리다"라는 의미로 사용되었지만, "휴거"(rapture)라는 명사는 17세기에도, 그리고 18세기에는 더욱 자주 여러 저자에 의해 사용됐다. 이러한 저자의 한 사람은

---

15 Ibid., 377~78, 고전 15:23.

16 Ibid., 380~83.

17 Ibid., 383~84, 계시록 6:9.

존 길(1697~1771)로, 그는 18세기 거의 대부분 기간 런던 남부 사우쓰웍(Southwark)에 있는 침례교회에서 목회하였는데, 이 교회는 19세기에 찰스 스펄전이 목회할 바로 그 교회였다. 1740년대 저술하였던 아홉 권짜리 『성서 강해』에서, 휴거가 성도들이 지상에 쏟아질 진노를 피하게 하는 것이라고 그는 썼다.

> 갑자기 한순간 눈 깜짝할 사이에, 휴거가 가져다줄 힘과 권능으로, 그리고 부활한 자들의 몸과 변화된 성도들이 가지게 될 민첩함으로. … 부활한 성도들의 이러한 휴거는 이 세상에 대한 대재앙과 전소(全燒, burning)가 끝날 때까지 그들과 함께할 것이며, 그들을 이것으로부터 지켜 줄 것이다. 그러고서, 하나님의 모든 선택 받은 자들이 신랑을 위하여 아름답게 꾸민 신부로서 하늘에서 내려올 것이며, 그분은 그들과 함께하실 것이다.18

성도들을 대재앙에서 보호하며 그들을 그리스도의 신부로 준비시키려고, 휴거는 성도들을 이 땅에서 옮겨 (단지 하늘이 아닌) 천국(heaven)으로 데려갈 것이라고 길은 덧붙였다.

> 그분은 땅으로 내려오시지 않을 것인데, 왜냐하면 이곳이 그분을 맞이하기에 적절하지 않기 때문이다. 그러나 땅과 그의 피조물들이 불에 타서 깨끗하게 되어 새로운 땅이 되면, 비로소 그분은 이 땅에 내려오셔서 이곳에서 성도들과 함께 거하실 것이다. 또한 이 사실은, 그가 왜 공중에 거하시며 성도들을 거기서 만나실 것인지, 그리고 이 세상의 전반적인 대재앙과 전소가 끝날 때까지 보호하려고 누구를 셋째 하늘로 이끌어 가실 것인지에 관한 또 다른 이유를 보여준다. 그리고 그 후에 신랑을 위해 치장한 신부로서 하나님의 선택을 받은 모든 자가 하늘에서 내려올 것이다.19

---

18 John Gill, *Exposition of the Holy Scripture* (London, 1748), 살전 4:17.

더 나중의 설교에서, 길은 성도들이 그리스도와 만나려고 "부활할" 뿐만 아니라, 또한 다시 지상으로 내려오기 전까지 "잠깐 머물기" 위해 "하늘로… 올라갈" 것이라고 반복해서 주장하였다.

> 그리스도의 영적 통치는 증인들이 부활하여 하늘로 올라가자마자 일어나는데, 이는 교회가 더욱 순수하고 영적이고 천상적 상태가 된다는 것을 의미한다. 이것은 일곱째 나팔이 불리면서 시작하는데, 이때 **이 세상의 나라들은** 그리스도께 복종하게 될 것이다. … 변화되어 생명을 얻은 이 성도들은 부활한 자들과 **다 함께 끌어올려져, 공중에서 주님을 만날 것**이다. 이후에 일어날 일들이 다 끝날 때까지 그분과 그들은 그곳에서 잠깐 머무를 것이다. … 전 세계적 대재앙이 시작할 것이며, **하늘은 큰 소음과 함께 사라질 것이며 원소들/물질들은 녹아내릴 것이다.** … 새 하늘들과 새 땅이 뒤를 이을 것이고, … 그리스도께서 이 새 땅으로 내려오셔서 거하실 것이며, … 여기서 그분의 백성들이 그분과 함께 거할 것이다.20

길은, 로마서 11:25의 "이방인의 충만한 수"가 하나님께서는 결코 [자신의 언약들을] 파기하지 않으시며 [그분의] 언약은 결코 깨어지지 않을 것이기 때문에, 그들[유대인들]이 흩어짐을 당한 그 땅들에서 다시 돌아와 그들의 나라가 단번에 다시 탄생할 때, 즉 상대적으로 나중의 때와 관련이 있다고 가르쳤다.21

길은 그가 거의 생애 말년에 저술한 세 권짜리 조직신학 책 『신성한 교리와 실행 총람』에서, 핵심 교리들을 상세하게 설명했다. 부활과 재림에 관련하여, 그는 이렇게 가르쳤다.

---

19 Ibid.

20 John Gill, *The Glory of the Church in the Latter Day: A Sermon Preached to the Society which Support the Wednesday Evening-Lecture, in the Great East-Cheap, Dec 27th 1752* (London, 1753), 10, 34~35.

21 Gill, *Exposition*, 로마서 11:25~29.

의로운 자들과 불의한 자들 모두에게 적용되는 부활의 교리: 비록 전자가 후자보다 천 년 앞서 일어날 것이며 많은 일이 그 사이에 발생할 것이다. 곧, 세계에 임할 대재앙, 새 하늘과 새 땅이 만들어짐, 그곳에서 그리스도께서 성도들과 함께 거하시며 통치하심, 그 기간에 사탄이 결박됨; 그리스도의 직접적인 나타나심 뒤에 이어질 모든 것… 그분이 다시 오실 때 그의 모든 성도와 함께 오실 것이다(살전 3:13), … 적그리스도와 적그리스도적인 국가들을 파괴하고 네 번째 짐승을 죽이고 불태우신 이후에, 자연스러운 순서대로, 인자가 자신의 나라를 차지하시려고 다시 오실 것이다. … [그분께서] 하늘 구름을 타고 오시는 것은 그분이 두 번째로 친히 오시는 것과 연관된다.22

길은 대환란과 그리스도 재림의 때 유대인들과 성도들 그리고 이 세상에 어떠한 일이 일어날 것인가에 관하여 설명했다.

마지막 때, 그들의 회심의 때, 그리스도께서 그들을 위해서 일어나실 유대인들은 - 그 전에 큰 환란이 있을 것이다: 증인들을 죽이는 때에 성도들에게 있을 것이며, 진노의 잔이 쏟아질 때 적그리스도적인 국가들에게 있을 것인데, 이는 곧 영적 통치를 가져올 것이다. 그 후에 그리스도께서 친히 오실 것이다. … 모든 성도는 그분과 함께 올 것이며, 그분과 함께 지상으로 내려올 것이며, 그분은 감람산 위에 서실 것이다.23

그는 성도들이 일시적으로 갈 천상과 성도들이 통치할 지상 왕국을 구별했다.

---

22 John Gill, *A Complete Body of Doctrinal and Practical Divinity; or a System of Evangelical Truths, deduced from the Sacred Scriptures* (London,1796; 1770년에 처음 출판), v. II, 394~95. 이것은 여러 권으로 구성한 그의 조직 신학이다.

23 Ibid., ii, 395~96.

내 아버지 집에는 거할 곳이 많도다. 내가 너희를 위하여 거처를 예비하기 위하여 가노니 내가 다시 와서 너희를 내게로 영접하여. 그리스도의 아버지 집은 곧 천국을 의미하며… 그들이 모두 그 안에 모여 그들이 준비될 때, 그분께서 친히 다시 오셔서, 그들의 몸을 다시 일으키시며, 그들의 영혼을 그 몸에 다시 결합해서, 영혼과 몸을 가진 그들을 자신에게로 데려가실 것이다.24

길에 따르면, 그리스도의 재림은 이중적인데, 먼저는 택하심을 받은 자들을 공중에서 만나셔서 그들을 천국으로 데려가시고, 그리고 나중에 대재앙 후에 그들을 데리고 지상으로 내려오실 것이다.

그리스도는 단번에 지상으로 내려오시지 않을 것이다. 그분이 세 번째 하늘에서 나타나실 때, 그분은 공중에 내려오셔서, 죽은 성도들이 일어나고 살아 있는 자들이 변화될 때까지 거기서 얼마간 머무르실 것이다. 그리고 이 둘 모두가 그분께로 데려감을 당하여 새 땅이 그분과 그들을 위하여 준비될 때까지 거기에 계실 것이다. 그분과 그들이 천상에서 지상으로 내려올 때, 그들은 그분과 함께 천 년 동안 다스릴 것이다.25

길은 성도들이 지상으로 내려오기 전에 그리스도와 함께 천상에서 어느 정도 기간 머무를 것인지에 관해 숙고하지 않았지만, 그는 그 기간에 일어날 몇 가지 사건을 열거했다. 우선 대재앙이 있어야만 하며, 아마도 어린양과 그의 신부를 위한 혼인 잔치 동안에 "새 땅이 그분과 그들을 위하여 만들어져 준비될 것이다."

길의 책 『신성한 교리와 실행 총람』의 장 제목은 그의 세대주의적 구조를 반영한다.

---

24 Ibid., ii, 398.

25 Ibid., 401.

1권 1장: 은혜의 언약: 아담에서 노아까지

2장: 족장 때 은혜 언약

3장: 모세 세대에 은혜 언약

4장: 다윗 시대와 후속되는 선지자들과 그리스도의 초림 때까지 드러나는 은혜 언약

5장: 옛 언약의 폐지… 그리고 새 언약의 도래, 혹은 두 번째 실행26 (길이 종종 "복음 세대"라고 불렀던)….27

4권 "만물이 회복될 때"는 부활과 그리스도의 재림, 우주의 소멸, 새 하늘과 새 땅, 천년왕국, 최후의 대대적 심판, 그리고 악한 자들과 성도들의 최종적 상태에 관한 장들을 포함한다.28 길이 주장하는 여섯 세대는 다비(Darby)의 세대(무죄 시대, 양심 시대, 인간 통치 시대, 족장 시대, 모세 율법 시대, 은혜 시대 그리고 천년왕국 시대)와 매우 비슷한데, 그는 아브라함 이전의 세대들을 합쳤다. 두 사람의 세대 구분에는 족장 시대와 율법 시대, 은혜 또는 복음 시대 그리고 천년왕국 시대가 있다.

감리교는 종말론에 관해 변화무쌍한 역사를 가지고 있다. 외부인들은 종종 감리교도들을 '열광주의자(enthusiasts)'라고 비난하곤 한다. 웨일스의 사제 테오빌로 에반스(Theophilus Evans)는 자신의 책 『현대 열광주의의 역사』에 감리교도를 포함시키면서, 그들은 "하나님께서 그들을 다시 살리셔서 영광스러운 천년왕국이 도래하게 하셨다."라고 믿는다고 주장했다.29 그러나 이러한 비난은 부당한데, 왜냐하면 (특히) 웨슬리와 같은 감리교의 지도자들은 자신의 추종자들이 지나치게 종말론에 치중하지 않도록 매우 조심했기 때문이다. 웨슬리는 로버트슨 박사

---

26 Ibid.,목차.

27 Ibid., 397, 399.

28 Ibid., 399, 목차.

29 Theophilus Evans, *The History of Modern Enthusiasm, from the Reformation to the Present Times* (London, 1752), 75.

(Dr. John Robertson)와 찰스 웨슬리(Charles Wesley)에게서 온 1747년의 편지로 일찍이 전천년주의를 접했다. 이 편지에서 로버트슨은 다니엘서와 계시록을 언급했으며, 천년왕국이 "1836년 6월 18일 일요일"에 시작할 것이라고 주장했다.30

찰스 웨슬리(1707~1788)는 그의 형제 존 웨슬리보다 천년왕국 사상에 좀 더 열려 있었다. 1754년, 찰스는 한 개인 편지에 이렇게 썼다. "나는 또한 당신에게 다니엘서와 계시록에 관해 저술한 아이작 뉴턴 경의 글들과 계시록에 관한 미드(Mead)의 주석을 자세히 살펴보기를 권합니다. 두 사람 모두는 진리에 매우 근접해 있습니다."31 웨슬리 형제 외에 가장 탁월한 감리교도는 프랑스에서 망명한 위그노 윌리엄 플레처(John William Fletcher)였다. 1755년에 존 웨슬리에게 보낸 편지에서, 플레처는 세 가지 세대로 이루어진 전천년주의를 옹호했다. "이교 시대, 유대교 시대, 그리고 완전한 복음 시대."32 플레처는 심지어 추가로 다른 세대들을 언급하기도 했는데, 각각의 세대는 그리스도의 세 번 도래로 끝난다고 했다. 그리스도의 베들레헴에서 탄생은 옛 언약을 끝냈으며, 그분의 재림은 이 세대를 끝내고 천년왕국을 수립하며, 천 년이 지난 다음 오실 때 천년왕국을 끝내고 최후의 심판을 가져올 것이다.33

11장에 인용한 두 편의 친유대적인 찬송(philo-Semitic hymns)이 찰스 웨슬리가 아일랜드에 머물던 1762년 여름에 출간되었다. 1762년 말에

---

30 1747년 9월 23일, 존 로버트슨 박사가 찰스 웨슬리에게 보낸 편지, *Wesley Letters*, 97.

31 Charles Wesley, 1754년 4월 25일 불명의 수신자에게 보낸 편지, Kenneth Newport, *Apocalypse and the Millennium* (Cambridge: Cambridge University Press, 2000), 148에 인용; Jeffrey Jue, *Heaven on Earth: Joseph Mede (1586~1638) and the Legacy of Millenarianism* (Dortrecht: Springer, 2006), 248.

32 Criag Blaising and Darrell Bock, *Progressive Dispensationalism* (Grand Rapids: Baker Books, 1993), 118(크레이그 블레이징과 대럴 박, 『점진적 세대주의: 하나님 나라와 언약』, 곽철호 역 [서울: CLC, 2005], 166).

33 1755년 11월 29일 존 웨슬리에게 보낸 존 플레처(John William Fletcher)의 편지, *Welsey Letters*, 95.

아일랜드에서 돌아오자마자, 존 웨슬리는 조오지 벨(George Bell)이 이끌던 감리교운동에 있던 한 무리의 종말론 열정주의자들과 연관된 상황을 다뤄야만 했다. 벨은 율리우스력으로 그해 마지막 날인 1763년 2월 28일에 세상이 끝난다고 주장했다.34 1763년 1월에 존 웨슬리는 자신을 벨과 그의 추종자들과 거리를 두게 하는 일련의 편지를 썼다.35 2월 8일에 찰스 웨슬리에게 쓴 편지에서, 벨과 그와 연루된 자들이 "모임에서 나갔으며 우리와 함께한 모든 교류를 그만두었다."라고 존 웨슬리는 말했다. 그리고 2월 9일에 런던 크로니클(London Chronicle)에 보낸 편지에서, 그는 이렇게 썼다. "(1) 벨 씨는 우리 모임에 속한 회원이 아니며, (2) 나는 세상의 종말이나 어떠한 징조 재난도 28일에 일어난다고 믿지 않습니다."36 3월에, 존 웨슬리는 헌팅돈의 백작부인(Countess of Huntingdon)에게 이렇게 썼다. "저 방종한 가련한 벨과 여섯 명 이상의 사람이 하는 예언들에 관해, 나는 그들에 관해 어떤 책임도 없으며… 그들에게 조금도 동조하지 않았고, 그들에 관한 소식을 들은 바로 그 순간부터 그들을 반대했습니다."37 불행하게도, 웨슬리의 가장 가까운 동료이자 이 운동의 지도자 가운데 한 명이었던 토머스 맥스필드(Thomas Maxfield)는 벨과 함께 떠나 버렸다.38

'열광주의'라는 혐의를 언제나 두려워한 존 웨슬리(1703~1791)는 자신의 운동에서 '열광주의자들'을 제거하려고 그가 할 수 있는 모든 일

---

34 그레고리언 달력으로 전환은 영국에서 1752년에서야 됐는데, 그때 그해 마지막이 12월 31일이 되었다.

35 1763년 1월 5일 찰스에게, 1763년 1월 7일 *London Chronicle*에, 1763년 1월 26일에 토머스 맥스필드(Thomas Maxfield)에게 보낸 존 웨슬리의 편지들, Wesley's Letters (1763) Wesley Center Online.

36 1763년 2월 8일 찰스에게, 1763년 2월 9일 *London Chronicle*에 보낸 존 웨슬리의 편지들, Wesley's Letters (1763).

37 1763년 3월 20일 헌팅돈 백작 부인(the Countess of Huntingdon)에게 보낸 존 웨슬리의 편지, Wesley's Letters (1763) Wesley Center Online.

38 1763년 5월 "한 친구"에게 보낸 존 웨슬리의 편지, Wesley's Letters (1763) Wesley Center Online.

을 했다. 벨과 함께한 무리가 기적적인 치유와 특별한 계시들, 그리고 무아지경에서 말하는 것을 주장하기 시작했을 때, 존 웨슬리는 걱정했다. 1762년 가을에 존 웨슬리가 아일랜드에서 돌아왔을 때, 벨의 무리는 감리교 모임의 분위기를 급진적으로 바꾸기 시작했고, 임박한 종말의 날로 1763년 2월 28일을 주장했다.39 벨의 무리에는 맥스필드와 감리교 운동의 몇몇 다른 설교자도 포함되었다. 존 웨슬리는 그들에게 자신의 염려를 담은 편지를 보냈으며 그들 각자를 개인적으로 만났다. 그러나 그는 그들의 견해를 바꾸는 데 성공하지 못했다. 결국, 그는 그들을 감리교에서 추방해야 했으며 이 운동은 나뉘었다.40 존 웨슬리에 따르면, "내가 벨의 예언에 관해 들었을 때부터 나는 분명하게 그를 반대한다고 선언했다." 벨이 주장한 종말의 날이 가까워지자, "그들의 몇몇은 그날을 2월의 마지막 날로 정해 놓고서 그 성취에 대하여 잔뜩 부푼 기대를 안고 빅스(Biggs)의 집에 모여 있었다."41

벨은 18세기의 나머지 시기 내내 종말론적 주제들에 관해 출판했다. 1796년에 그는 멸망이 1797년에, 혹은 1816년에 일어날 것이라고 주장하는 「적그리스도의 멸망」을 펴냈다. 동시에 그는 '유대인의 회심'과 '증인들의 부활'을 기대하였으며, "전 세계적으로 복음이 가장 놀랍고 급속하며 성공적으로 전파될 것"이며 "천년왕국이 이 시기의 끝에 개시"될 것을 기대했다.42

---

39 Henry Rack; *Reasonable Enthusiast: John Wesley and the Rise of Methodism* (Epworth, U.K.: Epworth Press, 1989), 276, 337~39; *Journal of John Wesley* (London, 1938), 4:542, 535~37.

40 John Tyson (ed.), *Charles Wesley: A Reader* (New York: Oxford University Press, 1989), 372; *Journal of John Wesley*, 5:4~5.

41 *Journal of John Wesley*, 5:12, 1763년 4월 23 이후의 편지에서. Arnold Dallimore, *George Whitefield* (Westschester, IL: Cornerstone,1980), ii: 460.

42 George Bell, "The Downfall of Antichrist" in *The Evangelical Magazine* (London, 1796), iv, 56~61.

존 웨슬리가 세계의 종말에 관해 예언하는 사람들을 염려했지만, 그들은 감리교 안에서조차 계속 존재했다. 회의론과 반대에 직면했어도 흔히 다비(John Nelson Darby)가 세대주의를 발전시켰다고 주장하는 것보다 거의 한 세기 전인 계몽주의 전성기에도 임박한 종말에 관한 사상이 계속 융성했다는 사실은 주목할 만하다.

15

미국과 프랑스 혁명기(1770~1800)의 종말론

Apocalypticism in the American
and French Revolutionary Period (1770~1800)

    8장에서, 청교도들(New England Puritans)이 이스라엘을 미래적 천년 통치의 핵심으로 이해하고 있었음을 이미 살펴보았다. 이러한 상황은 1770년대에 몇몇 설교자들이 혁명적 열정을 가지고 그 초점을 미국으로 돌리면서 변화되었다. 제임스 데이비슨(James Davidson)에 따르면, 미국 식민지 개척자들은 "미국이 도래할 왕국의 중심지라는 사상을 받아들이는 것이 훨씬 더 용이하다."라는 사실을 깨달았다. 데이비슨은 코네티컷주 댄버리(Danbury)의 회중교회 목사이자 독립군의 군목이었던 볼드윈을 인용하는데, 그는 미국이 "그리스도께서 마지막 날에 지상에 세우실 영광스러운 왕국의 중심 위치"가 된다고 설교했다.[1]

---

1 Ebenezer Baldwin, "The Duty of Rejoicing under Calamities and Afflictions" (New York, 1776), 38~40; in James Davidson, *The Logic of Millennial Thought: Eighteenth-Century New England* (New Haven: Yale

데이비슨은 또한 매사추세츠주 플리머스(Plymouth)의 목사였던 새뮤얼 웨스트를 인용하는데, 그는 미국을 도래할 천년왕국의 요지가 될 새로운 시온(the new Zion)으로 언급했다. 1777년의 크리스마스 설교에서 웨스트는 이렇게 선언하였다.

> 우리의 시온은 온 세상의 기쁨과 찬미가 될 것이다. 다른 나라들은 미국이 주는 위로의 젖을 빨 것이며, 이 나라에서 흘러나올 복음 진리의 풍성한 빛과 지식으로 만족할 것이다.2

또한 프랑스 혁명의 격동은 많은 사람이 마지막 때가 가까웠다고 믿게 하였다. 1745년경, 던디(Dundee)의 스코틀랜드 목사였던 존 윌리슨(1680~1750)은 후에 『프랑스 혁명과 적그리스도의 멸망 예언』이라는 제목이 붙을 글을 썼다. 윌리슨은 '음란한 바벨론'인 교황 제도의 임박한 붕괴와 '마호메트와 적그리스도의 멸망'을 기대했다. 이방인의 충만한 수가 찰 것이며,3 "유대인은 그들이 흩어져 있는 모든 나라에서 나와 다시 모일 것이며, 자신들의 땅으로 옮겨질 것이다."4 조롱하는 자들이 일어날 것이며, "세상에서 믿음을 보기 힘들 것이다."5 그 다음에 "막대한 문제들… 매우 큰 두려움과 고통… 지금까지 결코 없었던 곤경의 때가 있을 것이며… 그때 하나님의 백성들은 구원을 얻을 것이

University Press, 1977), 248.

2 Samuel West, "An Anniversary Sermon Preached at Plymouth, December 22nd, 1777" (Boston, 1778), 49~50; in James Davidson, *The Logic of Millennial Thought: Eighteenth-Century New England* (New Haven: Yale University Press, 1977), 250.

3 John Willison, *A Prophecy of the French Revolution, and the Downfall of Antichrist; being Two Sermons* (London, 1793), 13~18.

4 Ibid., 19. Willison의 *The Balm of Gilead for Healing A Diseased Land; with The Glory of the* (Air, 1800), 121에 반복.

5 Ibid., 21. *Balm of Gilead*, 122에 반복.

다."6 윌리슨은 프랑스 혁명이 "적그리스도의 패망 직전에 일어날 것이며, 짐승을 지지하였던 열 개 나라의 하나가 믿을 수 없는 혁명(계 11:13)을 겪을 것인데… 이것이 프랑스에서 발생할 것이다."라고 추측했다.7 그가 멸망의 때를 1789년이 아니라 1866년이라고 규정했어도, 윌리슨의 저작이 프랑스 혁명기에 몇 번이나 재발행은 놀랄 일도 아니다.8 적그리스도의 패망 소식이 "천사들과 성도들 모두"에게 이를 때, 윌리슨 자신은 이미 천국에 있기를 소망했다.9

1771년에 조지프 에어는 『유대인의 회복과 연관된 예언들에 관한 의견』을 저술했는데, 이 책의 논지는 이렇게 간략히 요약할 수 있다.

> 처음 시대들 이후에, 부와 권세를 가진 교회는 스스로 풍성해지기보다는 오히려 정신이 너무 부패한 나머지, 일반적으로 성경에 관한 연구들을 무시했다. 교황제가 지배(the papal tyranny)하던 동안… 예언서들에 관한 연구가 장려되지 못하고 거의 전적으로 무시된 것은 전혀 이상한 일이 아니었다. 전체적으로 우리는 성경 예언에 대한 강해서/연구서를 거의 가지고 있지 않으며, 있는 것조차도 잘못된 것들이다. 그러나 종교개혁이 일어나기 시작하고 오랜 시간 사람들에게 차단되어 있었던 성서가 모든 그리스도인이 읽을 수 있도록 다시 열렸을 때, 예언서에 관한 연구가 다시 살아나기 시작했으며 이것들에 대한 올바른 이해를 위하여 매우 의미 있는 진전이 이루어졌다. … 필자는 우리 동포인 **조지프 미드(JOSEPH MEDE)**가 가장 기억되어야 한다고 생각하는데, 그는 예언서에 관한 일관되고 믿을만한 설명을 우리에게 제공해 준 첫 번째 사람이었다. … 필자는 브리스톨의 현직 감독인 **뉴턴 박사(Dr. NEWTON)**를 언급하지 않을 수 없는

---

6 Ibid., 22, 마태복음 24장과 누가복음 21장을 인용. *Balm of Gilead*, 122에 반복.

7 Ibid., 23.

8 Ibid., 28. *Balm of Gilead*, 127에 반복.

9 Ibid., 30.

데, 그가 저술한 『예언서들에 대한 논문들(*Dissertations on the Prophecies*)』은 전체적으로 보아 아마도 이 주제에 관해 지금까지 출판된 그 어떤 책과도 비견될 수 없다.10

에어는 예언에 관한 중세 해석을 비판했으며, 그리스도교가 모든 약속들을 성취했다고 주장했다.

> 그들은 일반적으로 유대인과 열 지파의 회복에 관계된 예언들을… 그리스도의 교회와 연관 지어 적용했다. 그들은 **이스라엘, 아브라함의 후손**, 그리고 **예루살렘**이라는 용어들을 **그리스도인**이나 전체적인 **그리스도 교회**에 풍유적(영해적)으로 적용하였다—위대한 축복에 관한 약속과 함께 이 용어들이 등장할 때마다. … 그러나 이것들은 지금까지 존재했던 그 어떤 상태의 기독교에도 적용될 수 없다. … 지금까지 그 어떠한 기간도 **전쟁들, 박해들, 이단들** 또는 **타락**에게서 전적으로 자유로웠던 때가 존재하였던가?11

그런 다음 에어는 초기 교부들을 인용하면서, 그들이 그리스도께서 예루살렘에 돌아오셔서 문자적 천년왕국을 세우실 것을 얼마나 기대했는지 보여주었다. 그러나 중세 교회는 이 교리를 부정했으며, 이는 초기의 종교 개혁가들도 마찬가지였는데 이들의 반대는 자신들이 개혁하였던 (로마) 교회가 했던 반대와 같은 원리에서 비롯한 것이었다. 다시 말해, 그들은 자신들만의 특별한 교파(sects)와 그 견해가 너무나 순수하고 오류가 없어서, 지상에 완벽한 나라를 세우려고 오실 그리스도의 재림 때까지 더는 개혁이 필요하지 않다고 여겼다.12

---

10 Joseph Eyre, *Observations upon the Prophecies relating to the Restoration of the Jews* (London, 1771), vi~vii.

11 Ibid., viii~ix.

12 Ibid., xv.

에어는 또한 18세기에 매우 보편적이었던 과거주의적 견해를 비판했다. 하나님께서는 아브라함에게 약속의 땅이 "영원히" 그의 후손들에게 속할 것이라고 약속하셨으며, 그분은 모세에게 이스라엘이 마지막 때에 다시 모이기 전까지 모든 나라에 흩어진다고 말씀하셨다. 그러나

> 역사상 일정 기간 그들이 자신의 땅으로 복귀한 것, 그리고 그 후에, 되돌아올 그 어떤 소망도 없이, 그보다 거의 네 배나 되는 오랜 기간 온 세상에 흩어진 것이, 아브라함의 후손에게 이 땅을 **영원히** 주겠다는 그 약속의 참된 의미가 될 수는 없었다. … 주님께서 그들을 다시 돌이키시겠다고 하신 그 포로 상태가 바벨론 포로를 가리키는 것일 수는 없다. 이 기간에 그들은 결코 땅의 이쪽에서 저쪽 끝까지 모든 사람 가운데 흩어지지 않았다.13

에어는 또한 주님께서 자신의 "흩어졌던" 백성 이스라엘을 "두 번째로" 모으실 것이라는 이사야의 예언을 인용하였는데, 이번에는 "지구의 사방 끝에서부터" 모으실 것이다. 이것은 바벨론에서부터 첫 귀환을 가리키는 것일 수 없으며, 천년왕국의 평화 이후에 올 회복을 의미한다. 이러한 예언은 "어떠한 측면에서라도 지금까지 지상에 존재한 그 어떤 기독교 상태에도 적용될 수 없다."14 에어는 추가로 150쪽에 걸쳐 예언들을 인용하면서, 마지막 날에 유대인이 이스라엘을 재건할 것을 기대하라고 자신의 독자들에게 간청했다.

1781년에 필라델피아에 설립된 미국 최초의 보편구원론파 교회(Universalist church)의 설립자인 윈체스터(1751~1797)는 1780년대 후반과 1790년대 초반에 일련의 종말론 연구서를 출간했다. 그의 주요한 목표는 모든 사람이 마지막에 구원받는다는 것을 입증하는 것이었다. 그러나 그는 또한 마지막 때가 오기 전에 환란 후 전천년설적 구조(the

---

13 Ibid., 3~4; 창세기 13:14; 신명기 4:27~30; 30:1~5.

14 Ibid., 16~17; 이사야 11:1~10.

post-tribulation, premillennial scheme)에 따라서 사건들이 펼쳐진다고 믿었다. "투르크가 약해질 것이며," 그러므로 "유대인이 본토로 돌아오는 것"이 가능해질 것이다. 그리고 "그들의 적들은 자신들의 군사력을 다시 모을 것"인데, 윈체스터는 이를 (요한계시록이 아니라) "에스겔서의 곡과 마곡"으로 규정하였다. 이러한 적들이,

> 이스라엘 땅이 오랫동안 황폐한 이후에 거주민들이 새로이 돌아왔을 때, 이스라엘 땅을 짓밟으려고 다시 올 것이며, 자신들 서로를 겨누는 칼에 의해 파멸할 것이다. … 유다 왕국은 그들과 싸울 것이며, 적들의 육체는 스스로 서 있을 동안에 불에 삼켜질 것이며, … 큰 우박과 불, 그리고 유황… 곡과 마곡은 이스라엘 땅에 매장될 것이다. 그들의 장례가 7개월 동안 지속할 것이며, 7년 동안 그들의 무기가 불에 탈 것이다.15 [에스겔 38~39장 인용]

4. 그리스도의 재림 때, 죽은 성도들이 일어날 것이며, 살아 있는 성도들은 변화돼, 모든 이는 공중으로 끌어올려져 주님을 만날 것이고, 그들은 그분과 함께 지상으로 내려와 통치할 것이다. 우리 주님의 나타나심은 그분을 보게 될 유대인의 회심에 영향을 줄 것이며, 그리하여 그들은 그분에 대한 오랜 거절을 거두고, 그분을 참된 메시아로 인정할 것이며, 그분을 자신들의 주님이자 왕으로 받아들일 것이다.
5. 유대인을 대적하는 사람들은 파멸할 것이며, … 영광스러운 천년왕국이 개시할 것이며… 유대인은 다시 한번 하나님의 특별한 백성으로 인정받을 것이며… 지상의 모든 나라와 백성에게 크게 존중받을 것이다… 예루살렘은 역사상 가장 영광스럽게 웅장하게 재건될 것이다. … 주 예수께서 들어가실 영광스러운 성전이 세워질 것이며, 거기에서부터 그분은 자신의 성도들과 택하심을 받은 자들을 온 세상으로 보내셔서 인류를 가르치고 축복하게 하실 것이다.16

---

15 Elhanan Winchester, *A Course of Lectures, on the Prophecies what remain to be fulfilled* (London, 1789), ii, 10.

16 Ibid., 356~57.

윈체스터는 또한 마지막 때에 관하여 긴 시를 썼다. 이 시가 휴거에서 부터 시작하여 보좌와 흰옷, 그리고 경배로 나아가는 것에 주목하라. 이와 동시에 땅에서는, 유대인들이 자신의 땅으로 돌아오는데 나중에 그 땅이 침략되며, 그리고는 마침내 그리스도와 그분의 성도들이 땅으로 돌아와 모든 것을 정복할 것이다.

  이것은 가장 새로운 노래이며,
    이 땅에서 구속된 사람 외에는 그 누구도 배울 수 없네
  하나님과 어린양께 첫 열매이며,
    그들의 입술은 교활함과는 거리가 머네
    그들은 거룩하신 보좌 앞에 흠 없이 서 있네

  그분에 의해 큰 환란에서 벗어난
   모든 나라, 족속, 백성, 방언으로 이루어진 큰 무리가
   피로 빨아서 새하얗게 된 옷을 입고서
   이 기쁜 날에 잠잠할 수 없으리

  오히려 크게 소리쳐 이르되, 구원하심이 보좌에 앉으신 하나님
    과 어린양께 있으리
    천사들이 이 노래에 함께 하여, 그들의 왕이자 주인이신 우리
    구주 예수 그리스도를 경배하네

  그러나 그때가 되려면 아직은 조금 더 있어야 하네,
    위대한 능한 일들이 반드시 이루어져야 하네
  예수님의 통치가 시작되기 전에,
    유대인이 자신들의 옛 땅으로 돌아가서
    그 후로 줄곧 그 안에서 평안하게 거해야 하네

  그리고는 그들의 적들이 한 번 더 일어나
    약탈과 노략을 할 생각을 해야 하네
    폭풍처럼 그들은 그 땅을 대적하러 올 것이며
    무력으로 예루살렘을 쇠하게 하려 할 것이네

집들을 덮쳐 모든 것을 약탈하며
　연약한 여성들을 괴롭히고 남성들을 끌고 가네
이 도성에서 포로로 끌고 가며
　그 날에 자신들이 승리했다고 생각하리

그러나 시간이 촉박해서
　그들이 모든 것을 사로잡지 못하고 절반만 차지했을 때,
보라, 주 여호와께서 나타나시리!
　승천하셨던 영광스러운 예수님께서 오시리
그가 이 땅에 승리자로 돌아오시리
　그들은 경악과 공포에 사로잡힐 것이며
그들의 자만과 분노는 진압되어
　더 이상 그들은 정복할 수 없으리. …

그리스도께서 자신의 빛나는 무리들을 데리고 오실
　그 날이 얼마나 영광스러울지!
예수님 안에서 잠자던 성도들이 일어나고
　살아 있는 모든 성도들은 변화될 것이며
그들은 자신들의 주님과 함께 영광 중에 나타나
　그분과 같이 되어 그분을 있는 그대로 볼 것이네

부활에 동참한 저들을
　주님께서 진실로 구별하시어
둘째 사망이 그들을 지배하지 못할 것이며
　그들은 왕과 제사장으로서 보좌에 앉을 것이네
그들의 주님께서 이 땅을 다스리실 것이니
　이 영광은 모든 성도들을 위하여 예비된 것이네

예수님께 성산에 임하실 때
　적군이 얼마나 놀라겠는가?
그들은 그분의 임재 앞에서 소멸되어
　결국 파멸될 것이네

그들의 몸은 다 무너져 뼈만 남고
  그들의 눈과 혀 또한 불에 소멸되리
저들과 짐승들은 희생 제물이 되어
  탐욕스러운 새들의 먹이가 되리
맹수들이 그들을 먹어치우리[17]

윈체스터는 프리스틀리(Joseph Priestly)와 미국 건국의 아버지 러쉬(Benjamin Rush) 둘 모두와 친한 친구였는데, 그들은 윈체스터가 목회하던 교회에 정기적으로 출석했다. 그는 또한 최초의 노예 폐지론자(Abolitionists)의 한 명이었으며 1770년대에 이미 다양한 인종으로 구성된 교회에 관해 설교했다. 윈체스터가 이단적(heterodox)이었을지 모르지만, 그렇지 않았던 전천년주의자들도 많이 있었다.

버크셔(Birkshire) 뉴베리(Newbury)의 침례교회 목사였던 제임스 비체노(1751~1831)는 『시대의 징조』을 썼는데, 거기서 그는 프랑스 혁명을 계시록에 나오는 마지막 나팔로 이해했다.

> 흩어진 유대인과 이방인의 충만한 수가 차는 것 둘 모두가 이루어질 것인데… 땅, 곧 루이 14세에 의해 완성된, 프랑스의 전제 정치에서 나올 둘째 짐승(계시록 13장)은… 낭트 칙령(the Edict of Nantz)을 폐지하고 프랑스에 남아 있던 모든 시민적 자유를 전복시킴으로 종교적 진리와 시민적 자유 때문에 증인들[위그노들]을 죽였다. 이러한 광경을 일으킨 장본인은 바로 그 사람이었다. 영적 전제 정치가 수립됨으로써 마지막 짐승(교황제)이 나타나기 위해서… 증인들은 정치적으로 죽어 있었다… 1789년에 프랑스에서 있었던 혁명은 증인들이 시민적 삶으로 부활한 것이었으며, 여기서 예기되었던 예언적 지진 뒤

---

[17] Elhanan Winchester, *The Process and Empire of Christ: From His Birth to the End of the Mediatorial Kingdom* (London, 1793). 이것은 45쪽짜리 시인데, 첫째 행과 연은 191쪽에서, 둘째는 230~31쪽에서, 그리고 마지막은 234쪽에서 가져왔다.

에 일어났던 소동들이었다. 도시의 십분의 일이 무너진다는 예언은 프랑스의 군주제 혹은 전제 정치의 전복으로 성취되었다.[18]

18세기 말에 런던에서 사역한 침례교회 목사 윌리엄 버튼(1754~1821)은 『프랑스 혁명에 관한 예언적 추측』을 출간했는데, 여기서 그는 다니엘서와 계시록의 부분 성취로서 프랑스 군주제의 멸망을 기대한, 250년에 걸친 일련의 작가를 인용했다. 그는 자신의 속표지에서 다음과 같은 이름과 연대를 열거했다.

예언에서 프랑스 군주제의 종말을 기대한 저자들

브라운 대주교(Archbishop Brown)	1551
존 녹스 목사(Rev. John Knox)	1572
토머스 굿윈 박사(Dr. Thomas Goodwin)	1639
크리스토퍼 러브 목사(Rev. Christopher Love)	1651
어셔 대주교(Archbishop Ussher)	1655
헨리 모어 박사(Dr. Henry More)	1663
삐에르 쥐리외 목사(Rev. Pierre Jurieu)	1687
로버트 플레밍 목사(Rev. Robert Fleming)	1701
존 윌리슨 목사(Rev. John Willison)	1742
존 길 박사(Dr. John Gill)	1748[19]

---

[18] J. Bicheno, *The Signs of the Times; or, The Dark Prophecies of Scripture Illustrated by the Application of Present Important Events*, part II (Philadelphia, 1797), 20.

[19] William Button, *Prophetic Conjectures on the French Revolution, and other Recent Shortly Expected Events* (London, 1793) 표제 쪽. 그는 존 길의 교회의 집사였는데, 이 책이 존 길의 교회에서 출판될 즈음에는 사우쓰웍(Southwark, 런던의 남쪽 교외)에서 특수침례교회의 목사가 되었다. 그 교회는 1854년 스펄전이 목사가 된 교회이다. 버튼은 1809년부터 1818년까지 *Baptist Magazine*의 발행인이었다.

버튼에 따르면, 어떤 작가들은 루이 14세를 적그리스도라고 이해했다.20 존 녹스는 매우 많은 그리스도인이 학살당한 것으로 인해 프랑스 군주제를 정죄했다. 굿윈, 쥐리외, 플레밍 그리고 길은 프랑스 왕국이 계시록 11:13에 나오는 거대한 지진으로 멸망할 "그 도성의 십분의 일"이라고 믿었다. 쥐리외는 그 멸망이 1785년에 일어날 것이라고 믿었던 반면, 플레밍은 1794년에 있을 것이라고 믿었다.21 러브는 "바벨론의 멸망이 1790년에" 있을 것이라고 했다. 비록 러브가 명확하게 프랑스를 언급하지 않았을지라도, 버튼은 러브의 예언을 프랑스에 적용했다.22 이러한 작가들이 프랑스 혁명이 계시록 11장에 나오는 사건-종말로 인도하는 주요한 사건-임을 올바르게 분별했다고 버튼은 결론 내렸다.23

리처드 프라이스(Richard Price)와 조지프 프리스틀리(Joseph Priestly) 둘 다 이단이었지만, 프랑스 혁명을 성경적 예언의 성취라고 이해한 천년왕국주의자이었다. 두 사람은 또한 벤자민 프랭클린(Benjamin Franklin)이 '진실한 휘그당 모임'(Club of Honest Whigs)이라고 부른 그룹의 일원들이었다(프랭클린뿐 아니라 토머스 제퍼슨[Thomas Jefferson]과 토머스 페인[Thomas Paine]도 런던에 있을 때 이 모임을 방문했었음). 프라이스는 왕립협회(Royal Society)의 회원이자 정치적으로 급진적인 책자를 발간하는 사람(pamphleteer)이었다. 미국 독립 혁명을 지지하였던 프라이스의 소책자들은 그를 영국에서 악명이 자자하게 만들었으며, 프랑스 혁명을 지지했다는 이유로 그는 에드먼드 버크(Edmund Berke)의 『프랑스에서 일어난 혁명에 관한 고찰들(Reflections on the Revolution in France)』에서 주요 공격 대상이 되었다. 프라이스는 미국 혁명을 "역사의 최종 단계를 예고하는 것으로서, '오래된 예언들이 입증될 것'이며, 이성과 덕 그리고 평화의 '최종적이고 세계적 제국'이 세워질 것이며… 이 땅에… 문자적으로 천년왕국이 도래할 것이다… 사악한 자들을 공의로 심판하시

---

20 Ibid., 8, 45.

21 Ibid., 13, 23, 26, 28, 31, 53.

22 Ibid., 16.

23 Ibid., 56~63.

고 영원한 나라를 세우려고 메시아의 나타나심이 임박"했다고 보았다.24 "성경적 예언이 문자적으로, 또한 경험적으로 진리임을 열정적으로" 믿었던 프리스틀리는 1768년에 "종국은 영광스럽고 낙원적일 것"이라고 예언했다.25 그는 "유대인이 가나안 땅으로 회복될 것"이라고 기대했다.26 이스라엘의 재탄생을 숙고한 사람이 그 혼자만은 아니었다. 심지어 미국 최초의 부통령이었던 존 아담스도 "이스라엘 민족이 팔레스타인을 정복하고 독립 국가 유다를 수립할 것"이라고 기대했다.27 "한 손에는 권리 장전(the Declaration of Rights)을, 다른 한 손에는 계시록을 들고서, 프리스틀리는 교황제와 오토만 제국의 임박한 종말과 유대인이 유대 땅으로의 귀환"을 기다렸다.28 프리스틀리는 유럽에 있는 열 개의 군주제를 계시록 13장에 나오는 머리가 열 개인 짐승이라고 보았으며, 잘린 하나의 머리가 루이 16세의 군주제라고 보았다.29

토머스 제퍼슨과 나폴레옹(Napoleon Bonaparte) 둘 다 종말론적으로 정체를 밝힐 수 있게 되었다. 매사추세츠주의 침례교 설교자(한 때 보편구원론자였던)였던 엘리아스 스미스(Elias Smith)는 교회와 국가를 분리하려고 노력한 제퍼슨을 "계시록에 나오는 여섯 번째 천사"라고 불렀으며,30 차르(Czar) 알렉산더 1세와 1805년의 정교회 최고 회의(the Holy

---

24 Gertrude Himmelfarb, *The Roads to Modernity: The British, French, and American Enlightenments* (New York: Vintage, 2004), 104.

25 Ibid., 105.

26 Eugen Weber, *Apocalypses: Prophecies, Cults, and Millennial Beliefs through the Ages* (Cambridge, MA: Harvard University Press, 1999), 87; Steven Spector, *Evangelicals and Israel: The Story of Christian Zionism* (New York: Oxford University Press, 2009), 18.

27 Spector, 20.

28 프리스틀리의 말은 J. C. D. Clark, *English Society, 1688~1832* (Cambridge: Cambridge University Press, 1985), 335에 인용되었다.

29 Himmelfarb, 105.

30 Thomas Kidd, *God of Liberty* (New York: Basic Books, 2010), 294~95. 스미스는 1817년 보편주의(만인이 구원받는다는 보편 구원설)로 돌아서

Synod)는 나폴레옹을 적그리스도라고 불렀다. 다른 한편, 나폴레옹은 심지어 팔레스타인에 유대 국가가 다시 세워지는 것 보기를 갈망하였는데, "그가 시리아로의 원정을 막 시작하려고 하였을 때, 그는 흩어졌던 유대인 무리가 고대에 살았던 땅에 다시 회복되기를 바란다는 선언서를 발행하였다. 나폴레옹이 심었던 이 씨앗이 영국의 지성인들 안에서 확고한 지위를 얻었다는 데에는 거의 의심의 여지가 없다."31 다음 세기에 살았던 이 영국 지성인들은 에드워드 비숍 엘리엇(Edward Bishop Elliot), 존 넬슨 다비(John Nelson Darby), 아더 밸푸어(Arthur Balfour) 그리고 데이비드 로이드 조지(David Lloyd George)였다.

기 전까지 침례교도였다. 1823년에 그는 보편주의를 거부하고 침례교 친교회(Baptist fellowship)로 돌아오기 원했으나 침례교도들에게 받아들여지지 않았다. 그는 보편주의로 돌아갔으나, 1827년 다시 그것을 거부하고 침례교도가 되었다. 그는 침례교도들에게 다시 거부당했으나 1840년에 그의 모교회가 그를 받아들였다. 그렇지만 다른 침례교도들은 그의 재회심을 전혀 신뢰하지 않았다.

31 H. Sacher; "A Jewish Palestine" in *The Atlantic Monthly*, July 1919, http://www.theatlantic.com/magazine/archive/1919/07/a-jewish-palestine/303393/.

결론

Conclusion

기독교 시오니즘과 전천년적 세대주의가 최근에 발생했다는 여러 주장이 있어도, 19세기 중반에 다비(John Nelson Darby)가 저술한 책 내용에 새로운 것은 거의 없었다. 역사가 폴 보이어는 이렇게 확증했다.

어떤 의미에서, 다비의 체계에는 새로운 것이 전혀 없었다. 예언의 미래적 성취에 관해 그가 강조한 것은 초기 그리스도인의 종말론에 따른 것뿐이었다. '세대주의'에 관한 기초적인 형태가 최소한 피오레의 요아킴(Joachim of Fiore)까지 거슬러 올라가지만, 전천년주의는 조지프 미드(Joseph Mede)의 시대 이래로 개신교 복음주의자들(Protestant evangelicals)에게 있어서 하나의 선택으로 존재해 왔다. 우리가 살펴본 대로, 심지어 휴거에 관한 교리도 인크리스 매더(Increase Mather)를 포함한 초기 해석자들의 저술에서 발견된다. 그러나 다비는 이러한 다양한 흐름을 촘촘하고 응집력 있게 엮어 냈으며, 풍부한 성경 근거 본문으로 모든 요점을 뒷받침했다. 그리고 자신의 저술들과 순회 설교를 통하여 이것을 끈기 있게 알렸다.1

이와 비슷하게, 핼리팩스(Halifax)에 있는 킹스대학(King's College)의 뉴턴(Newton) 연구가인 스티븐 스노벨렌(Stephen Snobelen)에 따르면, "예언 해석은 17세기와 18세기의 고도의 지적 노력이었다."2 아마도 17세기와 18세기에 이 신학이 완전하게 발전하지는 않았지만, 여러 종말론적 본문들을 어떻게 하나로 엮을 수 있을지에 관하여-후에 세대주의로 알려진-숙고하던 많은 사람이 존재했었다. 마찬가지로, 시온주의가 최근에 발생한 것이라고 주장하는 사람들은 지난 2,000년 동안 유월절 예식(Passover Seder) 마지막에 했던 말인 "내년에는 예루살렘에서"에 관해 배울 필요가 있다. 유대인은, 하나님이 자신들에게 주셨다고 끊임없이 주장한, 자신들의 땅으로 회복될 것이라는 열망을 단 한 순간도 포기한 적이 없었다. 전천년주의가 최근에 발생한 것이라고 주장하는 사람들은 사해 문서(Dead Sea Scrolls)나 초기 교부들(알렉산드리아에 있었던 풍유적/영해적 학파를 제외한 아우구스티누스 이전의), 또는 지난 2,000년 동안 있었던 여러 천년왕국 운동을 연구할 필요가 있다. 세대주의가 역사 신학에 뿌리를 내리고 있지 못하다고 주장하는 사람들은 피오레의 요아킴을 상기해야 한다.

청교도 목사였던 아이작 앰브로스(1604~1664)는 '최후 심판 날'을 이렇게 논했다.

> 어떤 사람들은 세상이 시작된 때부터 6,000년이 되는 때라고 단정할 것이다. … 다른 사람들은 근거(Reason)를 만들어 낸다. 곧, 하나님께

---

1 Paul Boyer, *When Time Shall Be No More: Prophecy Belief in Modern American Culture* (Cambridge, MA: Harvard University Press, 1994), 88.

2 Stephen Snobelen; "'A time and times and the dividing of time': Isaac Newton, the Apocalypse and 2060 a.d." in *The Canadian Journal of History* 38 (December 2003), 537~51.

서 세상을 6일 동안 만드셨으므로, 그분은 틀림없이 6,000년 동안 그 세상을 다스리신다고… 그러나 무슨 근거로 그렇단 말인가? (그들이 말하기를) 각각의 날은 1,000년이 되어야 하는데, 왜냐하면 **하나님께는 천년이 하루 같기** 때문이다. 그것은 너무나 경솔한 생각이라서 더는 반복하거나 답할 필요도 없다. … 우리가 왜 하나님께서 우리에게 허락하신 것보다 더 많은 것을 알아야 한다고 전제하는가? … **그날과 그때는 아무도 모르나니 하늘의 천사들도, 아들도 모르고 오직 아버지만 아시느니라.**[3]

인크리스 매더에 따르면, "초기의 가장 순수했던 시대의 교회는 천년왕국(the Chiliad)을 믿었으나, 이제 어떤 사람들 가운데서 그것이 최근에 등장한 낯선 교리로 이해되고 있다."[4] 기독교 시온주의와 세대주의는 낯선 사상이 아니며, 그것들을 낯설다고 주장하는 것 또한 전혀 새롭지 않다.

버크셔(Berkshire)의 침례교회 목사인 비체노는 대부분의 그리스도인이 그리스도의 재림 기대를 멈췄다고 지적했다.

> 초대 교회 그리스도인은… 그들의 주님께서 속히 **오실 것**이라고 계속 기대하면서 살았다. 그러나 시대가 흘러가면서, 이 약속된 **오심**이 여전히 지연되자, 기대하던 열정이 시들어 버렸고, 그 어떠한 사건도, 그것이 얼마나 불길하든지 상관없이, 잠자는 교회를 깨우기에 충분한 것처럼 보이지 않는다. … 만약 누군가가 '시대의 징조들'에 설득되어 그 약속된 사건이 가까웠다고 결론을 내리고 자기 생각을 공개적으로 발표하는 위험을 무릅쓴다면, 그는 몽상적인 열정주의자라는 낙인이 찍히는 것을 받아들여야 한다. 이는 불신자들에게서 받는 것일 뿐 아니라, 같은 주, 같은 믿음, 같은 침례를 가지고 있는 사람들에게서 받는 것이

---

[3] Isaac Ambrose, "Dooms-day" in *The Compleat Works of that Eminent Minister of God's Word Mr. Isaac* (London, 1701), 272.

[4] Increase Mather, *The Mystery of Israel's Salvation*, 저자 서문.

기도 하다. "신랑이 더디 오므로 다 졸며 잠이 들었다."5

그리스도인은 핍박을 받을 때마다 메시아에게서 소망을 찾았지만, 그들이 승리할 때마다 천년왕국에 대한 그들의 소망은 사라졌다. 17세기에 케임브리지의 학감(don)이었던 조지프 미드(Joseph Mede)는, 16세기 종교 개혁자들이 발전시키는 데 실패한, 포괄적인 전천년주의적 개혁주의 종말론 체계를 최초로 만들어 냈다. 게다가, 암스테르담의 랍비인 므낫세 벤 이스라엘(Manasseh Ben Israel)은 이스라엘이 자신들의 땅으로 회복될 소망을 청교도들 안에서 촉진시켰다. 17세기 초의 청교도들과 17세기 말과 18세기의 그 계승자들은 이것이 로마와 교황 권력의 임박한 붕괴에 대한 조짐이라고 믿었다. 존 밀턴(John Milton), 조지프 미드(Increase Mede), 아이작 뉴턴(Isaac Newton), 윌리엄 로이드 주교(Bishop William Lloyd), 토머스 뉴턴(Thomas Newton)과 그 밖의 수많은 사람이 유대인의 본토로 회복을 기대했으며, 이것이 마지막 때의 시작이라고 믿었고 예수 그리스도의 지상 재림으로 절정을 이룰 것이라고 믿었다.

이 책에 제시된 17세기와 18세기의 천년왕국론자들(millenarians)은 이보다 더 잘 알려진 19세기 천년왕국론자들의 선구자들이었는데, 그들 중에는 급진적인 밀러주의자들과 러셀주의자들이 있었고, 그리고 더 주류인 세대주의자들, 예를 들어, 다비(Darby)와 스코필드(Scotfield)같은 사람들이 있었던 바, 후자는 루이스 스페리 체이퍼(Lewis Sperry Chaper), 존 월부어드(John Walvoord), 찰스 라이리(Charles Ryrie), 핼 린지(Hal Rindsey), 팀 라헤이(Tim LaHaye), 조엘 로젠버그(Joel Rosenberg)와 같은 20세기의 인기 있는 복음주의 작가들에게 영향을 주었다. 또한 다비와 스코필드는 빅토리아 시대와 20세기 초 한 세대의 영국 세대주의자들과 다른 이들, 예를 들어 데이비드 조지(David Lloyd George)와 팔머슨(Palmerston) 경과

---

5 James Bicheno, *The Restoration of the Jews, the Crisis of all Nations; or, An Arrangement of the Scripture Prophecies, which relate to the Restoration of the Jews, and to some of the most interesting circumstances which are to accompany* ... (London, 1800), 3.

밸푸어(Balfour) 경에게도 영향을 주었는데, 이들은 이스라엘 국가의 회복을 돕는 데 영국의 외교 정책에 중요한 역할을 감당했다.6

---

6 Steven Sizer, "The Road to Balfour: The History of Christian Zionism", 2012년 11월 2일에 에딘버러에서 있었던 스코틀랜드교회 컨퍼런스에서 발표됨; Shalom Goldman, *Zeal for Zion: Christians, Jews, and the Idea of the Promised Land* (Chapel Hill: University of North Carolina Press, 2009), 3; Paul C. Merkley, *The Politics of Christian Zionism, 1891~1948* (London, 1998), 14; Barbara Tuchman, *Bible and Sword* (New York: New York University Press, 1956).

부록 연대 설정

Appendix: Date Setting

아래는 묵시에 관한 예언 연구에 연대를 정한 사람들의 목록 일부인데, 연대를 정하고 싶은 어리석은 유혹에 빠지지 않게 경고하려는 것이다. (일부는 여전히 미래이다.)

	종말 연대	출처
요아킴의 피오레(이탈리아 남부의 시스터시안 수도사, ca. 1177)	1260	[맥긴]
멜키오르 호프만(독일 재침례교도, 1520년대)	1533	[곤잘레스, v.2, 58]
엘리자베스 여왕 때 영국의 일반 믿음(16세기 후반)	1688	[드랙스, 108]
존 내피어(스코틀랜드의 귀족, 수학자, 1593)	1688~99	[I. 매더/일차 자료]
무명의 저자(『운명의 날』 저자, 1647)	1640 또는 1647	[일차 자료]

토머스 파커(뉴잉글랜드의 목사, 1646)	1649 또는 1859	[일차 자료]
토머스 브라이트만(베드포드의 성공회 교구목사)	로마 1650, 재림〈1695	[일차 자료]
제레마이아 버로우스(런던의 청교도 목사, 1643)	1650	[일차 자료]
새뮤얼 하틀립(프러시아-영국의 지식인, 1630년대)	1655	[일차 자료]
토머스 굿윈(런던의 청교도:1630~40년대)	1655	[일차 자료]
찰스 해몬드(왕당파 대위, 1660)	1656	[일차 자료]
존 버첸샤(영국의 음악과 수학의 천재, 1660)	1661	[일차 자료]
존 아처(홀랜드의 영국 회중교회 목사, 1642)	1666	[일차 자료]
새버타이 제비(카발라파 랍비, 가짜 그리스도, 1648)	1666	[일차 자료]
무명의 저자(로마 거리의 두 예언자, 1660)	1670	[일차 자료]
삐에르 쥐리외(로테르담으로 피신한 위그노, 1680년대)	1689	[일차 자료]
요한 하인리히 알스테드(독일 헤세의 칼뱅주의자, 1627)	1694	[맥긴, 158; 매더]
에프레임 휫(뉴잉글랜드의 목사, 1643)	유대인 1650, 재림 1695	[일차 자료]
벤자민 키츠(사우쓰웍의 침례교 목사, 1689)	1697	[일차 자료]
토머스 비벌리(런던의 분리파 목사, 1692)	휴거 1697, 재림 1772	[일차 자료]
저스터스 립시우스(플랑드르의 인문주의자/스토익, 라이덴과 루뱅의 목사/교수, 16세기 후반)	1698	[I. 매더]
윌리엄 앨레인(브리스톨의 비국교도 설교자, 1684)	1699	[일차 자료]
윌리엄 셔윈(영국의 비국교도 목사, 1674)	1700	[일차 자료]
커션(노포크주 덴버의 분리파 목사, 17세기 후반)	1701	[I. 매더]
폴 그레브너(독일 칼뱅주의자, 1587)	1710	[일차 자료]
윌리엄 로이드(성공회 주교, 1690)	1716	[스노벨른]

코튼 매더(뉴잉글랜드 식민지의 청교도, 1691)	1716	[일차 자료]
조지프 미드(케임브리지 학감, 1627)	로마〉1656/1736	[굿윈/어셔의 편지]
너대니엘 홈즈(런던 독립교회 청교도 목사, 1653)	1736	[일차 자료]
『계시록의 짐승의 표』의 저자(1667)	1736	[일차 자료]
윌리엄 위스턴(케임브리지 수학교수, 1690년대)	혜성에 의해 1736, 1765 적그리스도〉유대인〈1750	[야후다 문서, 바크매어]
존 플로이어(물리학자, 1721)		[일차 자료]
피터슨과 그의 아내(독일 목사 부부, ca. 1701)	1760/1706	[바크매어]
조지프 파머(코넥티컷의 시민군 장교, 1709)	1760	[일차 자료]
리처드 클락(뉴잉글랜드의 목사, 1759)	1762, 1766	[일차 자료]
조지 벨(추방된 초기 감리교도, 1762)	1763, 이후 1797/1816	[J. 웨슬리, 『복음 설교』]
딕비 불(비국교도에 의해 면직당하고 추방되어 런던에서 은퇴, 1695)	1826	[일차 자료]
벵겔(17세기 제네바 신학교의 학장)	1836	[브로우튼, 268]
존 로버트슨(초기 감리교도, 1747)	1836	[웨슬리의 일기]
존 윌리슨(스코틀랜드 던디의 목사, 1745)	1866	[일차 자료]
조나단 에드워즈(뉴잉글랜드의 목사: 1740년대)	1866	
아이작 뉴턴(케임브리지 물리학자, ca. 1700)	로마〉1867, 천년왕국 2000	[일차 자료]
로버트 플레밍 2세(런던 장로교 목사, 1702)	로마〉1793, 1848/2000	[일차 자료]
『카발라 묵시록』의 무명 저자, 1726	1902	[일차 자료]
어떤 노신사(뉴잉글랜드, 1759)	1956	[일차 자료]
새뮤얼 하디(서포크 교구목사, 1770)	적그리스도〈1926, 천년왕국 1971	[일차 자료]

토머스 리더(1778)	유대인〈1866, 성전 1936, 음녀〉1942, 천년왕국 2016	[일차 자료]
토머스 브로우튼(브리스톨의 대리목사, 1768)	1987 또는 2015	[일차 자료]
로버트 폰트('스코틀랜드 교회의 나이든 목사', 1599)	2000	[일차 자료]
모세스 로우먼(런던 클래펌의 분리파 목사, 1737)	로마〉2016	[일차 자료]
존 베일리(뉴캐슬의 분리파 목사, 1792)	2016	[일차 자료]
토머스 드랙스(하위치 에섹스의 대리목사, 1615)	2039	[일차 자료]
알렉산더 프레이저(스코틀랜드 장로교 목사, 1795)	적그리스도〉2016, 아마겟돈 2068, 천년왕국 2073	[일차 자료]
존 제임스 바크매어(독일 문법학자, 1778)	22세기	[일차 자료]
너대니엘 마크윅(소머셋의 대리목사: 1728)	유다의 회복 ca. 2100, 투르크 멸망, 적그리스도〉2300, 아마겟돈 ca.2500	[일차 자료]

# 참고 자료

Bibliography

필사본 자료

Bodleian Library, Univ. Oxford: Cherry MSS, Locke MS 27.

British Library, London: Thomason / E.548 [27].

Gloucestershire Record Office: D3549, 3/3, 37 and 2/4, 13 & 24.

출판된 고백서, 일기, 학술지, 편지

Augsburg Confession (1530).

John Evelyn, *Diary*.

Samuel Pepys, *Private Correspondence*.

Westminster Confession of Faith (1646).

Journal of John Wesley.

2~16세기의 일차 자료

Augustine of Hippo, *City of God*.

Calvin's Commentaries, "Daniel" vol. xii.

Clement of Alexandria, *To Marcellinus*.

Ireneaus of Lyon, *Against Heresies*.

Jerome. *Jerome's Commentary on Daniel*. Translated and edited by Gleason L. Archer. Grand Rapids: Baker Books, 1958.

Luther's Works (St. Louis edition).

Justin Martyr, *Dialogue with Trypho*.

Tertullian, *Apology for Christians*.

16세기 후반, 17세기, 18세기의 일차 자료

Anon. *An Appeal from the Prophets to their Prophecies. Evidencing the New Dispensation They Pretend* (London, 1708).

_____. *Apocalyprica Cabbala: or a History of the Millenium. Which Shews the Great Revolutions.* London, 1741.

_____. *The Catechism of the Kingdom of our Lord Jesus Christ in the Thousand Years.* Shewing by ... London, 1690.

_____. *Daniel's Prophecy of the Seventy Weeks, &c. Explained from the Sacred Writings, and Applied.* n.p., 1744.

_____. *A Discourse on the Rise and Fall of Antichrist: Wherein the Revolution in France and Downfall.* Belfast,1795.

_____. *A Discourse upon the Powers of the World to Come.* n.p., n.d. [London, 1694].

_____. *Doomes-day: or, The Great Day of the Lords Judgement, Proved by Scripture; and Two Other* ... London, 1647.

_____. *A Door of Hope: or a Call and Declaration for the Gathering Together of the First Ripe Fruits.* n.p., n.d., 1661.

_____. *The Downfall of the Fifth Monarchy. Or, The Personal Reign of Christ on Earth, Confuted.* London, 1657.

_____. *An Epistle Written ... and Sent from London into the Countrey.* London, 1660.

_____. *The Exposition of Daniel the Prophete Gathered oute of Philip Melanchthon.* n.p., 1545.

_____. *The Fifth Monarchy, or Kingdome of Christ, in Opposition to the Beast's, Asserted, By Solemn* ... London, 1659.

_____. *The Grand Apocalyptical Vision of the Witnesses Slain, Dated to Its Periods of Prophesie.* London, 1690.

_____. *The Great Charter for the Interpretation of All Prophecy of Scripture, and of the Times.* n.p. n.d., London, 1694.

_____. *The Jews Jubilee: or, the Conjunction and Resurrection of the Dry Bones of the Whole House of Israel.* London, 1688.

_____. *The Key of Prophecie: Whereby The Mysteries of All the Prophecies ... Are Unlocked and Opened* ... n.p., 1660.

_____. *A List of Some of the Grand Blasphemers and Blasphemies.* n.p., 1654.

_____. *Manus Testiummovens: or, A Presbyteriall Glosse upon Many of Those Obscure Prophetic Texts.* n.p., 1651.

_____. *The Marks of the Apocalyptical Beast, Plainly Deciphered; and The Danger of Having Communion.* n.p., 1667.

_____. *A Modest Inquiry into the Meaning of Revelations. In a Letter to All Such as Wait for the Kingdom.* London, 1688.

_____. *The Mystery of Prophesies Revealed, By Which the Restoring of K. Charls the Second to the ...* London, 1660.

_____. *Prophetic Conjectures on the French Revolution, and Other Recent and Shortly Expected Events.* London, 1793.

_____. *Questions & Answers, to The Prophetic Numbers of Daniel & John Calculated; In Order to Shew ...* Boston, 1759.

_____. *The Religion of Antichrist: or, Notes on the Book of the Revelation of John, Other Prophecies.* London, 1770.

_____. *Remarks on Dr. Henry More's Expositions of the Apocalypse and Daniel ...* London, 1690.

_____. *A Revelation of Mr. Brightman's Revelation.* n.p., 1641.

_____. *A Short Survey of the Kingdom of Christ Here on Earth with His Saints.* London, 1699.

_____. *The Speech and Declaration of John James, A Weaver, in the Press-yard, At Newgate, on Sunday.* London, 1661.

_____. *Spes Fidelium: or, The Believer's Hope. Being an Epistolary Dissertation ... of the Millennium.* London, 1714.

_____. *Strange and Wonderful News from Rome: Giving an*

Account of an Old Man... City of Rome. London, 1692.

_____. *A True Narration of the Two Wonderful Prophets at Rome, Presaging the End of the World to Be ...* London, 1660.

_____. *Theopolis, or the City of God New Jerusalem, in Opposition to the City of the Nations ... Babylon.* London, 1672.

_____. *The Visions and Prophecies of Daniel Explained, According to the Measure of the Gift of Christ.* London, 1700.

Abauzit, Firmin. *Miscellanies of the Late Ingenious and Celebrated M. Abauzit, on Historical, Theological ...* London, 1774.

Abernethy, John. *A Sermon Recommending the Study of Scripture-Prophecie, As an Important Duty.* Belfast, 1716.

Alleine, William. "A Discourse of the two Covenants" in *The Works of Mr. William Allen.* London, 1707.

_____. *Of the State of the Church in Future Ages: or an Inspection into Divine Prophecies.* London, 1684.

Allix, Peter. *An Examination of Several Scripture Prophecies, which the Reverend M. W. Hath Applied to ...* London, 1707.

_____. *Two Treatises: I. A Confutation of the Hopes of the Jews concerning the Last Redemption.* London, 1707.

Alsted, Johan Heinrich. *The Beloved City or, the Saints Reign on Earth a Thousand Years.* London, 1643.

Althorp, East. *Discourses on Prophecy: Read in the Chapel of Lincoln's-Inn, at the Lecture Founded by ...* London, 1786.

Ambrose, Isaac. "Dooms-day" in *The Compleat Works of that Eminent Minister of God's Word Mr. ...* London, 1701.

Aniol, Scott. "Was Isaac Watts a Proto-Dispensationalist?" *Detroit*

Baptist Seminary Journal 16 (2011): 1~22.

Archer, John. *The Personal Reign of Christ upon the Earth.* London, 1642.

Asgill, John. *An Argument Proving, That according to the Covenant of Eternal Life ... Man May Be Translated ...* n.p., 1700.

_____. *The Metamorphosis of Man, by the Death and Resurrection of Christ from the Dead.* London, 1727.

Aspinwall, William. *A Brief Description of the Fifth Monarchy, or Kingdome, That Shortly is to Come.* London, 1653.

Avery, Elizabeth. *Scripture-Prophecies Opened, Which Are to Be Accomplished in These Last Times.* London, 1647.

Bachmair, John James. *The Revelation of St John Historically Explained, not Compiled from Commentators.* London, 1778.

Baillie, John. *Two Sermons; ... The Second on ... the Conversion and Universal Restoration of the Jews.* London, 1792.

Barebones, Praisegod. *Good Things to Come, or, A Setting Forth Some of the Great Things ...* London, 1675.

Barrington, John Shute. *An Essay on the Several Dispensations of God to Mankind, in the Order, in ...* London, 1728.

Baxter, Richard. *The Glorious Kingdom of Christ, Described and Clearly Vindicated, Against the Bold ...* London, 1691.

Bell, George. "Downfall of Antichrist" in *Evangelical Magazine.* London, 1796, iv, 58~61.

ben Israel, Manasseh. *The Hope of Israel.* London, 1652.

ben Syrach, Gorion [Philo-Judaeus]. *News from the Jews, or a True Relation of a Great Prophet.* London, 1671.

참고 자료　481

_____. *The Resurrection of Dead Bones, or the Conversion of the Jewes.* London, 1654.

Beverly, Thomas. *An Apology for the Hope of the Kingdom of Christ, Appearing within the ... Year.* London, 1697.

_____. *An Appeal Most Humble ... Earnestly by the Coming of our Lord Jesus, and Our Gathering.* [London, 1691].

_____. *A Chain of Principles concerning the Thousand Years Kingdom of Christ, against the ...* London, n.p.,[1692].

_____. *A Demonstrative Scripture-Proof from Mahometan Times: The Kingdom of Christ Must ...* London, 1692.

_____. *The Good Hope through Grace. The Jubilee of the Kingdom of Christ Shall Come upon the ...* London, 1699.

_____. *A Scripture-Line of Time, Drawn in Brief from the Lapsedd Creation, to the Restitution of All ...* n.p., 1684.

Bicheno, James. *The Restoration of the Jews, The Crisis of All Nations; or, An Arrangement of Scriptural ...* London, 1800.

_____. *The Signs of the Times: or, The Dark Prophecies of Scripture Illustrated by ... Events ...* Philadelphia, 1797.

Birchensha, John. *The History of the Scripture.* London, 1660.

Bridge, William. *Babyons Downfall. A Sermon lately preached at Westminster before ... Commons.* London, 1641.

_____. *Christs Coming, Opened in a Sermon before the Honorable House of Commons.* London, 1648.

Brightman, Thomas. *A Revelation of the Apocalyps, That is, The Apocalyps of S. Iohn.* Amsterdam, 1611.

Broughton, Hugh. *A Concent of Scripture.* n.p., 1590.

_____. *Daniel with a Brief Explication.* n.p., 1607.

_____. *A Petition to the King. For Authority and Allowance to Expound the Apocalypse.* n.p., 1611.

_____. *A Revelation of the Holy Apocalypse.* n.p., 1610.

Browne, John. *A Brief Survey of the Prophetical and Evangelical Events of the Last Times.* London, 1654.

Bulkeley, Peter. *The Gospel-Covenant of Grace Opened. Wherein are explained; 1. The Differences ...* London, 1646.

Bull, Digby. *A Letter of a Protestant Clergy-man to the Reverend Clergy of the Church of England.* London, 1695.

_____. *The Watch-man's Voice, Giving Warning to All Men of the Dreadful Day of the Lord.* London, 1695.

Bunny, Edmund. *The Coronation of David.* n.p., 1588.

_____. *The Scepter of Iuday.* n.p., 1584.

Burnett, D.D., Thomas. *Of the State of the Dead, and of Those That Are to Rise.* London, 1727; Latin edition, 1681.

Burroughs, Jeremiah. *Exposition of the Prophesie of Hosea.* London, 1643.

Button, William. *Prophetic Conjectures on the French Revolution, and Other ... Shortly Expected Events.* London, 1793.

Carrington, James. *The Theory of Christianity, in Twelve Plain Discourses on the Articles of the Christian.* London, 1748.

Cary, Mary. *The Little Horns Doom & Downfall: or a Scripture-Prophesie of King James & King Charles.* London, 1651.

_____. *The Resurrection of The Witnesses; and Englands Fall from (the Mystical Babylon) Rome.* London, 1648.

Cave, William. *Antiquitates Apostolicae ... to Which Is Added An Introductory Discourse ... Dispensations.* London, 1675.

Clarke, Richard. *The Prophetic Numbers of Daniel and John Calculated; In Order to Shew the Time, When ...* Boston, 1759.

_____. *A Second Warning to the World, by the Spirit of Prophecy. In an Explanation of Mysteries ...* London, 1760.

_____. *A Series of Letters, Essays, Dissertations, and Discourses, on Various Subjects: in Two Vols.* London, 1774.

_____. *Signs of the Times, or, a Voice to Babylon, the Great City of the World; And to the Jews in ...* London, 1773.

_____. *Spiritual Voice to the Christian Church, and to the Jews; In an Explanation of the Sabbatical ...* London, 1760.

[Collet, Samuel]. *A Treatise of the Future Restoration of the Jews and Israelites to Their Own Land.* London, 1747.

Collier, Thomas. *The Body of Divinity, or, a Confession of Faith, Being the Substance of Christianity.* London, 1674.

Cooper, Thomas. *The Blessing of Japeth, Prouing the Gathering in of the Gentiles, and the Final ...* London, 1615.

Cotton, John. *The Churches Resurrection, or the Opening of the Fift and sixt verses of the 20th. Chapter ...* London, 1642.

_____. *An Exposition upon the Thirteenth Chapter of Revelation.* London, 1656.

_____. *The Powring ovt of the Seven Vials: or an Exposition of the 16. Chapter of the Revelation.* London, 1642.

Cressener, Drue. *A Demonstration of the First Principles of Protestant Applications of the Apocalypse.* London, 1690.

Crowley, Robert. *The Opening Worlds of the Prophet Joell ... concerning the Signs of the Last Day.* London, 1567.

Danvers, Henry. *Theopolis, or the City of God New Jerusalem, in Opposition to the City of the Nations ...* London, 1672.

Daubuz, Charles. *A Perpetual Commentary on the Revelation of St. John; with a Preliminary Discourse.* London, 1730.

Daunce, Edward. *A Briefe Discourse on the Spanish State.* London, 1590.

Doddridge, Philip. *The Family Expositor: or, A Paraphrase and Version of the New Testament. With ...* London, 1739.

Draxe, Thomas. *An Alarvm to the Last Ivdgement. Or An Exact Discourse of the Second Coming of Christ.* London, 1615.

_____. *The Earnest of Ovr Inheritance: Together with a Description of the New Heaven and of ...* London, 1613.

_____. *The Lambes Spouse, Or The Heauenly Bride. A Theological Discourse, wherin the ...* London, 1608.

_____. *The Worldes Resurrection, or The General Calling of the Iewes, A Familiar Commentary ...* London, 1608.

du Moulin, Peter. *The Accomplishment of the Prophecies ...* Oxford, 1613.

Durham, James. *A Commentarie upon the Book of Revelation.* Edinburgh, 1658 and Glasgow, 1739.

Dury, John. *The Commonwealth of Israel.* London, 1650.

_____. *Israels Call to March ovt of Babylon unto Jerusalem.* London, 1646.

_____. *Preface to Hartlib's Clavis Apolcalyptica: or The Revelation Revealed.* London, 1651.

_____. *Revelation Revealed.* By Two Apocalyptical Treatises. London, 1651.

Dury, John and Henry Jessey. *An Information concerning the Present State of the Jewish Nation.* London, 1658.

Edwards, John. *A Complete History of Survey of All the Dispensations and Methods of Religion, from the ...* London, 1699.

Edwards, Jonathan. *History of the Work of Redemption.* n.p. 1739.

Edward, Ellis. *A Sudden and Cloudy Messenger, with Glimpses of Great Joy to the Israel of God.* London, 1649.

Erbury, William. *The Armies Defence, or, God Guarding the Camp of the Saints, and the Beloved City.* London, 1648.

_____. *An Olive-leaf: or, Some Peaceable Considerations to the Christian Meeting.* London, 1654.

_____. *The Testimony of William Erbury.* n.p., 1653.

Erskine, Ebenezer. *Sermons and Discourses upon the Most Important and Interesting Subjects.* Edinburgh, 1761 (1st 1742).

Evans, Arise. *The Boudy Vision of John Farly.* n.p., 1653.

F.[?], T.[?] [printed as T.F.]. *Eclectical Chiliasm: or a Discourse concerning the State of Things from Beginning of Millennium.* London, 1700.

Farnham, Benjamin. *Dissertations on the Prophecies: On the Jews, On the Fifth and Sixth Trumpets.* East Windsor, 1800.

Fawcett, J. *Dialogues on the Other World. By Way of Conference between Three Friends. On the ...* London, 1759.

Finch, Henry. *The Worlds Great Restavration. Or The Calling of the Jewes.* London, 1621.

Fleming, Robert. *Apocalyptical Key, Published in 1702, in a Discourse on the Death King William.* London, 1702, reprint ed. 1793.

_____. *The First Resurrection: or, a Dissertation, Wherein The Prior and Special Resurrection ...* London, 1708.

_____. *A Discourse on the Rise and Fall of Antichrist; Wherein the Revolution in France ...* Belfast, 1795.

Fletcher, Giles. *Israel Redux: or the Restauration of Israel.* London, 1677.

Floyer, John. *Prophecies of the Second Book of Esdras Amongst the Apocrypha, Explained and Vindicated.* London, 1721.

Franklin, Richard. *A Discourse on Antichrist, and the Apocalyps Shewing ... Mahomet Is Grand Antichrist ...* London, 1675.

Fraser, Alexander. *Key to the Prophecies of the Old & New Testament, Which Are Not Yet Accomplished.* Edinburgh, 1795.

Gadbury, John. *A Brief Examination of That Nest of Sedition and Phanatick Forgeries.* London, 1664.

Garencieres, *Theophilus. General Instructions ... Shewing the Progress of Religion from the Creation to ...* London, 1728.

Garrett, Walter. *A Discourse concerning Antichrist, Grounded upon the Angel's Interpretation of Vision ...* London, 1680.

_____. *An Essay upon the Fourth and Fifth Chapters of the Revelation Shewing the Church ...* London, 1690.

_____. *A Persuasive to the Study of the Revelation.* London, 1699.

Gill, John. *Complete Body of Doctrinal and Practical Divinity; or a*

System of Evangelical Truths. London, 1796 (1st ed. 1770).

_____. *Exposition of the Holy Scripture.* London, 1748.

_____. *The Glory of the Church in the Latter Day: Sermon Preached to the Society Which Supports ...* London, 1753.

_____. *The Sure Performance of Prophecy. A Sermon Preached to the Society Which Supports the ...* London, 1755.

Gleason, James. *An Exposition of the Three First Chapters of Genesis ... Wherein the Four Dispensations ...* Norwich, 1797.

Goodwin, Thomas. "An Exposition upon the Book of the Revelation," in *The Works of Thomas Goodwin.* London, 1683.

_____. *The Fifth Monarchy, or Kingdom of Christ, In opposition to the Beast's, Asserted, ...* London, 1659.

_____. *A Glimpse of Sions Glory: or, The Churches Beautie Specified ...* London, 1641.

_____. *A Sermon of the Fifth Monarchy. Proving by Invincible Arguments That the Saints ...* London, 1654.

_____. *A State of Glory for Spirits of Just Men upon Dissolution, Demonstrated.* London, 1657.

_____. *The World to Come, or, The Kingdom of Christ Asserted. In two Expository Lectures.* London, 1655.

Gostelo, Walter. *The Coming of God in Mercy, in Vengeance; Beginning with Fire, to Convert Consume ...* London, 1658.

Gouge, William. *The Progresse of Divine Providence, Set Ovt in a Sermon Preached ... before ... Peers ...* London, 1645.

Grebner, Ezekiel. *A Brief Description of the Future History of Europe from Anno 1650 to An.1710.* n.p., 1650.

Grotius, Hugo. *Commentary on Certain Texts Which Deal with Antichrist.* n.p., 1640.

Hall, Joseph. *The Contemplations upon the History of the New Testament, Now Complete.* London, 1708.

Hammond, Charles. *The World's Timely Warning-piece ... Describing the Nearnesse of the Day of the ...* London, 1660.

Hardy, Samuel. *The Principal Prophecies of the Old and New Testaments; Particularly ... Revelation ...* London, 1770.

Hartley, Thomas. *Paradise Restored: or A Testimony to the Doctrine of the Blessed Millennium.* London, 1764.

Hartlib, Samuel. *Clavis Apocalyptica: or, The Revelation Revealed: in Which the Great Mysteries ...* London, 1651.

Hayter, Richard. *The Apocalyps Unveyl'd; or a Paraphrase in the Revelation ...* London, 1676.

Heylyn, Peter. *Cosmography in Four Books. Containing the Chorography and History of the Whole World.* London, 1703.

Heywood, Oliver. *The General Assembly: or, a Discourse of the Gathering of All Saints in Christ.* London, 1700.

Hickes, William. *Apocalypsis Apocalypseos, or, The Revelation Revealed. Being a Practical Exposition.* London, 1661.

_____. *The Revelation Revealed. Being a Practical Exposition on the Revelation of St. John.* London, 1661.

Higgons, Theophilus. *Mystical Babylon, or Papall Rome.* London, 1624.

Hildrop, John. *God's Judgments upon the Gentile Apostatized Church. Against the Modern Hypothesis.* London, 1713.

_____. *A Treatise of the Three Evils of The Last Times: I. The Sword, II. The Pestilence, III ...* London, 1711.

Holyday, Barton. *Three Sermons upon the Passion, Resurrection, and Ascension of Our Saviour.* London, 1626.

Homes, Nathaniel. *Apocalypsis Anastaseos. The Resurrection Revealed or the Dawning of Daystar.* London, 1653.

Hooke, William. *A Discourse concerning The Witnesses, Relating to the Time, Place, and Manner of ...* London, 1681.

_____. *A Short Discourse of the Nature and Extent of the Gospel-Day, Reaching from the ...* London, 1673.

Hort, Robert. *Sermon on the Glorious Kingdom of Christ upon Earth, or the Millennium. Preached ... 1747.* London, 1753.

Huit, Epraim. *The Whole Prophecie of Daniel Explained, By a Paraphrase, Analysis, and Brief Comment.* London, 1643.

Hutchinson, Samuel. *A Declaration of a Future Glorious Estate of a Church to be Here upon Earth.* London, 1667.

Jacob, Joseph. *Desolations Decypher'd and The Kingdom of Christ Discover'd. In a Second Discourse.* London, 1705.

Jessey, Henry. *A Narrative of the Late Proceeds at Whitehall concerning the Jewes.* London, 1656.

Johnson, Samuel. *An Explanation of Scripture Prophecies, both Typical and Literal.* Reading, 1742.

Johnston, Bryce. *A Commentary on the Revelation of St. John.* Cadell, 1794; review Evangelical Magazine (1795) iii, 205.

Johnson, Ben. *The Alchemist.* London, 1612.

Junius, Franciscus. *The Apocalyps, or Revelation of S. Iohn the*

Apostle and Evangelist of our Lord ... Cambridge, 1596.

Jurieu, Peter [Pierre]. *The Accomplishment of the Scripture Prophecies, or the Approaching Deliverance.* London, 1687.

Keach, Benjamin. *Antichrist Stormed: or, Mystery Babylon the Great Whore, and Great City, Proved* ... London, 1689.

Kett, Francis. *The Glorious and Beautiful Garland of Mans Glorification Containing the Godly Misterie of* ... n.p., 1585.

Killingworth, Grantham. *The Immortality of the Soul, Proved from Scripture; And Vindicated by* ... London, 1761.

_____. *Paradise Regained: Or the Scripture Account of The Glorious Millennium, &c. The Time* ... London, 1772.

Kingston, Richard. *Enthusiastic Impostors, No Divinely Inspir'd Prophets. Wherein The Pretended* ... London, 1709.

Knell, Paul. *Israel and England Paralleled: a Sermon Preached before the Honorable* ... *Grayes-Inne.* London, 1648.

Ladd, George E. *The Blessed Hope: A Biblical Study of the Second Advent and Rapture.* Grand Rapids: Eerdmans, 1956.

Leade, Jane. *The Enochian Walks with God, Found Out by a Spiritual Traveller, Whose Face towards* ... London, 1702.

_____. *The Heavenly Cloud Now Breaking: or, The Lord Christ's Ascension- Ladder, Sent Down* ... London, 1701.

Lindsay, David. *Ane Dialog betuix Experience and ane Lourteour, Off the Miserabyll Estait of the Warld.* n.p., [1554].

Lloyd, William. *A Sermon Preached before the King at Whitehall on Dec 1 1668.* London, 1668.

Lowman, Moses. *A Paraphrase and Notes on The Revelation of St.*

John. London, 1737.

Lowth, William. *A Commentary upon the Larger and Lesser Prophets; Being a Continuation of Bishop* ... London, 1727.

M.[?], F.[?] [printed as F.M.]. *The Right Way of Trying Prophets: or Some Consideration and Reasons to Prove the Truth of the* ... London, 1708.

Manton, Thomas. *Meate Out of the Eater, or, Hopes of Vnity in and by Divided and Distracted Times.* London, 1647.

Markwick, Nathaniel. *A Calculation of the LXX. Weeks of Daniel, Chap. IX. Ver. 24. As They Are Supposed* ... London, 1728.

_____. *Six Small Tracts; I. A Somewhat More Express and Explicit Enarration, or Character* ... London, 1733.

Marshall, Benjamin. *Chronological Treatise upon the Seventy Weeks of Daniel.* London, 1725.

Marshall, John. *Sermon Preach'd in the Chapel of Ormond-street* ... London, 1715.

Marsin, M. *An Answer to Dr. Whitby, Proving the Jews Are Not to Be Called into the Gospel of Christian* ... London, 1701.

_____. *The Near Approach of Christ's Kingdom, Clearly Proven by Scripture with Certain Account* ... London, 1696.

Mason, John. *The Midnight Cry, A Sermon Preached on the Parable of the Ten Virgins.* London, 1691.

_____. *Select Remains of the Rev. John Mason, M.A. Late Rector of Water- Stratford* ... *by the Rev. Isaac Watts.* Salem, 1799.

Mather, Cotton. *Meditations upon the Ark as a Type of the Church; Delivered in a Sermon* ... Boston, 1689, 47~48.

_____. *Things to Be Look'd for. Discourses on the Glorious Characters ... in the Latter Dayes*. Boston, 1691.

_____. *Triparadisus* (unpublished MSS, ca.1724 until published by the University of Georgia, 1995).

Mather, Increase. *The Blessed Hope, and the Glorious Appearing of the Great God Our Saviour, Jesus*. Boston, 1701.

_____. *A Dissertation Concerning the Future Conversion of the Jewish Nation Answering the Objections*. 1709.

_____. *The Mystery of Israel's Salvation*. n.p., 1669.

Maton, Robert. *Christ's Personal Reign on Earth, One Thousand Years with his Saints*. London, 1652.

_____. *Gog and Magog, or the Battle of the Great Day of God Almightie*. London, 1642.

_____. *Israels Redemption or the Propheticall History of our Saviours Kingdome on Earth*. London, 1642.

_____. *A Treatise of the Fifth Monarchy or, Christs Personal Reign on Earth, One Thousand ...* London, 1655.

M .[?], T.[?] [printed as [T.M.]. *A Treatise of the New Heavens and the New Earth. Proved to be Perpetual and Eternal*. London, 1680.

Maurice, Henry. *An Impartial Account of Mr John Mason of Waterstratford, in the County of Bucks*. London, 1695.

Mede, Joseph. "An Answer concerning a Discourse Inferring ... That the World Should Last 7000 years," *Works*, vol. v.

_____. *Clavis Apocalyptica* (Latin 1627; English translation 1643).

_____. *Works*, dissertations in volume iii, and letters in volume iv, discourses in vol v.

Milton, John. *Nova Solyma, the Ideal City, or Jerusalem Regain'd.* London, 1648.

_____. *Paradise Regained.* 1671.

More, Henry. *Apocalypsis Apocalypseos; or the Revelation of St. John the Divine Unveiled.* London, 1680.

Morris, Richard, ed. *An Old English Miscellany.* London, 1872. (Collection of twelfth- to fifteenth-century manuscripts.)

Napier, John. *A Plaine Discovery of the Whole Reuelation of Saint Iohn: Set Down in Two Treatises.* Edinburgh, 1593.

Newton, Isaac. *Observations upon the Prophecies of Daniel and the Apocalypse of St. John.* London, 1733.

_____. Yehuda MS 1 "Rules for Interpreting the Apocalypse," Jerusalem University Library.

_____. Yehuda MS 1 "Rules for Interpreting the Words and Language of Scripture," Jerusalem University Library.

_____. "Of the Day of Judgment and World to Come", Yehuda MS 6, Jerusalem University Library.

_____. Keynes MS 5, folio 21, King's College, Cambridge.

Newton, Thomas. *Dissertation on the Prophecies, Which Have Remarkably Been Fulfilled, ...* 3 vol. London, 1754~58.

_____. *An Abridgement of Doctor Newton, Bishop of Bristol's Dissertations on the Prophecies ...* Kilkenny, 1798.

Owen, Charles. *The Scene of Delusions Open'd, in An Historical Account of Prophetick Impostures.* London, 1712.

Owen, John. *The Advantage of the Kingdom of Christ in the*

Shaking of the Kingdoms of the World. London, 1651.

_____. *The Shaking and Translating of Heaven and Earth. A Sermon Preached to the Honorable* ... London, 1649.

Palmer, Joseph. *A Discourse of the Latter Day Glory, of the Thousand Years Reign: To which Is Added a* ... London, 1709.

Parker, Thomas. *The Visions and Prophecies of Daniel Expounded: Wherein Mistakes of Former* ... London, 1646.

Penington, Isaac [the Younger]. *Some Queries concerning the Work of God in the World, Which Is to Be*. London, 1660.

Penn, William. *A Brief Account of the Rise and Progress of the People Called Quakers*. London, 1695.

_____. *The Preface, Being a Summary Account of the Divers Dispensations of God to Men*. London, 1694.

Perry, Joseph. *The Glory of Christ's Visible Kingdom in This World, Asserted, Proved, Explained*. Northampton, 1721.

Petrie, Alexander. *Chiliasto-mastix. Or, The Prophecies of the Old and New Testament concerning* ... Rotterdam, 1644.

Philo-Judaeus [Gorion ben Syrach?]. *News from the Jews, or a True Relation of a Great Prophet*. London, 1671.

_____. *The Resurrection of Dead Bones, or the Conversion of the Jews*. London, 1654.

Poiret, Pierre. *The Divine Oeconomy: or, An Universal System of the Works and Purposes of God*. London, 1713.

Pont, Robert. *A Newe Treatise of the Right Reckoning of Yeares and Ages of the World, and Mens Liues*. Edinburgh, 1599.

Priestley, Joseph. "Of the future Condition of the World in General"

§5 *The Doctrines of Revealed Religion*, in *Works*. 1772.

Prudom, Robert. *The New World Discovered, in the Prospect-Glass of the Holy Scripture ... Prophecies ...* London, 1704.

Pyle, Thomas. *Ninety-six Sermons on Plain and Practical Subjects. By the Late Reverend Thomas Pyle*. London, 1785.

_____. *A Paraphrase with Notes on the Revelation of St. John. Which Compleats the Paraphrase ...* London, 1735.

_____. *A Paraphrase with Some Notes, on the Acts of the Apostles, and upon All the Epistles ...* London, 1715.

Reader, Thomas. *Israel's Salvation: or, An Account from the Prophecies of Scripture of the Grand Events ...* Taunton, 1788.

_____. *Of the Time of the General Judgment*, pamphlet. [Taunton?, 1785?].

_____. *Remarks on the Prophetic Part of the Revelation of St. John: Especially the Three Last ...* London, 1778.

Ribera, Francisco. *Commentary on St. John the Apostle & Evangelist's Apocalypse*. 1590.

Roach, Richard. *Imperial Standard of Messiah Trimphant; Coming ... to Reign with His Saints on Earth*. London, 1727.

Robertson, James. *Kaina kai Palaia, Things New and Old: or an Exposition of the Book of Revelation*. Edinburgh, 1730.

Rutherford, James. *Dissertations on Biblical Principles*. Newcastle, 1794., Dissertation III on Eschatology.

Rous, Francis. *The Mysticall Marriage ...* n.p., 1631.

Saltmarsh, John. *Sparkles of Glory, or, Some Beams of the Morning-Star. Wherein Many Discoveries ...* London, 1647.

Sedgwick, William. *Zions Deliverance and Her Friends Dvty: or Grounds of Expecting, and Means of* ... London, 1642.

Serrarius, Pierre. *The Jews Message to Their Brethren in Holland: and a New Letter Touching Their Further* ... n.p., 1665.

Thomas Sherlock. *The Use and Intent of Prophecy, in the Several Ages of the World: in Six Discourses.* London, 1725.

Sherwin, William. *Chronoiapokatasastospanton, or The Times of Restitution of All Things, with their* ... London, 1675.

_____. *The Doctrine of Christs Glorious Kingdom [or the New Jerusalem State] Now Shortly* ... n.p., 1672.

_____. *Eirenikon: or a Peaceable Consideration of Christs Peaceable Kingdom on Earth.* n.p., 1665.

_____. *Ekklesiases, Protos & Eskatoes The First and the Last Preacher. Or, the Everlasting Gospel.* n.p., 1666.

_____. *Euaggelion aionuontes oukoumenestes mellouses. Or The Saints First Revealed Covenanted* ... London, 1676.

_____. *Exanastasis, or The Saints Rising.* London, 1674.

_____. *The Glorious Kingdom of Our Blessed Lord Jesus on Earth, Rightly Timed: Proving It* ... London, 1693.

_____. *Prodromos: The Fore-runner of Christ's Peaceable Kingdom upon Earth.* London, 1665.

_____. *The Scheme of Gods Eternal Design in the World for Christ and His Elect Saints, Given* ... n.p., [1675].

_____. *The Scheme of the Whole Book of the Revelation of Jesus Christ.* n.p., 1671.

Simpson, David. *A Key to the Prophecies: or A Concise View of* the Predictions Contained in the ... Macclesfield, 1795.

Smith, John. *An exposition of the Creed* ... n.p. 1632.

Smith, Samuel [Sampson]. *The Last Great Assize. Or Day of Judgment. In Four Sermons upon the 20th* ... London, 1701.

Sprigg, Joshua. *News of a New World. From The Word and Works of God Compared Together.* London, 1676.

Staynoe, Thomas. *A Sermon Preached before the Queen at White-Hall [on the various resurrections].* London, 1690.

Sterry, Peter. *The Clouds in which Christ Comes. Opened in a Sermon before the ... House of Commons.* London, 1648.

Stevens, Nathaniel. *A Plain and Easie Calculation of the Name, Mark, and Number of the Name ... Beast.* London, 1656.

Taylor, Nathaniel. *Pray for the Peace of Jerusalem.* London, 1691.

Tillinghast, John. *Knowledge of the Times, or, The Resolution of the Question, How Long It Shall Be Until* ... London, 1654.

Torrey, William. *A Brief Discourse concerning Futurities or Things to come, the Next, or Second Coming* ... Boston, 1757.

Totney, Thomas. *High News for Hierusalem. I Proclaim from the Lord of Hosts, the Return of the Jews.* London, 1653.

Vincent, Thomas. *Christ's Certain and Sudden Appearance to Judgment.* London, 1667.

Walker, George [senior]. *The Doctrine of the Sabbath.* Amsterdam, 1638.

Walker, George [junior]. *The Protestant's Crums of Comfort: Containing ... The Learned Bishop Usher's* ... London, 1700.

Waple, Edward. *The Book of the Revelation Paraphras'd; with*

Annotations on each Chapter. London, 1715.

Watts, Isaac. *Abraham's Blessing on the Gentiles* [hymn, early 18th century, based on Romans 11: 16~17.

_____. *Death and Heaven; or The Last Enemy Conquer'd, and Separate Spirits Made Perfect.* London, 1736.

_____. *The Harmony of All the Religions Which God Ever Prescribed: Containing A Brief Summary ...* London, 1742.

_____. *Works.* Leeds, 1800, Discourse I: The End of Time, (first published in 1739).

_____. *The World to Come: or, Discourses on the Joys and Sorrows of Departed Souls at Death.* London, 1745.

Wesley, Charles. *Almighty God of Love* (hymn, 1762, based on Isaiah 66: 19~20).

_____. *Father of the Faithful* (hymn, 1762, based on Romans 11: 15~27).

Whiston, William. *An Essay on the Revelation of Saint John, so far as Concerns the Past and Present.* Cambridge, 1706.

Whitefield, George. *The Wise and Foolish Virgins, Sermon Preached at Moor-Fields and Kennington Common in 1739.*

Willard, Samuel. *The Fountain Open'd: The Great Gospel Priviledge of ... Christ Exhibited to Sinful Men.* Boston, 1700.

Williams, Griffith. *The Great Antichrist Revealed, Never Yet Discovered. And Proved to Be Neither Pope, nor Turk, nor Any Single Person nor Any One Monarch nor Tyrant in Any Polity.* London, 1661.

Willison, John. *The Balm of Gilead for Healing a Diseased Land; with ... A Scripture Prophecy ...* Ayr, Scotland, 1800.

_____. *Prophecy of the French Revolution, and the Downfall of Antichrist; Being Two Sermons* ... London, 1793.

Winchester, Elhanan. *A Course of Lectures, on the Prophecies that Remain to be Fulfilled. Delivered* ... London, 1789.

_____. *The Three Woe Trumpets; of Which the First and Second Are Already Past; and the Third* ... London, 1793.

Wolf, Lucien, ed. *Mennasseh Ben Israels Mission to Oliver Cromwell*. New York, 1901. Collection of primary sources.

이차 자료

Abbot, W. C., ed. *Writings and Speeches of Oliver Cromwell*. Cambrige, MA: Harvard University Press, 1939.

Akerman, Susanna. *Rosecross over the Baltic: the Spread of Rosicrucianism in Northern Europe*. Leiden, Brill. 1998.

Baird, Henry M. *The Huguenots and the Revocation of the Edict of Nantes*. New York: Scribners, 1895.

Barnes, Barnes. "Images of Hope and Despair: Western Apocalypticism" in *Continuum History of Apocalypticism*, ed. Bernard McGinn, John J. Collins, Stephen J. Stein. New York: Continuum International, 2003.

Ball, Bryan. *A Great Expectation: Eschatological Thought in English Protestantism to 1660*. Leiden, Brill, 1975.

Bauckham, Richard. *Tudor Apocalypse: Sixteenth Century Apocalypticism, Millennarianism and the English Reformation: From John Bale to John Foxe and Thomas Brightman*. New York: Oxford University Press, 1978.

Bell, Mark Bell. "The Revolutionary Roots of Anglo American Millenarianism: Robert Maton's *Israel's Redemption and Christ's Personal Reign on Earth.*" *Journal of Millennial Studies* 2 (Winter 2000): 1~8.

Benaware, Paul. *Understanding End Times Prophecy.* Chicago: Moody, 1995.

Blaising, Craig and Darrell L. Bock, eds. *Dispensationalism, Israel and the Church: Search for Definition.* Grand Rapids: Zondervan, 1992.

Blaising, Craig and Darrell L. Bock. *Progressive Dispensationalism.* Grand Rapids: Baker, 1993.

Boyer, Paul. *When Time Shall Be No More: Prophecy Belief in Modern American Culture.* Cambridge, MA: Belknap, 1994.

_____. "Apocalypticism Explained" PBS Frontline interview on Colonial Puritan Eschatology, aired Nov 22, 1988.

Brog, David. *Standing with Israel: Why Christians Support the Jewish State.* Lake Mary, FL: Front Line, 2006.

Capp, Bernard Capp. *The Fifth Monarchy Men: A Study in Seventeenth-Century English Millenarianism.* London: Faber, 1972.

Carroll, James. *Constantine's Sword: The Church and the Jews.* New York: Houghton-Mifflin, 2001.

Christianson, Paul. *Reformers in Babylon: English Apocalyptic Visions from the Reformation to the Eve of the Civil War.* Toronto: University of Toronto Press, 1978.

Clark, J. C. D. *English Society 1688~1832.* Cambridge: Cambridge University Press, 1985.

Clark, Victoria. *Allies for Armageddon: The Rise of Christian*

Zionism. New Haven, Yale University Press, 2007.

Clouse, Robert. "The Apocalyptic Interpretation of Thomas Brightman and Joseph Mede" *Bulletin of the Evangelical Theological Society* 11:4 (Fall 1968): 181~93.

Cohen, Alfred. "Two Roads to the Puritan Millennium: William Erbury …" *Church History* 32:3 (September 1963): 322~38.

Cohn, Norman. *The Pursuit of the Millennium: Revolutionary Millenarians and Mystical Anarchists*. New York: Oxford University Press, 1957.

Collinson, Patrick. *Elizabethan Puritan Movements*. London: Clarendon, 1967.

Culver, Douglas J. "The Contribution of Sir Henry Finch (1558-1625) to British Nonconformist Eschatology: A Study in the Organic Character and Significance of the Doctrine of National Jewish Restoration to Palestine in the Historical Context of Time." Th.M. thesis, Trinity Evangelical Divinity School, 1973.

Dallimore, Arnold A. *George Whitefield: The Life and Times of the Great Evangelist of the Eighteenth-Century Revival.* 2 vols. Cornerstone, 1980.

Davidson, James W. *The Logic of Millennial Thought: Eighteenth-Century New England.* New Haven: Yale University Press, 1977.

Firth, Katherine. *The Apocalyptic Tradition in Reformation Britain, 1530~1634.* New York: Oxford University Press, 1979.

Force, James. *William Whiston: Honest Newtonian*. Cambridge: Cambridge University Press, 1985.

Force, James and Richard Poplin, eds. *Millennialism and Messianism in Early Modern European Culture*. Dordrecht:

Kluwer, 2001.

Fountain, David. *Isaac Watts Remembered*. Worthing, UK: Henry E. Walter, 1974.

Froom, LeRoy E. *Prophetic Faith of our Fathers*, 3 vols. Washington, D.C.: Review and Herald, 1946.

Goldman, Shalom. *Zeal for Zion: Christians, Jews, and the Idea of the Promised Land*. Chapel Hill, NC: University of North Carolina Press, 2009.

Goldstein, Phyllis. *A Convenient Hatred: The History of Antisemitism*. Brookline, MA: Facing History, 2012.

Gonzalez, Justo. *The Story of Christianity*, 3 vols. San Francisco: Harper, 1985.

Gribben, Crawford. *Evangelical Millennialism in the Trans-Atlantic World, 1500~2000*. New York: Palgrave-MacMillan, 2011.

_____. *The Puritan Millennium: Literature and Theology 1550~1682*. Dublin, 2000.

Demy, Timothy J. and Thomas D. Ice, "The Rapture and an Early Medieval Citation." *Bibliotheca Sacra* 152 (July~September 1995): 1~13.

Gilsdorf, Joy. *The Puritan Apocalypse: New England Eschatology in the Seventeenth Century*. New York: Garland Publishing, 1989.

Gribben, Crawford and Andrew R. Holmes, eds. *Protestant Millennialism, Evangelicalism and Protestant Society*. New York: Palgrave-MacMillan, 2006.

Gumerlock, Francis X. "A Rapture Citation in the Fourteenth Century." *Bibliotheca Sacra* 159 (July~September 2002): 349~62.

Hart, A. Tindal. *William Lloyd, 1627~1717: Bishop, Politician,*

Author and Prophet. London: S.P.C.K., 1952.

Hitchcock, Mark. *The End: A Complete Overview of Bible Prophecy and the End of Days*. Carol Stream, IL: Tyndale House, 2012.

Hill, Christopher. *Antichrist in Seventeenth Century England*. New York: Oxford University Press, 1971.

_____. *The Century of Revolution*. London: Thomas Nelson, 1961.

_____. *The World Turned Upside Down: Radical Ideas during the English Revolution*. London: Penguin, 1972.

Himmelfarb, Gertrude. *The Roads to Modernity: The British, French, and American Enlightenments*. New York: Vintage, 2005.

Hindson, Edward E. *The Puritans' Use of Scripture in the Development of an Apocalyptical Hermeneutic*. Unpublished doctoral dissertation, University of South Africa, 1984.

Holston, James. "John Eliot's Empirical Millenarianism." *Representations* 4 (Autumn 1983): 128~53.

_____. *A Rational Millennium: Puritan Utopias of Seventeenth-Century England and America*. New York: Oxford University Press, 1987.

Hotson, Howard. *Johann Heinrich Alsted, 1588~1638: Between Renaissance, Reformation, and Reform*. New York: Oxford University Press, 2000.

Ice, Thomas D. "History of the Doctrine of the Rapture" unpublished paper presented September 2010 at *The Eighteenth Annual Barndollar Lecture* at Baptist Bible Seminary, Clarks Summit, PA.

_____. "Lovers of Zion: A History of Christian Zionism" (2009). *Article Archives*. Paper 29.

http://digitalcommons.liberty.edu/pretrib_arch/29

_____. "Morgan Edwards: Another Pre-Darby Rapturist" (2009). *Article Archives.* Paper 44.
http://digitalcommons.liberty.edu/pretrib_arch/44

Jacobs, Margaret. *The Newtonians and the English Revolution, 1689~1714.* Ithaca, NY: Cornell University Press, 1976.

Jeffrey, Grant. "Was the PreTrib Position of the Rapture Seen Before John Darby" presentation at the Pre-Trib Study Group, Dallas, December, 1993.

Johnson, Paul. *History of the Jews.* New York: Harper, 1988.

Johnston, Warren. "The Anglican Apocalypse in Restoration England." *Journal of Ecclesiastical History* 55:3 (July 2004):

_____. *Revelation Restored: The Apocalypse in Later Seventeenth-century England.* Suffolk: Boydell, 2011.

Jue, Jeffrey. *Heaven Upon Earth: Joseph Mede (1586~1638) and the Legacy of Millenarianism.* Dortrecht: Kluwer, 2006.

Keller, Catherine. *Apocalypse Now and Then: A Feminist Guide to the End of the World.* Minneapolis: Augsburg Fortress, 1996.

LaHaye, Tim, Tommy Ice, and Ed Hinson, eds. *The Popular Handbook on the Rapture.* Eugene, OR: Harvest House, 2011.

Larsen, David L. *Jews, Gentiles, and the Church: A New Perspective on History and Prophecy.* Grand Rapids: Discovery House, 1995.

Levesque, Jean. *The Life of the Truly Eminent and Learned Hugo Grotius.* London, 1754.

Lindsey, Hal with C. C. Carlson. *The Late Great Planet Earth.* Grand Rapids: Zondervan, 1970.

Manuel, Frank E. *Isaac Newton, Historian*. Cambridge: Cambridge University Press, 1963.

―――. *The Religion of Isaac Newton*. New York: Oxford University Press, 1974.

Matar, N. I. "The Idea of the Restoration of the Jews in English Protestant Thought, 1661~1701." *The Harvard Theological Review* 78:1/2 (January~April 1985): 115~48.

―――. "Milton and the Idea of the Restoration of the Jews." *Studies in English Literature, 1500~1900* 27:1, The English Renaissance (Winter 1987): 109~24.

McClain, Alva J. *The Greatness of the Kingdom*. Winona Lake, IN: Brethren Missionary Herald, 1967.

McGinn, Bernard, John J, Collins, Stephen J. Stein, eds. *The Continuum History of Apocalypticism*. New York: Continuum, 2003.

McGinn, Bernard. *The Encyclopedia of Apocalypticism* vol. 2, *Apocalypticism in Western History*. New York: Bloomsbury Academic, 2004.

Mendel, Arthur. *Vision and Violence*. Ann Arbor: University of Michigan Press, 1992.

Merkley, P. C. *The Politics of Christian Zionism, 1891~1948*. London, 1998.

Miller, Perry. *The New England Mind: The Seventeenth Century*. Cambridge, MA: Harvard University Press 1939.

―――. *The New England Mind: From Colony to Province*. Cambridge, MA: Harvard University Press 1953.

―――. *Errand into the Wilderness*. Cambridge, MA: Harvard University Press 1956.

Orchard, S. C. "English Evangelical Eschatology 1790-1850." Ph.D. thesis, University of Cambridge, 1968.

Rutgers, W. H. *Premillennialism in America*. Holland: Oostervaan, 1930.

Ryrie, Charles C. *Dispensationalism*. Chicago: Moody, 1995.

Sacher, H. "A Jewish Palestine." *The Atlantic Monthly* 124 (July 1919): 116~25.

Schaff, Philip. *History of the Christian Church*, 8 vols. Grand Rapids: Eerdmans, 1910.

Silver, Abba Hillel. *The History of Messianic Speculation in Israel*. New York, 1927.

Sizer, Steven. "The Road to Balfour: The History of Christian Zionism," Paper presented at a Church of Scotland conference in Edinburgh, November 2, 2012.

Smith, Christopher R. "'Up and Be Doing': The Pragmatic Puritan Eschatology of John Owen." *Evangelical Quarterly* 61:4 (1989): 335~49.

Smith, Robert O. *More Desired than Our Own Salvation: The Roots of Christian Zionism*. New York: Oxford University Press, 2013.

Smolinski, Reiner. "Apocalypticism in Colonial North America" in *Encyclopedia of Apocalypticism*. Vol. 3. Bernard McGinn, ed. New York: Continuum International Publishing, 1998.

_____. *The Threefold Paradise of Cotton Mather: An Edition of "Triparadisus"*. Athens: University of Georgia Press, 1995.

Snobelen, Stephen. "'A time and times and dividing of time': Isaac Newton, the Apocalypse and 2060 A.D." *The Canadian Journal of History* 38 (December 2003): 537~51.

_____. "Isaac Newton, Heretic: the Strategies of a Nicodemite." *British Journal for the History of Science* 32 (1999): 381~419.

_____. "To Discourse of God: Isaac Newton's Heterodox Theology and His Natural Philosophy" in *Science and Dissent in England, 1688~1945*, ed. Paul Wood. Burlington, VT: Ashgate, 2004.

Sokolow, Nahum. *History of Zionism, 1600~1918*, v. II. London: Longmans, 1919.

Spector, Steven. *Evangelicals and Israel: The Story of Christian Zionism*. New York: Oxford University Press, 2009.

Spellman, W. M. *The Latitudinarians and the Church of England, 1660~1700*. Athens: University of Georgia Press, 1993.

Sprunger, Keith L. *The Learned Doctor William Ames: Dutch Backgrounds of English and American Puritanism*. Urbana: University of Illinois Press, 1972.

Stitzinger, James. "The Rapture in Twenty Centuries of Biblical Interpretation." *The Masters Seminary Journal* 13/2 (Fall 2002), 149~71.

Toon, Peter, ed. *Puritans, the Millennium, and the Future of Israel: Puritan Eschatology 1600~1660*. Cambridge: James Clarke, 1970.

Tuchman, Barbara W. *Bible and Sword: England and Palestine from the Bronze Age to Balfour*. London, 1982.

Tyache, Nicholas. *Anti-Calvinists: The Rise of English Arminianism ca. 1590-1640*. New York: Oxford University Press, 1987.

van der Berg, Johannes "Grotius Views on Antichrist and Apocalyptic Thought in England," 169~84. In *Hugo Grotius, Theologian*, ed. Henk J. M. Nellen and Edwin Rabbie.

Leiden: Brill, 1994.

Van der Wall, Ernestine, "The Amsterdam Millenarian Petrus Serrarius" (1600~1669) and the Anglo-Dutch Circle of Philo-Judaists," 73~94. In J. van den Berg and E. van den der Wall, eds., *Jewish-Christian Relations in the Seventeenth Century*. Leiden: Kluwer, 1988.

Walsh, Haydon & Taylor. *The Church of England, ca. 1689~ca. 1833: From Toleration to Tractarian*. Cambridge: Cambridge University Press, 1993.

Walzer, Michael. *The Revolution of the Saints: A Study in the Origins of Radical Politics*. Cambridge, MA: Harvard University Press, 1965.

Ward W. R. *Early Evangelicalism: A Global Intellectual History, 1670~1789*. Cambridge: Cambridge University Press, 2006.

Weber, Eugen. *Apocalypses: Prophecies, Cults, and Millennial Beliefs through the Ages*. Cambridge, MA: Harvard University Press, 1999.

Witherington, Ben. *The Problem with Evangelical Theology: Testing the Exegetical Foundations of Calvinism, Dispensationalism, and Wesleyanism*. Waco, TX: Baylor University Press, 2005.

역자 후기

　종말론에는 다양한 이견들이 존재합니다. 삼위일체, 그리스도의 인성과 신성, 이신칭의의 구원, 성경의 영감과 무오성에 동의하는 복음적인 그리스도인들 간에도 종말론에서는 좀처럼 견해차를 좁히지 못하고 있습니다. 천년왕국이 이미 이뤄졌다고 보는 '무천년설'과 미래에 온다고 믿는 '전천년설'이 팽팽히 맞서고 있습니다. 지금은 세력이 많이 쇠퇴했지만, 세상이 점점 더 기독교화되어 천 년의 황금 시기가 이루어진다는 '후천년설'도 진보와 낙관의 시대에는 유행했었습니다. 순교자 유스티누스나 이레나이우스 같은 2세기의 교부들은 당시 교회가 전천년설을 신봉했다고 증언합니다. 그러나 로마가 기독교를 공인한 다음, 특히 아우구스티누스의 영향력 아래 무천년설이 중세 시대를 지배했고, 종교 개혁자들도 가톨릭의 종말론만큼은 거의 그대로 받아들였습니다. 이따금 피오레의 요아킴이나 종교 개혁기의 일부 재침례교도가 종말에 대한 기대를 고조시켜 전천년설이 재등장하는 계기를 주었지만, 무천년설의 주도권을 뒤집을 수는 없었습니다.

　전천년설은 영국의 형제 모임 지도자였던 존 넬슨 다비가 체계적으로 제시한 세대주의로 인해 다시 활기를 되찾았습니다. 이것은 고전적인 역사적 전천년설과 다르게 이스라엘과 교회를 명확하게 구분하고, 전자에게 예언된 모든 약속이 실현되는 때로서 대환란과 천년왕국을 제시했습니다. 특별히 이스라엘 백성에게 예언된 다니엘의 70이레가 그리스도의 죽음으로 69번째 이레에서 일시 중단이 있었다가 계시록에 기록된 7년 대환란기에 마지막 한 이레가 이어진다고 봅니다. 전통적 세대주의의 관점에서 보면, 그리스도의 지상 사역으로 시작된 교회 시대는 그 중간에 들어가는 일종의 삽입 기간으로 하나님의 경륜에서 비밀에 속한 시기로서 이방인과 유대인이 함께 하나님의 한 백성을 이룹니다(물론 최근의 3세대 세대주의인 점진적 세대주의 입장에서는 교회 시대를 삽입 또는 괄호로 보지 않습니다만). 이 시대에 하나님은 아들 예수 그리스도를 믿는 모든 자에게 은혜로 구원을 베푸셔서 새 언약의 약속대로 성령을 선물로 주시므로, 이 시대는 은혜 시대 또는 성령 시대라고 불립니다. 로버트 건드리(*The Church and the Tribulation*) 같이 환란 후 휴거설을 주장하는 세대주의자들도 있지만, 대부분의 전통적 세대주의자의 의견에 따르면, 교회는 7년 대환란의 시작 전에 휴거되어 어린 양의 혼인 잔치에 참여하며, 이후 그리스도와 함께 지상 강림하여 천년왕국에서 그분과 함께 다스립니다. (이상은 전통적 세대주의의 입장이지만, 1세대부터 3세대까지의 세대주의 발전과 변화에 관해서는, 『점진적 세대주의: 하나님 나라와 언약』 [서울: CLC, 2005]의 1장이 많은 도표와 함께 상세하게 설명합니다.)

세대주의는 20세기 초 『스코필드 주석 성경』을 통해 널리 알려지고 상당한 인기를 누렸지만, 역사가 짧다는 점 때문에 의심과 비판을 받아 온 면이 있습니다. 본서의 원제목은 『다비 이전의 세대주의』인데, 저자는 오늘날 세대주의로 알려진 미래주의적 전천년설의 흐름이 다비 이전부터, 곧 청교도 시대부터 있었다고 자세히 보여줍니다. 저자는 17~18세기 청교도들을 위시한 목회자들과 신학자들이 쓴 영국과 미국의 문헌을 자세히 살펴보면서 세대주의의 특징으로 알려진 이스라엘의 회복, 환란 전 휴거설, 그리고 미래적 천년왕국 등의 주장을 확인합니다. 이것은 놀랄 만한 일인데, 청교도들은 충실한 개혁 신학의 계승자로서 무천년설을 계승하거나 후천년설을 주장한 것으로 알려져 왔기 때문입니다. 그러나 저자는 웨스트민스터 총회에는 무시할 수 없는 수의 전천년주의자들이 있었으며, 그들의 일부는 오늘날 세대주의로 알려진 신학적 특성들을 보여주고 있음을 확실하게 보여줍니다.

역자 후기

미국 기독교계와 복음주의 학계에서는 세대주의가 상당히 큰 세력으로 자리 잡고 있지만, 한국 기독교계에는 거의 인정받지 못하고 있을 뿐만 아니라 어떤 경우에는 마치 이단처럼 취급받기도 하는 실정입니다. 세대주의를 올바르게 이해시켜 줄 책이 필요한 이 시점에서 이 책이 그런 오해를 바로잡아 주는 데 이바지할 거라 기대합니다.

세대주의가 한국에서 위험한 것으로 인식되거나 이단적인(?) 면이 있다는 말이 나오는 현상은 일부 과격하고 극단적인 그룹들이 세대주의를 표방함으로써 비롯된 것이기도 하지만, 최근의 학문적 정통 세대주의가 잘 알려지지 않은 이유도 있습니다. 최근 언약신학에서도 '점진적 언약신학' 입장의 책들이 나오는 만큼, 세대신학과 언약신학 양쪽의 발전과 최근 경향을 우리 모두가 공부해 보는 것도 좋을 것 같습니다. 그런 연구와 토론을 통해서, 성서에 대한 좀 더 성숙한 해석과 신학의 발전을 기할 수 있기 때문입니다.

본서는 청교도 시대의 미래주의적 전천년주의, 역사적 전천년주의, 언약신학적 무천년주의 등 다양한 견해들을 잘 제시해 주고 있어서, 말 그대로 청교도 시대의 종말론 연구에 소중한 책입니다. 왜냐하면 구미와 한국에서 이 분야의 저술이 별로 없기 때문입니다. 한국에도 청교도 신학에 관한 많은 책이 출판되어 있지만, 그 시대의 종말론에 관해서는 『청교도 신학의 모든 것』의 「7부: 종말론」 부분 외에는 그 분야 자료를 찾기가 어려울 정도입니다. 영어로 발간된 대표적인 책으로는 *Puritans, the Millennium and the Future of Israel*(Peter Toon 편집)과 *The Puritan Millennium*(Crawford Gribben 저) 등이 있지만, 17~18세기 영미 문헌들을 직접 연구한 역사학자가 저술한 이 책에는 원전을 아주 많이 인용하고, 장기간에 걸친 청교도 시대의 종말론을 포괄적으로 다뤘다는 점에서 매우 독특하고 고유한 신학적 기여를 합니다.

원전의 인용문들을 직접 읽다 보면 흥미롭기도 하고 놀라기도 하고 당황스럽기도 할 것입니다. 그들의 종말론에 대한 적극적인 관심과 창의적인 생각에는 흥미와 놀라움을 느끼겠지만, 천년왕국이나 휴거의 연대를 정하는 예들을 접하면 당황스럽기도 할 것입니다. 현재의 정통 세대주의 학자들이나 목회자들은 연대/날짜를 정하지 않지만, 청교도 시대를 들여다보면 잘 알려진 청교도들이나 주류 학자들도 연대 설정을 하는 사례들을 꽤 접합니다. 또 그 당시의 사람들이 당대와 가까운 장래의 사건들을 성경의 예언들과 연결하는 적지 않은 사례들도 접하는데, 그것은 그들이 역사에서 하나님의 주권을 인정하고 당대/미래의 사건들을 예언의 구체적 성취로 보려는 성향에서 비롯한 것으로 보입니다. 그런 부분들을 이해하고 넘어간다면, 본서를 끝까지 흥미와 학구열을 가지고 읽어 나갈 수 있습니다.

본서의 발간을 위해 흔쾌히 후원해 주신 김우생 목사님(불광동성서침례교회), 장두천 목사님(신광성서침례교회), 김학수 목사님(서울성서침례교회)께 감사드립니다. 출판 사역을 위해 늘 신실하게 후원하시는 조성택 대표약사님(원주 백두산약국)께도 마음 깊이 감사드립니다. 밤새우기를 마다하지 않으며 편집해 주신 김광모 교수님과 탁월한 표지를 디자인해 준 김효경 자매에게도 감사의 마음을 전합니다.

아무쪼록 본서가 균형 잡히고 성숙한 종말론을 위한 토론과 연구에 이바지할 수 있기를 기원합니다. 모든 영광을 하나님께 돌립니다.

2017년 추석을 앞두고
역자 곽철호 · 최정기